imaginist

想象另一种可能

理
想
国

Die Welt von Gestern

Erinnerungen eines Europäers

Stefan Zweig

昨日的世界

〔奥〕斯蒂芬·茨威格 著

吴秀杰 译

一个欧洲人的回忆

九 州 出 版 社

JIUZHOUPRESS

图书在版编目(CIP)数据

昨日的世界：一个欧洲人的回忆 / (奥) 斯蒂芬·
茨威格著；吴秀杰译 . -- 北京：九州出版社，2024.7

ISBN 978-7-5225-2963-9

Ⅰ . ①昨… Ⅱ . ①斯… ②吴… Ⅲ . ①茨威格 (
Zweig, Stefan 1881–1942) — 自传 Ⅳ . ① K835.215.6

中国国家版本馆 CIP 数据核字 (2024) 第 104478 号

昨日的世界：一个欧洲人的回忆

作　　者	［奥］斯蒂芬·茨威格著；吴秀杰译
责任编辑	杨宝柱　周　春
出版发行	九州出版社
地　　址	北京市西城区阜外大街甲35号（100037）
发行电话	（010）68992190/3/5/6
网　　址	www.jiuzhoupress.com
印　　刷	山东韵杰文化科技有限公司
开　　本	1092毫米×850毫米　32开
印　　张	16.625
字　　数	343千
版　　次	2024年8月第1版
印　　次	2024年8月第1次印刷
书　　号	ISBN 978-7-5225-2963-9
定　　价	79.00元

让我们泰然若素

与自己的时代狭路相逢

——莎士比亚《辛白林》

目 录

前 言 / 001

一　太平盛世　/ 009

二　上个世纪的学校　/ 043

三　情欲初萌　/ 085

四　生活的大学　/ 113

五　巴黎，青春永驻的城市　/ 153

六　通向自我，道阻且长　/ 193

七　走出欧洲　/ 215

八　欧洲上空的光芒与阴影　/ 233

九　1914 年大战伊始时刻　/ 259

十　争取精神上的同路人　/ 287

十一　在欧洲的心脏　/307

十二　重返奥地利　/337

十三　再度漫游世界　/363

十四　夕阳西下　/387

十五　希特勒的发端　/423

十六　和平在垂死挣扎　/457

斯蒂芬·茨威格生平与作品大事年表　/507

附录　斯蒂芬·茨威格

　　　——一位从"昨日的世界"走来的作家？　/511

译者后记　/521

前 言

我从来没觉得自己有多重要，足以令我不惮于将自己人生中的故事讲给别人听。当我能鼓起勇气动手写一本以"我"为主角，或者更准确地说，是以"我"为核心的书时，我的人生肯定已经遭逢了很多事情，比一代人通常面临的各种际遇、经历的灾难和考验都要多出许多。这是最让我勉为其难的事情，除非我把自己当成一场图片报告的解说者。时代本身提供了图片，我只是加上相应的解说词而已。我所讲述的，原本也并非单单是我的命运，而是全部一代人的命运。我们这一代是独一无二的，历史上几乎没有哪一代人像我们这样命运多舛。我们当中的每一个人，哪怕是最渺小的、最微不足道的人，内心的最深处也被我们欧洲大地上无休止的、火山喷发般的天摇地动所搅扰。在这成千上万的人群当中，没有谁比我更首当其冲了：我，作为一个奥地利人、犹太人、作家、人道主义者与和平主义者，每一个身份都处于天崩地裂时的风口浪尖上。它们三次倾覆了我的家园，毁掉我的生存基础，将我从那个"先前"和"往昔"中剥离出来，以突如其来的猛力将我抛入虚空之中，抛入那我早已熟悉的"不知该去哪里"的状态中。正是那些没有家乡的人，才能在某种新意义上是自由自在的；只有那些跟一切都无关联的人，才不再需要有所顾忌。我希望自己至少能做到一点，即坦诚而不先入为主，这是任何一种不偏不倚的时代描述都需要具备的主要条件之一。

脱离了一切根基，甚至连滋养根基的土地也不复拥有，这桩实实在在发生在我身上的事情，在任何一个时代里都极为罕见。我于1881年出生在一个疆域辽阔的强大帝国里，在哈布斯堡王朝[1]的时代。但是，请不要在地图上去寻找它吧，它已经被擦掉了，没有留下任何痕迹。我在维也纳长大，那是一座有两千年历史、超越国界与民族的大都市；在它沦落为德国的一个省城之前，我不得已像一名罪犯一样离开它。在人们使用我的写作语言的地方，我的文学作品被付之一炬；在同样的地方，曾经有上百万读者将我的书当作朋友。于是，我不再属于任何一个地方，无论来到哪里我都是陌生人；最好不过的情况下，我充其量也仅仅是一位客人而已。我真正的家乡——欧洲，这是

1　哈布斯堡王朝（Habsburg）：欧洲历史上统治区域最广的皇室，自13世纪起就出任各个欧洲王国或领地的国王、公爵，并形成奥地利哈布斯堡王朝、西班牙哈布斯堡王朝、哈布斯堡—洛林王朝三个支系。此处指哈布斯堡—洛林王朝，1745—1918年统治奥地利及奥匈帝国。（本书注释都是译者所作，下同。）

我的心做出的选择——自从第二次发生同室操戈的自杀式相残以来，对我来说它已不复存在。我不情愿地成为一位历史见证人，目睹了时代编年史中理性最可怕的失败和残忍最疯狂的胜利。没有哪一代人像我们这样经历了如此的情形：从精神思想的巅峰到道德上的堕落深渊。我这样说时，绝对没有任何一丝骄傲，而是饱含满心的羞愧。在这个短短的时段里，从我刚刚开始长出胡楂到我的胡子开始变得灰白，这短短半个世纪内所发生的变迁和改变，比通常十次改朝换代所经历的还要多。我们每个人都有这样的感觉：几乎可以说是太多了！我今天的一切与昨天的一切如此不同，生活的大起大落让我有时候会恍惚觉得，我不只有一个人生，而是有若干个彼此完全不相干的人生。经常出现的情形是，当我在不经意中提到"我的生活"时，自己会忍不住去追问："哪个生活？"世界大战前的生活？第一次世界大战前的，还是第二次世界大战前的，抑或是今天的生活？当我提到"我的家"时，会再一次被这个问题抓住，我无法马上知道自己指的是从前的哪个家，是在巴斯[1]的家，在萨尔斯堡的家，还是在维也纳我父母的家。当我提到"在我们那里"这个词时，我不得不骇然意识到，无论对我家乡的人还是对英国人或者美国人来说，我都不是他们当中的一员。对于前者，我人早已不在那里；对于后者，我又永远也不能完全融入。在我的感觉中，那个我曾经在其中长大的世界与今天的世界以及横亘在过去和今天之间的那个世界，变成完全不同的世界。

1　巴斯（Bath），英国城市，茨威格流亡英国时的居住地。

每当我与年轻的朋友谈到第一次世界大战前的那个时代，我从他们倍感讶异的问题当中意识到，那些在我这里还是不言而喻的现实之事，在他们那里已然是历史，是难以置信之事。我内心深处的某种隐秘本能会认可他们的看法：在我们的今天，我们的昨天和前天之间，所有的桥梁都折断了。我自己也无法不对此感到吃惊：我们能将如此丰富的内容，如此繁复的多样性压缩在那么有限的人生当中——当然这是极度不顺畅，到处布满威胁的人生——更不用说跟我的祖辈们的生活相比差别有多大。我的父亲、我的祖父，他们看见过什么呢？他们每个人的生活都一成不变。终其一生，他们自始至终过着同样的日子，没有平步青云，没有衰落式微，没有动荡和危险。这种生活中只有小小的紧张和不易察觉的过渡，时间的波浪以不变的节奏——那是安逸而宁静的节奏——将他们从摇篮带往坟墓。他们住在同样的国家、同样的城市，甚至是在同样的房子里。外面世界上的一切，都只发生在报纸上，不会来拍打他们的房门。在他们那个年代，某时某地发生的某场战争要是以今天的战争规模来衡量的话，只能算是打了一个小仗。况且，打仗都发生在遥远的边境地带，人们也听不到大炮声。半年以后，它就不复存在了，被遗忘了，成了枯萎的一页历史。于是，他们往昔的生活又开始原封不动地进行着，而我们的生活中却一切都不会重来，从前的一切都纤毫不剩，没有什么能够再度归来。我们注定要最大限度地饱尝各种不幸，历史原本会有所节制地不将这些事情集中分摊到某个单一的国家、某个单一世纪里。在过去，充其量会有一代人经历了革命，下一代人经历了颠覆政权，第三代人遭遇了战争，第四代人经历了饥荒，第五代人遭遇了国家经济的崩溃，而在某些走运的国家里的某些幸运之人，甚至几代人连其中的一场变故都未曾经历过。我们这些今天六十岁左右的人，按说还能再活些时日，可是我们还有什么灾难没有看见过，什么样的罪没有遭受过，什么样的事情没有承受过？凡是可以想见的人类灾难，我们一个都没有落下，而这灾难的长单还远没有到尽头呢。在我自己的有生之年，就发生了人类历史上两次最大的战争，而且我甚至是站在不同的立场上经历这两场战争：一次是站在支持德语国家同盟[1]一方，另外一次是它的对立面。在战前，我享受了最高等级和最高形式的个人自由；在战后，这种自由的程度降到了几百年来的最低点。我曾经受到高度赞扬，也曾经遭受极度排斥；我曾经有过自由，也有过不自由；我曾经富裕，也曾经贫穷。末世景象中那四匹死气阴森的马[2]都曾经闯入我的生活，革命和饥荒，货币贬值和恐怖，时疫和流亡。在我的眼皮底下，一些大规模的群众意识形态思潮获得了发展和传播的机会，它们是意大利的法西斯主义、德国的国家社会主义、俄国的布尔什维主义，尤其是民族主义这一曾经深深毒害我们欧洲文明之花的大瘟疫。当人们带着意识明确、有计划的反人类纲领，以令人难以置信的堕落退化到早已被遗忘的、

1　第一次世界大战前夕，欧洲的联盟形式为：德国、奥匈帝国和意大利结成联盟，而英国、法国、俄国结成联盟。

2　《圣经·启示录》中提到四匹马代表末世来临时世界的苦难，它们分别象征着瘟疫、战争、饥馑和死亡。

邪恶的野蛮状态时，我只能是一个手无寸铁、无能为力的见证人。在经过了几个世纪以后，我们又要面对不宣而战的战争、集中营、酷刑、大肆掠夺和对不设防城市的轰炸。所有这些兽行，我们之前的五十代人都未曾经历过，但愿后人将来不必再承受它们。令人感到矛盾的是，我也看到这个世界在道德上后退一千年的同时，同样的人类在技术上和智识上却有意想不到的作为在崛起，一飞冲天便超越了百万年以来所取得的成绩：飞机征服了苍穹，语言传输可以在瞬间遍及全球，人类因此战胜了空间；人能让原子发生裂变，战胜最猖獗的疾病，几乎每天都能将昨天尚且不可能之事变为可能。在我们这个时代之前，人类作为一个整体还从来没有呈现出更大的邪恶，也从来没有完成过这样神明般的壮举。

去见证这些惊心动魄的、充满了戏剧性意外的生活，对我来说似乎是一种责任，因为——请允许我再重复一遍——每一个人都是这种巨大转变的见证人，每个人都是身不由己的见证人。对于我们这代人来说不存在逃避，不存在如从前那样的置身局外。由于我们有新的共时性机制，我们无时无刻不与时代休戚相关。当上海的房屋被炸弹摧毁时，甚至在受伤者尚未被从他们的房子当中抢救出来时，我们在欧洲自己的房间里就已经得知这一消息；发生在万里之遥大洋彼岸的事情，以生动的画面跃入我们的眼帘。我们没有什么保护措施或者安全阀，能够做到让自己不知情、不卷入进来。没有一片可以让我们逃脱的土地；没有一种可以买到的安宁。命运之手随时随地来攫住我们不放，将我们揪回到它那永无餍足的把戏当中。

人们也总是在听命于国家对他们的要求，让自己委身为最愚蠢政治的牺牲品，让自己适应最不可思议的改变。人们无论怎样奋力抵抗，最终仍然被拴缚在某些共性的东西上。这些共性的东西让人随波逐流，无法抗拒。一个曾经穿行这个时代的人，或者更确切地说，一个被追逐和驱赶着经历过这个时代的人——我们少有喘息的机会——他／她承受的历史要超过任何一位祖先。今天我们又一次站在转折点上，面对一场终结以及一个新开端。因此，我将自己对人生的回望暂时中止于一个特定的日子，这并非无心之举，因为1939年9月的那一天给一个时代画上了终止线——那个造就了我们这些六旬年事之人的时代。假如后人能从我们的见证中获得这倾颓大厦的一个真相残片，那么我们也算没有枉然遭遇了这一切。

在呈现记忆这项工作时，我面对着于我并不有利，却是我们这个时代最为典型的条件。我在战争的硝烟当中写作，在陌生之地写作，在没有最起码的辅助记忆材料下写作。在旅馆的房间里，我手头没有我的书、没有笔记、没有朋友们的信件。我也无法在任何地方获得任何讯息，因为在世界各地，各个国家之间的通邮都停止了，或者因为检查而受到阻隔。我们每个人都生活得如此与世隔绝，如同几百年以前一样，如同在轮船、火车、飞机和邮政还没有发明出来时的那个样子。除了头脑中的记忆存留，我往昔生活中的一切都没有带在身边。记忆以外的一切，目前我要么无法触及，要么已经失去。不过，我们这一代人都很好地学会了一种锦囊妙计：不要对失去的一切哀伤不已。也许，缺少文献和细节还能给我这本书带来益处呢。我不认为，在本质上我们的记忆无非是出于偶然才保留了某一件事，或者出于偶然才丢掉了另外一件事；在我看来，记忆是一种能知性地进行整理的力量，是一种智慧的、能有所取舍的力量。在一个人的生活中，那些被忘掉的都是原本早已被最内在的直觉宣判为要被遗忘的东西。只有那些我要为自己保存下来的东西，也才配为他人保存下来。所以，你们这些回忆，你们来代替我去说话和择取吧！至少你们要在我的生命沉入黑暗之前，给出它的一个镜像！

一　太平盛世

我们在一片安谧中长大成人，

陡然被投进这大千世界，

无数波涛从四面向我们袭来，

一切都刺激着我们的感官，

有些让我们欢喜，有些让我们厌烦，

时时刻刻，些微的不安在起伏摇荡，

我们去感知，而我们所感知到的，

又被缤纷的尘世扰攘冲散。

——歌德

倘若我试着为第一次世界大战前我长大成人的那个时代做一个简明扼要的描述，我希望"那是一个万事太平的黄金时代"这一说法是最精辟的。在我们这个差不多有千年历史的奥地利王权下，好像一切事物在建成之初就打算要天长地久似的，而国家本身就是这种持久性的最高保证。这个国家保证让公民享有的权利，是在得到议会签署后而生效的，议会的成员则是通过自由选举而产生的民众代表；公民的每一项责任也都有精确的限定。我们的货币奥地利克朗，以亮闪闪的金币形式流通，这也就保证了它不发生变化。每个人都知道他拥有多少财产或者能获得多少，什么是允许的，什么是禁止的。一切都自有其规范，有其特定的尺度和分量。拥有财产的人能够准确地计算出自己每年可以获得多少利息；公职人员和军官可以很有把握地在日历上找到哪一年会升职，哪一年将退休。每个家庭都有明确的预算，他们知道一家人的食住需要多少花销，夏季旅行和社交应酬会花费多少。此外，一项不可或缺的预算是，要留出一小笔钱以备不时之需，求医问病。拥有房产的人，会把房子视为子孙的万安家园；农庄和商铺会代代相传；婴儿还躺在摇篮里，人们已经在储蓄罐里或者在储蓄银行里为他／她的人生之路放上一笔钱，这是用来规划未来的小小"储备金"。在这个幅员辽阔的帝国，一切都各安其位，不容出错，而占据最高位置的便是老皇帝。万一老皇帝驾崩，人们也知道（或者自以为知道），就会有另外一位来继位，而那些仔细筹划的秩序不会有任何改变。没有人相信会发生战争、革命和颠覆。在一个理性的时代，一切极端的、暴力的情形似乎都已经不再可能发生。

这种太平无忧的感觉是数百万人心目中最值得获取的财富，是人们共同的生活理想。有这样的太平时日，生活才有其价值，于是越来越广泛的阶层渴望从这份宝贵的财富中争取到自己的一份。刚开始，先是那些有产者为有这样的幸运而欣喜；慢慢地，大众也加入这一行列当中。于是，这个太平世纪便成了保险业的黄金时代。人们为自己的房屋购买火险和盗险，为农田购买冰雹险和天气灾害险，为自己的人身购买事故险和医疗险，为自己的老年岁月购买终身养老储备险，甚至签好一张保险单放在女婴的摇篮里，以保证她将来的嫁妆会有着落。最后，甚至连工人们也组织起来，为自己争得了常态化的薪酬和医疗保险；佣工们也省出钱来投放到养老保险中，并在丧葬保险账户中预付了自己的葬礼费用。只有那些能够不带任何忧虑前瞻未来的人，才会舒心地享受当下的日子。

人们有着一种深切的信心，相信无论面对怎样的命运冲击自己都能将生活中的裂缝弥合。不过，尽管坚定与谦虚存在于人们的生活观念当中，但是一种巨大而危险的自负还是隐约可见。在自由派的理想主义思潮下，19世纪的人们满怀真诚地坚信，他们正走在一条笔直的、万无一失的、通向"最美好之世界"的路上。人们轻蔑地回首过去那些充满了战争、饥馑和叛乱的时代，以为那是人类还没有长大成熟、没有得到启蒙的时代。现在呢，用不了几十年的时间，最后残留的邪恶和暴力行为就会被彻底铲除。在那个时代，人们坚信"进步"不会中断、不会停止，这种信念在当时真如宗教力量一般。人们对"进步"的信仰要超过对《圣经》的信仰，而科学和技术日新月异的奇迹似乎也在无可争辩地证实着"进步"传递的福音。的确，在这个和平世纪即将结束之时，总体上生活质量的提升变得越来越可见，越来越快速，越来越丰富多彩。照亮夜晚街道的，不再是昏暗不明的煤气灯，而是电灯；商铺将令人心醉神迷的新光彩从主街一直延展到郊区。由于有了电话，人们可以对远方的人说话；由于有无须马拉的车辆，人们已经能以全新的速度疾驰行路，也已经实现了伊卡洛斯[1]的梦想，直冲云霄。令生活变得舒适的设备已经从上等人的豪宅进入普通市民家庭：人们不需要从水井里或到街道上取水；不需要费力地用炉灶生火；卫生观念流行开来，肮脏消失不见。自从有了体育强身健体，人们变得越来越美丽、强壮和健康。在大街上看到瘸腿者、大脖子病人和残障人的情况越来越少。所有这些奇迹都是科学——这"进步"派来的大天使——带来的。社会方面的因素也在向前迈进：年复一年，个人都被赋予更多的权利；司法运行变得温和而人性化。即便如"大众贫困"这样重中之重的问题，似乎也并非不能克服。越来越广泛的阶层获得选举权，他们可以合法地保护自身的利益；社会学家和大学教授们争相出谋划策，将无产者的生活条件规划得更健康，甚至更幸福。那么，如果这个世纪沐浴在自身成就的阳光里，把每一个过去的十年都当成迈向下一个更美好的十年的台阶，又有什么可奇怪的呢？人们不相信这个世界会倒退到野蛮状态，不相信战争会在欧洲各民族之间发生，就同人们不再相信有女巫和幽灵一样。我们的父辈深信宽容与和睦具备万无一失的凝聚之力，他们真诚地以为民族、宗教信仰上的界限和分歧会慢慢地在共同的人性当中消失，和平与安宁这至高无上的财富会为整个人类所共享。

1　伊卡洛斯（Icarus），希腊神话中的人物。他和父亲代达罗斯一起被关在克里特的迷宫里。父子用羽毛制成双翼，用蜡粘在身上，飞上天空，逃出克里特。伊卡洛斯因为兴奋而忘记父亲的嘱咐，飞得太高，离太阳太近，最终因羽翼上的蜡融化，坠海而亡。

对于我们今天早已将"太平"当作痴人说梦而从词汇表中划掉的人来说，去嘲笑那一代被理想主义所迷惑因而抱着乐观痴想的人——他们以为人类在技术上的进步会无条件地带来快速的道德提升——那是再廉价不过的了。我们在这个新世纪里领教到，人类集体兽性大爆发也不再足以让我们感到吃惊；我们预料到，每个即将到来之日会比过去之日有更多无耻的事情发生，因而我们对人类道德培养的可能性变得非常怀疑。我们承认弗洛伊德是对的：他看到我们的文化、我们的文明只有那么薄薄的一层，它每时每刻都可能被来自地狱的摧毁性力量击穿；我们早已不得不逐渐习惯于在没有根基、没有法律、没有自由、没有安全中生活。我们早已为了自身的生存拒绝了父辈们的宗教，拒绝相信人性快速而持久的提升。面对瞬间便将人类的千年努力化为乌有的灾难，那些过于性急的乐观主义教诲在我们看来是多么可怕。不过，哪怕那只是一种痴想，但毕竟是我们的父辈曾经为之努力的痴想，是美好而高贵的痴想，比今天的口号更有人性，更有成效。尽管我们对此有所认识，尽管我们感到失望，这些痴想还是不可思议地留在我的内心深处，挥之不去。一个人从童年的时代气息中所获取的东西渗入血脉当中，终其一生都会如影相随，不弃不离。不管每天我的耳边聒噪着什么，不管我自己和无数同病相怜的人遭受了怎样的侮辱和磨难，无论怎样，我还是不愿意完全否定年轻时的信念：无论怎样，这世界还是会变好起来。哪怕我们身处这残忍暴行的深渊，带着黯然而破碎的灵魂几乎像盲人一样来回摸索，我仍然不断地抬起头去看那些往昔的星辰，它们曾经照耀了我的童年。我用这些从前辈那里承继而来的信念安慰自己：这些倒退不过是永远向前的旋律中的一个音程而已。

因为一场大雷雨早已将那个太平世界摧毁掉了，今天我们终于明白那只是一个梦中殿堂。不，不完全如此，我的父母曾经置身其中，正如置身于用石头建造起来的坚固房屋当中一样。没有任何一场风暴，哪怕一阵猛烈的过堂风，曾经侵入他们那温暖舒适的生活中。当然，他们还有一道特别的防风屏障：他们是富裕的人，他们渐渐地变得富裕甚至非常富裕，在那个时代，这又给遮风挡雨的墙壁门窗提供了一层非常可靠的柔软防护层。在我的眼中，他们的生活方式属于那种典型的"上层犹太市民"生活。这些人给维也纳文化生活带来如此重要的贡献，得到的回报却是被彻底消灭。正因为如此，我在这里所讲述的他们那悠闲安适、不事声张的生活，并非为他们个人所独有：有一万甚至两万个像我父母一样的家庭，在那个安然可靠的世纪里生活在维也纳。

我父亲的家族来自摩拉维亚[1]。那里的犹太人社区位于方圆不大的乡村，完全是农民和小市民的生活方式，他们身上完全没有加利西亚[2]即东部犹太人的困苦，也没有那种要不遗余力去争先恐后的急躁。农村生活让他们体魄强健有力，沉着稳健地走

---

1 摩拉维亚，历史地名，今捷克东部地区摩拉瓦河流域（因河得名），历史上曾经是波希米亚的一部分，自15世纪以来一直在哈布斯堡王朝势力控制之下。

2 加利西亚，历史地名，在今波兰东南部。

在自己的生活之路上，就像老家的农民走在自己的田野上一样。他们早就从正统宗教中解放出来，成了"进步"这一时代宗教的热烈追随者；在自由主义的政治时代，他们参加选举最受尊敬的国会议员。从老家搬迁到维也纳以后，他们以惊人的速度适应了这里更高级的文化氛围，他们自身生活的提升与这个时代普遍的兴盛有机地联结在一起。就这一转变形式而言，我的家族也完全是典型的。我祖父曾经做过纺织品零售。在随之而来的19世纪下半叶，奥地利的工业开始突飞猛进。从英国进口的织布机和纺纱机由于生产经营上的合理化，使工业产品的价格比老式手工业作坊的产品便宜很多。正是那些犹太商人，以他们的商业观察天赋和国际视野，率先认识到在奥地利转向工业化生产的必要性，以及它所能带来的成果。他们以非常少的资金快速建造起一些临时工厂，一开始只是以水力来驱动，后来慢慢扩展为强大的波希米亚纺织业，遍及整个奥地利和巴尔干地区。如果说我的祖父还是前一个时代的典型代表，只是做了成品的转手贸易，我父亲则下定决心进入这个新时代：在三十三岁那年，他在北波希米亚成立了一家小纺织厂。在接下来的若干年里，他不慌不忙、小心谨慎地将它经营为一个稳健的大企业。

在企业扩展方面，我父亲仍然采用谨慎的方式，尽管当时经济景气的氛围十分诱人。这正是那个时代的意识，况且这也完全与我父亲那种极为克制、绝不贪婪的天性相符合。他完全接受了那个时代"稳妥为先"的信条。他更看重的是，拥有一个凭靠自己财力的"稳健的"企业——"稳健"也是那个时代一个备受青睐的词汇——而不是去通过银行贷款或者抵押贷款来扩大企业的规模。终其一生，从未有任何人在任何一张债据、期票上看到过他的名字，在他开户的银行——当然是那家最稳健的信贷机构，罗斯柴尔德银行——他始终处于贷方的地位，这是他特别自豪的事情。哪怕与最些微的风险阴影相随的收益，都会让他感到难以接受，他一生从来没有参与过自己不了解的交易。他慢慢地变得富有，而且越来越富有，这绝非得益于大胆的投机或是特别有先见之明的行动，而是因为他适应了那个小心谨慎的时代里的一般做法：总是将收益的一小部分用作生活开销，而将日益可观的数目一年年地投放到资本总额当中。如果一个人不假思索地将收入的一半用于消费而不是去"考虑将来"——这也是在那个太平时代总能听到的词汇——那在我父亲以及与他同代的大部分人眼里，这人便是一位不太可靠的败家子。不断将收益投入资本当中，这在那个时代意味着不断增加的繁荣，政府还没有想起来要对高收入征收不止那么几个百分点的税，而国债和工业股票却能带来很高的利息。对于有财产的人来说，越来越富并不需要有什么作为。这种做法在当时还是值得的，当时还不像后来通货膨胀的时代那样，克勤克俭的人遭遇偷窃，稳健可靠的人受到欺诈。当时，正好是那些最有耐心、最不投机的人获得了最好的收益。由于我父亲完全适应了那个时代的普遍做法，在他五十岁时按照当时的国际标准来衡量，他也算是非常有钱的人了。但是，我们家庭的生活水平只是拖沓地追随着财富增长的脚步。我们慢慢添置了一些设备，让生活变得舒适，从一个小公寓搬到一个大一些的出租公寓，为春天的午后出游预订一辆出租车，乘二等卧铺车旅行。我父亲一直到了五十多岁时，才破天荒让自己奢侈了一番：在冬天和我的母亲一起去尼斯[1]度假一个月。总体而言，他享受财富的基本态度完全没有改变：去拥有财富，而不是炫耀财富。已经是百万富翁的父亲，也从来没有抽过一支进口雪茄，而是抽朴素的国内通行品牌特拉布柯（Trabuco）雪茄，就如同弗朗茨·约瑟夫皇帝只吸廉价的弗吉尼亚（Virginia）牌一样；打牌时他也总是下很小的注。他不折不扣地坚守着自己的克制低调，过着不显山不露水的舒适生活。尽管他比很多工业界同仁都更有风度，更有文化素养——他钢琴弹得非常出色，书法清丽，能讲法语和英语——但他坚定地拒绝了所有荣誉称号、所有荣誉职位。终其一生，他从来没有谋取和接受过任何荣誉和头衔，尽管作为一个大工业家，经常有人将这些荣誉和头衔给他送上门来。他从来没有向别人请求过什么，从来没有不得不对人说"请求"或者"感谢"的话，对他来说，这种不为人所见的自豪比任何表面的东西都更为重要。

每个人一生中都难免会有那么一个时刻，在自身形象中与自己的父亲再度相遇。我父亲身上那种不爱抛头露面、愿意隐姓埋名的特质，开始在我的身上一年一年地变强，强到与我的职业构成矛盾——我的职业本来必须要在一定程度上让我这个人和我的名字为公众所知。但是，出于同样的深藏内心的自豪，我长久以来拒绝任何形式的外在荣誉，不要勋章，不要头衔，不接受任何一个协会的主席职位，不属于任何一个研究院、主

---

1 尼斯，法国东南部海港城市，疗养胜地。

席团或者评委会。甚至坐在一个隆重的宴会席上，对我来说也是一种折磨。一想到要和某个人谈某件事——哪怕我的请求是为了第三方——在说出第一个词之前我已经感到口干舌燥。我知道，在一个人们只能通过诡计和逃离才能保持自由的世界里，在一个歌德老人睿智地说过"在人头攒动的争先恐后中，勋章和头衔可以抵挡某些伤害"的世界里，这种内心的拘束是多么不合时宜。但是，存留在我内心深处的父亲以及他的自豪，迫使我这样低调，这是我无法抵抗的：正是拜他所赐，我才能感觉到唯一比较可靠的财富：那种内心自由的感觉。

我母亲的家世则完全不同，那是一种国际化的家世，她娘家的姓氏为布雷陶厄尔（Brettauer）。她出生于意大利南部的安科纳（Ancona），意大利语就像德语一样，她从小就使用。每当她有什么事要和我的外祖母或者和她的姐妹说，又不想让仆人听懂的时候，就改讲意大利语。我从孩提时起就熟悉意大利烩饭、当时还非常少见的洋蓟，以及其他南方风味菜肴；后来我每次到意大利，马上就感觉像回到家一样。不过，我母亲的家族绝非一个意大利家族，而是一个有意而为的国际化家族。布雷陶厄尔家族最初拥有一家银行，但是他们以犹太银行世家为榜样（规模当然小得多），很早就从瑞士边境上的一个小地方霍恩埃姆斯（Hohenems）分散到世界各地。他们当中的一支去了圣加伦（St. Gallen），另外的一支去了维也纳和巴黎，我的外祖父去了意大利，还有一位舅舅去了纽约。这些国际性的联系让他们获得更优良的教养，有了更宽广的视野，还形成了某种家族的高傲感。这个家族不再有小商人、掮客，只有银行家、厂长、教授、律师、医生，每个人都讲多种语言。我还记得，在巴黎的姨妈家里，餐桌上的谈话从一种语言转换到另外一种语言是多么理所当然。那是一个非常"自重"的家族：当家族中经济条件较差的亲戚家里有年轻姑娘到了待嫁之龄，整个家族的人都会一起为她凑上一份可观的嫁妆，只是为了防止她因为嫁妆不足而"下嫁"。虽然我母亲与我父亲有着最为幸福的婚姻，我父亲身为大工业家也深得尊敬，但是母亲从来不能容忍别人将父亲的亲戚与她娘家亲戚相提并论。这种来自"上流"家庭的骄傲，在所有布雷陶厄尔家族人中都无法根除。后来，这个家族的一员在力图向我表示特别的美意时，曾经居高临下地对我说，"你原本就是一位真正的布雷陶厄尔家人"，就好像他想借此说出这样的认可："你算是没有投错胎。"

　　这种贵族气，有些犹太家族凭一己之力发迹，附丽自身的这种贵族气，让我和哥哥从童年时代起就觉得时而好玩，时而可气。我们总能听到，这是"高雅"的人，那些是"不高雅"的人。每位朋友都会受到仔细探究：是否出自"名门"，对该人身世中最远的渊源及其亲属和财产状况都要查证一番。这种不断将人归类的做法，本是每一场家庭谈话或者社交应酬中的主要话题，当时在我们看来却太可笑、太自以为是了。因为各个犹太家族的差异，充其量也不过是五十年或者一百年的事，在此之前他们都来自同一个犹太人居住区。直到很久以后我才明白，"名门"这个概念——在我们小男孩的眼里就是假贵族的滑稽闹剧——

表达了犹太人一个最内在、最隐秘的倾向。人们普遍认为，发财致富是一个犹太人最终的、典型的生活目标。这是再错误不过的了。对犹太人来说，发财致富只是一个中间站，是通往真正目标的一个手段，绝不是他们的内在目标本身。犹太的原本意志、他们内心深处的理想，是升入精神世界，进入一个更高的文化层次。在突出表明犹太民族全部弱点和长处的东部正统犹太文化中，对精神生活的渴望胜过单纯的物质财富，这种超强意志，已经得到了直观的表达：一位虔诚的《圣经》学者，在犹太社区中的地位要高过富人一千倍，即便最有钱的富翁也宁愿将自己的女儿嫁给一贫如洗的智识人士，而不是商人。高看精神世界，这在各阶层的犹太人当中都是共通的。即使是街上那些每天肩扛货物、风里来雨里去的赤贫小贩，就算付出再大的代价，也会努力至少让一个儿子去读大学，这个文凭会被当成全家人的荣誉头衔。如果他们当中有一个人跻身于无可争议的文化阶层，是一位教授、一位学者、一位音乐家，就好像这个人的成就让他们所有人都变得高贵了。犹太人身上有某种东西，在无意识当中要让他们去摆脱那些道德上的灰色地带，那些令人生厌的特征，小家子气和粗俗，那些只认交易和买卖的做法，他们要将自己提升到纯粹的、没有铜臭的精神领域，用瓦格纳的话说，好像要让整个种族从金钱的诅咒中解脱出来一样。也正因为如此，在犹太人中，一个家族对财富的渴求在两代、最多三代之内就会枯竭，那些鼎盛的财富家族会发现，他们的儿子根本不愿意接手父辈建设起来的炙手可热的银行和工厂。罗斯柴尔德勋爵成为鸟类学家，阿比·瓦尔堡成了艺术史学家，一位卡西尔成为哲学家，一位萨松成为诗人 [1]，这一切都并非偶然。他们都听命于同一种下意识的驱动，要让自己从只知冷酷赚钱这种使犹太文化变得狭隘的生活中解放出来，也许还表达出一种隐秘的渴望：通过逃向精神世界而让自己不再只具有犹太人的特质，而是成为普遍人类中的一员。"名门"的含义不仅仅是家族借由这样的称号昭示出的社会地位，它也意味着犹太文化要通过适应另外一个文化，并且尽可能是一个普世的文化，让自己挣脱或开始挣脱犹太人聚居区强加给他们的各种缺陷、逼仄和小家子气。向精神世界的逃亡之旅，使得犹太人当中从事知识阶层职业的人比例畸高，对犹太文化来说这又变成了不祥的渊薮，正如他们此前专注于物质获取一样。这当然也是犹太人命运当中的永恒矛盾之处。

　　几乎没有哪座欧洲城市像维也纳这样，激情饱满地热衷于文化生活。因为奥地利这个君主国几个世纪以来在政治上没有什么野心，在军事上也没有成绩斐然的行动，人们的家国自豪

1　里奥内尔·瓦尔特·罗斯柴尔德（Lionel Walter Rothschild，1868—1937），著名银行世家罗斯柴尔德家族成员，第二代男爵，生于伦敦，动物学家，收藏家，在伦敦创立了罗斯柴尔德自然史博物馆。

　　阿比·瓦尔堡（Abraham Moritz Warburg 或 Aby Warburg，1866—1929），德国艺术史家、文化理论家，于德国汉堡创立了文化研究的私人图书馆"瓦尔堡文化学图书馆"，后移址伦敦"瓦尔堡研究院"（瓦尔堡家族亦是富庶的银行家族）。

　　恩斯特·卡西尔（Ernst Cassirer，1874—1945），德国哲学家，其家族是一个工商业界的犹太家族。

　　西格夫里·萨松（Siegfried Loraine Sassoon，1886—1967），英国诗人、小说家，巴格达犹太巨商萨松家族的后裔。

感就最强烈地注入这一愿望当中：追求艺术上的卓越地位。这个曾一度统治欧洲的老哈布斯堡帝国，早已经失去了其最重要、最有价值的地区：德国、意大利或佛兰德、瓦隆都已经脱离出去；只有都城，作为宫廷的所在地，千年传统的守护女神，还完好地留驻在帝国昔日的辉煌中。罗马人给这座城市奠定了最初的基石，把它作为抵御蛮族、保卫拉丁文明的城堡和前哨；一千多年以后，奥斯曼人对欧洲的汹涌进攻在这座城的城墙上被击得粉碎。尼伯龙根传说中的人物到过这里，音乐界不朽的北斗七星——格鲁克[1]、海顿、莫扎特、贝多芬、舒伯特、勃拉姆斯和约翰·施特劳斯——也从这里照耀世界。欧洲文化的各种洪流都在这里汇集，无论在宫廷、在贵族还是平民当中，德意志文化都和斯拉夫的、西班牙的、意大利的、法国的、佛兰德的文化血脉相连。这座音乐之城真正的天才之处，正在于能让一切反差和谐地融入一个新型的、独一无二的文化当中，这是奥地利式的、维也纳式的。这座城市有海纳百川的愿望，有一种不同寻常的招贤纳圣的意识，它将各种不同人物吸引到自己这里，让他们感到放松、自在、舒展。在这种充满祥和精神的氛围中生活，着实令人安适。在不知不觉中，这座城市里的每一位居民都被培养成了一个超越民族和国家的人、一个世界主义者、一个世界公民。

这种调适的艺术，这种如乐曲般的轻缓过渡，在这座城市

---

1 格鲁克（Christoph Willibald Ritter von Gluck，1714—1787），早期古典音乐家，生于德国，后定居维也纳。擅长创作意大利式、法国式歌剧，并致力于歌剧改革。

的外观上已经彰显出来。它是在几个世纪当中慢慢成长起来的，从内城圈有机地向外扩展；它有两百万居民，足以保证一座都市所要求的各种奢华和缤纷，不过它还不像伦敦或者纽约那样，大得失去了自然景色。城市边缘的房舍，或倒映在多瑙河的汹涌洪流中，或眺望着宽广的平原，或是融入园林和田野之中，或者矗立在被森林环绕的阿尔卑斯山余脉的缓坡上。人们几乎无法感觉到，哪里是城市的边界，哪里是大自然的开端，它们彼此交融，全无抵牾之处。到了城市里面，人们又能感觉到城市的成长过程，如同树的年轮一般一圈圈扩展。将最里面、最珍贵的城市核心环绕起来的也已不是昔日的要塞墙垣，而是一条沿途有着华美房屋的环城大道。在内城里，皇室和贵族的古老宫殿讲述着如磐石般的往事：在这里，贝多芬曾经在利希诺夫斯基府上演奏音乐；在这里，海顿曾是埃斯特哈齐家的座上宾 [1]，就在这儿的古老大学里，海顿的《创世记》举行了首演。霍夫堡宫见证了各代皇帝的生活，美泉宫曾经目睹过拿破仑的身影 [2]；在斯特凡大教堂，结盟的基督教公侯因为摆脱土耳其人的威

---

[1] 利希诺夫斯基 (Lichnowsky)，来自上西里西亚的贵族。家族中，第二世利希诺夫斯基藩侯 (Karl Alois, Fürst von Lichnowsky，1761—1814)，奥地利宫廷总管，对莫扎特、贝多芬等音乐家有庇护资助。埃斯特哈齐 (Esterházy) 是中世纪兴起的匈牙利贵族。家族中，约瑟夫·尼古拉斯一世藩侯（匈牙利语 Esterházy I. Miklós József，德语 Nikolaus I. Joseph Fürst Esterhazy，1714—1790）是海顿的最大雇主。

[2] 霍夫堡宫 (Hofburg，意为"宫廷的城堡")，坐落在维也纳中心的哈布斯堡王朝皇宫主建筑群。美泉宫 (Schönbrunn) 坐落在维也纳西南，是哈布斯堡王朝的夏宫。

胁而跪下做感恩祷告；大学建筑的墙身曾经见证过无数明灯般的学人巨擘。而在这些古老的宫殿之间，新建筑带着骄傲和光彩耸立着，连带着辉煌夺目的大道和流光溢彩的商店。但在这里，古老建筑与新建筑并不相争，就如同被开凿的石头与未被惊扰的大自然相安无事一样。在这里生活美妙无比，这座城市好客地接纳所有外来者，也乐于自我奉献。在这座与巴黎一样满是欢愉轻松氛围的城市中，人们能更加自然地享受生活。谁都知道维也纳是一座享乐之城，而所谓的文化，不就是在艺术和爱情中获取生活的粗粝原质中那些最美好、最温柔、最精致的东西吗？这座城市的人在美食方面在意上好的葡萄酒、微苦的鲜啤酒、丰盛的面点和蛋糕，在精致的享受方面也有着高要求。演奏音乐、跳舞、演戏、交谈、得体而彬彬有礼的举手投足，这些都被视为特殊的艺术。无论在单个人身上还是在整个社会当中，占据举足轻重位置的不是军事和政治，也不是商业事务。普通维也纳市民每天早晨翻看报纸时，第一眼看的不是议会讨论或者世界新闻，而是那座剧院的节目单——那座剧院在公共生活中具有的重要性，其他城市几乎无法理解。因为这座皇家剧院——城堡剧院——对维也纳人、奥地利人来说，不光是演员上演戏剧的舞台，它还是把大千世界映射在其中的小天地，是色彩斑斓的光束，社会在其中审视自身，是唯一代表了正宗"宫廷做派"的高尚品位。观众从宫廷演员身上看到榜样：如何穿着，如何步入厅堂，如何交谈，作为一个有良好品位的男人可以使用哪些言辞，又需要避免哪些言辞。这座舞台不光是娱乐场所，而是体面的举止、正确发音的有声有形的指南。

哪怕与宫廷剧院只是沾上一点边儿的人和事，敬仰就如同圣光环一般环绕在他们头上。首相巨贾在维也纳的大街上走过，可能不会有人回望；但一位宫廷演员、一位女歌剧演唱家从街上走过的话，每一位售货摊的女摊主，每一位马车夫都认得他们，我们这些小男孩如果看到这些名角中有谁经过的话（他们的照片和签名人人都收集），就会得意扬扬地互相讲来听。这种近乎宗教性质的人物崇拜，严重得都可以说爱屋及乌了。索嫩塔尔[1]的理发师、约瑟夫·凯恩茨[2]的马车夫都是受人尊敬的人，人们都暗暗地嫉妒他们。年轻的高雅之士都以与演艺界名人有同样的裁剪师而感到骄傲。伟大演员的每一个纪念日、每一个葬礼都会变成一个重大事件，盖过所有政治事件。自己的剧本能够在城堡剧院上演，这是每个维也纳作家的最大梦想，因为这意味着贯穿一生的高贵尊荣：种种荣誉也会随之而来，这如同一张终生有效的入场券，所有官方活动他都会收到邀请，这毕竟是成了皇室的宾客。我还清楚地记得，这些发生在自己身上时那种庄严的方式。那天上午，城堡剧院院长先请我到他的办公室，就为了通知我——先向我表示了祝贺——我的剧本被接受了。等到我晚上回到家，发现房间里有他的名片：他正式回访了我，一位二十六岁的年轻人。我，作为皇家舞台的作者，只因为作品被接受就变成了一位"绅士"，可以有幸得到皇家机构的院长给予对等礼遇。剧院里发生的事情会间接涉及每一个人，

1　索嫩塔尔（Adolf von Sonnenthal，1834—1909），奥地利著名话剧演员。

2　约瑟夫·凯恩茨（Josef Kainz，1858—1910），奥地利著名演员。

甚至那些并无直接关联的人。比如，我还记得自己很小的时候，厨娘满眼泪水冲进房间：刚刚有人告诉她，夏洛特·沃尔特（Charlotte Wolter）——城堡剧院里最著名的女演员——去世了。这种极度悲伤之所以让人感到诡异，是因为这位几乎是半文盲的老厨娘从来没有去过那座高级剧院，从来没有在舞台上或者生活中见过沃尔特。但是，在维也纳，一位伟大的国家演员是整座城市的集体财富，即便一个不相干的人也会感到她的逝世是一场大不幸。每一位深受爱戴的歌唱家或者艺术家的离世都会不可避免地变成国哀。当曾经首次上演莫扎特《费加罗婚礼》的"旧"城堡剧院被拆掉时，整个维也纳社交界像参加葬礼一样庄严肃穆地聚集在大厅里。帷幕刚一落下，每个人都奔向舞台，为的是至少拿到一块舞台地板的碎片，作为圣体遗物带回家——他们钟爱的艺术家曾经在上面表演过。在几十年以后的今天，在十几个剧院里，我们仍然可以看到这些不起眼的木片被保存在珍贵的匣子里，如同圣十字架上的木片被保存在教堂。当所谓的贝森朵夫音乐厅被拆掉时，我们自己做出来的举动也未见理智多少。[1]

这个音乐厅只用来演奏室内乐，本身是一座并不起眼也没有什么艺术性的小建筑，是列支敦士登公爵先前的骑术学校，

---

1 贝森朵夫音乐厅（Bösendorfer Saal），著名钢琴制作家路德维希·贝森朵夫于 1872 年完成对原建筑的改建，举办了音乐厅落成演出。音乐厅可容纳五百八十八名听众。该建筑于 1913 年被拆除，期间举办过的音乐会大约四千五百场，无数音乐名人曾经在这里登场演出，他们的作品在这里首演。这里曾经是维也纳艺术世界中的一颗璀璨明珠。

后来简单地在四壁包上木板，改造成适合演奏音乐的场所。但是，如同一把古老的小提琴一样受到钟爱，它是音乐热爱者的圣所，因为肖邦和勃拉姆斯、李斯特和鲁宾斯坦都在那里举办过音乐会，因为许多著名的四重奏都是在这里举行首演。现在这个地方要为一个新的实用建筑让路。对于我们这些在这里经历过许多难忘时刻的人来说，这是无法接受的。当贝多芬的旋律——罗塞四重奏[1]的此次演出比以往任何一次都更为出色——渐渐消失，却没有人离座。我们喝彩，我们鼓掌，有些妇女开始因为动情而啜泣起来，没有人愿意接受这是一场永别。他们关掉了大厅里的灯光，要把我们赶出来。这四五百个狂热分子，没有一人离开座位。半个小时，一个小时，我们留在那里，好像我们只要在场就能强迫这个神圣之地获得拯救一样。作为大学生，我们用请愿、游行、文章来抗争过：贝多芬在里面离世的房子不能被拆掉！拆掉维也纳每一座有历史意义的房屋，都是从我们的身体上撕下一缕灵魂。

这种对艺术尤其是对戏剧艺术的狂热，遍及维也纳的各个社会阶层。由于有几百年的传统，维也纳原本是一座阶层划分明晰但又能完美交响的城市。这座城市的指挥台还属于皇室。

---

1 罗塞四重奏（Rose-Quartett），由维也纳小提琴家阿诺·罗塞于 1882 年成立的弦乐四重奏乐队，是 20 世纪初最重要的乐队之一。1938 年，在奥地利与纳粹德国结盟之后，身为犹太人的罗塞被迫离开维也纳，流亡到伦敦。该乐队的最后一次演出是在 1945 年的伦敦，次年罗塞去世。

皇室城堡是中心，不光是空间意义上的中心，这个超越民族的皇权也是文化意义上的中心。围绕着皇室城堡的是奥地利、波兰、捷克、匈牙利那些高级贵族的府邸，在某种意义上形成了第二道城墙。接下来是"上层"社会，由一些小贵族、高级官员、工业界巨头和"古老家族"组成，再往下则是小市民阶层和无产者。所有这些阶层都生活在自己的圈子里，甚至各自有自己的城区：高级贵族住在城市核心的府邸里，外交官住在第三区，工商界人士住在内环大道的近旁，小市民住在从二区到九区的内城，无产者住在外环。这些人之间的互动发生在戏剧或大型庆典活动中，比如普拉特绿地公园（Prater）里举行的鲜花彩车游行[1]上，数十万计的人群会兴奋地向坐在华美彩车里的"上面的一万人"欢呼三次。在维也纳，凡是有音乐、有色彩的事情都可以变成庆典的由头：基督圣体节这种宗教游行、军事检阅或者"城堡音乐节"等。即使是出殡的行列，也会有人兴致勃勃地围观。每一个真正的维也纳人都有着这样的渴望，自己要有一个排场豪华的"漂漂亮亮的出殡"和众多送葬者；一个真正的维也纳人，甚至要将自己的死亡转变为他人的观赏乐趣。对一切多彩的、有声的和庆典性内容的热衷，把表演性内容当作生活本身的游戏形式和镜像形式并乐在其中，不管这发生在舞台上还是在实实在在的空间里。在这方面，整个城市是一致的。

1　鲜花彩车游行（Blumenkorso），从 1886 年到 1914 年，每年的 5 月份举行的春季庆典。传统上只有贵族和上层社会才可以用鲜花装饰自己的马车来参加游行，出租马车没有资格参加，观众则为普通民众。

维也纳人的"戏剧痴"，确实让人们去追踪那些备受喜爱的人物最琐碎的生活细节，有时候达到了荒谬的程度，很容易遭别人嘲笑。跟意志坚定的德意志邻国相比，我们奥地利人在政治上的无动于衷，在经济上的落后可能真的可以部分归于过分看重享受生活。不过，从文化上看，对艺术活动的过分重视造就了一些独一无二的东西：首先，对所有艺术成就都无比敬畏；其次，这样几百年下来，他们就有了别人难以企及的艺术鉴赏力，而这样的鉴赏力最终又让他们在所有文化领域里达到一个超高的水准。艺术家在这里总是觉得最为安适，也最能受到启发和激励，他们在这里被重视，甚至被高估。艺术总是在那些能成为全民生活要素的地方，才会有顶尖的成就出现。就如同在文艺复兴时期，佛罗伦萨和罗马将画家吸引到自己的地盘上，把他们培养成巨匠，因为每位艺术家都感觉到自己是在全体市民面前与其他艺术家竞争，他们必须不断地超越自己。维也纳的音乐家和演员也知道自己在这座城市中的重要性。在维也纳歌剧院，在城堡剧院，任何疏忽都不会不被察觉到：每个演奏错的音符会立刻被注意到；每个不正确的定音、每个被缩短的音长都会受到指责。这种监督不光来自那些观看首演的专业文艺批评者，而且日复一日地来自全体观众——在不断的比较中，他们的头脑越来越警醒，耳朵越来越敏锐。由于在政治、在行政管理、在社会风习方面都波澜不惊，人们对这些领域里的任何"拖沓"都心态平和地认为无所谓，对任何违规不当之处都能宽容体谅，只是在与艺术相关的事物上却没有半点含糊：这座城市的荣誉全系于此。每一位歌唱家、每一位演员、每一位音乐家都必须自始至终竭尽全力，否则就会被淘汰出局。在维也纳，成为人们喜爱的艺术家是很美妙的事情，但让自己保持被喜爱的地位，却并不容易：对艺术的松懈是不会得到谅解的。维也纳的艺术家知道自己处于这从不间断、毫不留情的监督之下，从而迫使自己竭尽全力拿出最好的水平，并让维也纳的艺术界在整体上获得了不起的水平。我们每一个人从年轻时就学会了用一种严格苛刻的标准去衡量人生中接触到的艺术作品。要是一个人曾经对古斯塔夫·马勒（Gustav Mahler）手下的歌剧院以最铁板一块的严格规矩来处理最小细节的演出都习以为常，将爱乐交响乐团的音乐家们那种极为精准而又有爆发力的演奏视为理所当然的话，那么他／她在今天就很少能够对戏剧或者音乐演出感到十分满意。不过我们从中也学会了一点：对自己的艺术表现也要严格。对我们来说，这种水平曾经是也一直是标杆性质的，世界上（只有）少数几座城市这样培养未来艺术家。但是，即便很底层的民众也有关于节奏和旋律起伏的知识，甚至那些坐在"新酿酒"[1]酒馆里最不起眼的市民，也要求铜管乐队演奏上等的好音乐，要求店主提供好葡萄酒。在普拉特绿地公园里的民众也非常清楚，哪一个军乐队——到底是"德意志大

---

[1] 新酿酒（Heurige）：本义是指当年的新酿葡萄酒。奥地利法律规定，葡萄酒酿造者可以在无须许可证、无须缴税的情况下，向顾客提供当年的葡萄酒。各州的相关法律不尽相同。在维也纳，纯粹的"新酿酒馆"不需要经营许可，但是除了不含酒精的饮料，这样的酒馆只能提供自家酿造酒类，只允许为顾客提供冷餐。这是维也纳餐饮文化生活中一道特有的风景。提供新酿酒期间，往往有铜管乐队现场演奏音乐。

师"还是"匈牙利人"[1]——的演奏最有"动感"。谁在维也纳生活，从空气中马上就能获得对韵律的感觉。这种音乐性，我们作家在特别讲究的诗歌当中将它表达出来；在别人那里，节奏感则体现在社会态度和每天的生活当中。

在所谓的"上层"社会，一个维也纳人要是没有艺术感觉、对形式无动于衷，是不可思议的，即便是在底层社会，最穷的人也已经从风景、从人的欢快氛围中将某种美的直觉带入自己的生活当中。一个人如果没有对文化的热爱，对生活中这种最神圣的多余之事保持着同时既能享受又能挑剔的感觉，他／她就不是一位真正的维也纳人。

对于犹太人来说，让自己去适应生活于其中的民众环境或者该国的情形，这不仅是外在的保护措施，也是一种深度的内心需求。那种需要家乡，渴望平静、安宁、安全感，不被当成外人的要求促使他们带着满腔的激情将自身与周围的文化联结在一起。除了在 15 世纪的西班牙，这类联结几乎没有哪里能比在奥地利发生得更顺利、更富有成果。犹太人已经在这座皇城里住了两百多年，他们在这里遇到了轻松愉快、乐于与人为善的人。这些人表面上并不讲究繁文缛节，在内心深处却对思想和审美价值有着深深的直觉，一点儿也不逊于犹太人自身。生活在维也纳的这类人，其数量甚至还超过犹太人自身。在这里，

1　这里的"德意志大师"（Deutschmeister）和"匈牙利人"（Ungarn）指的是奥地利的两支传统军乐队。作为维也纳文化传统的一部分，今天的"德意志大师"军乐队与维也纳旅游局合作定期在霍夫堡宫和内城为游客提供表演。

犹太人也找到了自己的一项使命。在上一个世纪（19世纪），奥地利的艺术发展失去了其传统的守护者和保卫者：皇室和贵族。在18世纪，女皇玛丽亚·特蕾西娅（Maria Theresia）让格鲁克给她的女儿们教授音乐，约瑟夫二世能作为一个内行人与莫扎特讨论他的歌剧，利奥波德三世能够作曲，而后来的皇帝弗朗茨二世和斐迪南（Ferdinand）对艺术上的事情没有任何兴趣，我们的皇帝弗朗茨·约瑟夫（Franz Joseph）在他八十年的人生中除了军阶手册，就没有读过一本书或者将一本书拿在手里，他甚至对音乐还表现出特别的反感。那些高级贵族也放弃了从前的保护人的位置。那些辉煌的日子一去不复返了，那时埃斯特哈齐家族将海顿奉为座上宾，洛布科维茨（Lobkowitz）、金斯基（Kinsky）、瓦尔德施泰因（Waldstein）家族竞相争取在自家府邸中举行贝多芬作品的首演，而图恩伯爵夫人（Gräfin Thun）竟然在这位伟大的灵魂面前屈膝，请求他不要将歌剧《菲岱里奥》（Fidelio）从歌剧院的节目中撤掉。后来，甚至连瓦格纳、勃拉姆斯和约翰·施特劳斯或者胡戈·沃尔夫（Hugo Wolf）在他们那里也得不到一丁点儿的赞助。为了让爱乐交响乐团的音乐会保持过去的水准，让画家、雕塑家能够生存下去，市民阶层就不得不挺身而出给予支持。这正是犹太市民阶层的自豪和抱负，他们成了维也纳文化得以保持昔日光彩的排头人物。他们从来就热爱这座城市，一心一意毫无保留地在这里安家落户；但是，只有通过对维也纳艺术奉献出的爱心，他们才感觉到自己有资格将这里当作家乡，自己成了真正的维也纳人。在其他公共领域，他们的影响非常小。皇室的煊赫让任何私家财富黯然失色，国事方面的高级职位都是世袭罔替的，外交界留给了贵族，军界和高级文官留给了那些古老家族。犹太人也根本不奢望向这些特权圈子挺进。他们知趣地尊重这些传统特权，视其为天经地义。我还记得，我父亲终其一生都避免在萨赫大饭店（Sacher Hotel）用餐，并非是出于节俭——这里与其他高级酒店在价格上的差异小得可以忽略不计——而是出于一种自然而然的距离感：如果与一位施瓦岑贝格（Schwarzenberg）亲王或者一位洛布科维茨人邻桌而坐，他会有无地自容或者越位的感觉。唯有在面对艺术时，一切维也纳人才会觉得他们都有平等的权利。在维也纳，爱与艺术是共同的责任，犹太市民通过襄助的方式对维也纳文化活动的参与是难以估量的。他们也是真正的受众，他们光顾剧场、音乐会，他们购买书籍和绘画作品，他们参观各种展览；他们有灵活的理解力，受传统的束缚相对较少，他们到处是一切新艺术的支持者和先锋。19世纪的大型艺术收藏几乎都是由他们来定型的，几乎所有的艺术尝试都只能在他们的支持下才成为可能。如果没有来自犹太市民阶层这种坚持不懈的、令人倍感鼓舞的兴趣，指望皇室、贵族和信奉基督教的百万富翁——他们更愿意将钱花在赛马的马厩上或者打猎上——维也纳在艺术方面也会远远落后于柏林，就如同奥地利在政治上落后于德国一样。如果有谁想在维也纳做些新尝试，如果一位外来客要在维也纳找到知音和观众，就得依靠这些犹太市民阶层。在反犹时代有过唯一一次成立"民族剧院"的尝试，可是这家剧院既找不到编剧，也找不到演员，更没有观众。几个月以后，这家"民族剧院"就惨淡地倒闭了。正是此事才让人们恍然大悟：

享誉世界的"19 世纪维也纳文化"中，百分之九十的成就是由维也纳的犹太人来襄助和哺育，甚至是他们自己所创造的。

正好是在最近一些年，维也纳犹太人在艺术上的产出丰富起来，与在西班牙（犹太人）那悲剧性的毁灭前夕的情形相似。但是，其艺术产出的方式并非犹太人特有的方式，而是经由一种通感的奇迹，让奥地利的、维也纳的艺术获得了最强有力的表达形式。在创新音乐方面，戈德马克[1]、古斯塔夫·马勒、勋伯格是国际性的人物；奥斯卡·施特劳斯（Oscar Strauss）、莱奥·法尔（Leo Fall）、卡尔曼（Kálmán）让圆舞曲和轻歌剧的传统获得了新的生机；霍夫曼斯塔尔（Hofmansthal）、阿图尔·施尼茨勒（Arthur Schnitzler）、贝尔－霍夫曼（Beer-Hofmann）、彼得·阿尔滕贝格（Peter Altenberg）让维也纳的文学登上了欧洲文学的殿堂，这是维也纳文学甚至在格里尔帕策（Grillparzer）和施蒂弗特（Stifter）时代都未曾得到过的尊荣；索嫩塔尔和马克斯·赖因哈特（Max Reinhardt）让这座戏剧城市再度誉满全球；弗洛伊德和其他学术巨擘让早已名声斐然的大学获得举世瞩目。无论在哪里，这些浸润着维也纳精神生活的人，作为学者、艺术名流、画家、导演和建筑设计师、记者，都享有很高的地位，甚至至为崇高的地位。出于对这座城市充满激情的热爱，出于融入的愿望，他们完全让自己适应这个社会，以能够为奥地利争得荣誉而感到幸福。他们感觉，自己作为奥地利文化中的一员是面对世人的一种使命。而且，我们需要诚实地再次重申：那些今

---

1 戈德马克（Karl Goldmark，1830—1915），祖籍匈牙利的奥地利著名作曲家。

天在欧洲和美国大获赞赏，被认为在音乐、文学、戏剧和艺术方面表达了新生的奥地利文化的作品，如果不说是很大一部分的话，也有相当一部分是维也纳犹太人创造的，而犹太人在放弃自己文化的同时，却达到了他们千年以来精神活动的最高成就。一种几个世纪以来找不到出路的智识能量，在这里与一种已经变得疲惫的传统结合在一起，用新力量和永无疲倦的创造力让它（旧传统）得到滋养、再现生机，让它得以提升和焕然一新。这座城市在多元因素相遇中形成的文化和感觉，让它获得了精神上的超民族性。未来的几十年将会证明，那些以粗暴的方式将这种维也纳文化民族化和地域化的做法，对维也纳这座城市来说是怎样的犯罪。维也纳的天赋——一种特殊的音乐性的——是能让一切族群上、语言上的对立在自身中变得和谐一致，它的文化是所有欧洲文化的综合。凡是在那里生活和做事的人，都感觉自己抛开了褊狭和成见。再没有哪里比在维也纳更容易让人成为一个欧洲人。我深知，自己能够早早地学会将人类共同体的理念作为内心的最高准则来热爱，在一定程度上要感谢这座城市：它早在马可·奥勒留（Marc Aurel）时代就曾经保卫过那种罗马的、普世的精神。

在昔日的维也纳，人们过着好日子，人们活得轻松、无忧无虑，北方的德国人带着恼怒和轻蔑俯视着我们这些多瑙河畔的邻居：这些人既不"能干"，也不保持严整的秩序，而是让自己好好地享受生活，享受美食，在节日和剧院里找到乐趣，还能创作无与伦比的音乐。维也纳人的确不具备德国人的那种"能干"——这种"能干"毕竟使其他民族的生存遭受了无比的痛苦和毁灭——也没有那种贪婪的"想要赶超一切他人"和"向前冲"的愿望，他们更愿意愉快地闲谈，愿意融洽地相处，愿意在安详愉快和放松的共处中，每个人都各得其所，于任何人并无不利。"活着以及让人活着"是最著名的维也纳基本准则。即便在今天，我仍然认为这个基本准则要比一切范畴性的绝对命令更符合人性，它可以在所有的生活圈子里不可抗拒地大行其道。穷人与富人、捷克人与德国人、犹太教徒与基督徒相安无事地生活在一起，尽管他们偶尔也互相嘲弄；即便是政治运动和社会运动，也摆脱了那种残忍的仇恨，这种残忍的仇恨是第一次世界大战的残留毒物，进入时代的血液当中。在过去的奥地利，人们彼此斗争时保持着骑士风度；在报纸上、在议会里，人们也会相互漫骂，但是在发表过西塞罗式的辩论演说以后，这些议员会友好地坐在一起喝杯啤酒或者咖啡，相互谈话时用"你"而不是"您"。即便在卡尔·卢埃格尔（Karl Lueger）作为反犹党党魁成为维也纳市长期间，这种情况也没有什么改变，至少在私人交往领域里。我个人必须承认，无论在中小学、在大学还是在文学界，我都没有因为自己是犹太人而遭受任何阻碍或者蔑视。那种一国针对另外一国、一个民族针对另外一个民族、一张桌子旁的人针对另外一张桌子旁的人的仇恨，还没有每天从报纸上跳到人们的眼前，那种仇恨还没有将人与人、国与国隔离开来；在公共生活中，群体情绪还不至于强烈得让人反感；私人领域有自己做和允许别人做的自由——这在今天几乎不可想象——在当时还是理所当然之事。那时人们也不像今天这样把容忍蔑视为软弱和无能，而是将其盛赞为一种伦理力量。

这是因为我出生和长大的那个世纪并不是一个激情主导的世纪。那是一个有着明确的阶层划分，存在着平缓过渡地带的井井有条的世界，一个没有匆忙的世界。新速度的节奏还没有从机器、汽车、电话、收音机、飞机转移到人的身上，衡量岁月和年龄还有着另外的标尺。人们生活得较为悠闲。当我今天试图去回忆起童年时期出现在我身边的成年人的形象时，尤其明显的特征是，他们中间有很多人是很早就发了福的。我的父亲、我父母辈的男性亲属、我的老师、商店里的售货员、指挥台上的爱乐乐团里的音乐家，他们在四十岁时已经是心宽体胖的"气派"男人了。他们走路不慌不忙，说话得体，在谈话中抚摸着精心呵护、通常已经变得灰白的胡子。不过，白发只是表明一个人的尊严新的标记，一位"稳重"的男人要有意避免年轻人的体态和自负，那会被看成是不恰当的。即便我还是一个小孩子，那时我父亲还不到四十岁，我怎么也想不起来曾经看见过他急匆匆地上楼下楼，或者以能让人察觉到的形式匆忙做什么。匆忙不光意味着不够精致，实际上那也是多余之举，因为在这种市民阶层的稳定生活中，由于有各种小型的保障和补偿措施，从来不会有什么突然之事发生。外面世界所发生的灾难，无法穿透这"有保障的"生活的坚实围墙。发生在南非的英布战争、亚洲的日俄战争，哪怕是巴尔干战争，对我父母的生存都不能有分毫的影响。他们对报纸上关于每一场战役的报告一翻而过，就如同看体育栏目一样感到无所谓。的确，奥地利以外发生了什么，跟他们有什么关系，他们的生活能因此有什么改变呢？

他们所经历的奥地利，是一个风平浪静的时代：没有政体上的大起大落，没有出其不意的财产贬值。如果在股票交易所里股票跌了百分之四到百分之五，人们就会称之为"暴跌"，会愁眉不展地说这是灾难。人们抱怨"高"赋税，这种说法更多的是出于习惯，而不是人们真的以为如此。实际上，如果和第一次世界大战后的税收相比的话，当时的税额不过如同给国家的一点儿小费而已。那时候人们在遗嘱里还精确地写下，如何才能避免让他们的孙子以及重孙子遭受财产方面的损失，就好像一旦有一张看不见的债契就有了永远的安全保证一样。人们在此间舒适地生活着，抚平小小的忧虑，如同去抚摸一只好玩而听话的宠物，从根本上人们不会对它们心怀恐惧。每当我手里碰巧拿着一张过去的旧报纸，每当我读到一篇激情澎湃的、关于一个小社区选举的文章，当我去回忆城堡剧院的某场演出以及它出现的小问题，或者我们年轻人在讨论一些原本无关紧要事情那种过分的激动时，我就会忍俊不禁。这些忧愁是多么微不足道，那个时代是多么波澜不惊啊！我的父母和祖父母那一代赶上了好时代，他们的人生平静、笔直而清晰从一端到另外一端。不过，我不知道自己会不会从此嫉妒他们，因为他们像生活在天堂里面一样，所以未曾遭遇过什么实实在在的愁苦、命运的险恶和重创；他们不曾经历任何危机和问题：它们会让心灵遭受压迫，但同时也让心灵有了了不起的拓展！他们生活在安宁、富足、舒适的象牙塔中，关于生活也能变成重负和焦虑，生活是永远的意外，生活能被从各种角度撬离根基这一点，他们所知是多么少！在他们那令人感动的自由主义和乐观主义想法中，他们多么难以想到，即将到来的晨光在窗前初现的每一天都能将我们的生活践踏破碎。即便他们在经历最黑暗的时刻，也不会愿意去放下幻想，去想到人会变得多么危险；同样也难以想到人能有多大的力气来战胜危险、经受考验。我们，被生活的急流所追逐；我们，被拔除掉一切纽带关联的根基；我们，总是在被推到一个终结时再重新开始；我们，是不可知的神秘力量的牺牲品，却也是它心甘情愿的仆人。对我们而言，舒适已经变成一个传说，太平只是一个童年梦想。我们感觉到了从一个极端到另外一个极端的张力，永久的新情况带来的恐惧深入我们肌体中的每一条纤维。我们时日中的每一刻，都与世界的命运连在一起。我们带着苦痛和乐趣，经历着远远超出自身生活小圈子的时代和历史，而我们的前人只局限于自身的生活当中。因此，我们当中的任何一位，哪怕是这一代当中最微不足道的人，对真实世界的了解也会千百倍地胜过我们祖先当中最睿智的人。但是，这不是我们白白得到的礼物，我们为此付出了不折不扣的代价。

二　上个世纪的学校

在读完国民小学以后我被送入文理中学，这不过是水到渠成的事情。每一户殷实人家出于对社会地位的考虑，都要精心培养"受过教育"的儿子，让他们学习法语和英语，精通音乐，首先给他们安排家庭保育教师，其后是私人教师教他们举止得体礼貌。但是，在那个"开明"的自由主义时代，只有能够通向大学文凭的所谓"学术"教育才具有完全的价值。因此，每一个"上层"家庭都有那么一份勃勃的雄心：在自己的儿子当中，至少有一人的名字前面应该带个博士头衔，随便什么专业的都行。

通往大学的这条路相当漫长而崎岖。五年的国民小学，八年的文理中学必须得在木头长凳上坐过来，每天五六个小时的功课，课余时间还要完成作业。除此以外，在学校之外他们还被要求获得"通识教育"：法语、英语、意大利语，除了这些"活"的语言，还有古典希腊语和拉丁语，也就是说，五种语言再加上几何学和物理学，以及学校里的常规学科。那内容实在是太多了，几乎没有给身体的发育、体育和散步留出空间，尤其是没有给兴奋感和愉快留出来任何余地。我只能模糊地记得，我们在七岁时背诵了《快乐而幸福的童年》这首歌曲，必须表演合唱。这首歌那简单而单一的旋律还能在我的耳边回响，但是那首歌的歌词在当时我就很难唱出口，更难觉得它让人口服心服。如果可以实话实说，我的整个学校生涯，全是不间断的无聊厌倦。我失去了耐心，想要摆脱这种磨盘般的折磨；无聊厌倦的感觉却因为我的不耐心而年年增长。我不记得在那个单调的、没有灵魂、没有思想的学校中有什么事情是"快乐"和"幸福"的，它把我们生活中最美好、最自由的一段岁月彻底败坏了。我甚至也会承认，当我看到这个世纪的孩子们，在童年时期能发展出来的幸福、自由和独立比我们那时要多得多时，我还忍不住嫉妒呢。直到今天，当我看见孩子们那么无拘无束，几乎可以说是平等地与老师谈话时，看到他们一点儿也不心怀恐惧地赶往学校，而不是像我们一样一直怀着隔阂的感觉，看到他们在学校、家里可以随意公开说出那些来自年轻的、好奇的灵魂中的想法时，我似乎仍然觉得难以置信。这自由、独立、天然的生灵，在我们踏进那幢遭人痛恨的建筑物以前，就必须把它掩藏好，以免让自己的前额撞上那看不见的牛轭。对于我们来说，学校意味着强迫、冷漠、无聊，是一个对"不值得了解的知识"准确地进行切割分块并死记硬背的地方；对于那些经院式或者被变成经院式的内容，我们找不到它们与现实或者个人兴趣有任何关联。那是一种迟钝枯燥的学习，不是出于生活的需要而学习，是为了学习而学习，是旧式教育强加在我们身上的学习。学校里唯一真正让我欢欣鼓舞的幸福时刻，也是我要为此感谢学校的时刻，就是学校的大门从此永远在我身后关上了的那一天。

这并不是说我们奥地利的学校本身有多糟糕。正好相反，那所谓的"教学计划"是在一百年经验基础上精心编制出来的。如果这些内容能以富有启发的方式传授给学生，就可以成为一个富有成效、相当全面的教育基础。但是，正因为有死板的计划和枯燥的条条框框，我们的课程表变成了残酷的荒野，死气沉沉。一个冷冰冰的学习器械，从来没有根据个人的需求来调节，如同一个自动机器一样，只显示"良好、及格、不及格"的刻度，以此来显示我们在多大程度上符合了教学计划上的"要求"。这种人与人之间爱心全无，这种清醒的非个人化，这种军营式的相处方式，正是让我们在不知不觉中倍感煎熬的东西。我们有固定的内容要学习，学过的东西要考试。整整八年，没有人问过我们自己愿意学习什么，一次都没有。每个年轻人都暗自渴望获得那种支持他们求知的辅助力量，偏偏在学校里完全没有。

这种冷漠的状态从学校建筑的外观上就可以一览无余。这是一座典型的实用建筑，五十年以前快速、廉价的方式没多加考虑就搭造起来了。质量糟糕的阴冷石灰墙，教室低矮，没有一张画或者任何能让眼睛感到舒适的装饰，整座房子里都是厕所的气味。这座学习军营从旧宾馆拿来已经被无数人用过的家具，以后还将有无数人继续用下去，不管他们对此是无所谓还是不情愿。直到今天，我还忘不了这座房子里那种令人不快的霉味，和奥地利行政办公室里的气味是一样的。当时我们将这种气味称为"衙门味"，是那种暖气烧得太热，多人聚集，从来没有真正好好通风的房间里会有的气味。这种气味首先附着在衣服上，随后也附着在灵魂上。我们坐在低矮的木凳上，两人一组，好像摇橹船上的囚犯一样。这种座位让人后背弯曲，我们坐得骨头都发疼。在冬天，煤气灯的明火发出来的蓝光照在我们的书上；在夏天，窗子上都提防性地挂上窗帘，好让我们的目光无法瞥见一小块四方形的蓝天，不让我们为此高兴。那个世纪的人们还没有发现，尚在发育的身体需要空气和运动。四五个小时一动不动地坐在长凳上，这期间在阴冷狭窄的走廊上有十分钟的休息，人们以为这就足够了。每周两次，我们会被带到体操大厅里，窗户都被关得严严实实，我们在地板上毫无意义地蹦来蹦去，每一步都会扬起一米高的灰尘。这样下来，健体举措就完成了，国家对我们尽了让"健康的精神存在于健康的身体中"这一"责任"。多年以后，当我从这座黯淡可悲的房子旁边经过时，还是能有一种获得救赎的感觉，我不必再走进这座我们青少年时代的牢狱。当这座名校在举行成立五十周年的庆祝活动时，我曾经受邀作为出色校友当着部长和市长的面发表演说。我客气地拒绝了。我没有什么要感激这个学校的，每一个这类词汇都是谎言。

学校生活让人感到的沮丧，责任也不在老师身上。他们既不好也不坏，不是暴君，也不是乐于助人的战友。他们是可怜的魔鬼，像奴隶一样被绑缚在一个程式里面，被绑缚在具有威慑性的既定教学计划上，他们要完成"工作量"，正如我们也得完成我们的工作量一样。我们可以明显感觉到，等到中午学校里那让我们获得自由的钟响起来时，他们也和我们一样高兴。他们不爱我们，也不恨我们：怎么可能呢，因为他们也根本不了解我们。几年过去了，我们很多人的名字他们都不知道。在那时的教学方法中，他们的脑子里只费心琢磨一件事，去确认"学生"在上一次作业中犯了多少个错误。他们坐在上面的讲台上，我们坐在下面；他们提问，我们必须回答。除此以外，我们之间没有什么关联。在老师和学生之间，在讲台和长凳之间，在看得见的"上"和看得见的"下"之间，是看不见的"权威"，这阻止了任何接触和相互间的了解。老师将学生当作个体来看待从而因材施教，或者就对学生的观察写出"报告"——这种做法在今天已经司空见惯了——既不是老师的责任，也超出了他们的能力范围。另一方面的原因是，个人谈话会减少老师的权威，因为那样一来老师就让我们"学生"同他们太平起平坐了，而他们本应该是"坐在上面的人"。我已经完全忘记了他们的名字和长相，没有什么比这更能说明问题的了：我们和老师之间无论在思想上还是在灵魂上都毫无共同关联。在我的记忆当中，如照片一样清晰的是讲台和班级记事本。对那个记事本，我们总是企图去瞄上一眼，因为里面写着我们的分数——就在现在，那个里面有分类标记的小小红色记事本还浮现在我的眼前；接下来便是在记事本中写进数字的那支黑铅笔。我眼前也浮现出自己的作业本，上面到处都是老师用红色水笔修改过的地方，但是没有任何一位老师的脸庞。也许那是因为我们面对他们时，总是半闭着眼睛或者用漫不经心的眼睛看他们。

对于学校生活感到乐趣全无的，并非只有我一个人。我不记得同学当中有哪位对学校生活没有反感，我们最佳的学习兴趣和学习愿望在这个磨盘里受到阻滞和压抑，变得兴味索然。很久以后我才意识到，这种对我们青少年没有爱、没有灵魂的教育方法并非国家主管部门的不作为：这里面包含着一种特有的既定意图，只不过这意图是一个应该小心保守的秘密而已。我们面对的世界，或者说，高居我们头上的世界将一切想法都集中于追求"安全"这一偶像上，他们不爱年轻人，甚至可以说，他们对年轻人始终不信任。他们热衷于系统性的"进步"，热衷于它的秩序；他们将市民社会中各种形式的有条不紊和从容不迫当成人类唯一一个有效用的美德。每一种能将我们带向前方的匆忙都应该避免。奥地利是一个古老的国家，由一位老皇帝君临天下，由老首相实行治理；这个国家没有其他野心，只想通过抵制任何极端性的改变让自己在欧洲毫发无损地得以保全。年轻人在天性上总是想要快速极端的改变，因而是一个令人担心的因素，他们应该受到排斥和压制，时间越长越好。没有人有理由让我们的学校生活变得愉快；任何升迁都要先经过耐心的等待。由于一切都在向后推，那时每个年龄阶段所具备的含义也与今天的完全不同。人们对待一位十八岁的文理中学的毕业生，就像对待孩子一样：如果被抓到在抽烟，他就会受到惩罚；如果需要离开教室去厕所的话，他得乖乖地先举手报告以便获得批准。一个三十岁的男人还会被认为羽翼未丰，甚至四十岁也还被认为没有成熟到足以担当责任重大的职位。当一个令人吃惊的例外——三十八岁的古斯塔夫·马勒被任命为宫廷歌剧院院长——发生之时，整个维也纳被震惊得一塌糊涂。人们到处窃窃私语，因为当局将这首屈一指的艺术机构交给了一个"这么年轻的人"（人们完全忘记了，莫扎特在三十六岁，舒伯特在三十三岁时已经完成了他们的里程碑作品）。这种觉得"每个年轻人都不那么可靠"的不信任，贯穿在各个圈子里。我父亲在业务中从来没有接待过年轻人，如果一个人不幸面相年轻的话，他在哪儿都得先克服人们对他的不信任。年轻成为职业进取上的障碍，年长受到优待，这种做法在今天几乎是无法想象的。在我们的今天，一位四十岁的人会尽一切努力让自己显得像三十岁，六十岁的人显得像四十岁，年轻、精力充沛、行动力和自信是人们想要的、首选的，而在那个太平年代，每一个想要向前的人都得尝试一切想得出来的面具来让自己显得老成。报纸推荐一些让胡子快速生长的办法，二十四五岁，刚刚完成学业的年轻医生留着大胡子，哪怕没必要也要架上一副金边眼镜，只是为了给他的首位患者留下自己已经"有经验"的印象。人们穿上黑色的长外套，迈着从容的步子，还尽可能地挺起微圆的小腹，以此来体现那种刻意的老成持重，有上进心的人会至少从外表上尽量去掩盖那让人感到不可靠的年轻。到六年级、七年级时，我们已经拒绝背双肩背的书包，改用单肩背的公文包，为的是让人不会马上看出来我们是高中生。所有在我们今天看来令人羡慕的素质——年轻人朝气、自信、大胆、好奇、生活的乐趣——在那个只讲究"持重"的时代，都让人觉得是靠不住的。

　　了解这些特殊看法给人带来的唯一收获是，可以从中明白国家利用学校为工具，来维护自身的权威。我们首先要被灌输这样的想法：一切现存事物均完美无缺，应该尊奉；老师的意见绝不会错；父亲的话语不容反驳；国家机构是绝对性质的，具有永恒的有效性。那种教育的第二个基本原则（这在家庭中也要实行）是：年轻人不应该过得太舒服。他们在获得某些权利之前，必须先通晓自己的责任，尤其是完全听话的责任。我们从一开始就得牢牢记住：在生活中我们还没有做出过任何贡献，还没有任何经验；我们不要以为自己可以去追问什么，去要求什么，对于人们给我们的一切，我们唯有心存感激。在我成长的时代，在孩子们的早期童年，这种愚蠢的恐吓方法就被用在他们的身上了。仆人和愚蠢的母亲会恐吓三四岁的孩子说，要是他们不马上停止做坏事，就会有警察上门来。等到我们上了中学以后，如果某次在某个不重要的科目上得到一份糟糕的成绩，就会受到这样的威胁：让我们退学，去学一门手艺。这是市民阶层中最糟糕的威胁：落入无产者的生活状态。但是，当年轻人带着最诚恳的受教渴望，想从成年人那里获得对某个严肃的时下问题的解释时，一句高傲的"这你还不懂"就把他们挡回来了。年轻人所到之处，人们都用同样的办法来对待他们：在家里、学校、国家。人们诲人不倦地让年轻人明白：他还不"成熟"，还什么都不懂，唯一能做的就是乖乖听别人的，什么时候也不要自己插嘴反驳。也正是出于这样的原因，在学校里可怜的魔鬼教师高高地坐在讲台上，那是一尊我们无法接近的神像，他们把我们全部的感觉和心思限制在"教学计划"当中。至于我们在学校里是否身心愉快，没有人在意。在那个时代，老师的使命不是要帮助我们前行，而是教会我们谦让；不是去培养我们的内心世界，而是要求我们尽可能没有反抗地融入有序的格局中；不是去提升我们的生命能量，而是要约束它们，使之趋同。

对年轻人这种心理上的（或者说，这是完全违背年轻人心理的）压力，只会带来两种效果：要么让他们麻木不仁，要么起到刺激和激发的作用。我们可以从心理分析治疗的档案中看到，这种荒谬的教育方法造成了多少人有"自卑情结"。偏巧是在那些从奥地利旧式学校里走出来的男人发现了"自卑情结"的存在，也许这并非纯属巧合。在我本人这里，正因为有这种压力我才很早就带着宣言式的激情来主张自由，其激烈程度也是今天的年轻人难以想象的。此外，对一切权威的痛恨，对所有"高高在上"的言语的反对，也陪伴了我的一生。有很多年，拒斥一切先知性和教条性内容就像一种本能一样，我已经忘记它来自何处。有一次，我的一场演讲被安排到大学里的一个报告厅内举行，我发现，自己是从讲台上向下对人们讲话，下面坐在长凳上的听众就如同当年我们那些中学生一样，乖乖地听着，没有言谈，没有反问。突然之间，我感到浑身不自在。我当时马上就想到，在我的整个学校生涯中，这种非团队式的、威权性的、教条性的自上而下的说教，让我遭受了怎样的痛苦。一种恐惧感猛地向我涌来：我在这个高高的讲台上对下面的人发表的演说，可能会如同当年我们的老师对我们的演说一样，完全没有个人化的效果。正是由于这种阻碍，这也成了我一生中最糟糕的一次演讲。

直到十四五岁时，我们对学校忍耐得还相当不错。我们打趣老师，带着冷漠的好奇而学习每一课的内容。但是，再往后学校就让我们觉得越来越没有意思，越来越是负担。在悄无声息中，一个值得注意的现象出现了：我们这些在十岁进入文理中学的男孩子，只用了整个八年学制中的四年就超过了学校教学的知识水准。我们直觉地感到，在这个文理中学中已经没有什么重要的东西可以学习了，在某些我们自己感兴趣的领域里，我们所知道的已经比那些可怜的老师还多，而这些老师在大学毕业之后就再也没有出于自己的兴趣去翻开过一本书。另外一种对比也能日渐一日地让人感觉到：我们原本也只是心不在焉地坐在凳子上，如今在这里听不到任何新东西，或者让我们觉得值得了解的东西，而学校外面则是一座充满了无数启发的城市，一座有剧院、博物馆、书店、大学、音乐的城市，一座每天能带给人惊喜的城市。所以，我们身上那些被压制下去的求知欲，那些在精神上、艺术上、享受上的好奇，既然在学校里找不到任何营养，那么就充满激情地去面对学校以外发生的一切。一开始我们只有两三个人发现了自己对艺术、文学和音乐的兴趣，后来是十几个人，到了最后几乎是全体同学。

年轻人的兴奋如同一种互相感染的现象。在一个班级里，它像麻疹或猩红热一样从一个人传染到另外一个人，那些新手还带着一种孩子气的、虚荣的争强好胜，想要尽快在知识上超过别人，因此大家也在互相促进。这种激情会走到哪个方向上，多多少少是偶然所致。如果一个班级里有一个集邮者，那他很快就能让十几个人和他一样对集邮着迷；如果有三个人对女舞蹈演员喋喋不休，那么其余的人也会每天站在歌剧院舞台口前面。一个比我们低三个年级的班级，全班都对足球如醉如痴；比我们年级高的一个班，对社会主义和托尔斯泰感兴趣。我所在的年级偏巧是一群对艺术痴迷的同学，这对我的整个人生道路也许是决定性的。

按说这种对戏剧、文学和艺术的痴迷在维也纳是极其理所当然的。维也纳的报纸给所有的文化活动都留出特定的版面，不管走到哪里，都能听到周围大人们在谈论歌剧院或者城堡剧院的演出，所有的纸具店都挂出名演员们的画像。在当时，体育还算是一个粗俗野蛮的事，一位文理高中生会羞于热衷于此的，而有着大众理想的电影还没有被发明出来呢。喜欢戏剧和文学，也不用担心在家里遭到抵制，因为这算是"没有罪恶的"激情，与打牌和跟女孩交往正好相反。毕竟，我的父亲以及其他生活在维也纳的父亲们，年轻时也曾经同样着迷于戏剧，在观看理查德·瓦格纳指挥的《罗恩格林》歌剧演出时的兴奋，一如我们观看理查德·施特劳斯和盖尔哈特·霍普特曼（Gerhard Hauptmann）的首演。每场首演我们这些中学生都争先恐后地去看，这是不言而喻的：如果一个人不能第二天早上在学校里报告每一个细节，那么在那些幸运地看到首场演出的同学面前，他得有多么难为情！假如我们的老师对我们稍微上心一点儿的话，肯定早就已经发现，在每个大型首演的当天下午会有三分之二的同学神秘地生病了——为了能够得到一张站票，下午三点我们就得去排队。他们要是再严格地注意些的话，肯定也会发现，在包着拉丁语语法书的书皮下，我们藏着里尔克的诗歌；他们也会发现，在数学作业本里我们从借来的书中抄下了美丽的诗歌。每天我们都发明出一些新的技术，将乏味的课堂用于我们的阅读。当老师在老生常谈做着关于席勒《论质朴的诗和感伤的诗》的报告时，我们在桌子底下偷偷地看尼采和斯特林堡，他们的名字是这些迂夫子还从来没有听到过的。我们像发了高烧一样，热切地要对艺术和科学领域中发生的一切有所知晓、有所了解；下午我们拥挤在大学生当中，去听大学里的演讲；我们去看艺术展览；我们去解剖学教室看尸检。我们伸着好奇的鼻子东闻西嗅。我们悄悄地溜进爱乐乐团的排练室，我们穿梭在古董店，我们每天都查看书店里摆放出来的图书，以便马上知道从昨天起又有哪些新书出版。最主要的是，我们读书，读一切到手的书。我们去每一个公共图书馆里找来新书，把自己能弄到的书借给别人。但是，获得一切新知识最好的教育场所，却是在咖啡馆。

要想理解这一点，人们就得知道，维也纳的咖啡馆是一种非常特别的设施，在这个世界上没有什么是可以与之相比的。它实际上是一种民主性的会所，任何人只要买上一杯廉价的咖啡就可以加入其中，这笔小小的入场费让每位客人都可以好几个小时坐下，讨论、写作、打牌、处理邮件，尤其是可以享用诸多的报纸和杂志。一个比较好的维也纳咖啡馆，会有城里的全部报纸，而且不光是维也纳的报纸，还有整个德意志帝国的报纸，法国的、英国的、意大利的、美国的报纸，此外还有世界上最重要的文学和艺术评论期刊，如《法国水星评论》(*Mercure de France*)、《新观察》(*Neue Rundschau*)、《创作室》(*Studio*)、《伯灵顿杂志》(*Burlington Magazine*)。我们马上知道这世界上所发生的事情，知道每一本新出版的书，知道每一场随便在哪里的演出，我们比较不同报纸上的评论。奥地利人能够在维也纳的咖啡馆里大量地了解世界上发生的事情，同时能在好友圈子里讨论这些事情，在形成奥地利人的思想活力和国际视野方面，也许没有什么能比咖啡馆的贡献更大。我们每天坐在那里几个小时，没有什么能逃过我们的注意力，因为我们的兴趣是集体性的，我们追寻艺术活动动态用的就不是两只眼睛，而是二十只、四十只眼睛。一个人错过的事情，另外一个人会帮他注意到；况且，因为我们带着差不多像运动场上的争强好胜之心，幼稚而调皮地想要在新知识以及对最新情况的了解上超越别人。实际上，我们一直嫉妒羡慕能带来出其不意效果的做派。比如，在讨论到当时尚被排拒的尼采时，我们当中的一个人会突然带着一种做作的、高人一筹的模样说："不过，关于自我主义的理念，克尔凯郭尔还是在他之上。"这句话马上就会让我们感到不安。谁是这位克尔凯郭尔，这个某某某都已经知道，而我们对他还一无所知的人？第二天我们就会冲向图书馆，翻遍关于这个不为人知的丹麦学者的各种书籍。如果一个陌生的名字已经为别人所知，而我们自己还不曾知道，那是会让人感到无地自容的。恰好是那些最新的、最近的、最先锋的、最不同寻常的名字，那些还没有人提到，尤其是在我们尊崇的报纸上那些正式文学批评中还没有出现的名字，去发现它们，早于别人去注意到它们，正是我们的激情所在（我个人在这方面的激情还延续了很多年）。我们就是要去了解那些尚未被普遍认可的事情，那些难以领悟的、异想天开的、新生的和极端的事物会挑起我们的特殊爱慕。因此，在我们集体性的、过于饥不择食的好奇面前，没有什么是隐而不现的、边缘的。比如，斯蒂芬·格奥尔格（Stefan Georg）和里尔克，在我们上文理中学时，他们的书总共也不过印刷了两三百本，其中最多有三四本到了维也纳，没有哪个书店主人会把他们的书收在自己的库房里，没有哪个正式的文学批评者会提到里尔克的名字。但是，我们这一群人出于意志的奇迹，能够背诵他的每一首诗歌、每一个诗行。我们这些还没有长出胡子、没有发育成熟的小伙子，这些白天还得老老实实坐在中学板凳上的年轻人，的确是一位年轻诗人梦寐以求的理想读者群：好奇、有鉴赏理解能力、能倾心投入，因为我们激发狂热的能力真是无边无际。我们这些半大孩子在课堂上、在上学放学的路上、在咖啡馆里、在剧院里、在散步中，只是在讨论图书、绘画、音乐和哲学；哪个演员或者导演越来越有公众影响了，谁出版了一本书或者在报纸上发表了文章，都是我们苍穹中的一颗明星。当我后来读到巴尔扎克在描写他的青少年时代的一个句子"我总以为名人就像上帝一样，他们不像平常人那样说话、走路、吃饭"时，曾经大为震惊，因为我们当时也带着这样的感觉。在大街上看到马勒是一桩重大事件，人们要在第二天一早讲给同学们听，就像是个人的某种伟大胜利一样。当我还是小男孩时，有一次被介绍给勃拉姆斯，而且他还友好地拍了拍我的肩膀，我因为这个受宠若惊的经历而神魂颠倒了好几天。当时十二岁的我并未确切地知道勃拉姆斯有怎样的贡献，但是光是他的名声，他那创造者的灵光神采就有着令人震撼的力量。当霍普特曼的剧作即将在城堡剧院首演之时，我们全班在彩排之前的好几个星期就开始心神不安。我们悄悄地靠近演员和跑龙套的角色，为的是能最早——早于别人！——知道剧情和演员阵容；我们让城堡剧院的理发师给我们理发（我并不怵于写出当年的荒唐事），只是为了获得一些关于沃尔特或者索嫩塔尔的消息。在比我们低一个年级的同学中，有一位在我们这里特别受欢迎、被看重，只因为他是歌剧院灯光师的外甥。通过他的关系，我们偶尔会在排练时被悄悄地带到舞台上。我们在登上这个舞台时所感受到的诚惶诚恐，与但丁在升入天国乐园中所经历的战栗，有过之而无不及。艺术家们的声望所具有的散射光芒的力量，哪怕经过了七层折射，还是足以令我们感受到敬畏。一位贫穷的老太太，就因为是舒伯特的孙侄女，在我们眼里就如同一位神性的存在一般；甚至我们也会在大街上对约瑟夫·凯恩茨的仆人久久凝视，就因为他能有这份幸运，能离这位最受人喜爱、最天才的演员那么近。

今天我当然知道得很清楚，在这种不加选择的狂热之中有多少荒谬，有多少内容不过是相互间的模仿而已，有多少只是出于要高人一头的竞技乐趣，有多少是出于孩子气的虚荣，对艺术感兴趣无非是要在周围不懂艺术的亲属和老师面前感觉到自己那凌驾于人的傲慢。不过，直到今天还让我感到吃惊的是，出于对文学的激情，我们这些小伙子曾经从中学到了多少东西！通过不断的讨论和条分缕析，我们早早地具备了批判鉴别能力。我在十七岁时，不光了解波德莱尔和惠特曼的全部诗歌，很多重要的篇章我还能背诵。在我后来的人生岁月中，再没有过像中学和大学这样的集中阅读阶段。有些在十年以后才被人们普遍尊崇的名字，当时都理所当然地从我们这里滑过，哪怕那些昙花一现的作家作品也留在记忆中，因为我们带着热望去捕捉一切。有一次，我告诉尊敬的朋友保尔·瓦莱里（Paul Valery），我与他在文学上的相识已经有多么久远，说我在三十年前已经读过并热爱他的作品。瓦莱里善意地笑着说："您别骗人，我亲爱的朋友！我的诗歌1916年才出版。"但是，当我接下来准确地描述那本小小的文学杂志的颜色和版面时——我们1898年在维也纳读到的他的第一首诗——他大为吃惊。"可是，在巴黎都几乎无人知道，"他惊诧地说，"您在维也纳是怎么弄到手的呢？""和您在一个边远小城里读马拉美（Mallarme）的诗一样，那也是当时主流文学界还不怎么知道的。"我这样回答他。他对此表示同意，说："年轻人发现他们自己的诗人，因为他们要自己去发现自己的诗人。"的确，这些新风还没有刮过来，我们就已经嗅到气味了，因为我们总是在大张着鼻孔。我们发现新东西，因为我们渴望新东西，渴望属于我们而且只属于我们的一些新东西——不是那个父辈们的世界，而是我们自己的环境。年轻人如同某些动物一样，对天气的转变有着出色的直觉，因此，我们这一代赶在我们的老师和大学之前就知道，旧世纪结束了，在艺术观方面已经走到了尽头，一种革命或者至少是一种价值转变正在开始。我们父辈那一代优秀而稳健的大师们，文学界的凯勒（Gottfried Keller）、戏剧界的易卜生、音乐界的勃拉姆斯、绘画界的莱布尔（Wilhelm Leibl）、哲学界的冯·哈特曼（Eduard von Hartmann），在我们的感觉中他们就体现那个太平世界中悠缓的沉思。尽管他们在技术上和思想上卓越超群，但是已然引不起我们的兴趣。我们直觉地感觉到，他们那种冷静、中庸的节奏与我们不安的血液中流淌着的东西是疏离的，与这个时代日益加快的速度也不合拍。现在，在维也纳生活着德意志青年一代最机警的头脑，赫尔曼·巴尔（Hermann Bahr）。他正作为一位思想上的勇士进行愤怒的搏斗，为将要形成的和即将到来的一切扫清路障：在他的帮助下，艺术家中分离派运动的展览"分离"开幕了：让旧学派感到震惊的是，巴黎印象派画家和点描画派的画家、挪威的蒙克（Edvard Munch）、比利时的罗普斯（Félicien Rops），以及所有能想得到的极端艺术家都在这里展出了；同时，通往那些很少受到注意的现代艺术的前辈人物——如格吕内瓦尔德（Grünewald）、埃尔·格列柯（Greco）和戈雅（Goya）——的道路也打通了。人们突然学会了一种新的"去看"的方式；同一时间内，在音乐界由穆索尔斯基（Mussorgskiy）、德彪西、施特劳斯、勋伯格引入了新的旋律和音色；在文学界，左拉、斯特林堡、霍普特曼为现实主义破冰，陀思妥耶夫斯基带来了斯拉夫的旋风，魏尔伦（Verlaine）、兰波（Rimbaud）和马拉美展示了诗歌艺术当中至今无人知晓的简约和精致；尼采让哲学界发生了革命；在建筑界，一种大胆而自由的建筑艺术公开宣称不要古典的繁文缛节，取而代之的是没有点缀的实用建筑。突然之间，古老舒适的旧秩序遭到了破坏，那些迄今为止被认为颠扑不破的"审美上的漂亮"（此语出自汉斯利克）标准受到质疑。"稳健"的市民阶层报纸上的官方批评家对这些有时过于大胆的试验感到震惊，用一些类似"堕落""无法无天"等驱逐式诅咒来遏制这种不可阻挡的潮流之时，我们这些年轻人则将自己热烈地投入这最为凶猛的激流当中。我们有一种感觉：这是我们留给我们的时代，我们的时代开始了，年轻人终于开始获得了自己的权利。一下子，我们那不安的寻找和搜索的激情获得了意义：我们这些尚未离开校门的年轻人能够参与为新艺术而进行的战斗，而这些厮杀往往是狂野而毫无顾忌的。凡是尝试艺术实验的地方，不管是一场韦德金德（Wedekind）的戏剧演出，还是新诗歌的朗诵会，我们必定会带着全身心力量到场助战，这力量不光来自灵魂，也来自拳头。我亲眼看见的一件事是：在一场勋伯格早期的无调性音乐作品的首演音乐会上，一位先生大声地发出了嘘声并吹口哨，而我的一位朋友布施贝克（Buschbeck）毫不留情地给了他一记大大的耳光。无论在哪里，我们都是任何新艺术类型的带路先锋和先遣队，只因为它们是新的，因为它们要为我们——现在到了我们活出自己样子的时刻——而改变世界，因为我们感觉到，这"跟我们有关"。

我们对这些新艺术的兴趣之所以如此彻底并如醉如狂，还有一个原因：可以说，那完全是年轻人的艺术。在我们父辈那一代，一位诗人、一位音乐家是要首先被"检验"的，他只有迎合了市民社会那种放松的、稳健的品位方向，才能获得敬重。所有那些人们告诉我们应该去尊敬的男人，他们都做出会让人尊敬的举止和姿势。他们有着漂亮的、略为灰白的胡子，身体罩着充满诗意的丝绒外套——维尔布兰特（Wilbrandt）、埃贝斯（Ebers）、达恩（Paul Dahn）、保尔·海泽（Paul Heyse）、伦巴赫（Lenbach），那个时代最受青睐的人物现在早已被淹没在时间的洪流当中。他们在拍照时带着深思的目光，总是有着"尊贵的"与"诗人式的"姿势，他们的举止如同宫廷顾问和达官贵人，也像这些人一样佩戴勋章为装饰。年轻的诗人、画家、音乐家最多会被标记为"满有希望的天才"，要得先被冷落上一阵才会得到正面的认可。那个时代的谨慎，让人们不愿意过早地给予好感，一个人得先经过多年的"稳健"成绩来证明自己才行。新的诗人、音乐家、画家都很年轻。霍普特曼，突然之间从一个寂寂无名的人一跃而起，以三十岁的年龄占据了德国的舞台；格奥尔格和里尔克都以二十三岁的年龄——按照奥地利的法律，他们还没有获得成年人的权利——就获得了文学上的美誉，有了狂热的追随者。在我们自己的城市里，一夜之间就出现了一个由阿图尔·施尼茨勒、赫尔曼·巴尔、理查德·贝尔-霍夫曼、彼得·阿尔滕贝格等人组成的"青年维也纳"群体。在这个群体里，通过把一切艺术手法精致化，他们让特殊的奥地利文化第一次找到了欧洲式表达方式。在所有人当中，有那么一个人物让我们感到如此痴迷和沉醉，让我们感到迷狂和兴奋，这便是那位了不起的、非同凡响的、独一无二的天才胡戈·冯·霍夫曼斯塔尔。在这一形象中，我们这些年轻人在一位几乎同龄人的身上，不光看到了自身的最高雄心，也看到了完美的诗歌成就。

年轻的霍夫曼斯塔尔的出现，无论现在还是将来都是天才早熟的伟大奇迹之一。在世界文学史上，除了济慈和兰波，我还找不到有谁在驾驭语言方面能做到如此完美无瑕；没有谁能让诗性因素如此这般贯穿全部作品，哪怕是最不经意的诗行；没有谁是如此这般的伟大天才，在他十六岁和十七岁时已经以不可磨灭的诗歌和至今尚未有人企及的散文诗，被永远地载入德语语言的史册当中。他的突然开始以及从一开始便如此完备，是一桩超凡脱俗的现象，在一代人当中几乎不可能再有第二例出现。那些最先知道他的人，都惊讶于他的出现令人难以置信，把这当成一个超自然的奇迹。赫尔曼·巴尔多次向我讲起，他收到一篇给他的杂志的投稿时有多么吃惊。文章出自维也纳一位他不认识的"洛里斯"之手——当时中学生不可以用自己的名字公开发表作品。在来自世界各地的稿件当中，他还从未看到过有人能以如此轻松飘逸的手法，用如此灵动而典雅的语言写出如此丰富的思想。谁是"洛里斯"？谁是这位他不认识的人？他这样问自己。肯定是一位智慧的长者，年复一年地将自己的认知无言地挤压浓缩，在一个秘密之地将这些认知注入最为浓缩的语言精华当中，将其培育成差不多是充满情趣的魔法。这样一位智者，这样一位受上天眷顾的诗人，和他住在同一座城市里，而自己却从来没有听说过他！巴尔马上给这位素不相识者回信，约定在一个咖啡馆里面谈——著名的格林斯坦特尔（Griensteidl）咖啡馆、青年文学的大本营。突然一个瘦高个子、尚未长出胡须、身着青年装短裤的中学生迈着轻快的步子来到他的桌子旁边，微微鞠了一躬，用高高的还处于变声期的嗓音简短有力地说道："霍夫曼斯塔尔。我就是洛里斯。"很多年以后，当巴尔再讲到他当时的讶异时，仍然激动不已。他一开始不愿意相信，一个中学生，能掌握这样的艺术，有这样的广度和深度，在经历生活之前已经对生活有这么令人难以置信的认识！阿图尔·施尼茨勒曾经给我讲过的情形也类似。当时他本人还是一名医生，他早期的文学成就看起来根本无法带来生计保证。不过，他当时已经是"青年维也纳"群体中的主要人物，还有更年轻的人来找他寻求建议和指导。在偶然相识的熟人那里，他还认识了一位个子高高的中学生，这位中学生超凡的聪慧让他刮目相看。当这位中学生请求他允许自己朗诵一个小型诗剧时，施尼茨勒很高兴邀请他来到自己的单身汉住处，当然他也没有抱太大的期望——不过是一个高中生的作品而已，他以为会是伤感的或者假古典主义的风格。他请来了几个朋友。霍夫曼斯塔尔穿着他那青年装的短裤来了，有点儿紧张和拘束，然后他开始朗读。"在几分钟以后，"施尼茨勒告诉我说，"我们突然竖起了耳朵仔细倾听，交换着欣赏的几乎是被镇住了的目光。这么完美的诗句，这么无懈可击的形式，这种音乐上的通感，我们还从来没有在一个当世人那里听到过，自歌德以后，我们以为再也不会出现了呢。但是，比这种诗歌形式上无与匹敌（自他以后，在德语文学当中没有人能再度达到）更令人赞叹的，是他对世界的认知。对于一个整天要坐在中学板凳上的男孩子来说，这样的认知只能来自一种具有魔法般力量的直觉。"等到霍夫曼斯塔尔朗读结束时，所有的人都默不作声。施尼茨勒对我说："我有这样的一种感觉：我生平第一次遇到了一个天才，在我的一生中再也没有过这种完全被征服的感觉。"有谁在十六岁开始——也许不应该说是"开始"，而是从一开始就已经成熟——能写出这样的作品，他应该是歌德和莎士比亚的兄弟。的确，成熟显得越来越趋于完善：在这第一个诗剧《昨天》之后，他完成了《提香之死》的华美片段，他将德语变成了意大利语的发音。他的诗歌创作，每一首诗对我们来说都是重大事件，在几十年以后的今天，我还能一行一行地背诵出来；然后还有小型的戏剧和文章，那丰富的知识、对艺术理解的精准、宽广的视野，如同着了魔法一样神奇地浓缩在几十页的稿纸里。总之，这位中学生、这位大学生所写的东西，就如同水晶一样，从内里发出光芒，同时也显得深沉和炽烈。韵文、散文诗在他的手中犹如散发着芬芳的伊米托斯山的蜂蜡¹一样随心如意，总是通过一个不可重复的奇迹让每一首都恰到好处，一点儿不多，也一点儿不少。人们总有这样的感觉，肯定有一个不能把握的潜在力量在秘密地引领他走上一条路，去往目前还没有人能够涉足的地方。

这样一个超凡人物让我们——这些已经让自己学会去追寻价值的人——感到怎样着迷，我几乎都无力来重现当时的情形。知道就在离自己不远的地方生活着一位天才的、精致而纯粹的诗人，一位人们会设想为荷尔德林、济慈、莱奥帕尔迪²那般传奇的人物，一位不可企及、差不多如梦如幻的人物，还有什么能让一代年轻人更感到如痴如醉呢？直到今天，我还能栩栩如生地回忆起自己得以亲见霍夫曼斯塔尔本人的那一天。那时我十六岁。当时我们对这位理想中的导师的一切行踪都如饥似渴地追踪，因而报纸上的一条消息让我兴奋不已：这条消息通知说，他将在"学术俱乐部"作一场关于歌德的报告（对我们来说这简直是无法想象的，这样一位天才竟然在这么小的范围内作报告。

1　伊米托斯山（Hymettos），位于希腊首都雅典东南，在古代以盛产蜂蜜而著名。山上的木材被用为建筑材料，被称为蓝灰色的"伊米托斯"大理石，与白色大理石形成反差。诗人拜伦在《恰尔德·哈罗德的游记》的诗中采用了这两个意象来描写大自然后写道："艺术、名声和自由消失后，大自然却美丽依旧。"可能茨威格在这里使用这一比喻，意在表达霍夫曼斯塔尔的诗歌艺术比通常的艺术更胜一筹。

2　莱奥帕尔迪（Giacomo Leopardi，1798—1837），意大利19世纪著名浪漫主义诗人。

按照我们这些中学生对他的崇拜程度而言，如果霍夫曼斯塔尔在公开场合露面的话，最大的讲堂也会爆满的）。这次报告会再次证明，在对有长久生命力的艺术估值以及对这些艺术显示出正确的直觉判断方面，我们这些微不足道的中学生又走在大众和官方评论家的前面。在这个狭小的会厅里，一共来了差不多一百二十到一百五十位听众。我在焦急不安中提早半个小时就出发了，为的是能让自己有个座位，而这完全没有必要。我们等了一阵，突然有一个瘦高个子，自身根本不起眼的年轻人从我们这些人之中穿过，走到讲台上便开始演讲。他开始得那么直截了当，我几乎都没有时间去好好打量他。霍夫曼斯塔尔的胡子还是软的，没有完全长成形，他的柔韧身躯让他显得比我设想中的还要年轻些。他的脸庞轮廓分明，长着一点意大利式黝黑肤色的脸，因为略为紧张而紧绷着，他那深色、柔和、高度近视的眼睛流露出来的不安，也加深了人们的这一印象。他开门见山进了演讲，如同一位游泳者投身于自己熟悉的水中一样；越讲下去，他的手势就越放得开，他的神态就越镇静自如。他的思路刚一展开，开始时的拘束就变成了一种了不起的轻松和机敏，如同那些灵感丰富的人所做的那样（后来我在他的私人谈话中也常常注意到这一点）。只是从他的第一个句子我就注意到，他的声音并不悦耳，有时候甚至差不多像是假嗓子一样，很容易变得微微刺耳。不过，他的演讲让我们变得如此兴奋和激动，我们几乎不再注意他的声音，也不去注意他的面孔了。他没有演讲稿，没有提纲，甚至可能都没有好好准备。但是，出于他天然具备的奇妙的形式感，每个句子都有着精美的收尾。他提出大胆的反命题，令人眼花缭乱，以便在后来以清晰而出人意料的表述予以解答。听众不由自主地产生这样的感觉，他所使用的材料不过是那些丰富内容中信手拈来的一些东西，像他这样一位机敏而站得高远的人物，还可以这样滔滔不绝地讲上几个小时，内容也不会变得贫乏，水准也不会因此降低。在后来多年里的私人谈话中，我也领略过他的这种魔力，斯蒂芬·格奥尔格曾经称誉他为"气势磅礴的歌咏与妙趣横生的巧妙对话的发明者"。他焦躁不安、容易失控、过度敏感，不能承受压力，在私人交往中往往感到怏怏不乐和紧张，他不容易让人靠近。但是，一旦哪个问题让他感兴趣，他便是燃煤，他能让谈话像火箭般快速而灼热地升腾，一下子就达到他自己要的也只有他才能达到的高地。除了与那位思想尖锐而且像水晶一样明晰的瓦莱里或者那位言辞激烈的凯泽林曾经偶尔有过这样高水平的谈话，我同别人的谈话都不具备与他谈话的思想水准。在这个真正的灵感勃发的一瞬间，所有的一切——他读过的每一本书，他看到过的每一幅画、每一个风景——都会在他那神奇般醒来的记忆中变得栩栩如生。他用的比喻如此贴切自如，就如同用左手比喻右手一样；他所展示的视野矗然而立，就如同在已经消失的地平线上突然出现了一道舞台布景一样。在首次见到他的那个演讲上，以及在后来的私人会面中，我真正感觉到他身上的"气"，一个高不可测的人物所具有的那种能令人感到充满活力、感到欢欣鼓舞的气息，他身上那种用理性还不能完全把握的"气"。

从某种意义上说，霍夫曼斯塔尔后来再也没有超过他自己在十六岁至二十四岁时所创造的无与伦比的奇迹。我对他后来的某些作品也一样推崇有加，那些华美的论文，《安德烈亚斯》中的片段——这部未完成的作品也许是德语作品中最美的长篇小说，以及他的戏剧中的某些片段。但是，随着他与真实的生活剧场和那个时代的兴趣关联越来越紧，由于他的各种计划中有明显的意图和野心，他那如梦游者才会有的、只有在童真的诗歌中才有的纯粹灵感不见了，和它们一起消失的还有我们对自己青春岁月的沉醉和痴迷。了解他这位未成年人的创作，让我们早早知道，这个出现在我们青春时期的天才奇迹是一次性的，在我们的一生中，它再也不会梅开二度。

巴尔扎克曾经以无与伦比的方式描写了一个拿破仑·波拿巴如何让整整一代法国人群情激昂。在巴尔扎克看来，波拿巴从一个小小的少尉到世界的皇帝，这令人炫目的飞黄腾达不光意味着某一个人的胜利，也是一种青年理念的胜利。一个人并非一定要生为王侯贵胄才有可能早日获得权力：哪怕出生于一个随便什么样的小户人家，甚至穷人家，同样也可以在二十四岁成为将军，在三十岁成为法兰西的统治者，不久以后也能统治整个世界。这一不可复制的成功让成百上千的人抛开自己卑微的职业，离开边远的外省小城——波拿巴少尉让所有的年轻人头脑发热。他驱动他们有更高的野心，他造就了庞大军队中的诸多将军，以及《人间喜剧》中很多英雄和平步青云的人。一位独一无二的年轻人，无论在哪个领域里一下子就达到迄今无人企及的高度，光是他的成就本身，就足以让所有年轻人围在他们身边，跟在他们身后。从这个意义上讲，霍夫曼斯塔尔和里尔克对于我们这些更年轻的人来说，对于我们身上还没有完全迸发出来的能量来说，是一种巨大的推动。我们并不指望霍夫曼斯塔尔的奇迹能够在自己的身上重现，单单他的存在就给我们增添了力量。他直观地证明，即便在我们这个时代、我们这座城市和我们的社会阶层也有可能出诗人。他的父亲是一位银行行长，毕竟也是来自同样的犹太—市民阶层，和我们一样；这位天才住的房子和我们住的房子差不多，也有着同样的家具，在同样的社会阶层的道德中成长起来，也在同样严格无趣的文理中学读书，他也学了同样的课本，在同样的木头板凳上坐了八年，也像我们一样没有耐心，与我们相似，对一切精神价值充满激情的热爱。但是，看啊，就在他还不得不在学校的板凳上磨裤子时，必须在体操大厅来回踏步时，他一个箭步就成功地飞越了周围的环境和逼仄，飞越了他的城市和家庭，从而进入一种没有限制的境界。在某种程度上，霍夫曼斯塔尔以活生生的实例向我们表明，从原则上讲，在我们的时代，即便在一个奥地利的文理中学这种牢笼般的气氛中，也是可以来完成诗歌创作的，甚至还有可能被印刷出来，被盛赞，成为名人！对于尚未成年的男孩子的心来说，这是多么大的诱惑力！

里尔克则意味着另外一种类型的鼓励，它以一种让人心安的方式来补充霍夫曼斯塔尔带来的那种激励。纵使我们当中最为狂妄的人，似乎也不敢冒天下之大不韪去与霍夫曼斯塔尔一争高低。我们知道他是早熟天才中不可复制的奇迹，如果将我们自己十六岁时的诗歌与这位著名人物在同样年龄时的作品相比，我们会感到羞愧；同样，如果将自己与他在中学时代已经在人类思想宇宙中的航行相比，我们也会为自己汗颜。里尔克也是在很早时，大概也是在十七八岁时已经开始写作并发表诗歌。但是，里尔克早期的作品，如果与霍夫曼斯塔尔的那些比较起来，甚至可以说是绝对不成熟、幼稚和天真的诗歌，只有带着不那么挑剔的眼光，人们才可能感知到其中些许的天才踪迹。直到后来，当这位被我们无比热爱的诗人在二十二岁或者二十三岁时才开始出现有个性的长足进展：这对我们来说已经是一个极大的安慰。一个人不一定非得如霍夫曼斯塔尔那样在中学时代就是成熟的诗人，也可以像里尔克那样摸索、尝试、成型、提升。如果一个人眼下写出来的东西还拿不出手、不成熟、不那么有责任感，他也许不会成为霍夫曼斯塔尔那样的奇迹，而在他身上可能会重现里尔克那样平稳而寻常的成才之路。

我们所有的人都早已经开始创作或者写诗，开始演奏乐器或者开始朗诵。对我们来说，这是不言而喻的。那种被动的、激情化的态度，对一个年轻人来说是不自然的，因为年轻人身上的本质就是不光要获得印象，也要以自己的创造来应答。对年轻人来说，热爱戏剧至少意味着他们有这样的愿望和梦想：让自己登上舞台或者参与戏剧演出。他们对各种形式的天才极端崇拜，这不可避免地会让他们去留意自己身上的某些苗头，能否在自己并不完全了解的躯体里或者在尚且半蒙昧的灵魂中看到这种出类拔萃特质的蛛丝马迹。与当时维也纳的气氛相符，也与那个时代特殊的限定条件相吻合，我们班级里的同学中普遍都热衷于艺术生产。每个人都在自己的身上找寻着天分，并力图让它发扬光大。我们当中有四五个人想成为演员。他们模仿着城堡剧院演员的做派，不知疲倦地练习台词和朗诵，已经开始偷偷参加戏剧表演课，在课间临时分派不同的角色，临时表演经典戏剧中的场景，而我们其余的人则构成了好奇而苛刻的观众。我们当中有两三个人是受到出色培训的音乐人，但是他们还没有决定自己是去当作曲家、演奏家还是去当乐队指挥。正是由于他们，我才对新音乐有了最早的认识，而这些新音乐在爱乐乐团的官方音乐会中还是很受鄙视的——他们也从我们这里拿到歌曲或者合唱曲的歌词。我们当中还有一个人，这位同学的父亲是一位有名的沙龙画家，他在上课期间将我们的作业本画得满满的，给我们这个班级里全部的未来天才画了肖像。不过，我们在文学上的努力要远远超过其他方面。由于我们彼此监督尽快地完成作品，互相对各自的诗歌进行评论，我们在十七岁时达到的水平远远超出了文学爱好者的水平，其中某些个人作品的水平已经真正说得过去，并且得到了文学刊物的证明：它们不光是被粗俗的地方报纸所采用，也为那些新生代的主流文学期刊所接受、被发表出来，甚至还得到了稿费——这是最具说服力的证据。我们班里的一位同学 Ph. A.，我曾经像崇敬天才一样崇敬他，他的名字赫然出现在最了不起的豪华杂志《潘神》（*Pan*）的首位，与理查·戴麦尔（Richard Dehmel）和里尔克并排；还有另外一位同学 A. M.，曾经使用“奥古斯特·厄勒”（August Oehler）的笔名，打入了当时所有德语期刊中最难进入、最离奇的刊物《艺术叶片》（*Blätter für die Kunst*）——这本期刊是斯蒂芬·格奥尔格专门为自己那个超凡入圣、再三遴选才得以进入的文学团体的成员保留的园地。我的第三位同学，在霍夫曼斯塔尔的鼓励下，写了一本关于拿破仑的剧本；第四位同学提出了一种新的美学理论，完成了有重要意义的商籁体（十四行诗）诗歌；我自己则在现代派的主流文学杂志《社会》（*Gesellschaft*）以及由马克西米利安·哈尔登（Maximilian Harden）主编的《未来》（*Zukunft*）——一份在新德国的政治和文化历史上举足轻重的周刊——上发表了作品。今天回过头去看，我不得不客观地承认，就那些作品中知识的广博、文学技巧上的精致、艺术上的水准而言，它们出自年仅十七岁的人，这的确是惊人的。这种情况只可以解释为，是霍夫曼斯塔尔那神奇的早熟榜样或多或少地在前面引导着我们，让我们激情澎湃地努力将自己的能力发挥到极致。我们掌握各种艺术诀窍，谙熟语言的夸张和奔放；我们了解每种诗体的写作技术，从品达式的哀婉诗到民歌当中简单的口语表达，我们都无数次尝试、仔细推敲。在每天的作品交换中，我们互相指出那些粗心大意的不足之处，讨论韵脚上的细节。当我们那些尽职的老师还没有任何预感地在用红墨水画出我们在作文中缺少的逗号时，我们早已在相互进行文学批评，其严格程度、艺术上的见识以及审查之细微，是那些大报纸上的文学批评头领人物在对古典大师杰作的批评中所不曾有过的。在中学里的最后几年，由于我们一味热衷于文学批评，在专业评判和文采斐然的表达能力这方面，也已经走在那些名声卓著的专业评论家的前面。

对丁我们班级同学在文学上的早熟做这种完全忠于实情的描述，也许会让人错误地以为我们是一个特别的班级。完全不是这样的。当时在许多学校，也都可以观察到同样的现象，同样的狂热和同样早熟的天才。这不可能是偶然的。那是一种特别良好的氛围，这座城市特殊的艺术沃土、非政治化的时代、世纪之交的思想上和文学上的新取向扑面而来，这些因素与我们这一人生阶段注定会有的创作意愿连在一起。每个青春期的年轻人身上都有诗性或者诗性的驱动。当然，在大多数人那里，诗性就如同一阵稍纵即逝的波浪一样流过，这种热衷很少能延伸到青春期以后，因为它本身就是青春的焕然勃发。我们班级里的五名校园演员没有一个成为舞台上的真正演员，登上《潘神》和《艺术叶片》的诗人们在令人震惊的锋芒初露之后变成庸常的律师或者官员，也许他们今天在忧郁地或者嘲弄式地讥讽着自己当年的野心。[1] 我是这些人当中唯一一直保留着创作激情并让它成为整个生活中的意义和核心的。但是，我是多么充满感激地去想到这些同学啊！他们曾经给了我多么大的帮助！我从这种火热尖锐的讨论当中，从这种狂野的你追我赶的劲头当中，从相互的欣赏和批评当中，早早地开始了练手和磨砺神经，领略到了精神宇宙中的辽阔和宽广，这些多么有力地促使我们超越了学校生活的单调和无聊！"你这令人心迷的艺术，在多少个灰暗的时刻……"，每当舒伯特这首不朽的歌曲响起时，我眼前就活灵活现地出现了我们缩着肩膀、坐在学校板凳上的情形，而后在放学路上，我们有着怎样放着光彩的、激动的目光，满

---

1 此处涉及在《艺术叶片》上发表作品的人奥古斯特·厄勒时，茨威格的记忆有误。——德文版注释

　　厄勒后来继续从事文学创作，成为古典语文学的私人讲师，并翻译了古代希腊文的作品，不幸于1920年在三十九岁之际因肺病而英年早逝。

是激情地解析着、背诵着诗歌，忘掉了空间和时间的束缚，真正"进入一个更美好的世界"了。

这种对艺术狂热的忠贞执着，对审美因素的过分看重，到了近于荒谬的程度，当然这只是在牺牲了我们那个年龄的平常兴趣才得以实现。当我今天回过头来问自己，当年我们的每一天都被学校和私人的日程排得满满的，我们是怎么找到时间来读这些书的呢？这时我才发现，这在很大程度上是以牺牲我们的睡眠和肢体活动为代价的。虽然我每天早上应该七点起床，但是我几乎从来没有在夜里一点到两点以前放下手中的书。从那时起我就有了一个坏习惯，即便已经夜深，我也要再看上一两个小时书才睡觉。在我的记忆中，每天总是在没睡醒时起来，用最后一分钟匆匆忙忙洗漱，然后被驱赶着去学校，一路跑着吃黄油面包。毫不奇怪，我们这些小学究都是骨瘦如柴，满脸菜色，看起来好像还没有成熟的水果一样，我们的衣着也很不讲究。我们的每一分零花钱都花在看戏剧、听音乐会或者买书方面；另外一方面，我们也不太注意去讨好年轻姑娘，我们只是想到要让高级人物注意到我们。和年轻姑娘一起散步，在我们看来那是浪费时间。思想上的傲慢让我们从一开始就觉得另外那个性别在精神上价值低下，我们不要把宝贵的时间浪费在肤浅的闲聊中。要想让现在的年轻人知道，当初我们在多大程度上忽略所有体育运动，甚至予以蔑视，这可并不容易。不过需要提到的是，在19世纪，体育运动的浪潮还没有从英国传到欧洲大陆上。那时还没有那种当一个拳击手用拳头击碎另外一个拳击手的下巴时，成千上万的人在一起出于兴奋而大呼小叫的体育场；报纸也还不像现在这样，用整栏的篇幅以荷马一般生动传神的描述来报道一场曲棍球的比赛。摔跤比赛、田径协会、体重分级的赛事在我们那个时代还属于城郊的活动，屠宰师傅和搬货工是这些活动的观众；最多那些高层的、贵族的赛马比赛——一年也就那么几次——能吸引一些所谓的"上层社会"来到赛马场，可是我们对此却无动于衷，因为在我们看来，每一种身体活动都干脆是浪费时间。当我在十三岁时开始感染上文学—艺术的传染病以后，就不再去滑冰，将父母给我学跳舞的钱用在买书上。在十八岁时，我还不会游泳，不会跳舞，不会打网球。至今我既不会骑自行车，也不会开车，在体育活动方面，每个十岁的孩子都会胜我一筹。即便到了今天，1941年，棒球与美式足球之间、曲棍球与马球之间的区别我还是分不大清楚；每张报纸上的体育栏目，对我来说都好像是用无法理喻的符号写成的汉语一样看不懂。我对于体育上的速度纪录和技巧纪录的理解，还一直停留在那位伊朗国王的观点上：某一次有人想动员他去看赛马比赛，他用东方式的智慧说："为吗呢？我原本就知道，一匹马比另外一匹马跑得快。哪个更快，对我来说是无所谓的。"与身体训练同样遭到我们蔑视的，是用游乐来打发时间。在我们眼里，唯有国际象棋还多少能获得几分垂青，因为它还需要用上些脑力。而且，甚至可以说更为荒谬的是，尽管我们都觉得自己即将成为诗人或者感觉自己是潜在的诗人，我们很少关注大自然。在我最初的二十年人生当中，我几乎没有去看过维也纳城周围的美好景色。在最美丽、最炎热的夏天，当人们纷纷离开城市时，我们甚至还觉得这座城市更有吸引力，因为在咖啡馆里我们可以更快地将多种期刊、报纸拿到手。后来，我还用好多年、好几十年才达到一种平衡，来避免这种孩子气式的贪心阅读带来的过度紧张，在一定程度上来消除不可避免的身体上的笨拙。但是，从总体上，我对这种只用眼睛和神经来度过中学时代的极端做法从未感到后悔过。它把那种追求精神世界的激情注入我的血液当中，这是我永远也不想再失去的。此后我读过的书、学到的东西，都是在那些年打下的坚实地基之上的。一个人肌肉训练上错过的机会，还可以在后来的岁月中补上，而精神上的提升，内在灵魂上的捕捉力量，只能在那些决定性的年月里成形。一个早早地学会让自己的灵魂充分扩展的人，以后才能将整个世界收入自己的灵魂当中。

我们青春岁月真正的经历是，艺术领域正有新的东西在酝酿，一种超出让我们的父母和周围环境满意程度的更加充满了激情、更成问题、更有尝试性质的新东西。我们因为生活中的这一片段而陷入狂热的兴奋当中，根本没有注意到，这些美学领域内的转变不过是许多更为深远的变化中的余响和先兆而已，这些转变将撼动我们父辈的那个世界、那个太平的世界，并最终将其毁灭。在我们这个古老的、昏昏欲睡的奥地利，有一种引人注目的转变开始悄悄萌生。那些大众，那些几十年来任由被统治而保持沉默和乖顺的自由市民阶层，突然开始变得不那么安分守己了，他们开始组织起来，要求他们的权利。就在19世纪的最后十年，政治带着尖锐而狂暴的疾风打破了舒适生活的风平浪静。新世纪想要一个新秩序，一个新时代。

在奥地利，这些大型群众运动中首先是社会主义运动。到那时为止，被我们错误命名的"普遍"选举权只是给了那些有钱人，那些能够证明自己缴过某个额度税款的有产者。被这些有产者选举出来的律师和土地所有者却真诚地笃信，自己在议会里是"人民"的发言人和代表。他们为自己是受过教育甚至是受过高等教育的人感到骄傲；他们讲究尊严、体面、谈吐优雅，因而议会的讨论往往像一个高级会所的晚间讨论会。这些市民阶级的民主主义者带着自由主义的信念，真诚地认为宽容和理性一定会带来一个进步的世界；通过微小的让渡和逐渐改善，是提高所有臣民生活福祉的最好方式。但是他们完全忘记了，他们代表的是那些为数五万或者十万，生活在大城市里境况良好的人，而不是生活在整个国家里的那些五十万或者一百万的人口。这时，机器已经大量使用，从前分散在各处的劳动力集中在工业产业周围。在著名人物维克多·阿德勒（Vicotor Adler）博士的领导下，一个社会主义党在奥地利成立了，其宗旨在于实现无产者提出的要求：真正普遍的，对每个人都平等的选举权。这些要求刚一实行或者说被迫实行，人们就立刻意识到：自由主义的那个阶层是多么单薄，尽管它是宝贵的。相安共处与自由主义一起从公共政治生活中消失，现在不同利益开始硬碰硬，战斗开始了。

我还能回忆起在我记事之初的某一天，那是给社会主义党在奥地利的兴起带来决定性转折的日子。工人们要让人们第一次看到他们的力量以及人数的庞大，他们提出口号，将 5 月 1 日定为劳动人民的节日；他们决定在这一天列队经过普拉特绿地公园游行，而且队伍要行经主要的林荫大道。在以前的大型集会活动时，这条漂亮而宽阔的主街"栗树大道"是专门留给贵族和富裕市民阶层的华丽马车的。声明一出，那些自由派上层市民被吓得目瞪口呆。在当时的德国和奥地利，"社会主义者"这个词还暗含着一种血腥和恐怖的味道，就如同人们在说到此前的"雅各宾派"或者以后的"布尔什维克主义者"一样。人们一开始根本不相信，这些来自郊区的赤色分子怎么可能不在他们的游行中焚烧房屋、抢劫商店，干出一切能想象得出来的暴行呢？到处陷入一片惊慌，整座城市和周围地区的警力都被调到普拉特公园的大街上，军队也处于战备状态，做好了开枪的准备。没有哪辆豪华的私人马车或者出租马车敢去普拉特绿地公园附近，商人们将铁制的橱窗护板放下。我还能回忆起来，父母严格禁止孩子们在维也纳可能会火光冲天的这一天到大街上去。但是，什么也没有发生。工人们和他们的妻子儿女一起，四人一排向前行进，在普拉特绿地公园里队伍整齐规范，每个人上衣的扣眼里插着一支红色的康乃馨，这是这个党的标志。他们在行进中唱着《国际歌》，但是孩子们一到了他们第一次走过的豪华林荫大道上，就开始唱他们那些无忧无虑的校园歌。没有人遭到谩骂，没有人被打，没有人攥拳头；警察和士兵像对战友们那样对他们微笑。正是由于这种无可挑剔的态度，市民阶层不能再将工人标记为"革命的暴徒"了，然后就有了来自双方的让步——在古老而睿智的奥地利，总是如此。在那时，今天这个打压和剿灭体系还没有发明出来，人文主义的理念（尽管已经变得苍白）即便在政党领导人那里也还没有泯灭。

刚刚有红色康乃馨作为政党的标志出现，突然又有人将另外一种花插在上衣扣眼里，这是白色康乃馨，是属于基督教社会主义党的标志。（那时人们还选择花而不是长筒靴、匕首和骷髅来作为政党的标志，这不也令人感动吗？）基督教社会党一直就是一个小市民的政党，本来是无产者运动的有组织对立行动，从本质上它和无产者运动一样，都是机器战胜手工带来的后果。当机器造成大量工人聚集在工厂里从而提升了工人的权力和社会地位之时，同时也威胁了小手工业者。大型商店和规模化生产对于社会中层和小型手工业技师来说意味着毁灭。这种不满和忧虑让一位机敏的、广受欢迎的领袖人物卡尔·卢埃格尔博士脱颖而出，他以关键性的一句话"小人物们必须得到帮助"一下子抓住了小市民阶层和被激怒的社会中层。在这些人身上，对有钱人的嫉妒要远远少于对自身从市民阶层落入无产者当中的恐惧。这一担惊受怕的社会阶层，也是后来第一批聚集在阿道夫·希特勒周围的广泛大众阶层。卡尔·卢埃格尔在另外一个意义上，也为希特勒做出了榜样，那便是教会希特勒打出反犹太人的旗号，让那些不满意的小市民圈有一个看得见的对手，同时在不知不觉中将人们对大土地占有者和封建财富占有者的仇恨转移出去。把这两个人的形象加以对比，就能看到今天政治生活中的那种粗俗和残忍，我们这个世纪可怕的堕落。卡尔·卢埃格尔留着柔软的、金黄色的大胡子，看起来仪表堂堂，被维也纳民间称为"漂亮的卡尔"；他受过高等教育，在一个精神文化高于一切的时代，接受教育并非徒劳无益之举；他擅长在公众面前讲话，言辞犀利却不乏风趣，不过即便是在最激烈的——或者说，在那些当时人们觉得激烈的——演讲中，他也从来不失体面的风度；他定出的调子（指反犹态度）也能转换成某种意义上的屠杀器具，来上演仪式性谋杀的童话和各种粗鄙之事，但他总是小心保管着，不让它刀剑出鞘。他本人的私人生活简朴而且无可指责，对于对手他总是保持着一定的君子风度，政治上的反犹立场从来没有妨碍他去善待和关照早年的犹太朋友。等到他领导的政党最终赢得了维也纳的市议会选举，而他本人终于被任命为维也纳市长之后（弗朗茨·约瑟夫皇帝曾经两次拒绝签署对他的任命，因为皇帝厌恶他的反犹倾向），他在城市管理方面公正而无可挑剔，甚至可以说是民主政治的典范。犹太人在这个反犹政党获胜之前曾经心惊胆战，此后仍然与以前一样获得平等的社会地位，继续得到尊重。那时，仇恨的毒素和彼此彻底灭绝的意志还没有进入时代的血液循环当中。

不过，这时已经出现了第三种花——蓝色的矢车菊，俾斯麦所钟爱的花，这是"德意志民族党"的标志。当时人们还不知道，它是一个意识明确的革命党。它要以猛烈的冲击之力来摧毁奥地利的皇权，建立一个在普鲁士和基督教新教领导下的大德意志——在希特勒之前的一个梦想。基督教社会党的势力发端于维也纳和农村，社会主义党发端于工业中心地区，德意志民族党的追随者几乎只出现在波希米亚和阿尔卑斯山的边缘地区。就人数而言他们处于弱势，但是，他们以野蛮的进攻性和没有底线的残忍弥补自己的分量不足。这个党的几位议员是奥地利议会中的恐怖和(传统意义上的)羞辱。在理念和技术上，他们构成了希特勒政治的滥觞——希特勒同样也是一位来自边缘地区的奥地利人。希特勒从格奥尔格·冯·舍纳雷尔(Georg von Schönerer)那里接过来"脱离罗马(天主教)！"的口号，当时曾经有几千德意志民族党党员忠实地遵循这一口号，从天主教转而皈依新教，只为激怒皇帝和天主教神职人员；希特勒的种族主义视他为了不起的鼻祖，从他这里接受了"肮脏下流存在于人种当中"这样的断言；尤为突出的是，希特勒从他那里学会了使用一个完全无所顾忌、大打出手的冲锋队，从而来实行这一原则：用一个小群体的暴行来震慑一个在数量上胜出但在为人上忍让的群体。国家社会主义党(纳粹党)的冲锋队所做的事情，即手持橡胶皮棍冲击人群集会、夜里袭击对手并将其打翻在地，在德意志民族党这里是由属于大学生联合会的成员来完成的。他们在知识人享有的豁免权的保护下，制造了一种绝无仅有的斗殴恐怖手段。每当有政治性的行动，一个召唤、一声哨响他们便能做到军事性地组织起来并出发前往。他们是按照所谓的"青年会"来编组的，脸上带着剑伤，酗酒而凶残，集会大厅由他们来把持，因为他们不光和别人一样戴着袖标和帽子，还拿着坚硬的、重重的棍子。他们不停地挑衅，目标一会儿是斯拉夫人，一会儿是犹太人，一会儿是天主教徒，一会儿是意大利人，将这些没有防卫能力的人赶出大学校园。每一次"游逛"(他们把每星期六的大学生检阅称为"游逛")，必然会发生流血事件。由于大学还享有古老的特权，警察不可以进入大学教室，他们只好在外面眼睁睁地看着这些孬种大学生在里面犯浑；他们能做的，仅限于将那些被民族党的坏蛋从台阶上扔到马路边的浑身流血的伤者运走。每当奥地利这个小小的、虚张声势的德意志民族党想强行达到某种目的时，总是先派出大学生冲锋队。当首相巴德尼伯爵（Graf Badeni）在取得皇帝和帝国议会的同意之后，决定实行一道官方语言使用法规时——其本意是要缔结奥地利各民族之间的和平，让皇朝的统治再延续几十年——一群被挑拨起来的年轻大学生占领了环城大道。骑兵不得不出动，军刀和枪击在镇压中被派上用场。但是，那个人道的自由时代有着可悲的软弱，也易于被打动，人们惮于任何形式的暴力骚乱和流血，这种倾向如此强烈，政府只好在德意志民族党面前退却：首相被撤职，完全忠于皇权的语言规定被取消。残忍手段进入政治生活当中，第一次显示出成效。那些潜藏在不同种族和阶级之间的裂痕与缝隙，在相互让步容忍的年代曾经被人们花很大力气来弥合，现在一下子全部爆裂，变成了深壑与鸿沟。实际上，在新世纪开始前的十年里，在奥地利内部一场所有人反对所有人的战争已经拉开了序幕。

可是我们这些年轻人，还完全沉浸在自己的文学野心当中，很少意识到在我们的家乡所发生的危险的改变：我们只去看书、看画。我们对政治问题和社会问题没有一丁点儿兴趣；这种刺耳的争端在我们的生活中意味着什么？当整个城市因为选举感到不安时，我们却走进了图书馆；当大众奋起反抗之时，我们在写作和讨论诗歌。我们像古代巴比伦的伯沙撒国王面对珍馐盛宴一样，无忧无虑地品尝着各种珍贵的艺术佳肴，我们没有看到墙上火红的字符，没有惊恐地看到未来[1]。直到十几年以后，当这座大厦房倒屋塌、颓墙残瓦砸到我们头顶时，我们才意识到这里的地基早已淘空。与新世纪同步开始的，是个人自由在欧洲的没落。

---

1 伯沙撒国王的典故，来自《旧约圣经·但以理书》。当国王正在大宴宾客之时，宫殿的墙上出现神秘的阿比西尼亚语字符，预言了国王的死亡和他的帝国的毁灭。这一故事成为许多画家的题材，伦勃朗曾经于 1635 年完成一幅该题材的油画作品，现藏于伦敦的国家画廊。德国诗人海因里希·海涅也曾以此为素材创作了一首叙事诗。

三　情欲初萌

中学这八年里，我们每个人身上都发生的最私人化的事情，就是我们从十岁的孩子慢慢地变成了十六岁、十七岁、十八岁带有男性性征的小伙子，自然本能开始萌生出来。这种青春期的觉醒看似完全是个人之事，每个处在成长进程中的人都会以自己的方式与成长的烦恼进行斗争，一开始人们也根本不以为这个话题适于当众谈论。不过，对于我们这一代人来说，每一种危机带来的影响都超出了其自身范围。青春期同时也表明了另外一种意识的觉醒，因为它第一次教会我们去审视生于斯长于斯的社会，去带着批判意识来观察它的规范。一般来说，儿童甚至是年轻人都倾向于首先让自己去适应周围社会环境中的规则，他们对这些规则也心怀敬意。不过，只有当这些他们被要求遵守的规则也为其他所有人诚实地遵守时，他们才肯屈服从命。老师和父母身上哪怕有一个不真实的行为，都无可避免地让年轻人用狐疑因而也更为尖锐的目光去看待整个世界。我们没多久就发现，那些我们曾经予以信任的各种权威——学校、家庭和公众道德——在"性"这个问题上都表现得很不诚实。

更过分的是，在这件事上他们也要求我们和他们一样偷偷摸摸、遮遮掩掩。

三四十年以前，人们考虑事情的方式与今天完全不同。也许没有哪个领域如两性关系那样，仅仅在一代人的时间里就因为一系列因素——妇女解放运动、弗洛伊德的心理分析、竞技体育对身体的膜拜、青少年开始独立自主——发生了如此彻底的改变。19世纪市民社会秉持的道德，在本质上还是一种维多利亚时代的道德观。如果与今天通行的自由而不受拘束的世界观进行对比的话，也许这样的表述与事实最为接近：在那个时代，由于内心的不确定感，人们战战兢兢地避开一切跟"性"相关的问题。在更早，人们诚实地信奉宗教的时代，尤其是在严格的清教徒信仰环境下，这还算是蛮简单的。当时的人们坚信，感官欲求是魔鬼的毒刺，肉体情欲是伤风败俗和罪恶。中世纪的权威人士在处理涉及"性"的问题时，采取粗暴的禁令、残酷的惩罚来强制推行他们所倡议的道德信条——在深受加尔文影响的日内瓦，此风尤炽。我们所处的时代却大不相同，这是一个兼容并蓄的时代，一个人们早已不再相信有魔鬼也不太相信有上帝的时代，人们已经没有勇气再去实行这些极端的禁规。然而，"性"还是被当成一种不受管束因而会带来干扰的因素，人们无法将其纳入这个时代的伦理范畴之内，不允许它得见天日，因为任何自由的、婚姻以外的爱情都有悖于市民阶层的"体统"。在这种纠结中，人们找到了一个折中的办法：那个时代的道德虽然没有禁止年轻人去实现自己的情欲愿望，却要求他们采取隐而不宣的做法。既然无法将"性"从这个世界上铲除，至少不要让它大肆张扬，以免伤风败俗。于是，一种不必明言的默契就出现了：无论在学校还是在家庭，或者在公共场合，人们都不许谈这一令人懊恼的复杂问题，以免让人想到"性"的存在。

自从有了弗洛伊德的学说以后，我们就清楚地知道：试图将本能驱动从意识当中压制下去的人，并不能因此将其消除，而是危险地将其推到潜意识当中。今天回头来看，我们很容易去笑话那些天真的掩藏手段中的无知。但是，整个19世纪都顽固地围于这样的妄想当中：人们可以用理性来解决一切冲突；人们越是将天性深藏不露，就越能让其无序的力量变得温和；如果人们根本不给年轻人启蒙"性"的存在，他们就会将其忘掉。在这种以为通过无视就可以让年轻人驯服其情欲的妄想里，各方都对此守口如瓶，通力形成了一条封锁线。学校和教会、沙龙和法庭、报纸和书籍、时装和风俗，它们原则上都避免提及这一问题，甚至科学界也无耻地加入这一行列，尽管他们本来的任务就是马上不带成见地面对这一"天性所致，皆为无邪"[1]的问题。连科学界也缴械投降了，他们为此找到的借口是：去处理这样的污秽题目有失科学的尊严。如果我们去翻阅那个时代哲学的、法律的甚至医学的书籍，马上就可以发现人们到处都在小心翼翼地避开"性"这一话题。当刑法学专家在学术大会上讨论监狱中的人道管制手段，或者谈到教养院生活给人带来的道德损害时，他们会羞怯地快速掠过这个原本为核心节点的问

1　文中为拉丁语 naturalia non sunt turpia，语出亚里士多德。

题；那些神经学医生虽然在许多病例中完全清楚某些歇斯底里症的病因如何，但是他们也同样不敢承认这些事实。我们从弗洛伊德的书里可以读到，甚至他尊敬的老师让－马丁·沙可（Jean-Martin Charcot）也曾私下里对他说，他虽然知道一些病人发病的真正原因，但是从来没有公开说出来过。当时所谓的"精美"文学是最不敢有真实描写的，因为这类文学是专门以描写审美意义上的"美"为己任的。在此前的若干个世纪当中，作家们并不怯于提供一幅他们生活时代里诚实而宏大的文化图景。我们可以在笛福（Defoe）、普雷沃修士（Abbe Prévost）、菲尔丁（Fielding）、雷蒂夫·德·拉布列塔尼（Rétif de la Bretonne）的作品中看到对真实状态不走样的描写，可是在我们的那个时代，文学只可以让人看到那些"感觉丰富"和"高贵的"内容，不可以看到令人难堪的和真实的东西。在19世纪的文学当中，关于大城市青少年经历的各种危险、阴暗和困惑，几乎可以说踪迹皆无。即便有一个作家敢于斗胆提到妓女，他也还是觉得必须让她高贵，必须让女主人公成为香气缭绕的"茶花女"。我们面对的也是这样的特殊事实：如果今天的青少年想知道上一代或者上上一代青少年是怎样在生活中搏击过来的，于是打开那个时代的大师如狄更斯（Dickens）、萨克雷（Thackeray）、戈特弗里德·凯勒、比昂逊（Björnson）等人的长篇小说来阅读，他会发现这里只描写了那些被提炼过的、不温不火的情形。整个这一代人因为时代给他们造成的压力无法自由地言说表达，有所例外的是托尔斯泰和陀思妥耶夫斯基，他们作为俄国人正好站在欧洲的假理想主义的对立面上。那个时代对前辈的道德给予歇斯底里式的维护，这也最能说明那个时代本身的特征。当时的社会气氛是今天难以想象的，甚至文学上对性描写如此克制仍不足以让道德家们心满意足。不然的话，怎么可以理解这些情况：为什么《包法利夫人》这样一部完全客观描写的小说会在法国一家公众法庭上被判为伤风败俗而遭到查禁呢？在我年轻的时代，左拉的小说被认为是色情淫秽的，那位更为平和、更为经典的叙事大师托马斯·哈代（Thomas Hardy）竟然会在英国和法国掀起愤怒的浪潮。对于今天的我们来说，这怎么能想象得到呢？这些作家尽管已经那么节制，他们的书里还是泄露了太多的生活真实。

然而，在这种令人窒息的、不健康的、充满了香水气味的沉闷空气中，我们在一天天成长起来。这种不诚实的、不符合青少年心理的缄默道德，这种不要去想性问题的要求，像阿尔卑斯山一样压在我们青年的身上。由于这些缄默"技艺"步调一致，我们在文学和文化史资料中也找不到与实情相符合的资料。要想重构那些令人难以置信的事情也并非易事，不过我们还是可以找到一个锚点，那就是时装，因为每个世纪的时装都不由自主地将当时的道德观念展示在视觉口味上。在 1940 年的今天，当电影院的银幕上出现 1900 年的男男女女身着当时服装登场时，观众——无论是在欧洲还是在美国，在城市还是在农村——都会哄然大笑。即便今天最天真老实的人，也会将过去的那些形象当成漫画人物来嘲笑一番：那是一群在穿着上那么不自然、不舒适、不卫生、不实用的傻瓜。甚至连我们这个年纪的人现在都无法想象，为什么整整一代人竟会毫无抵抗地屈从于如此愚蠢的服饰之下，尽管我们都看到过自己母亲一辈的人穿过这些古怪的晚礼服，我们自己在童年时也被打扮得如此怪气。当时男装的时尚是僵硬的高衣领，即所谓的"弑父者"（Vatermörder）[1]，这种装束让任何一个放松的动作都变得不可能，黑色燕尾服那长长的后摆，还有那让人想到炉筒子一般的礼帽，这些都让人感到好笑。不过，更好笑的是从前那些"淑女"费尽千辛万苦，粗暴地对天生之体的细节改造，那才真是难以理喻！她们用鲸骨做成的束身架将身体的中间部位勒紧，如同细腰马蜂一般，下装又会膨胀起来像一个巨大的铃铛，领口系得严严的直到下颌，脚被完全覆盖，一直到大脚趾，头发带有无数个发卷，高高地盘起来，头发上面是一顶颤巍巍的、尽显奢华霸气的大帽子。即便在最炎热的夏天，手也要留在手套里。这些早已成为历史陈迹的"淑女"，尽管她们周身散发着香水的味道，尽管她们的服饰上有各种精致的花边、百褶、流苏，佩戴着各种首饰，她们却陷入可怜的无助之中。人们一眼就能看出来，这种全套行头在身的女人，就如同全副武装的骑士一样，她们再也无法自如地、生气勃勃地、轻盈地行动。光是这套"淑女"的打扮，穿脱这些礼服本身就是一个非常烦琐的过程，没有外人的帮助根本无法完成，更不

1　指男性衣着中的一种衣领形式，是一种坚硬笔挺的立领，可以单独取下配无领衬衫，在 19 世纪 20—50 年代广泛流行。这种衣领形式源自法国，因为衣领作为单独的部件可以配不同的衬衫，其名称为"寄生品"（parasite）。进入德语后被称为"弑父者"这一名称来源有各种不同的解释。一种可能是，如果动作不当的话，衣领会对脖子造成压力引起肌肉反应，导致血压升高或者出现晕眩状况。

用说那些社交礼仪方面的培养了。首先，得把背后从腰身到脖颈的无数搭扣全部扣上；侍女要用上全身的力气将束身架扣上，让每天都被叫来帮助打理长头发的理发师用一大堆发针、发夹、梳子——借助于烫发钳、卷发筒的效力——将头发卷、梳、盘起来。我想在这里提醒年轻人注意的是，三十年前，除了一些俄国的女大学生，几乎所有欧洲妇女都有齐腰的长发。打理完头发以后，再给"淑女"穿上洋葱一样一层层的衬裙、紧身内衣、上衣和外衣，把她改造得直到任何女性天然的身形和属于她自身的身形都完全消失为止。这种无意义之举，实际上有其隐秘的意义：通过这种处理，一个女人的身体线条会被完全掩盖起来，即便婚礼上的新郎也无法知道他未来的生活伴侣到底是有着一副笔挺还是佝偻的身材，是丰满还是干瘦，长着短腿还是长腿。在这个"讲究道德"的时代，人们根本不认为以让人产生错觉为目标，为适应普遍的审美理想而人为地强化头发、乳房或者其他身体部位这些做法有什么不妥。一个女人越想显得像个"淑女"，就应该越少让人看出她的自然体形。在根本上，这种时装只是听命于这个时代普遍的道德趋势，而这个时代最大的忧虑便是遮盖和隐藏。

但是，这种自以为是的道德完全忽略了一种情况：如果魔鬼被关在房门外，它们大多会从烟囱或者后门强行进来的。用我们今天没有什么拘束的眼光来看，这些服饰当中最引人注意的是，它们费尽心机要将任何裸露的皮肤和真实的隆起的痕迹隐藏起来，结果根本不是它想要的风化，反倒是它的反面。每一种时尚都以挑衅般的方式凸显了性别的极端性，以至于让人感到难为情。我们这个时代的年轻男人和女人都个子高高，身材修长，留着短发，外表的样子已经让人感觉到他们可以成为很好的团队战友，而那个时代的两性哪怕彼此倾心也要保持距离。男人们蓄起长长的胡须为了显得好看，至少要留起浓密的上唇胡，以便突出他们的男性性征，而女性穿的束身架则明确突出乳房这一女性性征，要让这一性征为人所见。在举止方面，强势性别与弱势性别的差异也得到突出强调：男人要豪爽，有骑士风度，有进攻性；女人要腼腆、羞怯，有防卫性。他们分别是猎人与猎物，而不是同类。由于外表上不自然地拉开距离，两极之间内在的张力即色情只会强化。当时的社会对性采取的违背心理学的缄默与掩盖手段，这导致的结果正好与其原本意图相反。由于当时的人们在任何生活形式、文学、艺术、服装方面都感觉到对有伤风化的强烈恐惧和羞怯，力图去遮掩任何形式的刺激，实际上这倒是真正迫使他们不可回避地产生那些有伤风化的念头。由于人们总得考虑哪些可能是不合适的，就一直处于不断的警醒状态。在每一个姿势、每一句言词中，从前的"体面"世界总显得岌岌可危。也许今天的人们也还能理解，那个时代的女人在体育或者游戏中要是只穿一条裤子，简直是罪不容赦；可是，怎么可以设想，当时她们连"裤子"这个词都不能说出口这种歇斯底里式的羞怯！如果她不得不提及比如男人的裤子这种能有引起情欲之虞的物件时，也必须找另外一个清白的词汇来代替，比如"腿装"（Beinkleid），或者选择用特定的生造出来的词汇来避开这"难以启齿的"名称。几个来自相同社会阶层不同性别的年轻人在没有监管的情况下一起出去郊游，是完全不可思议的。或者说，人们对此的第一个想法便是，这可能"会出什么事儿"。这样的聚会最多能在监护人——母亲或者女家庭教师——寸步不离的情况下才获得允许。即便在最炎热的夏天，年轻姑娘们要是想穿着露脚的衣服打网球，甚至在打球时光着胳膊，都会被认为是丢丑的。如果一位有教养的女子在社交场合让双脚交叉，人们也会认为这是严重地有伤"风化"，因为这样一来，长裙底边下的脚踝就有可能暴露出来。即便那些大自然的要素，就算阳光、水、空气，也不得去触碰女人的肌肤。在大海里，女人们也得身着套服吃力地向前游泳，从脖子到脚跟都被遮盖得严丝合缝。那些在寄宿学校和修道院里的年轻姑娘，即便在室内洗澡时也得穿上白色的衬衫，为的是让她们忘掉自己还有肉体。当一位女人在年老去世时，除了她分娩时帮助接生的接生婆、她的丈夫和洗尸就没有其他人见过她的身体，连肩膀和膝盖也没见过。这不是传说，也不是夸大其词。在四十年后的今天看来，这一切都像是童话或者满含幽默的夸张。不过在当时，这种对肉体和天性因素的恐惧，带着一种真正的神经强迫症一般的力度渗入整个社会当中，从社会最高层到普通黎民百姓当中。不然的话，人们如何能够设想会有这样的事情发生：在世纪之交的时代，当第一批大胆的女人敢于骑上自行车或者用和男人一样的姿势骑马经过时，会有农民向她们扔石头；当我还在上中学的时候，维也纳报纸用整版的篇幅来激烈地争论一项可怕的、不符合道德风尚的革新建议：皇家歌剧院的芭蕾舞女演员在舞蹈时不穿套袜；当伊莎多拉·邓肯（Isadora Duncan）穿着白色的幸好还是长长下垂的舞衣跳最古典的舞蹈，露出赤裸的脚板而不是像通行的那样穿着丝绸舞鞋时，那便成了一个无以复加的轰动事件。

现在我们不妨设想一下：在这警醒的监视目光下长大的年轻人，如果一旦发现人们神秘兮兮拿来包裹"性"的那件风化外衣其实已经破旧不堪，满是裂缝和窟窿，那种怕有伤体面的惶惶不安在他们眼里会显得多么可笑。毕竟，五十个中学生里难免会有人在昏暗的胡同中与老师相遇，或者在自己的家庭圈子里偶然听到那些在我们面前表现得一本正经的人，干过这样或者那样见不得人的事。实际上，没有什么比那些拙劣的掩盖伎俩更能激发我们的好奇。既然天性不能无拘无束地公开流露，这些好奇就会在大城市里找到地下的大多并不干净的奔涌渠道。在每个社会阶层，人们都能感觉到一种隐蔽的过度兴奋，它们显得那么幼稚而且无助。几乎没有哪个栅栏或者某个不常有人光顾的地方不被乱涂乱画上不雅的词句和图画，几乎没有哪个女性游泳区的木板围墙上没有被钻出用来偷窥的"瞭望孔"。那些在今天由于回归天性而变得衰落的产业，在当时却悄悄繁盛起来，尤其是人体摄影和裸体摄影，在每个酒馆里都有小贩在桌子下向半大小伙子们提供这些图片。由于严肃文学注定得带有理想主义的、谨慎小心的色彩，那些所谓的"外套下面"的色情文学是所有书籍中最糟糕的种类，印刷用纸质量低劣，语言蹩脚，却有着极好的销路，那些"下流艺术"杂志也是如此，类似这样令人作呕的淫秽作品今天已经找不到了。宫廷的各剧院还在奉行着高贵的时代理想和像雪一样洁白的纯净，同时也有一些剧场和歌舞场专门上演最粗鄙俗气的内容。所有被阻碍的东西，都在找寻自己迂回曲折的出路。这被禁止接受性启蒙、被禁止无拘无束地与异性相处的一代，其好色程度要远远超过今天这些享有较高爱情自由程度的青少年。只有得不到的东西才会让人产生更强烈的欲望，只有遭到禁止的东西才会误导人们的欲求；眼睛看到的越少，耳朵里听到的就越多，在思绪中对此的梦幻也就越多。人们让身躯得到的空气、光线和太阳越少，它们在感官上的堆集就越多。这一切汇总到一起，这些社会压力在我们这些年轻人身上并没能提高其道德修为，反而激起了针对一切说教的不信任和鄙视。我们从觉醒的第一天开始就本能地感觉到：这个社会力图通过对"性"保持缄默和遮掩这种不诚实的道德剥夺我们这个年龄段的人本该有权利得到的东西，为维护一个早已变得与现实脱钩的社会原则来牺牲我们想坦诚生活的意愿。

这种所谓的"社会道德"，一方面私下认可"性"的存在及其自然而然的进程，另一方面又一定要在公开场合讳莫如深。这甚至可以说是双重的谎言。人们对年轻男人睁一只眼闭一只眼，甚至有意鼓励他们去"出头增加历练"——这是那个时代人们在家庭里善意使用的调笑语言；但是，对于女人他们却害怕地紧闭双眼，视而不见。老规矩也默默地认可，男人能够也可以感觉有性欲驱动，但是，如果坦诚地承认女人也同样屈服于这一天性，造物主为了其永恒的目标也需要创造出一个女性对立体，这就会冒犯"女性圣洁"这一概念。在前弗洛伊德时代，人们普遍认可的公理是：一位女性在被男性唤起肉体欲求之前，自身是没有肉体欲求的，而男性只允许在结婚以后再去唤醒她的肉体欲求。不过，即便是在那个讲究道德的时代，空气中——在维也纳尤甚——到处都是危险的色情感染源，因此一位出身上流家世的姑娘从出生的那一天起到与丈夫一起离开婚礼圣坛的那一天止，就要完全生活在被彻底消过毒的环境中。为了保护这些姑娘，她们绝不可以须臾独处。家庭女教师的看管职责在于，绝不让她们在不受保护下离开房前一步。她们被人送到学校，去参加舞蹈课和音乐课，同样也要被人接回来。她们读的每一本书，都会受到严格的检查，尤其是年轻姑娘一定要有事可做，以便让她们尽量远离危险的想法。她们得学习钢琴、歌唱、绘画、外语、文化史和文学史。人们给她们提供良好的教育，甚至多得过了头。一方面，人们极尽能事地将她们培养成有教养、举止得体的人；另一方面，又不无恐惧地让她们保持对最自然之事一无所知，这种无知程度是我们今天难以想象的。一位上流家庭出身的姑娘，对男人的身体构成完全没有概念，也不知道孩子是怎样来到人世的，因为天使要保证她在进入婚姻殿堂时，不光身体没有被人触碰过，灵魂也要彻底"纯净"。"良好的教养"这个词对于一位年轻姑娘来说，完全等同于对生活的无知。有时候，这种对生活的无知在一些女人身上终生保持不变。我的一位姨妈曾经有过一桩趣事，至今还让我忍俊不禁。她在新婚之夜的半夜一点钟突然又出现在父母家门口，大吵大嚷，说她再也不要见到她嫁的那位丑陋男人，他是个疯子，是个坏蛋，因为他当真想让她脱衣服。她费了好大的劲儿，才从他那种病态的要求下逃脱出来。

无须讳言的是，这种无知也让那时的年轻姑娘们感到一种神秘的刺激。这些羽翼未全的生灵隐隐约约地感觉到，在她们自己的世界之外还有另外一个世界，一个她们对此一无所知、人们不允许她们有任何了解的世界，这让她们对那个另外的世界充满了好奇、渴望，对此喋喋不休，心向往之又手足无措。如果有人在大街上跟她们打招呼，她们会脸红——今天还会有姑娘脸红吗？姑娘们单独在一起时，她们会嘀嘀咕咕、窃窃私语、嘻嘻哈哈笑个不停，像是喝醉了酒一样。对于那个她们自己被排除在外的世界，她们对未知的一切充满了各种期待，她们梦想着罗曼蒂克的生活，同时羞于让人发现她们的身体多么渴望温存，至于这温存究竟为何，她们并不清楚。一种悄无声息的困惑不可避免地困扰着她们的整个行为，她们走路的样子和今天的姑娘们不同：今天的姑娘因为体育变得强健，她们的行动轻盈自如，身处年轻的男性当中，在运动方面与他们别无二致。那时的姑娘们，只要走上千八百步的路，人们就可以从步伐和动作上分辨出未婚姑娘和已婚妇女。她们比今天的姑娘更像姑娘，而不像女人。在本质上，她们与那些温室植物的纤弱是类似的，都是在人为的过于温暖的环境里被保护着，在免受任何风霜的环境中长大：她们是一种特定的教育和文化中，人为地培植出来的产品。

不过，当时的社会就是要通过这种与实际生活脱节的教育把姑娘们培养成这个样子：简单而且知识贫乏，有良好的教养却对事物一无所知，好奇而害羞，犹豫不决而且不切实际；她们从一开始就注定了在婚姻中被丈夫塑造、摆布，没有自己的意志。社会风尚似乎是要将她们保护起来，作为它最隐秘的理想，作为女性美德、贞洁、超俗的象征。如果一位年轻姑娘错过了她的最佳时间，如果到了二十五岁，到了三十岁还没有结婚，那会是多么大的悲剧！因为社会规范出于对"家庭"和"风化"的顾及还会无情地要求这位三十岁的姑娘一直保持着那种没有经验、没有欲求的天真状态。不过，这一纤柔的图像大多会变成一幅尖刻残忍的讽刺漫画。未婚女会变成"剩女"，"剩女"会变成"老处女"，会有连篇累牍的笑话不停歇地以她们为取笑对象。如果翻开早年的《街头快报》(*Fliegende Blätter*)，或者打开那个时代的其他讽刺刊物，每一期上都能找到最愚蠢的笑话残忍地嘲笑老处女：她们的神经有些不对劲儿了，她们不会去掩盖自然的爱情欲求。她们为了家庭和自己的好名声不得不将天性的要求、对获得爱情和成为母亲的渴望压抑下去。人们从这些牺牲者身上看不到人生的巨大悲剧，对她们根本没有任何理解地进行嘲笑，这种做法让今天的我们感到恶心。一个以虚伪来摧残天性的社会，对那些泄露并公示这一秘密的人总是进行最残忍无情的攻击，绝不手软。

当时的市民社会风尚竭力去维护这样的虚设：一位"出身体面"的女子在结婚之前没有也不被允许有任何性欲，否则就会成为一个"不道德的人"，成为"家丑"。但是，人们却觉得有必要承认，在年轻男人身上有性欲冲动的存在。人们从经验中得知，他们无法阻止已经长成的青年男子迸发他们的性活力。社会对这些年轻男人并没有太多奢望，只希望他们在神圣的风化以外的世界里来满足自己这些不体面的享乐。这就好比一座城市，地面上是打扫得干干净净的大街、林立的奢华店铺和优雅的林荫大道，地下却是藏污纳垢的阴沟。年轻人的全部性生活也应该在"社会"的道德表面之下来进行，至于这样做的结果会置年轻人于怎样的危险当中，会让他们陷入怎样的境地，社会都漠不关心。学校和家庭对此感到恐惧不安，避免在这方面给年轻男人进行启蒙。到了19世纪的最后几年，才间或有些具有前瞻性的父亲，或者用当时的话说是"思想开明"的父亲，在儿子刚刚开始出现胡楂时便试图帮助他们走上正途。家庭医生会被请到家里来，偶尔会把年轻人叫进一个房间里，给他们解释性病的危险，指点他们要适可而止，不要忽略某些注意事项。医生们会慢条斯理地擦一会儿眼镜才开口说这些内容，通常情况下这些内容在年轻人那里早就无师自通了。还有一些父亲用更为别致的方式：他们在家里雇用一位漂亮女仆，她的任务便是教会年轻小伙子这方面的实用知识。在他们看来，年轻人在自己的家里做了这些恼人的事情，向外还可以保持着应有的体面，同时也可以避免陷入鬼知道什么"骗子"的手里。不过，有种启蒙方式被社会、家庭各方义无反顾地鄙视，那就是开诚布公地谈论"性"的问题。

那么，市民阶层的年轻人会有哪些可能性呢？在其他阶层，所谓的"底层"，这根本就不是一个问题。在乡下，一位十七岁的男佣工已经同女仆睡觉了；要是这层关系产生了后果，人们也不太在意，在我们的阿尔卑斯山的村庄里，非婚生子女的数量要多于婚生子女的数量。在城市的无产者阶层，男工人在结婚之前已经同女工以"野婚"的形式生活在一起。那些生活在加利西亚的正统犹太教徒当中，一位几乎刚刚算得上成年的十七岁小伙子就娶了亲，四十岁时已经当上了爷爷。只有我们的市民社会才鄙视早婚这种满足性欲问题的办法，因为没有哪个父亲愿意将自己的女儿托付给一位二十一岁或者二十岁的年轻人，因为他们觉得这样一个年轻人还不够成熟。这又暴露出来一种内在的不诚实，因为市民阶层的社会时间表与自然时间表根本不一致。就自然天性而言，十六岁、十七岁已经是男人，而在社会当中，一位年轻男人要想获得"社会地位"的话，在二十五六岁之前几乎不可能。于是，在自然的男性性征和社会认可的男性性征之间出现了一个人为的空档，这一时间空隙长达六年、八年甚至十年之久。在这期间，年轻男人得自己去想办法，寻求解决性欲的"机会"或者"冒险"。

不过，从前的时代并没有给他们提供太多可能。只有为数很少的、非常富有的年轻人才能享受"包养"一位姘妇的奢侈，这是说，给她提供一套住房和生活费。同样，也只有少数几个特别幸运者才能实现当时文学中的爱情理想，即与一位已婚妇女保持关系，这是唯一可以在文学中出现的罗曼司。剩下的人大多在与女店员或者酒吧女厮混，但是这又不能带来很多内心的满足。在妇女解放运动兴起之前，女性还不能独立加入公共生活，因而只有那些来自最贫穷的无产者阶层的女孩儿才能一方面无所顾忌，另一方面做到保持暂时的性关系却并无严肃的结婚意图。这些姑娘衣着寒酸，在每天十二个小时薪酬低廉的艰苦劳作之后疲惫不堪，不修边幅（在那个时代一间盥洗室还是富人家才有的特权），她们在一个狭小的生活圈子里长大。这些可怜的生灵与她们的情人在各方面差距巨大，很多人自惭形秽，根本不敢公开和情人一起出现在公众视野当中。那些设想周到的社会规矩，也发明了处理这种尴尬境况的特殊手段：这就是所谓的"单间餐室"，年轻男人可以在那里和一位姑娘共进晚餐而不会被人看见，剩下的事情就在偏僻小街上的小旅馆里解决，而这些旅馆则是专门为此设立的。但是，所有这些相遇都是快速的，没有什么原本的"美"可言，更多的是性而不是情，因为做这些事情时总是匆匆忙忙、偷偷摸摸，像是在做违禁之事。还有一种可能，便是与某个两栖人物建立关系：这些人一脚门里一脚门外地跨在市民社会的门槛上，她们是戏剧演员、舞蹈演员、艺术工作者，她们是那个时代唯一的"解放"女性。不过，从总体上说，当时在婚姻以外的基本色情生活还是娼妓。从某种意义上说，她们就是昏暗的地下室的拱顶，上面矗立的是市民社会这座门面耀眼无瑕的豪华建筑。

今天的一代几乎无法想象，在第一次世界大战之前娼妓业在欧洲是如何遍地蔓延的。今天在大城市的街道上妓女已经不多见了，就如同马拉的有轨车也不多见一样，而当时满大街到处都有卖淫的女人，想要避开她们比找到她们还难。除此以外，还有无数个"密闭场所"、夜店、歌舞场、有舞女和歌女的舞厅、有性感应召女郎的酒吧。在当时，女性商品以不同价位全天候敞开供应。一位男人不用花多少时间、费多少劲就可以买来一个女人的一刻钟、一个小时或者一夜，就像买一包烟或者买一份报纸一样。在我看来，当代生活方式和爱情方式更加真诚和自然，没有什么比这一点更能有力地解释，为什么今天的青少年有可能几乎是自然而然地远离那些当时不可或缺的场所：并非警察和国家法律将卖淫从我们这个世界上铲除掉了，而是这个因为假道德而造成的悲剧性产品由于需求的减少而自行日渐消亡，只剩下了很少的一部分。

面对这种并不光彩的境地，国家及其道德在官方上的态度从来都十分尴尬。从社会道德的角度，谁也不敢公开承认女人有自我出卖的权利；从人的生理需求的角度看，人们又无法摆脱这种能够疏导婚外性生活的方式。于是，当局采取一种具有双重性的办法来处理卖淫业：从业人员被划分为两类，一类是暗娼，国家权力将她们看成不道德的、危险的，从而要加以铲除；另外一类是获得权力部门许可的娼妓，国家给她们颁发经营许可证并向她们征税。如果一位姑娘决定去当妓女，她可以从警察那里得到一份特别许可和一份经营证书。只要她愿意接受警察的查验，并且每星期两次在医生那里接受体检，她就获得了经营权，允许以自己认可的价格将身体租出去。娼妓被当成众多职业中的一种，但是又没有得到完全的承认——在这里我们可以看到道德的邪恶马脚。比如，一位妓女将她的商品即她的肉体出卖给一位男人，而事后这位男人拒绝支付商定好的价格，她却不能对这个男人提起诉讼。在法律纠纷中，她的要求因为"有伤风化"而突然变成了不道德的行为，她也就无法获得权力机构的保护。

这样的一些细节已经让人感觉到国家在对娼妓这一问题上的两面性：一方面这些女人被纳入国家许可的经营范围内；另一方面，他们作为个人却被置于普通法律保护之外。这种虚伪体现在法律的执行当中，所有的这些限制都仅限于贫困阶级。一位维也纳的芭蕾舞女演员，可以以二百克朗的价码随时将自己卖给任何一位男人，这和一位街头妓女以两个克朗出卖自己的肉体没有区别，但是前者当然用不着有任何经营许可。那些著名交际花的名字甚至还会出现在报纸上，她们的名字在赛马报道中和显贵人物的名字并排出现，因为她们本身已经跻身于"社交界"。同样，也有若干最体面的皮条客，她们不受法律的约束，向宫廷、贵族和富裕市民提供奢侈消费品，这些行为原本是要蹲大狱的。严格的条例，没有任何同情心的督查，社会的蔑视，这些都只用于成千上万的妓女大军身上，而这些人在用她们的身体和遭受侮辱的灵魂来护卫所谓的道德信条，在自由、自然的爱情形式面前，这些道德信条早已腐烂了。

正如正规军队会分成不同的骑兵、炮兵、步兵、防守要塞炮兵等兵种一样，这支浩浩荡荡的娼妓大军也分门别类。与防守要塞炮兵相当的是娼妓中那些占据城市中特定街区作为据点的人。这些地点大多是中世纪时设立绞刑架或者麻风病医院、墓地的方，是那些无业游民、刽子手和其他遭受鄙视之人的栖身地。几个世纪以来，市民阶层都尽力避免在附近居住。政府主管部门允许将那里的几条小巷辟为色情场所：就像日本的吉原街或者开罗的鲜鱼市场一样，一个挨着一个的小矮房里坐着女人向外瞭望。这些廉价的商品,两班倒提供服务。到了20世纪，那里还有两百到五百名妇女在从业。

娼妓当中相当于骑兵或者步兵的是那些"流莺"，她们人数众多，是在大街上寻找顾客的卖身女孩儿。在维也纳，她们通常也被称为"白线女"，因为警察给她们画出来一条看不见的线，标明哪些地方她们可以用作经营。她们在白天、黑夜，直到凌晨时分疲惫地在冰霜雨雪的街道上晃来晃去，穿着廉价的冒牌货，每当有人路过时，她们那满是倦容，已经妆残粉乱的脸上就挤出卖弄风情的笑来。这些女人没有情欲，却要给人提供情欲，她们从一个角落转到另一个角落，走个不停，最终都会不可避免地走上同一条路:前往恩慈医院的路。自从这群忍饥挨饿、愁眉苦脸的女人不再出现在城市的大街上以后，每个城市在我的感觉中都变得更加美丽、更加人性了。

即便有这么多的供给，也仍然跟不上消费的需求。有些人不愿意在大街上追逐这些飘忽不定的蝙蝠或者悲伤的极乐鸟，他们希望能有个更舒适、更隐蔽的环境：要有灯光和温暖，有音乐和跳舞，有奢华的光环。给这些顾客提供性服务的是"密闭场所"，也就是妓院。在那里，满是虚假奢华设备的"沙龙"里聚集着姑娘们，她们当中有些穿着贵妇人式的晚礼服，有些穿着松松垮垮的清晨睡衣。一位钢琴师演奏音乐，人们在喝酒、跳舞、谈话，然后才成双成对地进入睡房。在某些高级的地方，尤其是在巴黎和米兰的国际知名店，这甚至会让涉世未深的年轻人产生一种错觉：好像自己被一位有些放纵的社交界名媛邀请到了私人宅邸一样。此外，这里姑娘们的处境也比外面的站街女要好一些：她们用不着风里雨里在肮脏的小巷中游荡，她们坐在温暖的地方，穿着打扮漂亮，有丰富的食物，尤其是有够多的酒可喝。然而，她们在真正意义上是老鸨的囚徒，她们穿的衣服定价极其昂贵，计算她们的房租变成了一门算术，其价格之高，就算她们当中最勤勉、最不知疲倦地接客的姑娘也还是欠着这样或那样的债，从来也没法随自己的心愿离开这里。

把某些类似妓院的秘史写下来，那一定是引人入胜的，对那个时代的文化来说也有着重要的文献价值，因为这里面隐藏着最特别的管理机构当然意会却不会言传的秘密，尽管它们在别处表现得规矩严格。这里有供最高层社会成员——人们私下里悄悄传言，甚至有宫廷里的人——使用的秘密之门、特殊的楼梯，以便他们不会被普通凡人看见。那里也有四面镶满镜子的房间，也有可以透过孔眼看向隔壁房间的地方，而在那个房间里一对毫不知情的男女正在寻欢作乐。那里也有最为特殊的奇装异服，从修女的长袍到芭蕾舞女演员的短裙锁在箱子、柜子里，给那些有特殊偏好的客人备用。在同样的城市、同样的社会，出于同样的道德价值观，如果人们看到一位姑娘骑自行车，就会感到出离愤怒。当弗洛伊德以其冷静、清晰和透彻的方式说出他们不想知道的真相时，他们就声称这是有辱科学尊严的丑闻。一个要极力保卫女性贞洁的世界，却能容忍这种残酷的自我出卖，涉足组织这类活动并从中渔利。

人们不要被那个时代伤感的长篇或者中篇小说中的描写带入歧途。对青年来说，那是一个糟糕的时代。年轻的姑娘完全被家庭所控制，她们被严格地与真实生活隔断开来，在身体上和精神上的自由发展受到阻碍；年轻的小伙子却受一种根本没有人相信也没有人遵守的道德的逼迫，不得已去遮掩和欺骗。无拘无束的真诚关系，依照天性而言这正是最能给青年带来幸福和快乐的生活内容，却是他们无法拥有的。那一代人如果要真想回忆自己与女性初次相遇情形的话，很少有哪一次是不带任何阴影的真正快乐。除了社会压力强迫他们一直要小心和保密，当时还有另外一个因素，哪怕是在最温柔的时刻也会让阴影从人的灵魂中飘过：对感染性病的恐惧。在这方面，当时年轻人的处境也不如今天的年轻人。人们不应该忘记的是，在四十年以前，性病的感染范围是今天的一百倍，尤其是其结果要比今天危险、可怕一百倍，因为当时的医院在临床上对性病束手无策。当时还不可能像今天这样对其进行快速彻底的治疗，甚至不让病毒有机会发展到下一期。由于采用了保罗·埃尔利希（Paul Ehrlich）的治疗方法，在今天中小型的大学医院里，教授们经常好几个星期都无法让学生看到一个新感染的梅毒病例，而当时关于部队和大城市的统计资料则表明，在十个年轻人当中至少有一到两人成了梅毒感染的受害者。年轻人不断被提醒注意这种危险。走在维也纳的街道上，每隔六七个门口就会读到写着"皮肤病与性病专科医生"的牌子。在对梅毒感染的恐惧之外，更令人毛骨悚然的也是当时那种恶心而且剥夺尊严的治疗方式——今天已经没有人知道那些治疗方式了：一连好几个星期，梅毒感染者全身被涂满水银。这样的做法又会导致牙齿脱落以及其他健康方面的后果。因为一个倒霉的机会偶然成为这种疾病的牺牲品，这让人感觉到灵魂和身体都受到了玷污。即便经受过这样可怕的治疗，感染者终其一生都没有把握那可恶的病毒什么时候会再度苏醒过来，它们会在脊髓里让四肢瘫痪，会进入腭骨之下让大脑变软。毫不奇怪，当时有很多年轻人一旦被确诊患上了梅毒便立刻拿起手枪自杀，因为他们无法忍受这种感觉：自己或者近亲被怀疑患有不治之症。那些总是在偷偷进行的性生活还带来了另外的忧虑。今天细细回忆过去时，我几乎想不起来哪个年轻时代的同伴未曾有过脸色苍白、目光呆滞的时刻，其原因是：一，因为他得了病或者担心得了病；二，由于跟他有关的堕胎而受到敲诈；三，因为他不让家人知道，所以没有钱去做治疗；四，因为他不知道该如何为某个女招待推给他的孩子支付赡养费；五，因为在妓院里被偷了钱包，却不敢报警。年轻人在那个假道德时代的生活，要比宫廷诗人写的小说和戏剧更有戏剧性也更为肮脏，更为惊心动魄也更为压抑。如同在学校和家庭里一样，年轻人在爱情方面几乎从来没能拥有他们那个年龄本来应该有的自由和幸福。

在一幅关于那个时代的真诚画面里，所有这一切都有必要得到突出强调。经常的情形是，当我和战后（第一次世界大战）一代的年轻人谈话时，我不得不费尽九牛二虎之力才能让他们信服的是，和他们相比，我们在青年时代并非命运的宠儿。的确，从国家公民这个意义上，我们享受的自由要多于今天的这一代。今天的一代不得不去服兵役、服劳役，在很多国家里都不得不接受一种大众意识形态，实际上完全受到愚蠢的全球政治的专横摆布。我们当时能够不受纷扰地将自己投身于我们钟爱的艺术和我们倾心的精神世界当中，让私人生活更为个体化、个性化。我们更愿意有一种世界主义的生活，整个世界都向我们敞开。没有护照和许可证我们也能去旅游，随心所欲，没有人来检查我们的思想、出身、种族和宗教。我们的确有不可估量的很多个人自由——对此我根本不要否认，我们不光热爱自由，也利用了自由。但是，正如弗里德里希·黑贝尔（Friedrich Hebbel）

所说的那样，"我们一会儿缺葡萄酒，一会儿缺酒杯"。在同一代人当中，很少会有两全其美的事情。如果社会风习给人以自由，则国家便来对人实行强制；如果国家给人以自由，社会风习就试图把人变成其奴仆。我们的确经历了更美好的世界，见过更多的世面；今天的年轻人生活得更为丰富，而且更有意识地去经历自己的青春。每当我看到今天的年轻人挺胸抬头、脸色愉快灿烂地从中学、大学校园里走出来，看到他们聚在一起，小伙子和姑娘们没有虚伪的羞涩腼腆地结成自由而毫无纠结的伙伴团队，看到他们在学习上、体育和游戏中、在滑雪板上和游泳池里奋力竞争，看到他们成双成对地坐在汽车里遍游各地，有着健康而无烦恼的生活，没有任何外在和内在的压力，相处得如同兄弟姐妹一样，这时我就会觉得，好像在他们和我之间相隔着的不是四十年，而是一千年。当年的我们要想表白爱情、感受爱情时，总得去找躲避之地。我是多么由衷高兴地看到，社会风习在向着有利于年轻人的方向上发生了重大的革命，在爱情和生活方面他们赢回了多少自由，而浸润在新自由当中的他们变得身心健康！自从女性被允许展示自身的体形，她们变得更加漂亮，她们的步态更加挺拔，她们的眼睛更加明亮，她们的谈话不再那么做作。这新一代年轻人获得了怎样的自信，他们的所作所为除了对自己不必对任何人有所交代，他们摆脱了来自父母、长辈和老师的控制，他们早已无从知道那些曾经让我们的自身发展变得如此沉重的各种阻碍、恐吓和紧张；他们不知道我们想要做违禁之事时那些拐弯抹角和偷偷摸摸的伎俩，他们把这一切都看成是自己应有的权利。他们幸福地享受着青春年华，充满雄心、朝气、轻松而无忧无虑，就像他们这个年龄应该有的样子。在我看来，他们得到的最美好的幸福是：他们不必在别人面前撒谎，可以诚实地面对自己，诚实地面对自己的感觉和渴望。也许，由于生活中了无烦恼，今天的年轻人缺少我们当年那种对精神世界的敬畏；也许，因为爱情的付出和得到都变得理所当然，某些我们曾经有过的感觉便因此消失不在：对我们来说尤其珍贵和富于刺激性的，有些是羞怯腼腆带来的神秘阻力，有些是含情脉脉中的温柔。他们也根本无法想见，也许恰好是禁止的风暴才神秘地提升了享受的感觉。但是，在我看来，所有这些跟一种解脱般的转变相比，就都显得无足轻重了。这一转变是，今天的年轻人可以没有恐惧感和压迫感而尽情享受的某些东西，在我们的那个时代是没有的：那种无拘无束的感觉以及对自身的把握。

四

生活的大学

这个盼望已久的时刻终于来临了：在 19 世纪的最后一年，我们终于可以在走出遭人憎恨的文理中学后摔上它的大门。在我们费尽九牛二虎之力通过了毕业考试——因为关于数学、物理以及那些经院哲学的东西，我们知道些什么呢？——以后，我们的校长用一篇慷慨激昂的演说来赞誉我们，为了这个特殊的庆典场合，我们都穿上了黑色的、庄重的礼服。校长说，现在我们已经长大成人，从此要以自己的努力和才干来给祖国争得荣誉。八年朝夕相处的伙伴关系也随着毕业而分崩离析，同坐在这条船上的伙伴我后来又见到过的只有很少的几个。我们当中绝大多数人在大学注了册，而那些不得不从事其他职业和活动的人，则带着满是嫉妒的眼光来看我们。

在那个早已不复存在的时代，上大学还是一种具有浪漫色彩的特殊荣耀。当上大学生就获得了某些特权，这些年轻学子的特权之多超过所有的同龄人。这种古风犹存的特例在德语以外的国家无人知晓，因而有必要来解释一下这些荒诞而不合时宜的事情。我们的大学大多成立于中世纪，在那个时代，跟渊博的知识打交道还算是不同寻常的事情。为了能够吸引年轻人来大学就读，大学生们被授予一定的等级特权。中世纪的学者不在一般法庭的管辖范围内，在校园里不能受到警察的搜查或者叨扰。大学生穿特殊的制服，享受可以决斗而不受惩罚的特权，他们被认可为一个封闭式行会，有自己的良俗和恶俗。随着时间的推移，公共生活的民主化倾向日渐加强，当其他中世纪行会都已经被解散之后，整个欧洲范围内学者的特权地位也随之丧失了。只有在阶级意识比民主意识更胜一筹的德国和讲德语的奥地利，大学生们还固执地抓住这些早已没有任何意义的特权不放手，甚至建立了一套自己的大学生行为准则。一名讲德语的大学生在一般性的市民名誉之外，还有一种特殊的大学生"名誉"。要是有谁羞辱了他，他就得给这个人"一点儿颜色看"。这就是说，他得拿起武器跟这个人决斗，要证明自己有能力"挽回名誉"。依照这种自鸣得意的评判，"有挽回名誉"资格的不是商人或者银行家，只能是一些受过大学教育的学者、大学生或者军官，此外任何人无法享有这种特殊的"荣誉"，跟一个嘴上无毛的愚蠢青年剑光相见。从另外一个角度看，一个人要想让人觉得自己是一个"真正的"大学生，就得证明自己的男子汉气概，这也意味着要尽量多地参加决斗，甚至要让这些英雄行为造成的标记留在脸上。有着光滑的面颊，没有被打歪过的鼻子，对于一位真正的日耳曼学者来说算是没尊荣的。那些属于不同社团的大学生——这些人隶属于以某些颜色自我标记的联盟团（Verbindung）——总是要有事没事地找机会"来一场"，他们要么互相决斗，要么不断地去挑衅那些不愿争斗的大学生或者军官。在联盟团的击剑房里，每个新入伙儿的大学生都得在这一维护名誉的主要行为上露一手，他们也得学会这些群体中的其他惯例。每个"狐狸"——这是对新来者的称呼——都会被分派给一位联盟团兄长：新来者要像奴隶一样对这位兄长唯命是从，而联盟团兄长要教会新来者入乡随俗的高级艺术：喝酒喝到呕吐为止，将整罐啤酒一口气一滴不剩地喝光，要这样光彩地来磨炼自己，证明自己不是一个"懦夫"；或者在合唱当中大声吼着大学生歌曲，半夜里到大街上寻衅滋事来跟警察过不去。所有这些行为都被当成是男子汉的、大学生的、德意志的做派。当这些年轻人在星期六出去"游逛"时，他们手里舞动着小旗子，头戴各种颜色的帽子，身上披着花花绿绿的飘带，这些头脑简单、为自己行为感到无比自以为是的小伙子感觉自己才是年轻人的精神代表。他们居高临下地蔑视那些"粗人"，因为这些人压根不知道去尊崇知识层的文化和日耳曼的男子汉气概。

对一位从省城高中毕业来到维也纳的愣头青来说，这种活跃而"开心的大学时代"被看成一切浪漫经历的浓缩。在后来的几十年里我们还可以看到，那些上了年纪的公证人或者医生在自己村子里与人杯酒交谈中，还会因为交叉挂在房间墙上的剑或者各色仿制品而深为动情，他们骄傲地将脸上的伤疤当成知识人阶层的标记。对我们来说，这种简单粗鲁的活动只让人反感，如果我们看到这样一群身佩彩色飘带的人走过来，就躲到墙角等他们过去。对我们这些将个人自由赋予最高意义的人来说，这些人乐于展示攻击性、热衷于屈从群体，这正好表明了德意志精神中最糟糕、最危险的内容。更何况我们也知道，这些曲意造作的浪漫活动之后是精心的计算，隐藏着各种目的：归属于某个"好斗"的年轻人团体，会让每一个成员得到这个团体中身居高位的"长老"们的保护，让他们未来的职业前程变得容易些。以波恩为基地的"普鲁士人"是唯一一条有把握地通向德国外交界的道路，奥地利的"天主教联盟"则是在当政的基督教社会党中谋求肥缺的好途径。这些"英雄"大多都非常清楚，他们佩戴的这些飘带将来都能替代现在耽误掉的学习，他们额头表皮上的几条疤痕在求职时会比额头后面大脑里的内容更有用。单是看到这些粗鲁、军人化的乌合之众，看到他们那一张张带着伤疤、寻衅挑事的脸就让我觉得在大学学习奇苦无比。那些真正带着强烈的求知欲来大学学习的人，在去图书馆和报告厅时都会宁可选择走后面的小门，就是为了避免可能会与这群无聊的家伙有任何不期而遇。

我应该读大学，这是家庭会上早已经决定好的事。但是，要上哪个系呢？在这一点上，我父母给我以完全的自主决定权。我哥哥已经进入了父亲的工业企业，这样第二个儿子的前途设计就完全没有必要着急。我上大学的意义原本便是保证给家庭荣誉上增加一个博士头衔，无所谓是哪个专业的。我的灵魂早已经属于文学，对任何一个有专业规范的学科都不感兴趣，甚至还对整个学术活动有一种不可言说的不信任，直到今天它还没有消失。对我来说，爱默生的"书籍可以取代最好的大学"这一断言一直是有效力的。直到今天我仍然认为，一个人不用上中学、大学就能成为一位出色的哲学家、历史学家、语文学家或者法律学家或者其他什么学家。这在我的实际生活中也无数次得到证明，古旧书店店主对于书籍的了解比专业教授还要多，艺术商比艺术研究者更懂艺术，在所有学科领域，很大一部分关键性启发和发现都来自学科之外。也许对于那些智力平平的人来说，学术机构是实用的、可行的、生效的，但在我看来，对于个体的创造性天赋来说那纯粹是多此一举，甚至会起到阻碍的效果。像我们维也纳这所有六七千学生的大学，这一情况就尤为严重。到处人满为患，教师与学生之间的接触一开始就受到阻碍，因为太忠于传统而完全落后于时代，我看不到哪个人能激发起我对科学研究的兴趣。所以，我在选择专业时依据的标准，不是挑那个我在内心深处最愿意了解的专业；正好相反，我要选那个对我最不困难的专业，以便腾出最多时间和自由投入自己愿意做的事情上。最终我选择的是哲学专业，或者说按照我们当时依照旧学科划分被称为"狭义的"哲学，实际上这并非出自内心的呼唤，因为我的纯抽象思维能力实在非常有限。在我这里，某些想法的产生毫无例外地都是与物、事件或者具象连在一起的，所有纯粹理论性的或者形而上的东西，我都是怎么也学不会的。不管怎么说，这个专业的纯阅读材料领域是最明确的，在"狭义"哲学专业的课程也是最好混的。整个学业中最大的麻烦就是，在八个学期结束以后，得交上一篇毕业论文，参加几次考试。这样我从一开始就做好了时间安排：三年的时间我根本不理会大学学习！然后，在最后一年以最大的努力去掌握那些经院式阅读材料，快速地完成一篇管他是什么样的论文！这样大学就能给予我那件我想从它那里得到的唯一之物：在我的人生中有那么几年彻底的自由，让自己投身艺术当中。这是大学带给我的生活。

纵观我的整个人生，我很少能回忆起来有刚上大学那几年那么幸福的生活，那是没有大学学习的大学生活。那时我还年轻，根本没有那种必须要成就什么的责任感。我相当自由，每天的二十四个小时全部属于我自己，可以读书、工作，想做什么做什么，不必因此感到亏欠了任何人。考试的阴云远未出现在明亮的地平线上：如果以十九年的生命岁月为参照的话，三年是多么长的时间，我们可以把它们安排得多么丰富、多么感性，我们会让它们带来多少惊喜和礼物！

我开始做的第一件事，便是将我的诗歌进行——用我当时的话说——毫不留情的筛选，编一本诗歌选集。今天我还会毫无羞赧地承认，对于当时刚刚高中毕业十九岁的我来说，油墨的香味要胜过这地球上最香甜的气味，要比设拉子的玫瑰油气味更甜美。任何一家报纸发表我的任何一首诗歌都会给我那摇晃不稳的自信带来一股新力量。我现在不应该有一个决定性的飞跃，尝试着出版整个诗集吗？伙伴们的建议让我做出了这一决定，他们比我自己对我的诗歌更有信心。我冒昧地将诗稿干脆寄给当时那家有代表性的德语诗歌出版机构：舒斯特尔·勒夫勒（Schuster & Löffler）出版社。这是利利恩克龙（Detlev von Liliencron，1844—1909）、戴麦尔、比尔鲍姆（Otto Julius Bierbaum，1865—1910）、莫姆伯特（Alfred Mombert，1872—1942）那整整一代诗人的出版人，同时他们也出版里尔克、霍夫曼斯塔尔等人的新型德语抒情诗。然后呢，那是奇迹和吉兆！令人难忘的幸运时刻接踵而至，这在我的作家生涯中再也没有出现过，哪怕在已经取得了最辉煌的成就之后也没有过：有一封带着出版社印章的信。我不安地将这封信拿在手里，没有勇气去打开它。我终于屏住呼吸来读这封信：出版社决定接受书稿，甚至还要求有出版后续作品的优先权！一稿校样的邮包送到了，我带着无比的激动把它打开，去看字体、编排格式、书的毛本样式。几个星期以后，第一批样书就寄来了。我不知疲倦地对它们去注视、抚摸、比较，一遍又一遍！随后我就孩子气地到各家书店里去转悠，看他们是否已经把样书摆出来了，看看这些样书是摆在店面中央呢，还是堆在某个角落里。再往后呢，就是期待来信，等着最初的评论，期待着人们对此的最初反应，来自素不相识之人，来自意想不到之人。那些曾经让我倍感嫉妒的第一次出书的人所经历的紧张、激动和兴奋都出现在我身上。不过，这种陶醉不过是一见钟情般的初恋，绝非那种不知天高地厚的自以为是。至于后来我自己怎样看待这些早期诗作，一个简单的事实最能说明问题：我再也没有重印这本《银弦集》（*Silberne Saiten*）——这是我那已经被毁掉的处女作的书名——而且没有将这里面的任何一首诗收入我的《诗歌全集》。那些诗句是一些拿捏不准的预感，或者是无意识的感觉代入，它们并非从自身的经历中喷薄而出，而是出自我对语言的激情。不管怎么说，它们显示出了一定的音乐性，也有足够充分的诗歌形式感，能够在对诗歌感兴趣的特定圈子里受到关注，我也无由抱怨说自己没有受到鼓励。利利恩克龙和戴麦尔这两位在当时属于抒情诗领军人物的大诗人给予十九岁的我以发自内心的已经像是同仁一般的认可；像神一样令我崇拜得五体投地的里尔克寄给我他最新诗集的特印本，上面的赠言写着"带着感谢的心情"，作为对我那本"如此美好的书"的回赠。我把里尔克的赠书当成我青年时代最为珍贵的回忆之一，从奥地利的废墟中将它抢救出来带到了伦敦（现在它会在哪里呢？）。我甚至这么想，里尔克馈赠我的第一件友情礼物——许多礼物中的第一个——已经四十年了，这些我所熟悉的作品从亡灵国度在向我致意，当然这有点儿让人毛骨悚然。不过，最最令我没有想到的意外是，当时与理查德·施特劳斯齐名的尚在人世的伟大作曲家马克斯·雷格尔（Max Reger）居然请求我允许他为其中的六首诗谱曲。此后我多少次在音乐会上听到这首或那首诗——我自己写的，但是我自己早已忘记或者舍弃的诗作，却在另一种艺术中经由一位大师的创作而得以传世。

在这些未曾期冀的认可中也伴随着一些友好而坦率的批评，但它们还是在恰到好处的时机给我足够多的鼓励，促使我有勇气迈出一步：因为我无可救药地缺少自信，所以从来没有或者说没有及早地走出这一步。在高中时我就在文学杂志《现代》（*Morderne*）上发表过短篇小说和散文，但是我从来没有想过在影响更大、发行更广的报纸上做这种尝试。其实，在维也纳，高级别的报纸也只有一份，即《新自由报》（*Neue Freie Presse*）。这份报纸以高雅的格调、文化上的知名度以及政治上的声望在整个奥匈帝国备受重视，其地位正如《泰晤士报》在英语世界或者《时报》（*Le Temps*）[1] 在法语世界中一样。甚至在德意志帝

---

1 法国《世界报》的前身。

国也没有哪家德语报纸去努力达到这样足具代表性的文化水准。这家报纸的主编莫里茨·贝内狄克特（Moritz Benedikt）有着非凡的组织才能，他孜孜不倦地努力，使出浑身解数要让自己的报纸在文学和文化领域里超越所有的德语报纸。如果他想争取某个名作家赐稿，会不惜任何代价，连发十几封二十封电报，并且同意预付稿酬。每逢圣诞节和新年的节日专号，文学副刊上就会出现那个时代最伟大的名字：法朗士（Anatole France）、霍普特曼、易卜生、左拉、斯特林堡和萧伯纳等人的名字就一起出现在这张报纸上。对于整座城市甚至整个国家文学品位的形成，这家报纸所做的贡献无法估量。这家报纸有顺势而为的"进步的"、自由的世界观，有稳重而谨慎的态度，模范地代表了传统奥地利的高文化水准。

这个"进步"的圣殿里还有一个特别的神坛，即被称为"文艺副刊"的那一部分，正如巴黎的大报《时报》和《论坛报》所做的那样，在与那些政治的、日常的时效性信息明确分割开的栏目中，他们刊登关于诗歌、戏剧、音乐和艺术最有分量、最精辟的评论。在这里，只有那些早已被认可的权威才能发言。只有具备了精辟的见解，多年的比较经验，对艺术形式的完美掌握，一位作者才有可能经过多年考验后被召唤到这神圣之地。施派德尔（Ludwig Speidel）这位"小艺术"[1]大师以及汉斯利克

---

1 "小艺术"（Kleinkunst）指一类小型的戏剧和音乐的舞台表演，主要是那种在1920年以后被称为"卡芭蕾"的舞台剧以及偶戏、魔术表演等。

（Edward Hanslick）在这里主评戏剧和音乐，他们的评论所具有的圣父般的权威性与圣伯夫（Charles Augustin Sainte-Beuve）在巴黎主持的"星期一评论"一般无二。在维也纳，他们给出的"行"或者"不行"能决定一部作品、一出戏剧或者一本书的命运，与之连在一起的往往也是一个人的命运。这里发表的每一篇作品都是当时知识界的每日话题，这些作品会受到讨论、批评、赞叹、痛恨。每一次有新名字出现在早已得到尊敬和认可的"副刊作者"名单当中，都是一件轰动性的大事。在年轻一代当中，唯有霍夫曼斯塔尔有机会在那里发表几篇他的精彩文章。其余的年轻作者，只好满足于自己的名字出现在文学报纸上不起眼的后面几页。谁能给《新自由报》的文艺副刊写头版，对维也纳来说，他的名字就如同被刻到大理石丰碑上了。

我如何有如此这般的勇气，将自己的一个小小作品投稿给《新自由报》——对我的父辈和家乡来说，这份报纸几乎如同最高的神谕一样——今天我已经想不起来了。不过，最坏的结局也无非是被拒绝而已。每个星期当中只有一天的下午两点到三点，副刊主编才接待来访者。因为要经常接待那些著名的、固定的撰稿人，主编很少有时间花在处理投稿者的稿件上。我心怦怦跳着走上狭窄的旋转楼梯，来到办公室通报了自己的姓名。几分钟以后杂役回来说，副刊主编先生有请，于是我走进那个狭长的小房间。

《新自由报》的文艺副刊主编名叫西奥多·赫茨尔（Theodor Herzl）。这是我人生中第一次与一位能载入世界史的重量级人物面对面站在一起。当然，他自己还不知道，他本人注定要给犹太民族的命运以及我们这个时代的历史带来怎样巨大的转折。当时，他的态度还是经常矛盾的，不那么一目了然。他从诗歌写作开始，很早就显示出夺目的报人天赋。他先是担任驻巴黎的通讯记者，然后作为《新自由报》副刊的专栏作家而深受维也纳读者的青睐。他的文章极其敏锐，富于睿智的观察和优雅的笔调，带着一种高雅的魅力，哪怕是涉及批评这类尖刻的内容也不会失去那与生俱来的高贵气质。这是人们在报刊中能读到的最有文化修养的文章，能让一座习惯于欣赏精细感觉的城市为之倾倒，这些文章直到今天仍然散发着魔力。他的一个剧本也曾在城堡剧院上演，大获成功。现在，他是一个有名望的人，被青年当成神一样的偶像，被我的父辈所尊重。直到那一天发生了一件意想不到之事，他的人生从此改变了。命运总是能够想办法来找到它那隐秘目标所需要的人，哪怕这个人想把自己隐藏起来。

西奥多·赫茨尔在巴黎的一个经历震撼了他的灵魂，这是一个改变了他全部生活的时刻：作为一名记者，他列席了对阿尔弗雷德·德雷福斯（Alfred Dreyfus）的当众贬黜。他亲眼看见了人们将他的肩章撕下时，这位脸色苍白的人大喊："我无罪！"在这一时刻，西奥多·赫茨尔在内心最深处透彻地明白德雷福斯是清白的：那些可怕的背叛嫌疑之所以被强加到他身上，那是因为他是犹太人。在大学时期，带着正直的男子汉气概的西奥多·赫茨尔就曾经为犹太人的命运感到痛苦。更值得一提的是，由于他那先知般的直觉，他已经提前感受到了整个悲剧，而在当时还几乎看不出真的会有厄运当头。他天生有着领袖的感觉，而且相貌堂堂，思想上的博大深邃和渊博知识都使他不愧为一个领袖人物。他当时已经提出了一个了不起的计划，要让犹太人面临的痛苦命运有一个最终的完结，那便是通过自愿受洗让犹太教和基督教统一起来。他曾经设想过这样的戏剧性场景：他将成千上万的奥地利犹太人带进斯特凡大教堂，以一幕堪为样板的、具有象征意义的场景，让这个被驱逐、没有家乡的民族从遭受歧视和仇恨的诅咒中解脱出来。很快他就认识到这个计划不可行。有那么一些年，分内的工作将他的精力从这个他此生注定要去解决的"原问题"上转移开了。而今，在德雷福斯遭到贬黜这一刻，他的民族永远遭受鄙视的这一想法涌上心头，就像匕首一样扎进他的胸膛。如果隔离是不可回避的，那么就彻底隔离好了！如果命运让我们一再承受屈辱，那么我们就以自豪来面对它；如果我们因为没有家乡而受难，那么我们就建设一个自己的家乡！于是，他出版了一个小册子《犹太国》。他在这里宣告：对犹太人来说，所有的融入努力，对彻底宽容所抱有的一切希望，在犹太民族身上都不可能发生。必须在过去的家乡巴勒斯坦建立一个自己的新家园。

当这本简短却剑拔弩张的小册子出版时，我还在上中学。我还能清楚地回忆起来，当时维也纳的市民—犹太人阶层普遍有着怎样的吃惊和愤怒。他们满不高兴地说：这位平时那么聪明、风趣，有教养的作家哪根筋不对劲儿了？他在干什么，写什么蠢事？为什么我们要去巴勒斯坦？我们的语言是德语，不是希伯来语，我们的家园是美丽的奥地利。在仁慈的弗朗茨·约瑟夫皇帝治下，我们过得不是好极了吗？我们不是获得了体面的提升，有可靠的职位吗？难道我们不是有平等权利的国家公民，不是这座我们深深热爱的维也纳城土生土长、忠贞不二的市民吗？难道我们不是生活在一个进步的时代，所有的宗教偏见在几十年以内就会踪迹全无吗？为什么这个自己也是犹太人、想要帮助犹太人的人，就在我们每一天都与德意志世界更接近、更内在地联结在一起的时候，却要替我们最恶意的敌人提供论据，要把我们分化出去？拉比们怒火满腔地离开布道台，《新自由报》的总编禁止在他的"激进"报纸上提到"锡安主义"（"犹太复国主义"）这个词汇。维也纳文学界的忒耳西忒斯、尖刻讽刺大师卡尔·克劳斯（Karl Kraus）还写了一个小册子《锡安的王冠》。当西奥多·赫茨尔走进剧院时，整个剧院里的人都会嘲讽地小声说："陛下驾到！"

赫茨尔刚开始也许还觉得这是人们对他有误解。在维也纳，他多年受到人们的爱戴，他也视这里为最安全的地方，但是这里的人却背弃了他，甚至嘲笑他。然而，带着巨大的力量和喜悦的回应突然来到了，这甚至把他给吓着了：他只用了那么几页纸就在这个世界上引发了那么大的一场运动。这场运动当然不是来自西部那些生活舒适、有着良好社会地位的犹太市民阶层，而是来自东部的广大群体，那些生活在加里西亚、波兰和俄国的犹太人聚居区中的无产者。赫茨尔根本没有想到，他这本小册子在那些素不相识的人当中，让灰烬中犹太文化滚烫的炭火重新燃起火苗：千年的弥赛亚梦想，神圣的经书中所强调的回归到上帝称许的土地。这种希望，同时也是一种宗教信念，让那些数百万受虐待、受奴役的人感受到，这是生活唯一的意义所在。在这两千年散居世界各地的过程中，每当有人——先知或者骗子——拨动这根琴弦，这个民族的灵魂就涌动起来，不过还从来没有像这次这么强烈，从来没有像这次这样带着咆哮般的回响。一个人用几十页纸将那些星散各地、毫不相干的人群变成一个整体。

这最初的瞬间，当理念还如梦一般没有定形时，肯定也是赫茨尔短暂的生命中最为幸福的时刻。一旦他开始试图将这个目标固定在实际的空间，将各种力量联结在一起时，他就不得不承认，他的这个犹太民族是多么分化：他们生活在不同的民族当中，有着各不相同的命运；这里是严格信奉宗教的，那里是自由思想的；这里是社会主义的犹太人，那里是资本主义的犹太人，他们用各种语言彼此相争，大家都不愿意服从一个统一的权威。我第一次见到他的那一年，1901 年，他正处在斗争当中，也许他也在与自己进行斗争。他还不能放弃这个让他养家糊口的职位，他还必须将自己分身于渺小的报纸编辑工作与他真正的人生使命之间。当时接待我的那个人，还是那位文艺副刊主编西奥多·赫茨尔。

西奥多·赫茨尔站起身来跟我打招呼。我不由自主地感觉到，那个含沙射影带着恶意的绰号"锡安国王"还真是一语中的。他看起来真的像个国王，高耸开阔的额头，清晰的面部轮廓，长长的、几乎是青蓝色的布道者胡须，深蓝色的忧郁眼睛。他那大幅度的、有些戏剧化的手势在他这里一点儿也不显得做作，因为这些动作都出自一种自然而然的威严，他也根本用不着特地在我面前显得自己是个多么重要的人物。即便在这个极为狭窄、只有一个窗户的编辑办公室里，坐在一张已经用旧了、堆满了纸张的办公桌前，他也好像一个贝都因部落[1]的头人一样。要是他穿的是一件下垂飘然的白色贝都因长衫，也一样会显得自然得体，就如同他现在穿着精心剪裁的显然是依照巴黎样式制作的黑色圆角长礼服一样。在一个有意保持的简短停顿——正如我后来经常观察到的那样，他喜欢这种不起眼的效果，这可能是他在城堡剧院学来的——以后，他居高临下然而还是带着善意将手伸给我。他手指自己旁边的沙发，问我："我觉得，您的名字我已经在什么地方听到过，或者读到过。诗歌，对吗？"我不得不承认。"现在呢，"他仰身说，"您给我带来了什么？"

我回答说，自己很想投稿一份小小的散文作品，然后递给他手稿。他看着首页，翻着手稿直到最后一页，以便估算一下长度，然后在长背座椅上再往后靠一靠。让我吃惊的是（我根本没敢这么指望），我注意到他开始读我的稿子。他读得很慢，翻过一页也不抬头。等到他读完了最后一页，他慢慢地将手稿卷起来，做得很复杂，但是仍然没有看我。他将手稿装进一个稿件袋，用蓝色的笔在上面做了一个标记。等到用这个神秘莫测的做法让我紧张的时间够长了以后，他才将深沉的目光转向我，带着有意识的、缓慢的庄重对我说："我很高兴能告知您，您那篇美丽的散文被《新自由报》接受了。"这场景，就好像拿破仑

1　贝都因人（德语 Beduine）是对生活在阿拉伯半岛和北非沙漠地区的一个游牧民族的称呼，源于阿拉伯语中的 badawi，意为"非定居的""游牧的"。这一游牧民族自称为 arab，将定居民族称为 hadar。

在战场上将一枚荣誉军团的十字勋章别在一位年轻中士的胸前一样。

这原本是一个微不足道的小插曲。只有维也纳人，也只有那一代的维也纳人才明白，这种提携能帮助人迈出多么大的一步。这样一来，我以十九岁的年龄一夜之间就跻身于名人的行列当中。西奥多·赫茨尔从一开始就对我赞赏有加，他还马上利用一个偶然的机会，在他的一篇文章中写道，人们不应该以为维也纳艺术界会凋零，正好相反，在霍夫曼斯塔尔之外，维也纳还有一批年轻的天才，对他们抱有怎样的期待都不会过分：他第一个提到的是我的名字。我一直觉得那是一种特别的奖项，有西奥多·赫茨尔这样分量的人物第一个站出来，在一个能让人看到同时也是有很大责任的位置上替我说话。这也让我后来的那个决定变得非常困难——好像我不知道"受人滴水之恩，当以涌泉相报"这个道理似的：我没能如他所期望的那样去加入甚至共同领导他发起的犹太复国运动。

但是，我不愿意让自己真正和他的这个事情搅在一起。让我发怵的主要是那种尊重感的缺乏。今天我们都难以想象会有那样毫无尊重可言的方式，而恰好是赫茨尔自己的同路人对他持这种态度：东部犹太人指责他根本不懂犹太文化，连犹太风俗都不知道；国民经济学家把他当成一个副刊专栏作家。每个人都对他有所指责，提出自己的不满，而且在这样做时并非总是带着敬意。我知道赫茨尔曾经善待和帮助过很多失意的人，尤其是年轻人。这个圈子里一直有的那种寻衅的、自以为是的反对派姿态，缺少实在的、真心的从属精神，让我觉得自己跟这个运动有疏离感，虽然我一度因为赫茨尔而怀着好奇走近它。有一次我曾经和赫茨尔谈到这个话题，我公开承认自己对他的队伍中缺少规矩的情形很不受用。他有些苦涩地笑了笑，说："您别忘记，我们几千年来都在面对问题，都习惯了跟理念争吵。我们犹太人在两千年的历史上没有实践，没有给世界带来什么'真实的'东西。无条件的献身精神也是需要学的，我自己到了今天还没有学到手，因为我自己还在不时地写专栏，我还是《新自由报》的副刊编辑。按说我的责任是，除了那件事不要有任何想法，不要在稿纸上写任何东西。不过，我已经在改进自己，我一定要自己先学会献身，也许其他人会跟我一起学。"我现在还很清楚地记得他这番话给我留下的深刻印象。当时我们都不理解，为什么过了那么长时间他还不决定放弃《新自由报》的职位，我们以为他是出于养家的考虑。很久以后世人才知道，事情并非如此，他甚至将自己的私人财产都奉献给了那件事。在这种矛盾中，他自己经历着怎样的痛苦，不光体现在这段谈话上，他日记中的许多内容都是内心痛苦的明证。

以后我还见到过他很多次，但是在多次相遇中只有一次于我如此重要，它保留在我的回忆中，令我难以忘怀，也许因为那是最后一次。我曾经去了国外一段时间，期间与维也纳只保留着通信联系。终于有一天我在城市公园中碰到他了。他好像是从编辑部出来，走得很慢，身子微微向前躬着。他不再有过去那种健步如飞的步伐了。我礼貌地向他致意，想与他擦肩而过，但是他快速向我走过来，把手伸给我说："为什么您要躲起来？您根本没必要这么做。"他很赞同我经常去国外的做法。"这是我们唯一的路，"他说，"我所了解的事情，都是在国外学到的。只有在国外，一个人才能学会保持距离来思考。我敢肯定，如果不是身在国外的话，我肯定不会有勇气写出那个最初的设想。还在萌芽和成长的状态，人们就会把它给毁了。谢天谢地，我把它拿出来时，那已经成形了，他们也就无可奈何了。"接着他非常懊丧地谈到维也纳，最大的阻力来自这里而不是外面。新的推动力尤其来自东部，现在也有来自美国的了，但是他已经感到太累了。"从根本上，"他说，"我的错误在于动手太晚了。维克多·阿德勒在三十岁时已经是社会民主党的领导人，在他最年富力强、最能进行战斗的年龄，更不用说历史上的那些大人物了。您知道，我在头脑中为那些失去的岁月感到难过——那些我没有早些投身到这项工作中的岁月。要是我的健康如同我的意志一样旺盛，一切就都好办了。可惜，人无法赎回逝去的岁月。"

我还陪着他走了一段长路，一直到他家门口。他站住，将手伸给我："为什么您从来不来看我？您还从来没有来过我家里。您提前给我电话，我把时间腾出来。"我答应了他，但是决定不兑现这个承诺：越爱戴一个人，我就会越敬重他的时间。

不过我还是去了他的家，就在几个月以后。他的病——曾经让他身体前躬的病——现在突然发作了，现在我只能陪伴他走向墓地了。那是一个特殊的日子，7月里的一天，对于每个亲历这一场景的人都是难以忘怀的一天。因为突然之间，这座城市的各个车站，每一辆火车，黑夜白昼，都是从各国各地赶来的人，他们是来自东部的、西部的、俄国的、土耳其的犹太人，他们从不同的省份和小城市突然蜂拥而至，噩耗带来的震惊还写在他们的脸上。人们从来没有比现在更清晰地感觉到：一个伟大运动的领导人在这里被抬往坟墓；而此前，争吵和辩论曾经让人们对此视而不见。送葬的队伍一眼望不到尽头。维也纳突然意识到，这位离世的人不光是一位作家或者一位普通诗人，而是一位思想理念的塑造者：无论在哪个国家、哪个民族，都需要经历很久才会有一位这样的人物胜利地挺立出来。墓地出现了骚动：太多人突然涌向他的灵柩，啼哭着、悲号着、大喊着陷入一种难以控制的爆发式绝望当中，那几乎可以说是一种暴躁、一种怒火。一切秩序都被一种根本的极度悲伤所打破，葬礼上的这番情形我此前从来没有看到过，此后也没有。这上百万人内心深处迸发出来的巨大的、撞击性的痛苦，让我第一次体会到，这位孤独的人以他的思想力量将多少激情和希望释放到这个世界上。

我能隆重地迈入《新自由报》的副刊，于我的真正意义是在私人方面。在家人面前，我赢得了一种意想不到的说服力。我父母很少与文学打交道，他们也不做任何评价。对于我父母以及整个维也纳的市民社会来说，《新自由报》赞扬的东西便是重要的，那里忽略或者批评的东西都是不值一提的。发表在副刊上的文章，在他们看来都是获得最高权威认可的；能在那里发表见解或者做出评判的人，光因为获得那里的一席之地已经足以收获人们的尊重。您可以想象一个这样的家庭，他们每天带着敬畏和期待将目光投到这份报纸的第一页上，某天早晨他们难以置信地发现，这位并不那么有条理的十九岁年轻人，这位跟他们一起坐在桌边的人，这位在学校里根本不出类拔萃的人，居然能在这个责任重大的地方，在那些著名的、经验丰富的男人名字中间找到发表自己看法的一席之地，而此前他们带着善意把我写的东西当成"没有危险的"游戏来接受（反正比打牌或者跟轻佻的姑娘调情好），他们在家里也从来没有重视过的看法。假如我写出来的是像济慈、荷尔德林、雪莱那样最美的诗作，也许不会让周围人能对我这样刮目相看。每当我走进剧院，总会有人对我这个以神秘莫测的方式打进长老和德高望重者行列的毛头小伙指指点点。由于我经常或者甚至说定期在《新自由报》副刊上发表作品，我很快就面临着成为一位在当地受尊敬之人物的危险。我幸运地及时摆脱了这种危险：一天早晨我告知父母说，自己想在下个学期去柏林学习，这让他们吃惊不小。我的家庭对我或者说对投给我金色影子的《新自由报》太过尊重，他们无法不满足我的愿望。

我当然没有想去柏林"读大学"。我在那里如同在维也纳一样，一个学期只去大学两次，第一次去是为了办听课注册，第二次是去提交所谓的听课证明，接受检查。我在柏林想要寻找的，既不是同学也不是好教授，而是一种更高级、更完美的自由。在维也纳我还是觉得被束缚在圈子之内。我所交往的文学界同仁，几乎都和我自己一样来自犹太—市民社会这一阶层。在这座狭小的城市里，大家都彼此知道对方是谁，我无可回避地是那个"好"家庭的儿子，而我对那个"好"社会已经感到厌倦；我甚至愿意进入一个特别的"坏"社会，一种没有强迫、没有制约的生存形式。至于谁在柏林的大学里讲授什么，这些信息我从来没有去课程目录里查看。对我来说，知道那里的"新"文学比在我们这里表现得更活跃、更激荡，这理由已经足够了。在那里可以与戴默尔以及年轻一代的其他诗人相遇，在那里不断有新的杂志、歌舞剧场、话剧场成立。总之，用维也纳的话说，那里就是一个总有什么事发生的地方。

的确，我是在一个非常有趣的历史时刻来到柏林。自从1870年以来，柏林从一个非常理性的、小小的也不富裕的普鲁士王国的首都一跃成为德意志皇帝驻跸的都城，这让施普雷河畔这个不起眼的小地方一下子有了巨大的推动力。不过，在艺术和文化活动方面的领军形象还没有落到柏林身上：画家和诗人让慕尼黑成为真正的艺术中心，德累斯顿的歌剧院主导着音乐领域，那些小型的王室都城都在将有价值潜力的因素吸引到自己的城市中来。尤其是维也纳，在很多方面——它的百年传统，被聚集在一起的力量，天才人物——当时都要远远胜出柏林。不过，最近若干年德国经济的迅猛崛起开始让柏林有了翻身之日。大公司、资财雄厚的家庭搬迁到了柏林，新财富带着强劲的大胆尝试精神给这座城市的建筑设计和剧院带来机会，要胜过任何一座德国城市。在威廉皇帝的保护之下，博物馆的规模在扩大；这里的话剧院，有奥托·布拉姆（Otto Brahm）这样的模范领导者。正因为这里没有真正的传统，没有几百年古老文化的存在，年轻人被吸引到这里进行各种尝试。毕竟，传统也总是意味着阻碍。面对年轻人以及他们的大胆试验，维也纳这座受到传统的束缚、对自身的过去顶礼膜拜的城市，表现出谨慎观望的态度，而柏林正想迅速以富有个性的形式来打扮自己，正在寻找新的东西。毫不奇怪，整个帝国范围内，甚至奥地利的年轻人都涌向柏林，他们当中的那些天才也真正获得了成功。维也纳人马克斯·赖因哈德在柏林用了两年就获得的职位，如果在维也纳的话，他需要耐心地等上二十年。

正当柏林处在从一个王国首都到世界城市的过渡阶段，我来到了柏林。在维也纳看到了太多从了不起的祖先那里继承而来的美，到柏林后的第一印象更多是失望。柏林决定性地向西扩展——在那里要出现一些新建筑物，而不是像缔尔园[1]别墅那样的奢华建筑——还刚刚开始；腓特烈大街和莱比锡大街仍然是城市的中心，这里的建筑物单调，装饰显得那么笨拙。要想去郊区维尔默多夫（Wilmersdorf）、尼古拉湖（Nikolassee）、施特格利茨（Steglitz）还只能颇费周折乘有轨电车；要想去有着美丽的植物风光的马克湖区，那不啻一次探险旅行。除了那条古老的"菩提树下大街"（Unter den Linden），真正的市中心尚未形成，根本没有维也纳那样的环城车道；由于普鲁士式的节俭，也根本没有什么值得称道的高雅奢华。女人们穿着自己剪裁的没有任何装饰的衣服去剧院。所到之处，人们看不到那些轻盈、灵巧、挥金如土的手，而在巴黎和维也纳，这样的手知道如何将便宜得一文不值的东西变成令人心醉神迷的奢侈品。在任何

1　缔尔园（Tiergarten），字面含义为"动物园"，是从勃兰登堡门（从皇宫向西出内城的大门，为柏林的标志性建筑）向西的一块绿地园林，里面点缀着若干高级别墅。

细小之处，人们都可以感觉到那种腓特烈式的、吝啬的俭朴持家。咖啡淡而无味，因为每一个咖啡豆都要节约下来；饮食单调无趣，没有果汁和提神饮料；整洁、僵硬而细致的秩序是随处可见的主调，而在我们那里则是欢快涌动的音乐。我的柏林女房东和维也纳的女房东之间的差别可以说是最典型的例子了。维也纳的女房东是一位性情愉快、爱说话的人，她不会把什么都保持着最干净的状态，也会丢三落四的，但是她总是愿意提供任何帮助。柏林的女房东将一切都做得正确无误，无可挑剔。在她给我的第一个月的账单上，我发现她用清清楚楚的僵硬字体计算了她所提供的每一个哪怕再小的服务：缝一个裤子上的纽扣 3 芬尼，清除桌子上的墨水污迹 20 芬尼，所有这些劳务的价格核算到一起之后，总共 67 芬尼。我一开始对此感到好笑。不可思议的是，几天之后我自己屈服于这种令人难堪的普鲁士秩序规则，在我一生中第一次也是最后一次做精确的开销账目。

维也纳的朋友们给我写了好多介绍信让我带来，但是我一封也没有拿出手。我之所以来异地，本义就在于逃脱那种市民社会的安逸氛围，从那里解脱出来，完全靠自己来生活。我只想认识那些在我自己的文学努力之路上找到的人，最好是那些有意思的人。毕竟，我也没有白白读那些"波希米亚"艺术家的作品，一位二十岁的人也必须希望自己能够去经历那样的浪漫。

没用多久，我就找到了这样放荡不羁、兼容并蓄地凑在一起的圈子。我早在维也纳时就已经给柏林"现代派"的主要杂志供稿，这份杂志几乎是带有讽刺意味地给自己命名为《社会》，其主编是路德维希·雅各博夫斯基（Ludwig Jacobowski）。这位年轻诗人在英年早逝之前成立了一个协会，协会的名字是对年轻人颇富诱惑力的"后起之秀"（Die Kommenden），协会成员每星期在诺伦多夫广场（Nollendorfplatz）的一家咖啡馆的二楼聚会一次。在这个模仿巴黎的"丁香园咖啡馆"的地方，各色各样的人聚集在一起。他们当中有诗人和建筑师，有装腔作势的吹牛大王和新闻记者，有打扮成艺术工作者或者雕塑家的年轻姑娘，有想让自己的德语水平变得完美的俄国大学生和满头淡色金发的斯堪的纳维亚姑娘。这里也不乏来自德国本土各地的代表：骨骼健壮的威斯特法伦人、装模作样的巴伐利亚人、西里西亚的犹太人，所有这一大群人在一起进行着热烈的讨论，完全不受任何约束。不时有人朗读诗歌和戏剧，对大家来说最重要的是互相结识。在这些有意摆出"波希米亚"派头的年轻人当中，坐着一位令人动容的像圣诞老人一般年长而且长着灰色胡子的老人。所有人都敬重他、爱戴他，因为他是一位真正的诗人，一位真正的"波希米亚"艺术家：彼得·希勒（Peter Hiller）。这位七十岁的老人用他那蓝色的眼睛，愉快而不带任何恶意地看着这群与众不同的孩子。他总是裹着一件灰色的风衣，用来遮盖那套已经破损的西装和肮脏的衬衣。每次他都很愿意应我们的要求，从上衣口袋里拿出来揉得皱巴巴的手稿，给大家朗读他的诗歌。那都是些别具一格的诗歌，原本是一位天才抒情诗人的即兴作品，只是诗歌的形式过于松散、过于随意。他在咖啡馆或者在电车里用铅笔写下来，随后就忘掉了，在朗读时总得费力地辨认那被涂抹或者弄脏了的纸条上的字。他从来不曾有过钱，也从来不在乎钱。他有时在这个人这里有时在那个人那里过夜。他的遗世独立，他那彻底的淡泊功利，是一种令人动容的真。谁也不知道这位善良的山野樵人是何时和怎样来到柏林这座大城市的，以及他想在这里做什么。但是，他什么都不要：不要成名，不要被人欢呼赞叹。由于他有着诗人的梦幻感，他比我后来见到过的任何人都更了无忧愁，更自由自在。围在他周围的，是那些争强好胜的讨论者在高声大嗓、声嘶力竭地争论。他温和地听着，不与任何人争吵，有时候举起酒杯向人表示友好的问候，但是他几乎不卷入任何谈话。他给人的感觉是，在这一片的喧嚣混乱之中，在他那乱蓬蓬的、有些昏昏沉沉的脑袋中好像有诗句和词语在穿梭着，但是并没有被找到、被发现。

今天，这位天真的诗人即便在德国也几乎被忘记了，他身上散发出来的真实与稚气也许在感觉上让我将自己的注意力从那位被选出来的"后起之秀"的主席身上转移开。后来，据说那个人以他的理念和言辞对无数人的生活方式产生决定性影响。这位鲁道夫·施泰纳（Rudolf Steiner）后来成为人智学的创始人，他的追随者建立了最为豪华的学校和研究院来传播他的学说。继西奥多·赫茨尔之后，在这位鲁道夫·施泰纳身上，我又一次看到一个被赋予使命去成为数百万人的指路人的形象。就个人魅力而言，他不像赫茨尔那样具有领袖气质，但是他更有诱惑力。他那棕色的眼睛里，似乎有一种催眠的力量。如果我不去看他，听他讲的内容会更专心，更具有批判性态度。他那带着苦修者式的清癯、充满精神上激情的脸庞，让人感到舒服，而并非只对女人才显得有说服力。鲁道夫·施泰纳当时离创建自己的学说还远着呢，他自己还是一个寻找者、学习者。他偶尔给我们讲他对歌德的颜色学所做的评议，在他的描述中，歌德的形象越来越像浮士德或者帕拉采尔苏斯[1]。听他谈话是令人激动的，因为他所受的教育让人吃惊，尤其是对于我们这些学识仅限于文学方面的人来说，他的知识非常广博。每次听完他的报告或者与他有过很好的私人交谈之后，我总是带着一种既兴奋又压抑的感觉回到家里。尽管如此，如果我今天问自己，当初是否已经从这位年轻人身上预见到他将在哲学与伦理方面带来那么广泛的大众效应，我必须惭愧地给出否定的回答。从他的那种寻求精神中，我预想他在科学上会有了不起的成就。如果听说他那富于直觉的精神成功地取得了一个重大生物学发现，我一点儿也不会感到吃惊。但是，当很多年以后我在多纳赫（Dornach）看到那座雄伟的"歌德楼"时——那座"智慧学校"，是他的学生捐赠给他的"人智学"的柏拉图学院——我更多感受到的是失望，他的影响如此严重地走向了宽泛，在某些地方甚至陷入凡庸。我不想让自己对"人智学"做任何评判，因为我到今天也不完全清楚他们想做什么、他们所指的是什么。我甚至以为，在本质上这个学科的诱惑性效果不是来自它的理念，而是与鲁道夫·施泰纳这个令人着迷的人连在一起。不管怎样，对于这样一位有魔力的人物，能够在他早年与他相遇相识，在他还能够友好地、

1　帕拉采尔苏斯（Paracelsus，1493—1541），真名为 Philippus Aureolus Theophrastus Bombast von Hohenheim，自 1529 年起自称为帕拉采尔苏斯，是中世纪著名的医生、炼金术士、占星者、神秘主义者、哲学家。

不那么教条地与年轻人分享自己的知识和思想时结识他，这对我来说是不可低估的收获。从他那既引人入胜又十分深奥的学问中我认识到：我们读了高中就曾经觉得自己已经学识渊博了，而真正的渊博，绝不如我们所想象的那样依靠泛泛阅读和讨论就可以获得，那是需要经年累月的刻苦努力才能获得。

那还是一个兼容并蓄的时代，建立友谊还相对容易，社会或者政治上的差异还没有那么无法调和。在这样的环境下，一位年轻人从与自己一起努力的同道人那里会比从高于自己的人那里学到更为重要的东西。我又一次感觉到，集体性的热忱投入会带来怎样丰硕的成果——这次是在比中学更高的、国际性的层次上。我在维也纳的朋友几乎都出身市民阶层，甚至百分之九十是犹太市民阶层，我们的兴趣大同小异，在朋友圈中无非让自己的兴趣得以加倍或者翻番地增长。但是，这个新世界里的年轻人却来自完全不同的阶层，有上层的，也有下层的，有普鲁士贵族家庭的公子，也有汉堡船主的儿子，而另外一个很可能来自威斯特法伦的农民家庭。我突然置身于这样的一个圈子，这里也有衣衫褴褛的真正穷人，这个圈子是我在维也纳时从来没有接触过的。我与酒徒、同性恋、吸毒者同坐在一张桌子旁，不无骄傲地与一位有名的、被判过刑的诈骗犯握手（他从监狱出来后出版了自己的回忆录，因此加入我们作家群里面）。所有那些我在现实主义小说中里读到过却几乎无法相信的东西，都堆挤在这样的小酒馆或者咖啡馆里。我被带进这样的地方，一个人的名声越差，我想去认识这个人的兴趣就会越强烈。这种对身处岌岌可危的境遇者所持有的好感和好奇，伴随了我整个一生。即便后来到了本该慎重择友的年龄，我的朋友们还经常指责我在与一些如何缺乏道德感、不可靠、真正一无是处的人打交道。也许正是我出身的那个阶层所强调的团结感以及另外一个事实——在一定程度上我感觉"太平无虞"这一情结是负担——才让我觉得他们的生活是那么令人着迷：他们对自己的生命、时间、金钱、健康、名誉大手大脚，对待它们几乎可以说是带着某种蔑视，这是些为激情所驱使、生存没有任何目标的狂人。也许在我的长篇和中篇小说里，人们可以看到我对这种浓烈的、不受任何羁绊的自然本色的偏爱。此外，这里还有来自异域风情的外国因素所带来的刺激。他们当中的每一个几乎都能给我的好奇心带来一份来自陌生世界的礼物。来自德罗霍毕茨（Drohobycz）[1] 的画家埃·莫·利林（E. M. Lilien）是一位贫穷的、信奉正统犹太教的旋木工的儿子，在他这里，我第一次遇到真正的东部犹太人，从而也了解了犹太教。在那之前，我对这个宗教中所蕴含的力量、那种坚韧的狂热根本不了解；一个年轻的俄国人给我翻译了当时在德国还无人知晓的《卡拉玛佐夫兄弟》中最美的片段；一个漂亮的瑞典人让我第一次看到蒙克的画；我也在画家们（糟糕的画家）的画室里滞留，观

1　历史上一座犹太人聚居的东欧城镇，位于今天的乌克兰。这座小城在1918年之前属于奥匈帝国，1919—1939年属于波兰，居民当中有大量的犹太人，这里也有全波兰最大的犹太教堂。根据1939年《苏德互不侵犯条约》的秘密条款，苏联红军在1939年占领该城。1941年，德国在发动进攻苏联后夺回该城，将犹太人送往集中营实施灭绝；1945年，该城又易手为苏联红军占领，将该城划归为乌克兰加盟共和国，城里的波兰人被驱逐。

察他们的绘画技术；一位信徒将我带到某个宗教圈子：这些活动让我感受到生活的千般形式和多样性，对此我感到津津有味。我带着自己在中学时将注意力投射到纯粹的形式、韵律、诗句、词汇上的力度，现在将注意力投射到人的身上。在柏林，从早到晚我总是在和各种新结识的人在一起，有兴奋也有失望，甚至也被他们欺骗。我想，我十年里所收获的精神上的交往还不如在柏林短短一个学期那么多，这是彻底自由的第一步。

这种不可思议的多种启发，原本意味着我的创作兴趣也会有不同寻常的提升，似乎可以说理当如此，而实际情况正好相反。我在中学时代由于精神上的兴奋而陡然升起的自信，令人忧虑地消失了。在那本不成熟的诗集出版四个月以后，我简直不能理解自己当初怎么有勇气把它拿出来。我仍然觉得那些诗句是很好的、很有技巧，一部分甚至可以说是令人瞩目的艺术工艺品，来自雄心勃勃的对诗歌形式的游戏乐趣，但是那里面的感伤情绪不是真正的。同样，在与真实有了这样的接触以后，我也感觉自己第一个中篇小说中有种在稿纸上喷洒过香水的味道。这些作品都是在对现实一无所知的情况下写就的，用的是从别人那里学来的二手技巧。我来柏林时，带来了一部只剩下一章还没有完成的长篇小说手稿，本来是要让我的出版人高兴一下的，但是手稿很快就被我扔进火炉里，因为在看到真实生活之后，我对自己的中学生能力的信任遭到了沉重一击。对我来说，那就好像在学校里被留级一年一样。的确，在出版了第一部诗集以后，我过了六年才出版第二部诗集，再往后隔了三四年才出版了第一本散文集。在这期间，我遵照诗人戴默尔的忠告，将时间用在翻译上。对这一忠告，我现在仍然心存感激。到今天我也仍然认为，对一位年轻诗人来说，翻译外文的文学作品是去更深地了解自身语言的精髓、去创造性地掌握这一语言的最好机会。我翻译波德莱尔的诗歌，还有魏尔伦、济慈、威廉·莫里斯的一些诗歌，夏尔·范·莱尔贝尔赫（Charles van Lerberghe）的一个小剧本，卡米耶·勒蒙尼耶（Camille Lemonnier）的小说《熟能生巧》。正因为每一种外语中那些最为独特的约定俗成的用法会抵抗任何模仿，这才对语言表达力构成了平时不会遇到的挑战。这种斗争——不屈不挠地强行将外语变为自己的语言，强行将自己的语言变得富有弹性——对我来说总是意味着一种特殊的艺术乐趣。这种默默无闻、费力不讨好的工作需要耐心和韧性，而这两种美德被我在中学时代出于轻率和鲁莽而抛弃了。现在，我格外喜欢这项工作，因为在介绍艺术名著这项朴素的工作中，我第一次有一种确凿无疑的感觉：我在做真正有意义的事情，也算不枉此生。

在内心深处，我已经清楚自己接下来几年要走的路：多看，多学，然后才真正开始！不要带着仓促发表的作品来面对这个世界，而是首先了解这个世界的本质内容！柏林的玉液琼浆让我变得对世界更加如饥似渴。我在考虑暑假去哪个国家旅行。我选择了比利时。在世纪之交，这个国家出现了一个不可思议的艺术飞跃，甚至在某种意义上，其力度跟法国相比也有过之而无不及。

绘画界的克诺普夫（Khnopff）、罗普斯（Rops），雕塑界的康斯坦丁·默尼埃（Constantin Meunier）、米纳（Minne），工艺美术界的范·德·韦尔德（van der Velde），诗歌界的梅特林克（Maeterlinck）、埃克豪特（Eekhoud）、勒蒙尼耶，他们都表明了新的欧洲艺术力量所在。尤其让我入迷的是艾米勒·维尔哈伦（Emile Verhaeren），因为他的抒情诗完全开拓了一条崭新的道路。从某种程度上说，是我发现了这位当时在德国还无人知晓的诗人——官方的文学界很长时间将他与魏尔伦相混淆，就如同将罗曼·罗兰与罗斯丹（Rostand）弄混一样。可以独自去热爱一个人，这也总是意味着双倍的热爱。

也许我在这里有必要加上一段小插曲。我们的时代，人们经历得太快、太多，要让什么好好留在记忆中就很难，我也不知道艾米勒·维尔哈伦这个名字，今天人们是否还知道。在所有的法语诗人当中，维尔哈伦是第一位试图让欧洲人去认识时代、认识未来的诗人，就如同沃尔特·惠特曼在美国所做的那样。他开始热爱这个现代世界，要把它放入诗歌当中。当在别人眼里机器还是恶魔、城市无比丑陋、当代生活了无诗意时，他却为每一项新发明、每一种技术成就感到欢欣鼓舞，而且他会为自己的欢欣鼓舞而兴奋，因为他要在这激情中更强力地去感受那种欢欣鼓舞。刚开始时的小诗慢慢变成了宏大的、激情奔涌的赞歌。"让我们相互尊重！"是他对欧洲各民族发出的呼唤。我们那一代人的乐观主义——经历了今天这种最可怕的倒退之后，它已经显得不可理喻了——在他那里最先找到了诗歌上的表达形式。他的一些最美的诗歌，还会长久地见证我们当年所梦想的欧洲和人类图景。

我原本是为了结识维尔哈伦才来到布鲁塞尔的。可是，卡米耶·勒蒙尼耶——这位强有力的、今天不公正地遭到遗忘的诗人、小说《男人》的作者，他的一部长篇小说曾经被我翻译成德文——不无遗憾地告诉我说，维尔哈伦很少从他的小村子到布鲁塞尔来，而且现在也不在这里。为了缓解我的失望，他以最衷心的方式给我引见其他比利时艺术家。就这样，我先是认识了年岁才长的大师康斯坦丁·默尼埃，这位具有英雄气概的工人和最有力地表现劳工的雕塑大师。在他之后，我拜见了范·德·施塔彭（van der Stappen），他的名字在今天的艺术史当中几乎已经被淹没了。可是，他是一位多么友好的人啊！这位个子矮小、面颊丰满的弗拉芒人，他和他的太太，一位身宽体胖、性格开朗的荷兰人，是多么诚心诚意地接待我这个年轻人！他给我看他的作品，我们在那个明媚的上午谈了很多艺术和文学，这两个人的和善让我很快就没了任何胆怯。我毫不掩饰地对他们说出我的遗憾，我原本是因为要见一个人才来布鲁塞尔的，但是偏巧就无法见到他：维尔哈伦。

我说得太多了吗？我说了什么不应该说的话？不管怎样，我意识到范·德·施塔彭和他的太太都开始小声地笑，相互悄悄地递眼色。我感觉到，因为我说出来的话让他们之间有了神秘的默契。我有些不自在，想要告别，但是他们俩不允许，说我一定要留下吃午饭，一定的。又是那种不寻常的微笑，他们互相交换着眼神。我感觉到，如果这里有一个秘密的话，那一定是个善意的秘密。于是，我很愿意放弃下午原打算去滑铁卢的行程。

很快到了中午，我们已经坐在餐室里。像所有的比利时住房一样，屋地和街面是同一高度的，人坐在屋子里透过彩色玻璃窗可以看到大街上，这时突然有一个影子站在窗前。有人用手指骨节敲打彩色玻璃，同时门铃也响起来。"他来了！"范·德·施塔彭的太太说着，站起身来。他走进来，脚步沉重有力：维尔哈伦！我一眼就认出了那张我从画像上早已熟悉的脸。维尔哈伦像他经常做的那样，今天来他们这里做客。当他们听说我在这个地方徒劳地想见到维尔哈伦而不得时，就迅速地交换了一个眼神达成一致，根本不对我提到一个字，要让他的出现给我带来惊喜！现在他站在我的对面，为刚听到的这个成功的"恶作剧"微笑着。我第一次感觉到他那神经质的手在握手时的力度，第一次看到他那清澈和善的目光。他像往常一样，总是带来很多难得的经历和兴奋。饭还没吃完，他就已经开始讲述了。他刚和朋友一起去了一个美术馆，还在为此感到兴奋。他回到家里总是情绪高昂，不管到哪里，不管什么偶然的小事都能让他兴奋。这种兴奋已经变成了他不可改变的习惯。他侃侃而谈，非常到位地用精确的动作来强化说话的内容。他的第一句话就能抓住人，因为他襟怀坦荡，对一切新东西都保持开放的态度，对什么都不拒绝，愿意接受每一个人。甚至可以说，他会立刻向每一个刚遇见的人抛出一片真心，就像那天他和我初次见面时一样。后来我还无数次地看到，他的满腔诚挚让别人感到幸福。他还不了解我，就已经给我以信任，只是因为他听说我了解他的作品。

午饭之后，在第一个惊喜之后又有第二个惊喜。范·德·施塔彭要实现长期以来他自己的也是维尔哈伦的愿望，他要完成一座维尔哈伦的半身雕像，今天是最后一次临摹。范·德·施塔彭说，今天我在这里，是命运的一个礼物，因为他正好需要一个人来跟这个给他当模特的"不安静的人"说话，这样他的脸在说和听的时候就活起来了。就这样，我深深地凝望这张脸两个小时：这是一张令人难忘的脸，高高的额头上已经有风霜岁月刻出的条条皱纹，褐色的卷发耷拉在赭色的额角上。他的脸轮廓分明，紧绷其上的是饱经风霜的褐色皮肤，向前突出的下颚棱角分明，窄薄的嘴唇上方蓄着浓密的像传说中的维钦托利[1]那样上翘的八字胡须。他的神经质体现在手上，那是一双瘦削、灵巧、精致而有力的手，血管在薄薄的皮肤下跳动。他身上的意志力都在他那农民似的宽宽肩膀中，相对于这肩膀来说，那个神经质的、瘦骨嶙峋的头似乎显得太小了。只是在他大步走时，人们才能看到他的力量。当我今天再看这塑像时——范·德·施塔彭从来没有比这一时刻更成功的作品——我才知道它有多么真实，他多么完全地抓到了诗人的本质。这是对一个诗歌巨人的记录，是一种永不磨灭的力量的纪念碑。

在这三个小时里，我就深深地喜爱上了这个人，在我的一生中这种喜爱都没有改变。他的秉性中有一种稳健，他没有片刻显得沾沾自喜。他不受金钱的左右，宁可过着乡下人的生活，不愿意出于生计的原因写任何一行字。他不追求成功，从来不用迁就、逢迎、拉熟人关系来获取更多的成功。对他来说，有

1　维钦托利（Vercingetorix，约公元前82—前46），是高卢（指现今西欧的法国、比利时、意大利北部、荷兰南部、瑞士西部和德国莱茵河西岸一带）阿维尔尼人的部落首领，曾经带领高卢人抵抗恺撒率领的罗马军团。

朋友以及朋友们的忠诚，这已足够。他甚至摆脱了对一个人来说最危险的诱惑——荣誉——但是他终于还是实至名归地收获了荣誉。他始终光明磊落，心中没有任何芥蒂，从不为虚荣所惑；他是一个自由坦荡、生性愉快的人，很容易为任何一种兴奋所感染。和他在一起的人，会感到自己也因为他对生活的意愿而受到感染，并因此感觉充满活力。

现在他这么活生生地站在我这个年轻人的面前：这位诗人，正如我所期望的那样，正如我所梦想的那样。在我们相遇的第一时刻，我已经下了这样的决心：要为这个人和他的作品效劳。这的确是一个大胆的决定，因为这位欧洲的歌咏者在当时的欧洲还没有什么名气，而且我也预先知道，翻译他那些经典著作以及他的三个诗剧需要我两三年内不再写作。在我决定将自己的力量、时间和激情用来为别人的著作服务时，我也给了自己最好的东西：道义上的任务。我那目标不定的寻找和尝试，现在有了一种意义。如果今天我要给一位还不能确定自己道路的年轻作家提出忠告的话，我会建议他去为一部伟大作品付出些什么，作为展示者或者作为传播者。对于初出茅庐者而言，在带有付出性质的服务中所能找到的把握，要比在自己的创作中多。一个人带着献身精神所做的任何事情，都不会是徒劳无益的。

在我几乎一心一意从事维尔哈伦诗集的翻译，并为一部他的传记做准备的两年里，我也在间歇中做了很多旅行，其中一部分旅行也是做公开演讲。翻译维尔哈伦作品这件似乎吃力不讨好的工作，现在却收到了意想不到的感谢：他在国外的朋友开始注意到我，不久以后我的朋友们也注意到了。有一天，埃伦·凯伊（Ellen Key）找上门来。这是一位非凡的瑞典女性，她曾经以无比的勇敢在那个目光褊狭、阻力重重的时代为妇女的解放进行斗争，而且早在弗洛伊德之前就在自己的著作《儿童的世纪》里提出这样的警告：青少年的精神易受伤害。经她介绍，我在意大利得以与乔瓦尼·切纳（Giovanni Cena）相识，并被引荐到他的诗歌圈子里；也是经由她，我赢得了挪威人约翰·博耶尔（Johan Bojer）这位重要的朋友。格奥尔格·勃兰兑斯（Georg Brandes）这位国际文学史大师也开始注意到我。不久以后，也是由于我的传播，维尔哈伦在德国声名鹊起，甚至超过了在他自己的国家。最著名的演员凯恩茨和莫伊西（Moissi）登台朗诵由我翻译的维尔哈伦的诗。马克斯·赖因哈特把维尔哈伦的《修道院》搬上了德国剧院的舞台。对于这些，我应该感到心满意足了。

不过，现在终于不得不想到，我自己除了对维尔哈伦的责任，还有另外一份责任。我需要结束大学的学习，最终要把一顶哲学专业的博士帽拿回家去。这也就是说，在几个月之内要将全部的经院教学材料学完，而这份工作是那些规规矩矩的大学生用四年时间来做的。我和埃尔温·吉多·科尔本海伊尔（Erwin Guido Kolbenheyer）——我年轻时的文学伙伴，今天他也许不愿意回忆起这些事情，因为他成了希特勒德国的官方诗人和院士——一起通宵达旦地研读。但是，他们给我安排的考试并不难。因为我在文学方面的公共活动，那位与人为善的教授对我已经有所了解，也能恰到好处地开个小玩笑。在正式考试前的预先谈话中，他笑着说："您可不愿意被考问精确逻辑方面的问题。"

的确，他后来提出的问题都是在一些不那么尖锐的领域，他知道我会有把握的领域。那是我第一次以"优秀"的成绩通过一门考试，而且正如我所希望的那样，也是我的最后一次考试。现在，我的外在生活是自由了。所有那些年，直到今天，我的一切斗争所要争取的，就是保持内心享有同样的自由。然而，在我们的时代，这一努力正变得日益艰难。

五　巴黎，青春永驻的城市

获得自由后的第一年我要住在巴黎，我将这当作承诺给自己的礼物。此前我曾经两次到过巴黎，对这座永不疲倦的城市只有粗浅的了解。不过，我知道，有谁年轻时在那里生活过一年的话，他终其一生都会带着无可比拟的幸福回忆想到它；我知道，没有任何地方能有和这座城市一样的氛围，能让人在充满活力的感觉中感受到它那青春气息：它会接受任何人，又不会对任何人追根究底。

　　我知道得很清楚，这座在我年轻时代曾经美好而活跃、能让人轻松愉快的巴黎已经没有了。自从这地球上最坚硬的魔爪强硬地按在它身上留下印痕之后，那种美好的无忧无虑就再也不会回到它的身上了。我在写下这行文字时，德国的军队、德国的坦克正如同灰色的蚂蚁群一样向那里涌去，要将这座城市至美的斑斓、美好的愉悦、它的痛苦和这种永不枯萎的和谐之花从根上摧毁。现在这样的事情就发生了："卐"字旗在埃菲尔铁塔上飘扬；身着黑色制服的冲锋队挑衅般从拿破仑的香榭丽舍大道齐步走过。我在这遥远的地方也能感受到，住在城市房子里的人们内心会多么绞痛；那些曾经性情如此愉快的市民，在看到自己熟悉的咖啡馆和酒吧如今被侵略者的马靴踩踏时，会多么沮丧。几乎没有哪种个人的不幸比这座城市遭受的凌辱更让我备受打击，让我感到如此震撼、如此绝望。这座城市比任何地方都仁慈，让每一个来到它近前的人感到幸福。但愿，它曾经给予我们的东西，将来有一天它还能再给后来人：最睿智的学说、最美好的榜样，同时又让人感到自由和创造活力；它对每个人都敞开心扉，在这毫不顾惜的慷慨付出中却变得越发富有。

我知道，我当然知道，今天在遭受痛苦的不光是巴黎。巴黎以外的欧洲，在几十年以内不会再现第一次世界大战之前的那个欧洲了。有那么一些幽暗的东西，它们一经出现在那一度如此明亮的欧洲地平线上以后，就再也没有完全消失过。怨恨与不信任在国家与国家之间、在人与人之间存留着，就如同吞噬肌体的毒素残留在被致伤残的躯体当中。在两次世界大战之间的四分之一世纪里，我们在社会、技术方面有了那么大的进步；但是，在我们这个小小的欧洲世界里，没有哪个国家不曾失去从前那么多的生活乐趣和悠然自得。好多天也描述不完，从前的那些意大利人哪怕处于最贫苦的生活状态当中，也那么互相信任，像孩子一样兴高采烈，他们是怎样在小酒馆里又唱又跳，开玩笑地讽刺糟糕的"政府"，现在他们得快快不乐地去为政府当兵打仗，仰起下颌，带着忧郁的心情。人们还能设想，奥地利人还会像从前那样性情愉快随和，对于给他们带来如此舒适生活的皇帝陛下和上帝持有虔敬的信任吗？那些俄国人、德国人、西班牙人都不知道，那个没有人心、贪得无厌的"国家"

从他们最内在的灵魂中吸走了多少自由和欢乐的精髓。所有民族的人都感觉到，有那么一片巨大沉重的阴影笼罩在他们的生活之上。我们这些在有过个人自由的世界生活过的人可以作证，从前的欧洲曾经因为它那万花筒般的斑驳陆离而无忧无虑地感到兴奋。我们的世界由于自相残杀的怒火而变得暗无天日、饱受奴役和枷锁，这让我们不寒而栗。

可是不管怎样，再没有哪个地方会比巴黎更能让人幸福地感觉到，人生存在这种天真美妙的无忧无虑。巴黎的形式之美以及温和宜人的气候，它的富庶和传统，都是辉煌的明证。我们每一个年轻人都会将这轻盈之感带走一份，同时也将自己的一份放进来。中国人和斯堪的纳维亚人，西班牙人和希腊人，巴西人和加拿大人，每个人在塞纳河畔都有宾至如归的感觉。在那里没有任何强制，一个人可以说话、思考、欢笑、咒骂，随心所欲。每个人都可以按照自己喜欢的方式生活，或者合群或者独处，可以铺张也可以节俭，可以讲究奢华也可以是波希米亚风格，这里为每一种特殊情形都保留了空间，考虑到了各种可能性。那里有高端的豪华餐厅，备有各种美食上的魔法精品，有两三百法郎的各种葡萄酒，还有贵得令人发指的马伦哥和滑铁卢时代的康涅克酒。不过，拐过街角的任何一家小餐馆也可以吃到同样丰盛的饭菜，也可以同样痛饮。在拉丁区人头攒动的大学生餐厅里，花上几个苏[1]就可以吃上鲜美多汁的牛排，餐

---

1 苏（sou），中世纪的法国货币单位和硬币。自 1795 年，法国货币单位采用法郎和生丁（1 法郎 = 100 生丁），但是直到 20 世纪初，人们仍然习惯上将 5 生丁称为 1 个苏。

前餐后还有最好吃的甜点，此外还有红葡萄酒和白葡萄酒，树棍一样长的美味白面包。在这里，人们也可以随自己所愿进行穿着打扮。大学生们可以头戴好看的贝雷帽在圣米歇尔大街上闲逛；画家们则头戴宽边大礼帽，身着具有浪漫色彩的黑色丝绒夹克，让自己变成人群中的一条厚重色带；工人们身穿蓝色的上衣或者卷起衬衫袖子，这身打扮走过最讲究的林荫大道他们也安然自得；保姆们戴着宽大的布列塔尼人的便帽；酒吧招待系着蓝色围裙。年轻人在午夜之后开始在街上跳舞，用不着非得在 7 月 14 日这天不可，警察会笑着说：大街属于每一个人！没有人会在别人面前感到不自在。最漂亮的姑娘一点儿也不会难为情地和一位皮肤黝黑的小伙子手挽手走进旁边的小旅馆里：谁会在意这些后来才被鼓吹起来的恫吓人心的说辞，如种族、阶级和出身呢？人们跟自己喜欢的人出门、说话、睡觉，才不去在乎别人做什么。一个人得先知道柏林是怎么回事，经历过德国那种心甘情愿的奴性——这里有着棱角分明、被痛苦地打磨出来的阶层意识——才会真心爱上巴黎。在德国，一位军官夫人不会和一位教师的太太交际，教师的太太不会和一位商人的妻子来往，而商人的妻子也不会和工人的老婆走动。可是，在巴黎，大革命的遗风还存在于血液当中。一个无产者工人感觉自己和雇主一样是自由同同等重要的公民；在咖啡馆里，侍者与身着镶边军服的将军像同事一样握手；勤劳、稳重、整洁的小市民妇女也不会对同一条街上的妓女嗤之以鼻，而是每天在楼梯上和她闲聊，还会让孩子给她送去鲜花。有一次，我亲眼看到玛德莲教堂附近的一家高级餐馆拉律餐馆（Larue bei der

Madeleine）进来了一群参加受洗礼的诺曼底富裕农民。他们穿着本村的传统服装，沉重的鞋就像马蹄子一样踩在地上咚咚作响，头发上抹着厚厚的发油，那味道重得连在厨房里都能闻到。他们大声地说话，喝得越多声音越高，毫无顾忌地笑着摸胖太太的屁股。他们是真正的农民，坐在光鲜的燕尾服和浓妆艳抹的人群当中，一点儿也不觉得有什么不自在。那些脸刮得像镜子一样平滑的侍者也不对他们撅鼻子，不像在德国或者英国侍者会对乡下人做的那样，而是同样客气地、毫无瑕疵地为他们提供服务，仿佛他们是部长或者内阁成员一样。梅特尔大饭店甚至还特别欢迎那些不拘小节的顾客，把这当成乐趣。巴黎人只知道对立的事物可以并存，没有高下之分；在豪华的大街和旁边肮脏的小巷之间没有看得见的界限，到处都同样活跃而愉快。在郊外的庭院里，有街头艺人在演奏，从窗户里可以听到缝纫女工边工作边唱歌。空气中不时飘荡着欢笑声或亲切的呼唤声。当两位马车夫发生"口角"后，他们也会在事后握手言和，一起喝上一杯葡萄酒，吃上几颗牡蛎——那是极其廉价的。没有什么事情是棘手的或者难以通融的。跟女人搭上关系容易，摆脱关系也容易：每个锅都能找到锅盖，每个年轻男人都能找到一个愉快的、不装腔作势的、不拘谨扭捏的女友。啊，在巴黎，人生活得多么轻松，多么美好，尤其是年轻人！东游西逛也是一种乐趣，同时也是在上一门课。因为所有东西都对所有人敞开：你可以走进一家街头书店，看一刻钟的书，店主人也不会有任何抱怨；你可以走进小画廊，可以在旧货商店里磨磨蹭蹭地挑看东西；你可以到德鲁奥特大饭店（Hotel Drouot）的拍卖现场凑热闹，也可以跟花园里的女管家聊聊天。如果出来闲逛的话，街头会对人产生磁铁般的吸引力，向人展示出万花筒般令人无法抗拒的新东西；要是感到累了，可以随便在上万家咖啡馆中某一家的平台上坐下，用咖啡馆提供的免费信纸写信，同时让街头小贩们向你兜售那些完全多余的破烂货。在巴黎只有一件事是难以做到的：留在家里或者动身回家，尤其当春天已经开始破门而入之时，阳光让塞纳河闪着柔和的银光，林荫大道上的树木开始吐出新绿，年轻的姑娘们胸前别着花一个苏买来的紫罗兰。不过，要想在巴黎过得心情愉快，真的用不着非在春天不可。

　　我滞留在巴黎时，这座城市还没有像今天这样被地铁和汽车融汇成一个整体。那时的主要交通工具仍然是公交马车，由那些肥壮的、浑身冒着热气的马来拉着。不过，几乎没有什么比从"帝国"双层公共汽车的顶层上或者从敞篷马车上能更好地发现巴黎了，它们也都行驶得不那么快。不过，想从蒙马特到蒙巴拿斯去一趟，也算是一个小旅行了。考虑到巴黎小市民的节俭，我觉得这样的传说完全是可信的：住在巴黎左岸的人，从来没有到右岸去过；有些孩子只在卢森堡公园玩过，从来没见过杜伊勒里花园或者蒙索公园。真正的市民或者说守家在地的人很愿意待在自己的城区，他们在"大巴黎"中为自己营造了一个"小巴黎"，而且每个这种小圈子都有自己明显的特征，甚至带着某些外省的乡土特色。所以，对于一个外来人来说，选择在哪里住下来，还真得斟酌一番。拉丁区对我已经不再有诱惑力了。先前，当我二十岁短期来巴黎时，一下火车就冲向那里，在第一个晚上已经坐到瓦歇特咖啡馆，满怀敬畏之情让人给我看诗人魏尔伦曾经坐过的地方，还有那个大理石桌子——魏尔伦在醉意阑珊时总是用他那沉重的手杖一边生气地敲打它，一边让别人尊敬他。出于对他的崇拜，我这位滴酒不沾的诗人追随者还喝了一杯苦艾酒，虽然这种绿色的酿物根本不合我的口味。但我还是认为，作为一位满心敬畏的年轻人，我有义务在巴黎的拉丁区必须依照法国诗人的仪式行事。当时出于对风格的感觉，我宁愿住在索邦大学附近的一个六层阁楼上，以便能原汁原味地经历我通过书籍所了解的那种拉丁区的"真正"氛围。二十五岁的我就不再有那么天真的浪漫感觉了，大学生区对我来说太国际化、太不巴黎了。尤其需要考虑的是，我选择长期住处不要依据文学上的追忆情怀，而是要尽可能有利于自己的工作。我马上开始到处去看一番。从有利于工作的角度看，那个高雅的巴黎——香榭丽舍大道——根本不合适，和平咖啡馆（Café de la Paix）周围的那个地区就更不合适，那里是巴尔干半岛有钱人的聚会场所，除了侍者几乎没有人讲法语。倒是圣叙尔比斯（Saint-Sulpice）附近那种教堂和修道院遍布的气氛，对我更有吸引力：里尔克和苏亚雷斯[1]也曾经喜欢在那里居住；我最愿意的是，但愿能在圣路易河心岛（île St. Louis）上找到一个住所，可以将塞纳河的左岸和右岸联结起来。但是，在第一个星期内，我在散步时就找到了

1　安德烈·苏亚雷斯（André Suarès，1868—1948），法国诗人。自1912年起，与安德烈·纪德、保罗·克洛岱尔、保罗·瓦莱里一起被称为著名的文学期刊《新法兰西评论》的四大台柱。著有小说《马赛》。

一个更美的地方。我游荡在皇家宫殿的画廊,发现在那些由"平等公爵"[1]在18世纪建造的一大片千篇一律的住宅区中,有一幢当年的体面府邸,现在落魄为一家简陋的小旅馆。我让人带我去看一个房间,吃惊地注意到,这窗户朝向皇宫花园。花园在黄昏降临时就关闭了,只能模糊地听到城市隐约的喧嚣,那节奏如同无休止的波涛拍打着远处的海岸。雕像在月光中闪耀着亮光,有时候大清早风会将"大厅"里的菜肴香味吹送过来。在这座历史性的皇宫建筑中,18、19世纪的诗人、政治家们曾经在这里住过。斜对面的那座房子,是我非常喜爱的女诗人玛塞利娜·代博尔德-瓦尔莫(Marceline Desbordes-Valmore)曾经居住过的地方,巴尔扎克和维克多·雨果曾经多次攀上近百个狭窄台阶造访女诗人;那个闪耀着大理石光亮的地方,是卡米耶·德穆兰(Camille Desmoulins)向巴黎人民发出冲击巴士底监狱号召的地方;那里曾经是铺着地毯的通道,那位贫穷的小个子波拿巴少尉曾经在一群地位显赫但并不十分具有美德特性的太太当中寻找提携自己的人。这里的每一块石头都能讲述法国历史,况且这里离国家图书馆只隔着一条街,我可以在那里度过整个上午。近在咫尺的,还有藏有绘画的卢浮宫博物馆和人群川流不息的林荫大道。我终于住进了一个我一直梦寐以求的地方,几个世纪以来搏动法国热烈而有节奏的心跳的地方,

---

1 "平等公爵"即奥尔良公爵路易·菲利普·约瑟夫(1747—1793),在法国大革命中支持第三等级,主动放弃贵族称号,更名为菲利普·平等。1791年,他参加雅各宾俱乐部,投票赞成处死国王,后来自己被革命法庭以叛国罪处死。

在巴黎的心脏。我还记得，有一次安德烈·纪德来看我时曾经大为惊讶，原来在巴黎的市中心竟有这样的清静之处。他说："我们得让外国人指给我们看，我们自己的城市中最美的地方在哪里。"的确，可能除了这个位于最充满生机的世界之城的最中心圈里的浪漫工作间，我再也找不到这么有巴黎味同时又这么远离人世喧嚣的地方了。

我当时那么急不可待地穿行在大街上，看了那么多，寻找那么多！我不光要经历 1904 年的巴黎；我也用感官、用心灵去寻找亨利四世和路易十四的巴黎、拿破仑和大革命的巴黎，要找到雷蒂夫·德·拉布列塔尼、巴尔扎克、左拉和夏尔-路易·菲利浦的巴黎，要找到他们写到的街道、人物和事件。我坚信，一种注重真实的伟大文学能回馈给它的人民以那么多永久性的力量。对此我坚信不疑，我在法国一直有这种感觉，现在也不例外，因为在我用自己的眼睛看到巴黎之前，经由诗人、小说家、历史学家、风俗描写者的表达和描绘，巴黎的一切都让我在精神上与它变得那么熟悉。在我与这座城市的相遇中，它们又变得活跃起来；这种实际上的看见，原本只是一种重新认出，是那种古希腊戏剧式的"重逢"——这是被亚里士多德高度赞誉为所有艺术享受中最了不起、最神秘的峰巅。不过，无论是一个民族也好，一座城市也好，那最内在、最隐秘的内容永远无法通过书本以及哪怕最不知疲倦的漫游而得到，要了解它总是要经由它最出色的人物。只有通过与活生生的人与人之间的精神友谊，才能领会到一方水土与一方人之间的真正关联；所有那些从外面观察到的内容，都是不真实的、太仓促的图景。

我得到了这种友谊，其中最为深厚的是与莱昂·巴扎尔热特（Léon Bazalgette）的。由于我和维尔哈伦关系非常密切，每星期两次去圣克鲁（Saint. Cloud，在巴黎以西十公里）拜访他，我有幸没像大多数外国人那样陷入那个由国际画家和文学家组成的"忽悠"圈子。他们去多摩咖啡馆（Cafe du Dome），无论在这里还是在那里，在慕尼黑、罗马、柏林，基本上都是同样的人。我能够和维尔哈伦一起去拜访另外一些画家、诗人，他们身居这座灯红酒绿、激情任性的城市，每个人都置身在自己富于创造性的静谧当中，如同生活在一座工作的孤岛上。我还看到了雷诺阿的画室，以及他最出色的学生们。这些印象派画家的作品，今天人们会出上万美元，但是那时他们的生存处境与小市民或者靠退休金生活的人没有区别。他们住在某个小房子里，旁边搭建了画室，没有像慕尼黑的伦巴赫（Franz Lenbach）以及其他名人那样仿造庞贝城豪华别墅来炫耀"排场"。诗人们也和画家们一样过着简朴生活，不久以后我也开始与他们建立起人与人之间的信任。他们大多在国家机构里有一个低微的职位，只有很少的分内工作要做。在法国，从上到下都对精神上的成就予以高度尊重，他们多年来就有了一个非常聪明的办法，给那些从文学创作中获益不大的诗人和作家以一份清闲的差事，比如任命他们担任海军部或者参议院的图书馆员。这样的职位薪水不高，工作也非常少，因为议员们很少会来借书。所以，这位幸运的清闲职位拥有者就可以坐在有品位的、古老的议会大厦里，窗外就是卢森堡公园，在工作时间内安静而舒适地写诗，根本没必要去考虑稿酬。这种水准不高的固定收入也够他们的生活所需了。另外一些诗人或者是医生，比如乔治·杜阿梅尔（Georges Duhamel）和吕克·杜尔丹（Luc Durtain）；或者开一家小小的图画商店，像夏尔·维尔德拉克（Charles Vildrac）；有的当中学教师，像儒勒·罗曼（Jule Romains）和让—里夏尔·布洛克（Jean-Richard Bloch）；有的在哈瓦斯通讯社上班，如保尔·瓦莱里，或者有的人给出版商帮忙。但是，他们当中没有哪一位像后来的诗人们那样自命不凡。这些文学后辈被电影和批量印数给毁了，他们刚一显示出有那么一丝艺术锋芒，就马上自我陶醉地要过衣丰食足的好日子。当时的那些诗人，在那些位卑的不带来任何虚荣的职业中所要的，无非是给外在生活带来一点儿安全感而已，这是他们为内心作品的独立所必需的。有了这种基本保障之后，他们就可以对那些腐朽的巴黎大报不予理睬，不要任何稿酬为那些小文学杂志写文章，而这些小杂志的存在总是需要靠很多人牺牲个人利益才得以维持。他们也能平静地接受，他们的作品只能在一个文学性的小剧场内上演，他们的名字刚开始只能在自己的圈子里为人所知。无论是克洛岱尔（Claudel）、佩吉（Peguy）、罗曼·罗兰，还是苏亚雷斯、瓦莱里，几十年之内只有极少数文学精英知道他们的名字。在这人人行色匆匆的闹市里，他们是唯一一群不急不慢的人。安静地生活，安静地为一个远离"喧嚣之地"、默默无闻的圈子而工作，这对他们来说比出风头更为重要。他们一点儿也不因为自己的住房像小市民的住房一样狭窄而感到羞耻，这种生活却能让他们在艺术上自由大胆地去思考。他们的妻子亲自下厨并招待客人，一切都那么简朴，也正因为如此，与这些朋友聚会的晚上就更让人感到亲切。人们坐在廉价的草编椅子上，桌子上马马虎虎地铺着一块花格台布。这里的陈设一点儿也不比同一层楼里的安装工家好到哪里，然而人在这里能感觉到自由和无拘无束。他们没有电话，没有打字机，没有秘书，他们避免一切技术机器，同时也回避精神上的宣传机器；他们如同在几千年以前一样，用手来写书。即便是在大型出版社如法国水星出版社（Mercure de France）也没有口授打字，没有复杂的机器。他们不为外表的东西、不为名誉和排场而浪费时间和精力。所有这些法国的年轻诗人，正如同整个民族一样为自己对生活的乐趣而活着，当然以其最精致的形式，带着创造性工作带来的愉悦。我新赢得的这些朋友为人清白，大大地修正了我对法国诗人的印象。他们的生活方式与布尔热（Paul Bourget，1852—1935）等同时代名人所描写的生活方式，有着天壤之别！对后者来说，沙龙就是整个世界。这些诗人朋友的太太们让我明白，以前我们在家里从书本上所获得的对法国女人的印象，是带着多么大的、不可饶恕的错误！那里所描绘的女人无非是艳遇、挥霍和照镜子！我再也没有在什么地方比在这个兄弟圈子遇见过更贤惠、更不声不响的家庭主妇，她们节俭、朴素，即便生活最为艰难时也保持性情愉快，在小得不能再小的灶台上也能像施展魔法一样带来奇迹，她们精心地照料孩子，同时也能在精神上与丈夫心心相印。只有那些作为朋友、作为同道生活在这个圈子里的人，才能了解这个真正的法国。

莱昂·巴扎尔热特在这一代诗人当中的非同寻常之处是，

他将自己全部的创造力都投入外语作品中，为他自己所喜爱的人倾注所有。我经由朋友介绍和他成了朋友，他的名字如今已经被不公正地遗忘了。他天生就是一位"同壕战友"，在他身上我认识了一位有血有肉、为朋友两肋插刀的人。他有一种真正的献身精神，他认为自己人生的唯一任务便是去帮助他那个时代有价值的东西发挥效用，而他自己连作为发现者和支持者理应享受的那份荣耀也不费心去获得。他那活跃的热情，完全是道德意识的自然表现。他看上去有些军人气质，虽然他是一个充满激情的反军事主义的人；在与人交往中，他有着战友的诚挚。他在任何时候都乐于助人，帮人出谋划策，在诚实方面不折不扣，像钟表一样准时，别人遇到什么事他都会管，但是从来不牟取一己之私。如果是为了朋友的话，时间他不吝惜，金钱他也不吝惜；他在全世界都有朋友，一小群精心挑选的人。他花了十年时间，翻译了惠特曼的全部诗歌，撰写了一部里程碑式的惠特曼传记，以便让法国人能更好地了解这位美国诗人。他想以这位自由的、热爱世界的人为榜样，将法国人的精神视野引向超出自己国土的地方，让同胞变得更有男子汉气概、更像战友一般，这是他的人生目标。他是最好的法国人，同时也是一个最充满激情的民族主义反对者。

我们很快就成了情投意合、如兄弟般的朋友，因为我们俩都不去考虑祖国；因为我们俩都热衷于投身外语诗歌的翻译，不求什么外在的好处；因为我们俩都把精神上的独立视为生活中最首要、最终极的价值。我从他那里第一次了解到"地下的"法国。当我后来在罗曼·罗兰的《约翰·克利斯朵夫》一书中读到奥里维是怎样面对那位德国人约翰·克利斯朵夫时，我仿佛觉得书中描写的就是我和莱昂·巴扎尔热特之间的亲身经历。我们的友谊中最美好、最令我最难忘的是，它总能够战胜一个棘手的难点，而这个难点所具有的强大排斥性，在平时会让两个作家之间诚实而衷心的密切关系产生阻碍。这个难点便是：他对我当时所写的全部东西，都带着他那优雅的诚恳而予以彻底拒绝。他喜欢我本人，对于我投身翻译维尔哈伦的作品他也心存感谢和尊重；每次我来巴黎，他都心怀诚挚地站在站台上，总是第一个问候我。凡是能帮到我的地方，他都毫不犹豫；在所有关键性问题上，我们都意见一致，胜过兄弟。但是，对于我自己的作品，他坚决地说了"不"。他读过昂利·吉尔波（Henri Guilbeaux，此人后来作为列宁的朋友，在第一次世界大战中曾担当过重要的角色）翻译成法文的我的诗歌和散文，他直言不讳、直截了当地拒绝。我所写的都与真实没有任何关系，他毫不留情地说：这是玄奥文学（他从根本上痛恨的），而且正因为这是我写的，他才这么生气。他一定要对自己诚实，在这一点上他也没有任何让步，连一点儿客气都不要有。比如，当他在主编一份文学小杂志时，他请求我给他帮助，这种帮助是帮他在德国物色撰稿人，也就是说那些作品比我本人的作品要好的撰稿人。至于我，这位他最亲密的朋友本人，他从未向我约过一行字，也没有发表过我的任何作品，不过他同时却为一家出版社校订我的一本书的法文译本，他这么做完全是出于友谊，没有一分钱的酬劳。我们之间这种兄弟般的战友关系在十年当中从未因为这样的怪事而受到任何损伤，这让我倍觉这种友谊的可贵。当我在第一次世界大战期间终于成功地找到一种个人化的表达，哪怕这会将以前的全部作品清零时，也没有什么能比巴扎尔热特的首肯更让我感到高兴的了，因为我非常清楚地知道，他对我的赞许是真诚的，正如他在长达十年里对我的作品直截了当地说"不"一样。

我之所以在回忆巴黎生活的纸页上写下莱纳·马利亚·里尔克这个尊贵的名字，是因为我在巴黎与他来往最多、相处最好。在巴黎这座城市的背景上，他的头像总是凸现出来，就像一幅古老的图画一样：他热爱巴黎超过任何其他地方。当我今天想到他和其他大师们如何以超凡绝伦的锻造之艺去打造字句，想到那些令我肃然起敬的名字——它们曾经如同可望而不可即的星辰一样辉映过我青少年时代的夜空——我的脑海里不由得浮现出一些忧伤的问题：在我们这个动荡的时代，在无所不在的侵扰随时可能发生的时代，还会有那些纯粹的、只考虑抒情诗画面的诗人吗？这难道不是踪迹湮灭的一代吗？我要心怀满腔的爱恋来哀诉，这一代人在我们当中后继无人。在遭受所有命运风暴席卷的日子里，这些诗人不渴求外表生活中的一切，不要成为凡夫俗子，不要荣誉、头衔、实利，他们别无所求，只是要在安静却充满激情的努力中，将一节一节的诗句连接起来，让每一行都浸透着音乐，闪烁着色彩，燃烧着画面。他们形成了一个"行会"，差不多是我们这个喧闹时代的一个修道士般的教团，他们有意识地远离日常事务。对他们来说，天底下没有什么比那最轻柔却盖过时代轰鸣而存留更为久远的声音更重要；当一个韵脚与另外的韵脚相合，一种无法描写的动人心弦从中挣脱出来，它比在风中飘落的一片树叶发出的声音还要轻微，然而却能用它的回响轻抚那最遥远的灵魂。对于我们这些年轻人来说，得遇这样洁身自好的人是多么令人兴奋，这些语言的仆人和守护人是多么堪为榜样：他们给予每一个入诗的词语以爱。这样的词语，不是写给这个时代和报纸的，只为久远、只为万古流芳。去看他们一眼，几乎都能让人感到羞愧：他们生活得多么不声不响，多么不引人注意，多么不出头露面。他们有的像农民一样生活在乡下，有的做着一份卑微的职业工作，有的作为满怀激情的朝拜者而漫游世界；只有为数极少的人才知道他们的名字，但是他们却被这些少数人满腔激情地热爱着。他们有的生活在德国，有的生活在法国，有的生活在意大利，不过他们又都生活在同一个家乡，因为他们都生活在诗歌中。通过严格的放弃，他们避免生活中一切昙花一现的东西，他们像是在进行艺术品创作一样，将自己的生活变成一件艺术作品。我经常再次感觉到，在我们年轻的时代，还有这样纯洁无瑕的诗人生活在我们当中，这是多么了不起的事情。也正因为如此，我也不断地有一种隐忧：在我们这个时代，在我们的新生活形式中——它毁灭性地将人从任何形式的内心聚拢中驱赶出来，就如同一场森林大火将动物从它们的藏身之所驱赶出来一样——这样一群全心全意承诺将自身献给抒情诗艺术的灵魂，还有存在的可能吗？我很清楚，每个时代总会有奇迹诗人出现。歌德献给拜伦爵士的挽歌中，那打动人的安慰之句始终不失其真："大地会再生出他们，就同他们一直以来生成世界一样。"这样的诗人会反复出现，因为永恒不朽总要不时地留下它的信物，哪怕是在那些最不体面的时代。我们的时代不正是这样的时代吗？这个时代不允许最纯粹、最不问世事的人得以安宁，那种等待、酝酿、思考、聚集力量所需要的安宁，在欧洲的世界大战之前友善而放松的时代，诗人们还能得到这种安宁。我不知道，所有这些诗人——瓦莱里、维尔哈伦、里尔克、帕斯科里（Giovanni Pascoli，1855—1912）、弗朗西斯·雅姆（Francis James）——在今天还受到认可，不再拥有轻柔的音乐，涌入耳中的是聒噪无休的宣传风车以及两次世界大战中被大炮轰鸣的一代当中，能出现多少这样的诗人。我只知道，而且我也觉得有责任心怀感激地说出来：在一个正在走向机械化的世界当中，存在着那么一些追求完美的诗人，对我们来说是多么好的教育，是多么大的幸福。当我回首自己的人生时，几乎没有什么比这样的财富对我更有意义：我有幸和他们当中的一些人走得更近些，多次能将早年的崇拜和后来的友谊联结在一起。

在这些诗人当中，也许没有哪一个比里尔克生活得更悄无声息、更隐秘、更不为人所见。但是，这不是那种刻意而为的、不情愿或者精心地打点成修道者般的孤独，就像德国的斯蒂芬·格奥尔格故意做出的那样。在某种程度上可以说，静谧是围绕着里尔克的，无论他去哪里，无论他在何处驻足。由于他躲避喧嚣和荣誉——这种"围绕着他的名字聚集起来的所有误会"，他曾经这么优美地表述过——那汹涌而来的好奇波浪只能沾湿他的名字，却碰不到他本人。里尔克是很难找到的。他没有房子，没有人可以找到他的地址，他没有家，没有常住的公寓，没有职务。他总是在漫游世界的路上。没有人预先知道他要去哪里，连他自己也不知道。对他那颗无比纤细、对压力十分敏感的心来说，任何计划、任何预告都是一种为难。要想与他相遇，那只能靠偶然。我站在一家意大利画廊前，感觉到但是无法确定仿佛有人在送给我轻轻的、友好的微笑，但是不能确认是谁送出的，直到我看见他的蓝眼睛。他的那双蓝眼睛在看一个人时，原本并不引人注意的外在样子就被内心之光赋予了灵魂。但是，正是这种不引人注意之处才是他这个人最深层的秘密。这位年轻人略为忧郁地低着头，金色的髭须，没有什么特别让人注意的线条，有一点儿斯拉夫人的脸形，可能会有成千上万的人从他身边走过，但是不会想到他是一位诗人，20世纪最伟大的诗人之一。在跟他有更近的交往之后，你才会看到他的特别之处：他这个人的纤细。他走路和说话有一种难以描写的轻声。当他走进人群聚集的房间里，脚步如此之轻，几乎不会有人注意到他进来。然后，他静静地坐下听着，当他开始考虑些什么时，会不自觉地抬起额头；当他自己开始说话时，总是不显露激情，也没有特别着重某些语调。他讲述的方式，简单自然，如同一位母亲给孩子讲童话一样。听他讲述，是一件很神奇的事情，哪怕一个最平常不过的题目，在他那里也能有画面感、有含义。但是，一旦他感觉到自己成了更大一圈人的注意中心时，他就立刻停下讲述，回到他那沉默的样子，悉心静听别人说话。他的每个动作、每个姿势，都那么斯文；即便他发笑时，也只是刚好有那么一点儿笑的意思而已。轻声细语是他的一种需求。最令他受到打扰的就是噪音以及感觉上的强烈波动。"他们让我疲惫不堪，这些人，他们将自己的感觉像血一样吐出来，"

有一次他这样对我说，"因此，我能承受俄国人的量，也就和小瓶装的利口酒那么多。"除了特别轻声，条理、干净、安静都是他的生理需要。如果必须乘坐人满为患的有轨车，或者坐在一家嘈杂的饭馆里，这会让他好长时间感到心神不安。一切粗俗对他来说都是难以忍受的。虽然他的生活不宽裕，但是他的服饰总是讲究、干净、品位的总和。他的衣饰同时也是一件精心考虑、精心构思的低调艺术杰作，还总是带着一点儿不显眼的、非常个人化的标记。一件会让他自己暗自高兴的小小配饰，比如手腕上一条细细的银镯。他对完善与对称的美感一直穿透到最隐秘、最个人化的地方。有一次，我在他的寓所里看到他在出发之前是怎样装旅行箱的，他拒绝了我的帮忙，认为我做不好。那简直像是在做马赛克镶嵌画一样，他把每一件东西都小心翼翼地放置进事先划定好的空间。要是因为有帮手而破坏了他这种插花般的举动，我觉得那是罪过。他对美的这种根本感觉，伴随着他一直到最不重要的细节。不光他的手稿都是用书法艺术般的圆体字母写在最漂亮的稿纸上，行与行之间的空间也那么一致，像是用尺子量过一样，哪怕一封最无关紧要的信，他也要挑选上好的纸张，他那书法般的手写字体均匀、干净、圆润、规整，连标点符号的间距都不马虎。哪怕是一张便条，他也不允许上面有被划掉或修改的字；只要他觉得有一个字或者一个表述不完美，就带着极大的耐心将整封信重写一遍。里尔克从来不让不完美的东西出手。

他天性中那特有的轻声和专注对每一个接近他的人都具有强制性的力量。就如同里尔克自己根本不会激烈地考虑问题一样，任何在他面前的人，因为他的安静带来的感召，也不会有任何喧哗和傲慢。他的斯文沉静散发出来，作为一种神秘的感召、教育和道德力量。每次与他长谈以后，我都有几个小时甚至几天的时间，无力做任何粗俗之事。当然，在另外一方面，他的这种不温不火，这种"从不愿全部给出"的本性也在早早地给交心之举画了一条界线。我相信，有自称里尔克的"朋友"这份殊荣的人，为数极少。在他出版的六卷书信集中，他几乎没有使用过这个称呼，而且自从中学毕业离校以后，好像他几乎没有对任何人用过那个兄弟般亲密、信任的"你"。他身上的特殊敏感，不让任何人或者任何事太靠近他，尤其是那种强烈的男性特征会引起他身体上的不快。跟女人交谈对他来说更轻松些，他给她们写了很多信件，在她们面前他觉得自由多了。也许是因为她们的声音中没有喉音，这让他觉得好受，因为每一种不愉快的声音都让他感到痛苦。我的眼前还能出现某次他和一位高级贵族谈话的情形：他全身缩在一起，双肩难受地耷拉着，眼睛从来没有抬起来过，以免从眼神里流露出来：他在听这位贵族用公鸭嗓说话时有多么难受。但是，如果一个人能跟他处得来，跟他在一起有多么好！人们可以感觉到他内心的美好，尽管他在词语和动作上都非常节俭：像一束温暖的、有疗效的光束，直达一个人的灵魂深处。

在巴黎这座令人心胸开阔的城市，这最为开放的城市，里尔克显得谨小慎微而低调，也许这也是由于他的作品、他的名字在这里还不为人所知。作为一个无名者，他总是感到更自由、更自在。我在巴黎去过他的两个住处，都是出租房间。每个都很简单，没有什么装饰，但是通过他那特有的对美的感觉，一个地方很快就有了自己的风格，有了宁静。绝不可以是有着吵闹邻居的出租公寓，宁可是一处老旧的甚至不舒适的地方，一个他能把那里变成自己的家的地方。不管在哪里，他马上都能通过自己规整事物的力量，将室内变得意味深长并符合他的秉性。他周围的东西总是很少，但是花瓶里总会有灿烂的鲜花，或者是女人送给他的，或者是他自己带回来的。墙上的架子上总是放着书，装订漂亮的或者精心包上书皮的书。他爱书，就如同它们是不吭声的宠物一样。他的写字台上，铅笔和钢笔都排成直线，空白纸张摞成直角。一张俄国的圣像，一个天主教的十字架——我相信他无论旅行到哪里都带上这两件东西——给他的写字台带着一点宗教性特征，尽管他的宗教情结不跟任何特定的教派发生关联。每个细节都让人感觉到，这些都是精心挑选出来的，是小心呵护着的。如果有人借给他一本他还不知道的书，在他归还时这本书会用缎面纸平平整整地包上书皮，系上彩色缎带，如同一件节日礼物一样。我今天还能回忆起来，他是如何将《爱与死亡的方式》的手稿当作一件贵重的礼物带到我房间里的，今天我还保留着扎过这叠手稿的缎带。不过最令人高兴的，还是和里尔克一起在巴黎散步，因为这也意味着，和他用同样兴奋的眼睛在最不引人注意的事情上看到深义。他能注意到任何细节，哪怕是公司招牌上的名字，如果他觉得听起来有韵律感，他也会愿意念出来。将巴黎这座城市的边边角角都了解到，这几乎可以说是我从他身上所看到的唯一的激情。有一次我们在一位共同的朋友那里相遇，我告诉他说，昨天偶然去了过去的"街垒"，在皮克普斯公墓（Cimetiere de Picpus）葬着断头台最后一批牺牲者的遗骸，安德烈·谢尼耶（André Chénier）也在其中。我向他描述了这块令人感慨万端、散乱地布满坟墓的小小草地，这是外国人难得一见的，也告诉他回来的路上，在一条街上一扇敞开的门当中瞥见了一座"伯根尼"（Beginen）修道院[1]里的修女，她们安安静静地不说话，手里拿着玫瑰花环，像在一个虔敬梦中那样绕圈走。那是少有的一次，我在这个低声、克制的男人身上几乎看到了急不可待：他一定要去看安德烈·谢尼耶的墓，还有修道院。他问我是否愿意带他去。第二天我们就去了。他带着一种内心起伏的安宁站在这寂寞的墓园前，称之为"巴黎最有诗意的地方"。在回来的路上，那座修道院的门却是关着的。现在我可以考验他那安静的耐心了，对此他在生活中也像在作品中一样精通。"我们等待偶然。"他说。他站在那里，头略微低下，以便大门一旦打开就能看到里面。我们等了大概二十分钟。有一位教会修女沿街走来，按了门铃。"现在好了。"他小声地说，激动不安。那位修女注意到了他沉静的倾听——我的意思是说，人们从远处的气息就可以感觉到他的存在——于是向他走过去，问他是否在等什么人。他向她微笑——那种柔和的微笑马上就带来了信任——坦率地说自己很

1　13 世纪欧洲兴起的一种基督教修行运动，愿意加入这一修行共同体的女性被称为 Beginen，男性被称为 Begarden。其成员共同生活在修道院中，过虔诚禁欲的生活，与其他教团的修士修女类似。不同的是，这些修道者的身份不属于教团，可以退出回到世俗生活中。但是一般情况下，在脱离修道院时应该将财产留下。这类修道院至今仍然存在。

想看一下修道院的走廊。很抱歉，现在轮到修女对他微笑着说，她不能让他进去。不过，她建议他去旁边那个园丁小屋，从那里楼上的窗户可以看得很清楚。这件事也这么做成了，就如同许多次在他身上发生的那样。

后来我们还相遇过很多次。每次当我想到里尔克时，我看到的是他在巴黎。所幸的是，他可以免于亲历这座城市最悲伤的时刻。[1]

能够得遇这样罕见的人物，对于一个初出茅庐的年轻人来说是一个巨大的收获。但是，对我的一生都有影响的关键教益还没有到来呢。那是人生中的偶然带给我的礼物。在维尔哈伦那里，我们和一位从事艺术史研究的人展开了一场讨论，他痛惜地说，产生伟大雕塑家和画家的时代已经过去了。我又激烈地反对。不比过去的伟大艺术家们逊色的罗丹，不是还生活在我们当中吗？我开始列举他的作品，就如同人们在进行反驳时常做的那样，几乎陷入了一种愤怒的激动当中。维尔哈伦暗自发笑，最后他说：“要是一个人那么喜欢罗丹，那就应该和他本人认识一下。明天我去他的创作室。要是你方便的话，我带你一起去。”

他问我方便还是不方便去？我简直高兴得无法入睡。但是，到了罗丹那里，我说不出话来。我无法好好跟他说话，站在那些雕像之间，好像我也是一尊雕像一样。我的这种羞赧似乎博

---

1 “最悲伤的时刻”指的是 1940 年巴黎被纳粹德国攻陷，当时作者正在流亡中写这本回忆录，而里尔克在 1926 年已经因病在瑞士离世。

得了他的喜欢，因为在告别时这位老人问我是否想看一下他在默东（Meudon）的创作室，那是他真正的创作室，甚至还请我一起用餐。第一个教益他已经给了我：伟大的人物总是最与人为善的。

第二个教益是，他们在生活中也总是最朴素的。这位誉满全球的伟大人物，对我们这一代人来说，他作品中的每一个线条我们都熟悉得如同老朋友一样，他的饭食却那么简单，就像中等农民家庭的伙食一样：一大块质量上乘而厚实的肉、几颗橄榄、饱满的水果，再加上味道醇厚的当地葡萄酒。这给我增添了很多勇气，到最后我已经不再感到拘谨了，好像我和这位老人以及他的太太已经相熟多年了。

吃过饭后，我们走进他的创作室。那是一个巨大的大厅，他最重要的作品的复制品都集中在这里，这当中也有上百个珍贵的小型单件习作：一只手、一只胳膊、一个马鬃、一个女人的耳朵，大多只是石膏做成的样本。我今天还能回忆起某些他自己练习时所画的素描图，关于这些可以讲上整整几个小时。最后，大师把我带到一个基座前面，在湿布下面隐藏着的是他最新的作品，一座女人的头像。他用自己那重重的、满是皱纹的农民般的手揭开湿布，向后退了几步。我情不自禁地从胸口吐出"美极了"这个词，马上又为自己有这样的蹩脚举止而感到羞愧。他带着非常平静的客观观察着自己的作品，没有一丁点儿的自鸣得意，只是附和着我小声嘀咕一句："是吗？"然后，他犹豫了。"只是这个肩膀……等一下！"他脱下外套，穿上白色工作服，手上拿起一把铲子，用他那大师的动作去刮一下肩膀上那栩栩如生的像是有呼吸一样的白色皮肤，之后他又退回几步。"还有这里。"他小声嘟哝着，又是通过一个小小的细节，效果得到了提升。然后，他不说话了。他只是走向前，再退回去，一边从镜子里看着这座雕像，嘟哝着，嘴里发出听不清楚的声音，一边改变着，修正着。他的眼神在吃饭时显得和蔼可亲，现在却凝聚着奇异的光，让他显得更高大、更年轻了。他工作着，工作着，带着满腔的激情，使出他那健壮而魁梧的身躯里的全部力量。每当他用力向前或者后退时，地板都发出吱吱的响声。但是，他听不到。他也没注意到，一位年轻人无声地站在他的身后，心提到嗓子眼里，为自己被允许观摩这举世无双的大师在工作而感到无比幸福。他完全把我忘了。对于他来说，我根本不存在；对于他来说，只有那个雕像、那件作品存在，还有藏在这个作品之后那看不见的绝对完美的设想。

过了一刻钟，过了半个小时，我不知道到底有多长时间。伟大的时刻总是忽略时间的长度。罗丹如此全神贯注、如此完全地沉浸在他的工作当中，即便雷鸣也不能将他叫醒。他的动作越来越强硬，几乎是愤怒的。他好像陷入了一种狂野或者沉醉的状态，他动作越来越快。之后，他的手变得迟疑起来。他好像意识到了：他没有什么好做的了。一次，两次，三次，他退回去，什么也没再改变。然后，他的胡子后面发出了微弱的声音，他说着什么。然后，他温柔地将湿布盖在雕像上，就好像给心爱的女人在肩上披上围巾。他长长地吐一口气，浑身放松。他的身躯似乎又变得沉重了，激情渐渐消失了。接下来发生了对我来说无法理解的情况，这也是一个伟大的教益：他脱下工作服，穿上夹克，转身要出去。在这个精神完全集中的时刻，他把我彻底忘掉了。他根本不再知道，他自己把一个年轻人带到这个创作室，要给他看自己的作品。现在这位年轻人被震撼了，站在他的身后，屏住呼吸，一动不动，像雕像一般。

他向门口走去。要锁门时，他发现了我，甚至有点儿生气似的盯着我：这个悄悄溜进他工作室里的年轻人到底是谁？不过，他马上就记起来了，几乎有些羞愧地走向我。"对不起，先生。"他开始说。我不让他继续说下去。我只是充满感激地抓住他的手：我甚至更想亲吻他的手。在这个时刻里我看到了所有伟大艺术的永恒秘密，按说这也是造就一项伟大成就的不二法门：集中，将全部力量、全部感官汇聚在一起，在每个艺术家身上能看到的那种忘我、那种出世。我学到了一些让我受用终身的东西。

我本意是在 5 月底从巴黎去伦敦。但是我不得不将行期提前了十四天，因为一件始料不及的麻烦让我那个可心的住处变得不那么舒服了。这发生在一段特殊的插曲中，在让我感到非常好玩的同时，也教会我法国不同社会阶层特有的思考问题的方式。

圣灵降临节的两天节日期间，我离开了巴黎，与朋友们一起去欣赏我还没有去过的壮丽的沙特尔大教堂（在巴黎以南七十公里左右）。当我在星期二上午回到旅馆房间准备换衣服时，发现这几个月来一直静静地立在角落里的箱子不见了。我跑到楼下，找到这个小旅馆的主人，一个粗脖子、红脸颊的小个子马赛人,他整天和太太轮班坐在那间小小的门房里。我经常跟他有说有笑,有时候甚至和他一起到马路对面的咖啡馆里玩他最喜欢的十五子游戏。他马上变得特别生气,用拳头敲着桌子,怒气冲冲地说出神秘的词语:"还真是!"他快速地穿上外套和鞋子——他总是穿着衬衫坐在门房里——换下了舒适的拖鞋,向我解释事情的原委。也许我有必要先提到巴黎的住房和旅馆的一个特别之处,这样就容易让人理解。在巴黎,小旅馆和大多数私人住房没有大门钥匙,而是由"看门人"来关门,只要外面有人按门铃,门就会通过门房里的一个按钮自动打开。小旅馆和私人住房中的看门人不会整夜在门房里,他们大部分是在半睡半醒的状态,会在卧室里通过一个按钮来给人开门。谁要是想出去,得喊一声"请开门";谁要是从外面进来,也得说出自己的名字来:从理论上讲,夜里不能有陌生人溜入房子里。凌晨两点时,有人从外面按了我的旅馆的门铃,有人边进来边说了一个名字,听起来和住在这里的一个房客的名字相似,还拿上了在门房里挂着的房间钥匙。按说旅馆主人有责任从玻璃窗里确认来者的身份,不过好像他是太困了。大约一个小时以后,又有人从里面喊"请开门",要离开房子。守门人给开了门以后,觉得有些奇怪:怎么会有人在夜里两点离开呢?他起来了,从后面看到那个从旅馆里出去的人提着一只箱子走在巷子里。他马上披上睡衣,穿上拖鞋跟踪那可疑的人,直到他走进田园街的一家小旅馆。这时他根本没想到那人会是一个小偷或者强盗,于是又安稳地回到床上躺下来。

现在他为自己的误判非常生气,带着我冲向最近的警察站。

警察马上去田园街那家小旅馆查问，发现我的箱子虽然还在那里，那个小偷却不在：他好像是去旁边某个酒吧喝早咖啡了。两个侦探在田园街旅馆的门房里等着这个坏蛋。半个小时以后，当他没有任何预感地回到这里时，立刻被逮捕了。

现在，旅馆老板和我两个人不得不一起去警察局履行公事。我们被带到了警长的办公室。警长是一位非常胖、性情愉快、留着胡子的先生，外衣的扣子敞开着，坐在他那乱七八糟地堆满了各种字纸的办公桌前。整个办公室里都是烟味，桌子上还有一大瓶葡萄酒。这个人无论如何不是不可冒犯的警察堆中那类残酷的、对生活充满敌意的执法者。他首先命人将我的箱子带进来，我首先应该确认一下，里面的重要东西是否缺了。箱子里面唯一看起来值钱的东西是一张两千法郎的信用存折，我在这里待了几个月，已经用去了不少。对我本人以外的任何人，这个存折一点儿用也没有，实际上它也根本没有动过，一直放在箱子底。于是警长做了这样的笔录：我承认这只箱子是我的财产，里面的任何东西都没有被偷窃。警长让人将小偷带进来，我也带着强烈的好奇要看一下他怎么说。

这么做还是值得的。小偷原本就是一个羸弱的人，现在被夹在两个粗壮的警察中间，显得更加不堪，像是一个可怜鬼。他衣衫褴褛，连衣领也没有，蓄着小小的短髭，一张脏兮兮的、明显面黄肌瘦的老鼠脸。他是一个很糟糕的小偷，如果允许我这样说的话。他那很不到家的技术也证明了这一点：他没有第二天一早马上带着箱子溜掉。他站在警察面前，低垂着眼睛，全身微微抖动，好像冷得浑身打哆嗦。我不得不羞愧地说，我可怜他，甚至对他还有些好感。当一名警察把从他身上搜到的东西在一块木板上排列开来时，我的同情之感就变得更强烈了。这几乎可以说是令人无法设想的收藏：一块又脏又破的手绢；钥匙圈上一大堆仿配的钥匙和各种形式的撬锁钩，它们互相碰击着像音乐一样作响；一个已经用旧了的皮夹。幸运的是没有武器，这至少可以证明，这个小偷虽然是专门干偷窃行当，但他还是以和平的方式来行窃的。

首先在大家的眼皮底下被检查的是那只皮夹，结果令人大跌眼镜。这倒不是因为那里有上千法郎或者上百法郎的钞票或者一张钞票也没有，而是因为那里面有二十七张照片，都是袒胸露背的女舞蹈演员和女戏剧演员的照片，还有三四张裸体照片。这个瘦削的、忧郁的小伙子是一位充满激情的美人热爱者，而那些巴黎戏剧界的明星对他来说可望而不可即，不过他至少要让她们的画片与自己的心贴近。除此以外，他似乎没有别的不法行为。警长在一张一张地查看那些裸体照片时虽然目光严厉，但我还是能观察到：这种处境的犯罪嫌疑人，竟会有这样的收藏兴趣，这让警长和我一样也觉得很好玩儿。我对这个犯罪者的好感也因为他的审美情趣而明显增加。当警长郑重地将笔拿在手里，问我是否要提起诉讼时，我非常快而且理所当然地回答说：不。

要理解这种情形，也许我又应该增加一些补充说明。在我们这里以及在许多国家，刑事犯罪都是公诉案件，这就是说，由国家来掌握司法问题，可是在法国，受害人则被给予了自由选择来决定是否对犯罪嫌疑人提出指控。我个人会觉得这种法律比那种僵硬的法律更好，因为它能让人有机会去原谅那个做了糟糕事情的人。比如在德国，一个女人因为嫉妒发作而开枪打伤了她的情人，受害人的再三恳求都无法保护她免于遭到审判。国家要介入，要把她从那个可能因为她的强烈感情而更爱她的被攻击者身边拉走，将她投进监狱里。在法国，在取得原谅以后两个人可能挎着胳膊一起回家，这件事情就在他们之间自行解决了。

我这个有决定意义的"不"刚一出口，就发生了三种不同的突发反应。夹在两名警察之间的那个瘦男人突然挺起身来，带着一种难以描述的感激目光看着我，那目光我永远也不会忘记。警长满意地放下手中的笔，看得出来，我不去追究这个小偷，也让他感到高兴，这可以省去他接下来的文牍工作。我的房东的反应却大不一样。他的头涨得通红，开始激烈地对我大喊，说我不能这么办，这种"坏蛋"非得彻底根除不可，说我根本无法想象这会带来怎样的损害。他说，一个正派体面的人必须日夜提防这种恶徒，放跑一个就等于鼓励了几百个。那是一个被妨碍了生意的小市民所具有的全部诚实、直率，同时也体现了他们的心胸狭窄，现在都爆发出来了。他粗鲁而威胁性地要求我收回免予起诉的决定，因为整个事情他也被卷进来了。但是，我不为所动。我语气坚决地说，我的箱子已经找了回来，没有任何财物损失，对我来说这个事情就算完结了。我坚持说，自己有生以来还没有对另外一个人提出过什么控告，如果我今天中午在吃牛排时可以这么想，没有人因为我去吃牢饭，那么我会感觉更加愉快。警长申明这事的决定权在我，而不是在我的房东，因为我不起诉，这事就算过去了。这时，我的房东变得出离愤怒了，他突然急转身离开房间，在身后把门重重地摔上。警长站起来，对着那个暴怒的人的背影露出微笑，他同我握手来无声地表示对我的赞同。这样他的公事就完成了。我伸手去拿箱子，要把它带回住处。这时发生了不同寻常的事情。那个小偷羞惭地走到我跟前，说："噢，先生，我把箱子送到您家里去。"于是我走在前面，那位满心感激的小偷提着箱子走在后面，又走过四条街，回到我的旅馆。

这个以恼怒开头的意外之事似乎有了最轻松、最令人愉快的结局。不过这件事立刻带来了两个余波，对我更全面地理解法国人的心理大有助益。当我第二天去拜访维尔哈伦时，他带着调皮的坏笑来问候我。"你在巴黎还真是有不少奇遇，"他打趣地说，"尤其是，我还根本不知道你是个巨富啊。"我一开始不明白他在说什么。他递给我一张报纸，上面登载着关于昨天这件事的详细报道，只不过在这种浪漫的编造中真正的事实几乎都看不出来了。这篇报道以无所不用其极的新闻技巧做了这样的描述：在市中心的一家旅馆，一位尊贵的外国人（有意思的是我成了尊贵的外国人）的箱子被偷窃了，箱子里有好多特别值钱的物品，尤其是有一张两万法郎的信用支票（原本的两千法郎在一夜之间翻了十倍）以及其他一些无法替代的物品（实际上里面只有衬衫和领带）。刚开始似乎完全找不到任何破案的线索，因为小偷的作案非常老练，而且似乎对本地的情况十分熟悉。但是，警察分局的某某警长先生以他那"众所周知的办案能力"以及"非凡的洞察力"立刻采取了一切可能的措施。通过电话通知，不到一个小时，巴黎的旅馆和客栈都得到了最仔细的检查。由于他采取的措施一如既往地周密准确，在最短的时间内罪犯就被抓住了。警察局长立刻对这位功绩卓著的警长予以特别的表彰，因为他的作为和远见是模范的巴黎警察局中又一个光辉榜样。当然，这篇报道一点儿真实内容也没有，那位出色的警长用不着离开他的办公桌一分钟，是我们把小偷和箱子送到他办公室里的。但是，他利用了这个好机会，给自己捞了一把宣传资本。

这种结局对小偷和处于高位的警察都是一个值得高兴的故事，对我来说可不是。从这一时刻开始，那位从前多么随和的房东开始想方设法让我觉得在这里住不下去。我从楼上下来，在门房里向他的太太客气地打招呼，她根本不理睬我，像是受到了侮辱一样将她那装模作样的小市民脑袋转过去；旅馆里的那个小伙计也不再认真地打扫我的房间；信件也会神秘地丢失。甚至在旁边的商店和烟草店里，原本我因为抽烟很多被当成"老主顾"而受到的热情招呼也会变成冷若冰霜的脸。那个富有小市民道德感而觉得受到侮辱的人，不仅在我的旅馆里，也在整个巷子里。甚至整个街区的人都反对我，因为我曾经"帮助"过小偷。我别无选择，只好带着失而复得的箱子搬离那里。我不得不灰溜溜地离开一家舒适的旅馆，好像我本人是个罪犯似的。

在巴黎滞留之后来到伦敦，对我来说就像一个人从炎热当中走入阴凉一样：一开始不由自主地一激灵，但是很快眼睛和感官就都适应了。我从一开始就做好了打算，把在英国待上两三个月视为己任。如果一个人对这个若干世纪以来将世界推入其运行轨道的国家不了解的话，又如何能理解我们的世界，能对它的各种力量做出评判呢？我也希望通过大量的会话和频繁的社交好好操练一下我那蹩脚的英语（我的英语从来没能变得流利过）。可惜我没能做到：我像所有欧陆人一样，此前与海峡对岸的文学界少有接触，在所有的早餐谈话或者在我们小客栈中的闲聊里，但凡涉及宫廷、赛马、晚会这样的话题，我都觉得实在无话可说。如果他们在讨论政治，我也跟不上，因为他们在提到"乔"的时候，指的是约瑟夫·张伯伦[1]；在提到那些爵士时，他们也只提到名字，而不是姓氏。听那些伦敦马车夫的土话，好长时间我的耳朵就跟被用蜡堵上了一样。所以，我无法像自己所希望的那样，快速取得进步。我也试着在教堂里从布道者那里学些好的表达方式；两三次去旁听法院的案件审理；去剧院听标准的英语：那些在巴黎扑面而来的事情，在这里我总得努力去寻找——群聚、同道的友谊、欢欣。我找不到什么人来讨论那些在我看来重要的事情；由于我对他们关注的事情如体育、竞赛、政治都抱着完全无所谓的态度，在那些有教养

---

1 约瑟夫·张伯伦（Joseph Chambelain，1836—1914），英国政治家，曾经担任殖民地大臣。1906 年担任反对党"自由统一党"的领袖，被认为是 19、20 世纪之交最有影响的英国政治家之一，是在政坛上"呼风唤雨的人物"（丘吉尔对他的评价）。茨威格此次在伦敦滞留是在 1904 年，当时约瑟夫·张伯伦正是政坛上的活跃人物，是沙龙闲谈的重要话题。他是后来的英国首相阿瑟·内维尔·张伯伦的父亲。

的英国人眼里，我大概是一个相当粗俗、不好打交道的人。我到处都找不到一个能让我在内心深处感受到与之有关联的圈子，所以我在伦敦百分之九十的时间都留在自己的房间里工作，或者在大英博物馆中度过。

我自然也首先试图通过步行来了解伦敦。最初的八天里，我走在伦敦的大街小巷上，直到脚板灼痛。我带着大学生般的责任感去看贝德尔克[1]旅游指南中提到的所有名胜，从杜莎夫人蜡像馆到英国议会大厦；我学着去喝爱尔兰麦芽啤酒，用这里大家都抽的烟斗代替了巴黎的卷烟，我在诸多的细节上努力入乡随俗。但是，无论是在社交上还是在文学上，我都没能和英国人有真正的接触。一个只从外观上看英国的人，无法了解这个国家的本质内容；就如同一个人在城市里从一家价值数百万的公司门前走过，所能了解的无非是擦得锃亮的写着公司名字的铜牌而已。有人领我去了某个会所，但是我根本不知道人们在那里做什么。那种低矮的皮制安乐椅，就如同整个会所的气氛一样，一看就让我产生精神上的困倦感，因为我不配享有这种智慧的放松方式，我不像别人那样在经历了全神贯注的紧张工作或者体育活动之后来到这里休闲。伦敦这座城市强行将一个无所事事的闲人、一位纯粹的观察者当成异己排斥，假如此人还没有富裕到足以将观察提升为一种高级的、能找到同类的艺术。相反，巴黎则会让这个外来人愉快地卷入它散发着温暖的各种活动当中。我认识到自己的错误时已经太晚了：我原本

1　贝德尔克（Baedeker）是一家出版旅游指南系列的专业出版社。

应该在滞留伦敦的这两个月内随便找个什么工作来做：到某个商店里当见习员，或者到某报馆当秘书。那样的话，我对伦敦生活至少可以了解一点儿。作为一个纯粹的观察者、一个外乡人的我，所经历的东西非常少。直到很多年以后，在战争期间我才获得了些许对真实的英国的了解。

英国的诗人当中，我只见到过阿瑟·西蒙斯（Arthur Symons）。通过他的介绍，我收到了叶芝的邀请。叶芝的诗我非常喜欢，而且纯粹是出于愉悦，我翻译了他的诗剧《影中之水》（The Shadowy Waters）的一部分。我不知道那天晚上是一个朗诵会，只有少数被遴选过的人拿到了邀请。我们相当拥挤地坐在一间并不大的房间里，有人甚至坐在小板凳上或者干脆坐在地上。终于，叶芝在点燃了立在黑色（或者被蒙上黑色罩布）讲台旁边两只胳膊一样粗的巨型圣坛蜡烛之后，开始朗诵他的诗歌了。房间里其他的灯都熄灭了，他那带着黑色卷发、充满力量的头颅像雕像一样映在烛光中。叶芝用抑扬顿挫的低沉嗓音慢慢朗诵，一点儿也不慷慨激昂，每一个音节都有着彻底明亮的音色和穿透力。非常美。真正的庄严。唯一让我感到不舒服的，是他在出场上的造作：那件修士般的黑色长袍，让叶芝显得像神父一样；那慢慢融化的粗大蜡烛，发出一种淡淡的香味。通过这些细节，这种文学享受更像是一场诗歌圣典，而不是即兴朗诵——这些对我来说也是一种新认知。我不由自主地在对比中想到维尔哈伦朗诵自己诗作的情景：他穿着衬衫，以便他那激动的胳膊能更好地敲击出节奏来，没有铺排，没有精心准备的出场设计；我也想到了里尔克，他也偶尔从一本书里读几首诗，简单、清晰，只静悄悄地服务于他的用词。这是我参加过的第一个"舞台式"诗人自己朗诵的活动，尽管我喜欢他的诗歌，但还是对这种崇拜行为有所怀疑。不管怎么说，我作为当时叶芝的客人，心里还满是对他的感激之情。

不过，我在伦敦发现的真正诗人，不是当时还在世的人，而是一位当时尚被人们完全遗忘的艺术家：威廉·布莱克（William Blake）。这是一位颇有争议的孤寂天才，他作品中的那种稚拙和精美的混合至今还让我着迷。一位朋友曾经建议我去大英博物馆的印刷品陈列室——当时该陈列室由劳伦斯·比尼恩（Lawrence Binyon）来管理——去看一下那些有彩色插图的书《欧洲》《美洲》《约伯记》，这些书在今天已经成为古旧书店中的绝世珍品。我像是被人施了魔法一样。在这里我第一次看到一种带有魔法力量的本性，他还不太清楚自己的路在哪里，愿景正如天使翅膀一样托着他穿行在想象力的荒野当中。很多天、很多个星期我试图更深地进入这个天真的同时也如魔鬼一般的灵魂当中，将他的几首诗翻译成德语。想拥有出自他之手的亲笔画，这几乎成了一种不可遏制的渴求，不过这似乎只是一个梦中才会有的可能性。有一天，我的朋友阿奇博尔德·罗素（Archibald G. B. Russell，1879—1955）——他当时已经是最好的布莱克鉴赏家——告诉我说，在他举办的一个展览上，有一张"梦幻肖像"要出售。按照他的（也是我的）看法，那是大师最美的铅笔素描：《约翰国王》。"您会对它百看不厌的。"他肯定地对我说。他没有错。在我的书籍和绘画当中，这是一张陪伴了我三十多年的作品，这位一直在不停追寻的国王，多少次在墙上用他那充满

　　　　　　　昨日的世界：一个欧洲人的回忆

魔力的明亮目光望着我。在所有我丢失的或者不得不舍弃的财物中，我在流浪途中最为思念的莫过于这幅画了。我在大街上和城市里徒劳地寻找英国的天才，却陡然间在布莱克这个天人身上昭示给我。我众多的俗世之爱中，从此又新增了一项。

六　通向自我，道阻且长

到巴黎、英国、意大利、西班牙、比利时、荷兰这种带着好奇的漫游和漂泊本身是令人愉快的，在很多方面也非常有收获。不过，人总需要有一个稳固的停靠点，从那里出发去漫游，然后再回到那里。当我现在不是出于自愿而是被驱赶着不得不游荡在这个世界上时，我对这种需求的感觉比任何时候都透彻！从中学时代开始，我已经慢慢积攒起一个小型图书馆，此外还有绘画和各种纪念品；我的手稿也已经开始堆积成捆了。毕竟，我不能将这些让人乐于拥有的重负装在旅行箱里，拖着它们周游世界。于是我在维也纳租了一个小公寓，但那不是我真正的栖身之地，正如法国人一针见血地说的那样，那只是一个歇脚地。在第一次世界大战以前，某种临时的感觉一直莫名其妙地笼罩着我的生活。每做一件事，我都会对自己说：这还不是我本来要做的真正算数的事。对于创作，我只感觉那是真正创作之前的练笔而已；对于那些与我交往的女人，这种临时感更强。于是，我让自己的青年时代有一种不特别负责任的感觉，同时也有那种试验、尝试、享受的"轻松快乐"，并无沉重负担。别人到了我这个年龄，都早已结婚，有了孩子和重要职位，必须用上全部精力进行最后一搏，让自己成就些什么。可是我还是一直把自己当成年轻人、一个初出茅庐者，在我的前面还有无穷无尽的时间，我迟疑着不要在任何意义上将自己固定住。我的创作只是"真正创作"的预演，如同一张名片，不过是在预告我的文学生涯即将到来；与此相类似，我自己的那套公寓也不过是一个地址而已。我特意选择了一个位于城郊、面积不大的地方，以免我的自由因为住宅花费太大而受到妨碍。我也不买特别贵重的家具，因为我可不想像我父母那样花精力来"呵护"它们。他们那里每把扶手椅都要罩上，只在有客人来时才取下来。我有意识地选择不要一直住在维也纳不动，不要让自己情绪化地和某个地方绑定在一起。有好多年，我一直觉得这种"让自己处于临时状态"的做法是一个错误。后来，当我一次又一次被迫离开亲手建起来的家，看到身边那些建设起来的东西再度崩塌时，这种神秘的"不让自己有所束缚"的生活感觉于我是有裨益的。我早已经学会了不羁于一地，于是每次的失去和告别对我来说就容易些。

我还不打算将太多贵重之物放到这第一个住处。但是，在伦敦得到的那张布莱克的素描画已经挂在墙上了，还有一首出自歌德之手最美的诗歌，是他那潇洒奔放的手迹。我从中学开始就已经搜集手稿，这幅歌德手稿是我当时收藏中的王冠级藏品。就像我们当时在文学小组大家一起写诗一样，我们也成群结队地找诗人、演员和歌唱家来签名。我们当中的大多数人在迈出学校大门时也同时放弃了收藏活动和写诗，而我呢，对名人手稿——

天才人物留在尘世上的影子——的搜集激情却日益浓烈和深入。单纯的签名对我来说已经无所谓，一个人物的国际知名度或者估值我也不感兴趣。我现在所寻找的是诗歌或者曲谱的源手稿或者草稿，因为我对一件艺术品是如何产生的这个问题的兴趣超过一切——无论是从艺术家生平这一角度还是从心理学角度：在那个最为神秘的过渡时刻，一首诗、一段旋律从一位天才的不可见的想象和本能迸发出来，经由象形的固化来到人世当中。除了在大师们反复斟酌或者在如醉如痴中捕捉到那一瞬间的源手稿上，在哪里还能更好地去聆听这一时刻、去检验这一时刻？如果我只看到一位艺术家已经完成的作品，那么我对这位艺术家的了解还不够。我认可歌德的话：要想完全把握伟大的作品，就必须不光看到它的完成，也要聆听到它成形的过程。在纯粹视觉上，手稿对我也会有所作用：贝多芬的一张最初草稿，上面是他那狂野的、不耐烦的笔画，乱七八糟地交织在一起，那些开了头又被扔掉的主题，上面有几个铅笔划痕，凝聚着他那着魔般天性中的创作愤怒，这会让我在肢体上感到兴奋，因为看到这些手稿让我的精神兴奋起来。我能像着了魔法一样爱不释手地看这些天书一样的手稿，就像别人看整幅画一样。巴尔扎克的一张修改稿，上面的每一个句子几乎都被修改过，每一行都反复涂改过，四周的白边上面因为布满各种标记、符号、词汇而变成了黑色，这让我想到了任性的维苏威火山之喷发；当我第一次看到某一首我钟爱多年的诗歌的原初手稿，看到它问世的最初形式，内心会涌起一种宗教般的敬畏之情，几乎都不敢伸手去触碰它。拥有若干份这样的手稿，让我感到自豪；与拥有它们相伴而来的，还有得到它们时——在拍卖会上或者在拍卖品名录中寻找它们——的那种不亚于体育运动的紧张和刺激。这种追寻，让我度过了多少兴趣盎然的时光，有多少个激动人心的巧合！某一次我赶到拍卖会时晚了一天，而我打算入手的一幅作品又被认定为赝品，接下来却发生了一个奇迹：我收藏了一幅小小的莫扎特的手稿，但这只能说是半份欢欣，因为上面有一条乐谱被剪掉了，可是这条在五十年前或者一百年前被人夺爱而剪掉的纸条却出现在斯德哥尔摩的一个拍卖会上。这样我就又能将莫扎特的咏叹调合在一起，和一百五十年前莫扎特留下来的一模一样。当时我在文学出版方面的收入还不多，尚不足以大量购买收藏品。不过，每一位做收藏的人都知道，要是为了入手一件藏品而不得不放弃另外一种享乐的话，藏品入手之时的喜悦就会提升很多。此外，我还请所有的诗人朋友都来为我的收藏做贡献：罗曼·罗兰给了我一卷他的《约翰·克利斯朵夫》的手稿，里尔克把他最著名的作品《爱与死亡的方式》的手稿送给我，克洛岱尔送给我他的《圣母受孕的神谕》，高尔基给我一张大速写稿，弗洛伊德给了我一篇论文手稿。他们都知道，我会比任何一家博物馆更满怀爱意地守护他们的手稿。这些藏品，有那么多已经散落四处，它们给别人带来的愉悦肯定不如给我的那么多！

然而，最特别、最珍贵的文学史博物馆收藏对象不在我的柜子里，却在与我这套城郊公寓同一幢楼里。这是我后来通过一个偶然机会才知道的。在我的楼上和我的住处同样朴素的公寓里，住着一位上了年纪的女士，头发灰白。她的职业是一位钢琴教师。有一天我们在楼梯上相遇,她以最友好的态度对我说,我在工作时总得当她钢琴课的不情愿的听众,这让她感到不好意思;她希望,我的工作没有因为学生们尚未完美的艺术而受到太多干扰。在谈话中她提到,她的母亲和她住在一起,老太太因为已经差不多双目失明,几乎从来不出门。这位八十岁的老太太不是别人,正是歌德的家庭医生福格尔博士(Dr. Vogel)的女儿。她是在 1830 年由奥蒂莉·冯·歌德(Ottilie von Goethe)亲自给受洗的,而诗人歌德本人当时也在场。这让我有些头晕目眩:到了 1910 年,这世界上还有接触过歌德那神圣目光的人!由于我对天才的任何人间展示都怀着特别的敬畏之感,我在搜集那些手稿之余,也搜集能找到的各种遗物。在我后来的那座房子里——在我的“第二个人生”期间——有一间圣物收藏室,如果我可以这样说的话。那里面有一张贝多芬的写字台和他的一个小钱匣子,他病倒在床上时还用那已经被死亡触摸过的颤抖的手从钱匣里拿钱给女仆,那里还有他的食谱书中的一张纸以及他的一缕已经变得灰白的头发。歌德的一支鹅毛笔我多年来一直放在玻璃板下面,以免自己这配不上它的手去碰它。但是,这些没有生命的东西,怎么能和一个活着的人,一位歌德用他那褐色的圆眼睛有意识地、疼爱地注视过的人相比呢?这是随时都可能断裂的最后一条细线,这个风烛残年的人间生灵出人意料地将魏玛的奥林匹斯圣山与维也纳城郊考赫巷(Kochgasse)8 号这座房子连在一起。我提出了去拜访这位德梅丽乌斯(Demelius)太太的请求,她也愿意并友好地接待了我。在她的房间里,我认出了若干件那位不朽人物的家具,那都是歌德的孙女、她的童年朋友送给她的。那对烛台曾经立在歌德的写字台上，上面的徽章与魏玛弗劳普兰大街（Frauenplan）那幢房子的徽章相似。但是，这位老太太本身，不就是一个真正的奇迹吗？她满是稀疏白发的头上，戴着一顶"毕德麦雅"式的宽边帽，她的嘴巴周围满是皱纹，很愿意给我讲述她如何在弗劳普兰大街那幢房子住了十五年，度过她的童年和青少年时期。当时那里还不像博物馆，自从德国这位最伟大的诗人永远地离开了他的家和这个世界，那里的东西就被保存起来，再不许别人去碰。这位老人对自己的青少年时代有着最强烈的感觉，正如我们在老人们身上经常看到的那样。令我动容的还有她的那种愤怒："歌德研究会"做了一件非常不得体的事情，他们现在就迫不及待地公开出版了她童年时代的朋友奥蒂莉·冯·歌德的情书。她用了"现在就迫不及待地"这个词！她完全忘记了，奥蒂莉已经去世半个多世纪了！对她来说，这位歌德老人最喜欢的人还活着，还青春永驻。对她来说，这些东西还都是眼下的实在生活；对我们来说，这早已变成了历史和传说！我总是能感觉到她周围那种幽灵般的氛围。我住在石头砌成的房子里，用电话交谈，开着电灯，用打字机写信，往上面走二十个台阶，就进入了另外一个世纪，站在歌德之生活世界的神圣影子当中。

我后来还多次遇到这样的女性，她们那长着苍苍白发的头顶曾经触碰过英雄的、奥林匹斯的世界。这其中有李斯特的女儿科西玛·瓦格纳（Cosima Wagner），她总是那么强硬、严厉，然而她的身体姿态雍容无比；尼采的妹妹伊丽莎白·弗尔斯特（Elisabeth Förster），她娇弱、身材矮小、自以为是；赫尔岑的女儿奥尔加·莫诺（Olga Monod），儿时的她经常坐在列夫·托尔斯泰的膝盖上。我也曾聆听风烛残年的勃兰兑斯讲述他如何得遇惠特曼、福楼拜、狄更斯等人；听过理查德·施特劳斯描述他第一次见到瓦格纳的情形。但是，最让我触动的，便是这位老人的头颅，那些曾经被歌德的目光注视过的人当中，她是最后一位尚在人世的！也许，今天我是最后那位可以说出这句话的人：我曾经认识一个人，她的头曾经被歌德的手抚摸过片刻。

在出行的间隙，我现在有了一个歇脚点。不过，更重要的是，我也同时找到了另外一个家：一家出版社，整整三十年的时间，他们呵护并推出我的全部作品。对一位作家来说，选择出版社是人生的重要决定；对我来说，再没有什么比选择这家出版社更能让我感到幸福的了。若干年前，有一位最有文化修养的诗歌爱好者产生了一个想法：他不要把自己的财富用到养马场上，而是要用于完成某种精神作品。他就是阿尔弗雷德·瓦尔特·海梅尔（Alfred Walter Heymel）。作为一位诗人，他算不上出色，但是他决定在德国成立一家出版社，一家不考虑物质上盈利，甚至还考虑到会长期亏损的出版社，其准则是完全依据作品的内在质量来决定是否出版，而不要去考虑作品的销量。在当时的德国，出版社几乎都是在商业化基础上运作的。在这家出版社，消遣性读物哪怕再挣钱也会被拒绝；相反，那些最难被接受的精美作品会在这里找到归宿。这里只接受那些一心追求艺术、有着最精致表达形式的作品，这是这家高端出版社的口号。它在一开始完全依靠的是真正内行的小众读者，它带着自豪的、敢于鹤立鸡群的目的将自己命名为"岛屿"（Insel），后来被称为岛屿出版社（Insel-Verlag）。那里的每一本书都不会印刷得像大路货一样，书中的诗意会通过出版的技术细节被赋予外在的形式，要与其内在的完美相吻合。每一本书的封面设计、版式、字体、纸张都是个性化的设置。即便是广告目录、信纸等物件上，这家精益求精的出版社也都让它们浸透着满怀激情的精心设计。比如，我不记得在过去的三十年里，我在自己的书中找到过任何一个印刷错误，或者在出版社的信函中有任何改动过的字行：在一切事情上，哪怕在最微不足道的细节上，这家出版社都做得无懈可击。

霍夫曼斯塔尔和里尔克的抒情诗都在岛屿出版社出版。有他们两位诗人的作品在那里，这家出版社从一开始就只接受最高的标准。人们不难想象，当二十六岁的我被接受为这座"岛屿"的常驻居民时，我该有怎样的喜悦和骄傲！这种归属，对外意味着在文学水平上的档次提升，同时对自身也意味着一种更强的责任感。谁能进入这个佼佼者的行列，就必须严于律己、谨慎行事，不允许自己在文学上粗制滥造，不要让自己产出新闻稿那样的速成东西，因为一本书上有"岛屿出版社"的徽记，从一开始就向上千人后来几十万人做出了保证：内容上的精纯质量和印刷技术上的完美无瑕。

对于一位作者来说，没有比这更幸运的事情了：一位年轻作者遇到一家年轻的出版社，能够与这家出版社一起成长。只有这种共同的成长才能造就出一种在作家、他的作品和世界之间的有机生长条件。很快，我和岛屿出版社的社长基彭贝格

（Kippenberg）教授之间建立了发自内心的友谊，而且这种友谊还因为我们都充满激情地投入私人收藏并惺惺相惜得以加强。基彭贝格对与歌德相关物品的收藏与我对手稿的收藏同步进行，在三十年的进程中，都成为个人收藏中的惊人之作。我从他那里得到宝贵的建议，以及同样宝贵的警告，不过我也因为自己对外国文学有比较好的总体了解，能给他提供一些重要的启发。这就是"岛屿丛书"，以它的四百万册销量很快环绕着原本的"象牙塔"建造了一座世界之都，把这家出版社变成了一家有代表性的德语出版社，这是在我的建议基础上出现的。三十年以后，我们的处境与开始时完全不同：这家出版社从一个小企业跻身为最大的出版社之一，从最初的小读者圈到成为读者最多的德国出版社之一。说实话，要想解除这种让我们双方感到既幸福又理所当然的关系，真的需要一场世界灾难和最残忍的法律力量。我不得不承认，比让我离开自己的房子和家园更为困难的是，在我自己的书上再也看不到那熟悉的徽记。有了出版社，我的文学之路便畅通了。我的处女作发表得太早，早得几乎不合时宜，但是在内心深处，我觉得到了二十六岁还没有创作出真正的作品。我在年轻时代最美的收获是，能够与这个时代最有创造力的人交往并建立友谊，在我自己的文学产出方面却不可思议地成了创作中的危险障碍。为了了解真正的价值，我学得太投入，这让我变得迟疑不决。由于勇气不足，我拿出来发表的作品除了译作，便都是比较稳妥的规模较小的中篇小说和诗歌。我远还没有写长篇小说的勇气（差不多还用了三十年）。我第一次尝试写作大一点儿的作品是戏剧。这第一次尝试，也是一个了不起的试验，带给我一些好兆头。在 1905 年或者 1906 年的夏天，我写过一个剧本，当然完全按照我们那个时代的写作风格，是一部诗剧，而且是古典剧。这个剧本的名字是《忒耳西忒斯》（*Tersites*）。今天我会说这是一部只在形式上尚有可取之处的作品，我以后再没有让它再版——我三十二岁以前发表的全部作品，我几乎都没有让它们再版。不过这个剧本已经能看到我个人内心深处的一些想法：我不愿意站在那些所谓的"英雄"那边，总是在被征服者身上看到他们的悲剧。在我的中篇小说中，总是那些遭受命运摆布的人能吸引我；在传记中，吸引我的不是那些获得实际上的成功的人，而是那些单单在道德意义上行事端正的人：是伊拉斯谟而不是马丁·路德，是玛丽·斯图亚特而不是伊丽莎白一世，是卡斯特利奥而不是加尔文。所以，在我当时写的这个剧本中，阿喀琉斯也不是主人公，而是他的对手当中最不起眼的忒耳西忒斯：是经受苦痛之人，而不是那些靠自己的力量和坚定的目标给别人带来苦痛的人。我们没有将完稿之后的诗剧拿给任何演员看，哪怕在朋友面前我也羞于出手。我还是有自知之明，知道这种无韵诗写的剧本，加之古希腊的服装道具，即便出自索福克勒斯或莎士比亚之手，也很难在真正的舞台上带来"票房价值"。我只是走走形式那样将几份手稿寄给了大剧院，然后就把这件事完全给忘了。

正因为如此，等到三个月以后我收到了信封上有"柏林皇家话剧院"字样的邮件时，我感到多么吃惊。我在想，普鲁士的国家剧院想让我做什么呢。让我吃惊的是，先前最著名的演员之一路德维希·巴尔奈（Ludwig Barnay）院长告诉我说，这个剧本给他留下了最强的印象，他也特别愿意接受这个剧本，因为在阿喀琉斯这个形象中，他终于找到了好久以来一直在为阿达尔贝尔特·马特考夫斯基（Adalbert Matkowsky）寻找的角色。因此，他请求我，将这个剧的首演安排在柏林皇家话剧院。

我简直是高兴得目瞪口呆。当时，德意志民族有两位伟大的演员：阿达尔贝尔特·马特考夫斯基和约瑟夫·凯恩茨。前者是北德人，他那旺盛的活力，那令人倾倒的激情，无人能够企及；后者呢，是我们维也纳人，他那精神上的雅致，那令人望尘莫及的台词艺术，那能让词语时而悠扬时而铿锵的大师手法，总会使人感到幸福无比。现在，由马特考夫斯基让我的作品中的人物活起来，由他在舞台上吐出我的诗，德意志帝国最令人景仰的剧院来扶植我的戏剧：似乎一个我根本没有去寻找的、无可比拟的戏剧前程要在我面前展开了。

不过，在大幕拉起之前，永远也不要对一场演出期待太多，这是我从那时开始学会的。排戏确实开始了，一场接着一场，朋友们向我打保票说，马特考夫斯基从来没有比这次排演显得更出色、更像男子汉，因为他在朗诵我的诗。我已经订好了前往柏林的卧铺车票，在最后的时刻一份电报来到了：由于马特考夫斯基生病，演出推迟。我以为这只是一个借口，就像在戏剧界常有的那样。但是，八天以后报纸上登出了讣告：马特考夫斯基去世。他那能够出色讲话的双唇，最后朗诵的诗作出自我的手。

没戏了，我对自己说。就此结束。虽然现在有两家数得上的宫廷剧院德累斯顿皇家剧院和卡塞尔皇家剧院愿意排演这出剧，但是在内心里我已经觉得兴味索然。马特考夫斯基之后，我无法设想别人来演阿喀琉斯。但是，又有了一个更令人惊讶的消息。某天一大早，一位朋友将我叫醒，是约瑟夫·凯恩茨让他来的。凯恩茨偶然读到了这个剧本，从中看到一个自己想要演的角色：不是本来马特考夫斯基想演的阿喀琉斯，而是忒耳西忒斯，剧院院长，这个悲剧性的对立角色。他马上为此事和城堡剧院取得了联系。剧院院长保尔·施伦特（Paul Schlenther）来自柏林，是当时正在风行的现实主义的开创者。他以一位原则上现实主义者的风格来主持城堡剧院（这让维也纳人感到很气愤）。他马上给我写信说，他也在剧本中看到有意思的地方，但是看不到在首演之外还能取得成功的可能性。

没戏了，我心里再一次对自己这样说。一如既往，我对自己和自己的文学作品都深深怀疑。凯恩茨却十分愤慨。他马上邀请我到他那里，这是我第一次看到这位我青少年时代崇拜的神灵站在我的面前——当年作为中学生的我们恨不得去亲吻他的手和脚。他虽然年逾五旬，身躯如弹簧般轻灵，思想敏锐丰富，漂亮的深色眼睛让他的脸生机盎然。听他说话是一种享受，即便在私人谈话当中，他出口的每一个字都如此精致，每一个辅音都有打磨过的准确，每一个元音的跃动都丰满而且清亮。只要我听到过一次他朗诵的诗歌，再读这些诗时，头脑里就会回响起他的声音：那铿锵的力量，那完美的韵律，那了不起的跌宕起伏。我还从来没有带着这么大的乐趣去听德语。现在我看到，这位我年轻时像神灵一样崇拜的人，在我这位年轻人面前因为没有能够让我的剧本上演而表示歉意。但是，从现在开始，我们不应该再失去联系，他强调说。本来他对我有一个请求，我差不多笑了：凯恩茨对我有一个请求！这个请求是：他现在有很多访问演出，为此他准备了两场独幕剧。现在还缺少第三个。他的设想是，这应该是一个短剧，尽量采用诗体，最好是那种喷涌而出的抒情段落，他可以用自己卓越的台词技巧，一口气将这些台词浇注到屏息聆听的观众头上（这是德语戏剧中绝无仅有的舞台艺术）。他的请求是：我能给他写一出这样的独幕剧吗？

我答应试试。有时候，意志能"指使诗兴"，正如歌德所说的那样。我完成了一出独幕剧的大纲，即《粉墨登场的喜剧演员》，这是一出洛可可风格的轻松剧，里面包括两大段抒情的、戏剧性的独白。我不由自主地从他的意愿出发来写下每一个字，我让自己去感受凯恩茨身上的那种激情，甚至他的吐字方式。于是,完成这个临时起意的作品成了一件少有的幸运之事：台词里面绝不光有娴熟的技巧，还充溢着兴奋。三个星期以后，我已经可以将半完成的初稿拿给凯恩茨看，里面已经加进了一个"咏叹调"。凯恩茨由衷地感到兴奋。他当即将手稿中的长篇独白吟诵了两遍，第二遍时已经有着令人难忘的完美。我还需要多长时间？他问我，带着能让人看得出来的急不可耐。一个月。太好了！这太完美了！他现在要到德国去客演几个星期，一回来他必须马上开始排演,因为这个剧作是属于城堡剧院的。然后,他还对我承诺说:不管他到哪里演出，这出剧都在他的节目单上，因为这对他合适得如同一只手套一样。"像手套一样合适！"在由衷地和我三次热烈握手的同时，他一直在重复着这句话。

好像在他启程之前，城堡剧院就开始有所行动了。院长亲自给我打电话说，我现在就可以将剧本的草稿拿给他看，而且他马上就接受了这个剧本。担任凯恩茨周围次要角色的城堡剧院演员们都开始演练台词了。又一次，我好像没有什么特别的投入就赢得了最高的奖项：城堡剧院，我们这座城市的骄傲，而且城堡剧院里与女演员杜塞（Duse）齐名的、当时最伟大的男演员要在我的作品中担任角色：对于一位刚入门者来说，这似乎是太多了些。现在唯一存在的危险是：凯恩茨在完成这部作品之前还会突然改变主意，但这不太可能！不管怎样，现在轮到我感到不安了。终于，我在报纸上读到约瑟夫·凯恩茨访问演出归来的消息。出于礼貌，我迟疑了两天，我不想他刚一回来就去打扰他。第三天，我鼓起勇气来到了凯恩茨下榻的萨赫大饭店，将我的名片交给那位我相当熟悉的老看门人："请交给宫廷演员凯恩茨！"那位老人透过他的夹鼻眼镜惊愕地望着我。"唉，看来您还不知道呢，博士先生？"不，我什么都不知道。"今天早上，他们把他送到医院里去了。"现在我才知道：凯恩茨访问演出归来时身患重病。在那些对他的病一无所知的观众面前，他像英雄一样成功地掩盖了可怕的疼痛，最后一次表演了他的伟大角色。第二天他因为癌症接受了手术治疗。根据报纸上的报道，我们还寄希望于他能够恢复健康。我到他的病床前去看望他。他疲惫地躺在那里，瘦骨嶙峋，那双深色的眼睛在塌陷的脸上显得更大了。我大为惊骇：在他那永远充满青春活力、如此善于言说的唇上，我第一次看到有灰白色的胡子，我看到的是一位年迈的、行将就木的病人。他忧伤地对我微笑着，说："亲爱的上帝还会让我演出我们的那出剧吗？这会让我好起来的。"可是，几个星期以后我们却站在他的灵柩旁。

人们会理解，继续坚持戏剧创作对我来说是一件多么不快的事情，在将新剧本交给剧院时我心里会有怎样的担忧。德语世界两位最伟大的演员，此生最后排演的是我的诗句，这让我开始变得有些迷信了——我并不羞于承认这一点。直到若干年以后，我才又回到戏剧上。城堡剧院的新院长阿尔弗雷德·贝格尔男爵（Alfred Baron Berger）本人是一位杰出的戏剧行家和演讲大师，他马上接受了我的剧本。我几乎心怀恐惧地看着那份经过挑选的演员名单，内心矛盾地长舒了一口气："谢天谢地，里面没有名流！"这种厄运不会降临到任何人的头上了。然而，还是有貌似最不可能的事情发生了。当灾祸被挡在一个门的外面时，它会从另外一个门溜进来。我只想到了演员，没有想到剧院的院长阿尔弗雷德·贝格尔男爵，他本人要亲自导演我创作的悲剧《海边的房子》，并且已经完成了导演手记的草稿。确实发生了：在初次彩排之前十四天，他去世了。看起来，那种施加在我的戏剧作品上的诅咒力量还没有消退。即便在十多年以后，当《耶利米》（Jeremias）和《沃尔波内》（Volpone）在第一次世界大战之后以各种想得到的语言登上各地戏剧舞台上时，我仍然感到不安。当我在 1931 年完成了一部新剧《穷人的羔羊》（Das Lamm des Armen）时，我有意做了有悖于自己利益的事情。当我把剧本寄给我的朋友亚历山大·莫伊西（Alexander Moissi）之后的第二天，收到了他的一份电报：我应该将首演中的主角留给他来演。莫伊西将语言的感官愉悦从他的家乡意大利带到德语舞台上,这是此前讲德语的人还无由认识到的。当时,他是唯一堪称约瑟夫·凯恩茨继任者的演员。他的外表有迷人的魅力、睿智而充满活力,而且他是一位心地善良、快乐的人,他给每个作品都注入一些自己的魔力:我几乎无法想象还有比他更理想的演员来出演这个角色。然而,当他向我提出这个动议时,我想到了马特考夫斯基和凯恩茨。我找了个借口拒绝了他,没有说出真正的原因。我知道,他从凯恩茨那里继承了那枚所谓的伊夫兰德指环(Ifflandring)——这总是由伟大的演员将其传给自己中意的继承人。他也会遭受与凯恩茨相同的命运吗?不管怎样,我不愿意因为自己让这个时代的第三位伟大演员遭受厄运。出于迷信,也是出于对他的爱,我放弃了最完美的演员阵容,尽管这对我的剧作几乎具有决定性的影响。然而,尽管我拒绝他在这出剧中出演,尽管我此后再也没有将新剧本搬上舞台,我的舍弃也仍然没能保护得了他。尽管我没有哪怕再小的任何过错,还是一直被卷入意想不到的厄运当中。

我知道,这会让人怀疑我是在讲鬼故事。马特考夫斯基和凯恩茨的遭遇可以解释为邪恶的偶然。可是,继他们二位之后,莫伊西的厄运怎么解释呢?毕竟我已经拒绝他出演剧中的角色,也没有再写新剧本。事情是这样的:多年以后——现在我得打破时间上的顺序了——1935年的夏天,当时我正在苏黎世,在事先毫不知情的情况下突然收到亚历山大·莫伊西从意大利城市米兰发来的电报,他要在当天晚上特地来苏黎世与我会晤,请我务必要跟他见面。奇怪,我在想,到底是什么事,能让他觉得这么紧迫:我没有写新剧本,好多年来对戏剧也感到无所谓了。当然，我要见他，我确实把他当成兄弟一样来热爱这个热心、诚恳的人。他从火车车厢里冲出来走向我，我们以意大利的方式互相拥抱。刚一坐进接站的汽车里，他就迫不及待地给我讲，他要我为他做些什么。他要求我做一件事，一件大事。他说，皮兰德娄[1]特别给他面子，将自己的新作《无从知晓》的首演交给他，况且那可不光是用意大利语演出，而是一个真正的世界级首场演出：要在维也纳用德语上演。像他这样的一位意大利大师，让自己的作品首先在外国上演，这还是第一次。即便是巴黎，皮兰德娄都没有做过这样的决定。但是，他怕自己散文诗句中的音乐性以及其中隐含的活力会在翻译过程中丢失，因此有一个殷切的希望，那就是不要随便找一位译者，而是希望由我来把他的剧作译成德语——他多年来都一直看重我的语言艺术。让我把时间浪费在翻译他的作品上，皮兰德娄当然很犹豫说出口。于是，莫伊西就主动接手，由他来向我表达皮兰德娄的请求。的确，当时我已经多年不做翻译工作了。但是，我和皮兰德娄有过多次愉快的会面，我太尊敬他了，不能让他失望；尤其令我高兴的是，我能够借此向知己朋友莫伊西表达自己的同道之谊。我将自己手头的工作放下一两个星期；几个星期以后，我翻译的皮兰德娄的剧本在维也纳的国际性首演在紧锣密鼓的筹备当中。由于当时的政治背景，该剧肯定会引起很大轰动。皮兰德娄已经答应亲自来参加首演。在当时，由于墨索里尼还

1　皮兰德娄（Luigi Pirandello, 1867—1936），意大利小说家、戏剧作家。茨威格在这里讲述的事情发生在 1935 年，此前皮兰德娄获 1934 年诺贝尔文学奖。

是奥地利的官方保护人，因此，首相及其手下官员都已经答应出席观看首演。这个戏剧之夜同时也将是意大利—奥地利友谊（实际上，奥地利己沦为意大利的附属国）的政治展演。

首次彩排开始的那几天，我正好在维也纳。我很高兴能再次见到皮兰德娄，也很好奇地期待着听到我翻译过来的台词在莫伊西的语言中涌动。但是，在时隔四分之一个世纪以后，有着魔鬼般相似之处的情形又发生了。我早上打开报纸看到这样的消息，莫伊西从瑞士到达维也纳时得了流感，由于他的生病，排演不得不推迟。我在想，流感不可能太严重。当我走进他下榻的饭店去看望病床上的朋友时，我的心跳动得十分激烈——谢天谢地，我安慰自己说，这不是萨赫大饭店，这是格兰特大饭店！对当年去看望凯恩茨而扑空的回忆，骤然如在眼前。完全同样的事情，又一次重复发生在这个时代最伟大的演员身上。我不再能获允面见莫伊西，因为他已经陷入高烧昏迷当中。两天以后，我站在他身旁。不是在彩排场，而是在他的灵枢前，就和当年的凯恩茨一样。

我在这里打破了时间顺序，提及与我的戏剧尝试连在一起的神秘诅咒。当然，今天我认为这种重复发生的事件无非偶然而已。不过在当时，马特考夫斯基和凯恩茨相隔不久的离世，的确对我的人生方向有决定性的影响。假如当初马特考夫斯基在柏林、凯恩茨在维也纳将二十六岁的我的最初剧作搬上舞台，他们的艺术能让最孱弱的作品获得成功，我会因为他们的艺术快速地也许快得没有道理地置身于公众舞台的聚光灯下，也会因此错过那些能慢慢去学习和了解世界的岁月。不难理解，我当时感觉到这一切是遭遇了命运的迫害。戏剧从一开始就给了我自己从来不敢去梦想的一切，它先是显得那么诱人，然后又在最后一刻将其残酷地夺走。然而，只有在青年时代的最初若干年，偶然与命运似乎还是同一的。后来我明白，一个人的人生真正轨道由内在力量来决定。不管我们的人生道路看起来如何混乱而无意义，偏离了我们的愿望，它最终还会把我们引向我们那看不见的人生目标。

七

走出欧洲

难道时间的流逝在从前比在今天要快？或许，那是因为从前让我们的世界发生彻头彻尾改变的事情发生得太多？或许，欧洲大战前夜的那几年，我的青春岁月之所以变得模糊，是因为它们被消解在按部就班的工作当中？我进行创作，我发表作品，我的名字在德语世界为人所知，在外国我也有一定的知名度。我有追随者，也已经有反对者，后者更能表明我的独特性；帝国的各大报纸都向我敞开大门，我不必再将作品寄给谁，而是被人约稿。但是，在内心深处我非常清楚，我在那些年所写的、所做的，拿到今天则全无分量。我们当年的抱负和忧虑，我们的失望和愤怒，在今天看来都太微不足道了。我们这个时代所发生的事情如此繁多，它们强制性地改变了我们对世界的观察。倘若我在几年前开始写这本书的话，我会提到与盖尔哈特·霍普特曼、阿图尔·施尼茨勒、贝尔-霍夫曼、戴默尔、皮兰德娄、瓦塞尔曼、沙洛姆·阿什、阿纳托尔·法朗士等人的谈话（与法朗士谈话实在是轻松愉快，因为这位老先生给我们讲了一下午不着调的故事，却带着一种居高临下的严肃和难以形容的优雅）。我可能也会报告那些了不起的首场演出，马勒的第八交响曲在慕尼黑、歌剧《玫瑰骑士》在德累斯顿的首演，关于卡尔萨文娜[1]和尼今斯基[2]的芭蕾舞演出。作为一位敏锐而好奇的观众，我是许多"历史性"艺术活动的见证人。按照我们现今衡量问题重要性的标准，一切与当下时代问题无关之事都不足挂齿。以我今天的视角来回顾，那些在我年轻时曾经将我的目光引向文学的人，远不如将我的目光引向现实的那些人那么重要。

在后者当中，首先是瓦尔特·拉特瑙（Walter Rathenau）。这是一位在一个最悲剧性时代里掌管德意志帝国命运的人，也是在希特勒夺取政权十一年之前已经遭遇纳粹分子谋杀的第一人。我们之间的友谊关系非常久远而且诚挚，开始的方式颇为特殊。马克西米利安·哈尔登（Maximilian Harden）是当时十九岁的我最早的提携人之一，他主办政治周刊《未来》（Zukunft），在威廉皇帝治下的德意志帝国的最后几十年里，这份期刊曾经担当着举足轻重的角色。哈尔登是被俾斯麦亲自推入政治生活当中的，他也愿意当俾斯麦的传声筒和避雷针。他把当时的内阁大臣搞下台，促使奥伊伦堡丑闻（Eulenburg-Affäre）发酵，让宫廷每个星期都在新一轮的攻击和爆料前发抖。尽管他的期刊做这些事情，哈尔登的个人所爱仍然是戏剧和文学。《未来》的某一期上刊登了一组格言，用的是一个我现在想不起来的笔名，这些格言中蕴含的特别智慧以及语言上的凝练力量，马上令我

1　卡尔萨文娜(Tamara Platonovna Karsavina, 1885—1978)，俄国女芭蕾舞艺术家。
2　尼今斯基（Vaslav Nijinsky, 1890—1950），波兰裔俄国女芭蕾舞艺术家。

耳目一新。作为该刊固定作者的我写信给哈尔登："这位新人是谁？好多年来我都没有读过打磨得这么好的格言了。"

给我的回信不是哈尔登写的，而是一位署名为瓦尔特·拉特瑙的先生。我从信纸以及其他方面的信息可以判断出来：他不是别人，正是柏林电力公司那位有通天之力的总裁的儿子，而他本人也是一位大商人、大工业家，任职于无数个公司里的理事会，是那些"面向世界"的新式德国商人（借用让·保尔的说法）。他给我的回信诚挚而充满感激，说我的信是他的文学尝试所获得的第一份赞许。尽管他至少比我年长十岁，他还是向我坦言不知道该不该将自己的思想和格言整理成一本书出版，因为他毕竟是个门外汉，此前所做之事都是在经济领域。我真诚地鼓励他出书，此后我们一直保持着通信联系。等到我下一次来到柏林时，我给他打电话。一个略带迟疑的声音回答说："噢，是您啊。多可惜，我明天一早六点钟要出发去南非……"我打断他的话，说："那我们下次见面好了。"但是，这个声音还缓慢地继续下去，好像他在思忖着："不，您等一下……一小会儿……下午被开会给占了。晚上我得去部里，然后还有一个俱乐部晚宴……但是，您可以在晚上十一点一刻到我这里来吗？"我同意了。我们谈到凌晨两点，六点他出发去西南非洲——后来我才知道，那是受命于德国皇帝的公务出行。

我之所以讲述这些细节，因为这些都是拉特瑙非常典型的特征。这位异常忙碌的人总有时间。我曾经在最艰难的战争日子里以及在"热那亚会议"马上召开之际见过他，就在他被当街枪杀的几天以前，我还和他一起在他遇害的那条街上驶过，坐的也是他遇害时乘坐的那辆汽车。他始终将自己的时间规划到每一分钟，也能随时毫不费力地从一件事情转到另外一件事情上。他的大脑随时都有应变能力，如同一具精密而准确的仪器，这是我在其他人身上从未见到过的。他讲话流畅无比，好像在读一张看不见的讲稿，他的每一个句子又都那么生动、清楚，如果他的谈话被速记下来，便是一份完美得足以付印的文字。他讲法语、英语、意大利语，对这些语言的掌握如同母语德语一样好；他的记忆力从来不会让他难堪，他对任何谈话内容都不需要做特殊准备。在跟他谈话时，相比于他那不动声色中的丰富内容，对一切清晰而有总体把握的客观性，一个人会相形见绌地感觉到自己愚蠢，所受的教育有缺陷，对事情没有把握，头脑混乱。但是，在他思想里这种耀眼的圣光，这种水晶般的透彻中，有某种让人感到不舒服的东西，正如在他那有着最讲究的家具、最美绘画作品的住宅里的感觉一样。他的思想能力是一种天才的创造物，他的住宅如同一座博物馆，在他那座曾为路易莎王后行宫的贵族式府邸中，那种秩序井然、条理清晰和一尘不染没法让人感到温暖。他的思想似乎洞穿了一切，因而对什么都觉得无所谓。我很少能在其他地方比在他这里能更强烈地感受到犹太人的悲剧：在外表可见的一切出类拔萃之下，满是深深的不安和没有把握。我另外一些朋友如维尔哈伦、埃伦·凯伊、巴扎尔热特虽然智慧不及他的十分之一，在博学与对世界的了解方面不及他的千分之一，但是他们都对自身有着充分的把握。在拉特瑙的身上，我总是更能感觉到：他有着无法测度的聪慧，但是脚下没有根基。他的整个存在就是一场冲突，永远有新的对立面出现。他从父亲那里继承了人们能够想得到的一切权力，但是他不要成为他的继承人；他是一位商人，但是他要感觉自己是一位艺术家；他有百万财产，但是头脑里贯穿着社会主义理念；他感觉自己是犹太人，却以基督徒来标榜自己；他从国际视野思考，却将普鲁士文化奉若神圣；他对大众民主梦寐以求，但每次受到威廉皇帝的召见或者咨询又让他倍感荣耀；对皇帝的弱点和虚荣他洞若观火，但是却无法控制自己的虚荣。他那些无间断的各种活动，也许只是一种精神上的鸦片，好用来掩盖内心的焦虑，去消灭那种存于内心最深处的寂寞。1919年，在德国军队溃败之后，一份历史重任被指派到他身上：将遭受重创的国家从混乱中带出来，走上重生之路。在身负重任的这一时刻降临之际，他身上那些无尽的潜力终于合并为一股协调一致的力量。他将自己的全部生命奉献给唯一的理念：拯救欧洲。这使得他这位富于天才的人，成为一位伟大人物。

拉特瑙充满活力的谈话中所蕴含着的思想上的丰富和明晰，可能只有霍夫曼斯塔尔、瓦莱里、赫尔曼·凯泽林伯爵的谈话才能与之媲美。这些谈话除了让我看到远方，将我的思想地平线从文学扩展到历史，我还要特别感谢拉特瑙一点的是：他是第一个建议我走出欧洲的人。"如果您只了解那个英吉利岛屿，您就无法理解英国，"他曾经对我说过这样的话，"如果您从未走出我们的欧洲大陆，您也不会理解欧洲大陆。您是一位自由的人，利用您的自由！文学是一个很了不起的职业，因为在这里匆忙是多余的。一本真正的书，早一年或者晚一年完成无关紧要。为什么您不去一趟印度或者美洲？"这一偶然提起的词汇马上进入我的头脑，我决定马上按照他的建议行事。

印度让我感觉到的不安且沉重，要超出我此前的料想。如此之多让我感到震惊的内容：那些骨瘦如柴的身躯的悲惨处境，那些黑眼睛射出的目光中饱含的了无愉悦的严肃，那里的风光经常单调得可怕，尤其是那些严格的阶级和种族上的分层，在去印度的船上已经开始上演了。我们的船上有两位动人的姑娘，黑色的眼睛，身材修长，受过良好教育且彬彬有礼，待人谦虚且优雅。从第一天开始，我就注意到她们远离别人，或者被一种看不见的隔离物将她们和别人分隔开来。她们不去跳舞，不加入谈话，而是坐在一边读英语或者法语书。直到第二天或者第三天我才发现，并不是她们要回避英国社交圈子，而是别人在远离这两位"混血种姓"，尽管这两位动人的姑娘是一位巴黎的印度大商人和一位法国女人所生的女儿。在洛桑的寄宿学校，在英国的女子家政学校，曾经有两三年她们受到与别人完全平等的对待。但是，在回到印度的船上，她们已经马上就感觉到这种冰冷的社会歧视，看不见，但是其残忍程度一点儿也不因此减弱。这是我第一次目睹鼓吹种族纯粹的偏见如同黑死病，甚至它给我们的世界带来的厄运要比真正的黑死病在几个世纪前给这个世界带来的灾难还严重。

在旅行之初便遇到这两位姑娘，让我看问题的眼光变得锐利起来。我带着一定的羞愧，享受着当地人对欧洲人那种如同对待白种人上帝一样的敬畏（这种敬畏，如今由于我们自己的责任早已消失了）。如果一位白人要出门旅游，比如去锡兰的亚当峰，必须要有十二个或者十四个仆人陪同，否则就低于他的

"体面"水平。我没法摆脱这种不安的感觉：这种荒谬的关系在未来的几十年或者上百年内一定会有变化以及彻底的转变，而我们身处舒适安全的欧洲对此还一无所知。由于有了这些观察，我所看到的印度并不是像皮埃尔·洛蒂（Pierre Loti）所描写的蒙着玫瑰红色的浪漫，而是一种警示。这次旅行在内心教育方面给我带来最大受益的，不是那些壮丽的庙宇、风雨剥蚀的宫殿，也不是喜马拉雅山上的风光，而是我所认识的人，另外一种类型的人和世界，与一名作家在欧洲范围内能认识到的人完全不同。当时的人们还都比较节俭，也还没有像库克旅行社¹组织的这种休闲旅行，因此，那些能去欧洲以外旅行的人，无论他们身处哪个阶层或者社会位置，都可以说是另类之人：如果是商人，一定不是眼光狭隘做小买卖的人，而是一位大商人；如果是医生，则是一位真正的研究者；如果是属于探险者那一类的企业家，一定是那种有着胆大、慷慨而无所顾忌的性格；即便是一位作家，也一定是有着比较高程度的精神上的好奇心。当时还没有能提供消遣节目的收音机，所以我在旅途中那些漫长的白昼和黑夜里，在与这些特殊类别的人进行交往时，所了解到的那些让我们的世界得以运转的各种力量和紧张关系，胜过读上一百本书的收获。与家乡之间空间距离的改变，同时也让我内心的评判尺度发生改变。在这次旅行回来之后，某些以前我会斤斤计较的小事，会被我认为太小家子气。我再也不会将我们欧洲看成

---

1 库克旅行社是由托马斯·库克于 19 世纪中叶成立的一家旅行社，本部设在伦敦。在 20 世纪初，库克旅行社为全球旅游业的先锋企业。

这个世界的永久轴心。

我在印度之行中结识的人，其中有一位对我们这个时代的历史产生了至今尚无法估量的影响，哪怕这些影响并不显而易见。从加尔各答出发前往中南半岛的途中，以及在沿伊洛瓦底江溯流而上的船上，我每天都与卡尔·豪斯霍费尔（Karl Haushofer）夫妇一起度过几个小时。当时他作为德国武官前往日本履职。他有着挺直的细长身材、瘦削的面庞、尖尖的鹰钩鼻子，他让我第一次见识到德国军队总参谋部军官的非凡素质和内在修养。此前在维也纳时，我自然也与军队里的人有过交往，那是一些友好的、热爱生活甚至是蛮有情趣的年轻人，大部分是因为家境不特别好才逃进军队穿上军装，力图让自己在服役中过上尽量舒适的生活。豪斯霍费尔与那些人正好相反，这让人立刻就能感觉到。他出身书香门第，属于上流社会。他的父亲发表过很多诗歌，我记得好像还在大学里当过教授。他受过非常好的教育，在军事方面以外也有非常广博的知识。他被任命去实地考察日俄战争的旧地，因此他和太太都事先学了日语与诗歌创作。在他的身上，我也再一次认识到：一个人如果想要精通任何学术领域，包括军事科学，那么他／她就必须跨出本专业的狭隘范围，与其他一切学科有所接触。豪斯霍费尔在船上时，一整天都在工作：用望远镜观察各种细节，写日记和报告，研究词典。我难得看到他手里没拿着书的时候。他是一位出色的观察者，也知道如何去描述。我从和他的谈话中，了解到很多东方之谜。回到欧洲之后，我也一直和豪斯霍费尔一家保持着友好的联系。我们互相写信，去萨尔茨堡和慕尼黑拜访对方。

一场严重的肺病迫使他在达沃斯或者阿洛沙（Arosa）疗养了一年。离开军队的日子，有助于他转入学术研究领域。病愈之后，他在第一次世界大战期间承担了军事指挥之责。想到德国的战败，我经常对他怀有同情。他多年来致力于建立德国的国际地位，也许他在自己不为所见的退隐当中也参与打造了战争机器。如今他不得不痛苦地面对这样的情况：他曾经在那里赢得了许多朋友的日本，如今站在获胜者的行列，成为德国的对手。

不久以后，事实就表明他是首批系统全面地考虑重建德国地位的人之一。他主编一本关于地缘政治的期刊。如同在很多事情上一样，一开始我也没能理解这一新兴运动的深层含义。我确实以为，地缘政治学无非是在民族国家的相处中去考虑各方力量的较量。即便各民族的"生存空间"这个词——我想这是他最先提出来的——我的理解也是在斯宾格勒意义上的，即这是一种相对的、随着时代而转化的能量，在时间性的周期上任何一个民族国家都会有这样的主张。豪斯霍费尔提出，应该更精确地研究各民族的个性特征，建立一种具有学术特质的常设性指导机构。当时我也以为这是正确的，因为我以为这种研究只服务于各民族彼此走近的趋势。我无法肯定断言，也许豪斯霍费尔原本的意图根本不是政治性的。不管怎样，我兴趣盎然地读他的著作（他在著作中也曾经引用过我的话），从来没有过任何怀疑。我听到的客观评价，都是表彰他的学术演讲非常有指导性，没有人指责他的理念在为一种侵略性的霸权政策服务，在以新形式为旧时泛德意志的诉求做意识形态动员。可是，当我某一天在慕尼黑偶然提到他的名字时，有人用一种不言自明的音调说："啊哈，是希特勒的那位朋友？"没有什么能比这更让我感到惊骇了。首先，豪斯霍费尔太太根本不符合种族纯粹这一标准，他的儿子们（非常有天才，也非常招人喜欢）也根本经不住纽伦堡的"犹太人法"的推敲；其次，我也看不到一位受过良好教育、博学多思的学者，与一位只在最狭隘、最血腥的意义上紧抓德意志精神不放而满腔愤怒的煽动家之间在精神上会有什么直接关联。不过，鲁道夫·赫斯（Rudolf Hess）曾经是他的学生，是他让两个人建立起联系。希特勒原本很少能听得进别人的意见，但是他从一开始就有一种本能，能吸收有利于达到他个人目的之一切，因而他在自己的国家社会主义的政治中彻底挖掘了"地缘政治学"的内容，让它充分为自己的目标效力。这也是国家社会主义的一贯伎俩，他们能将彻头彻尾的自私权力本能地包裹上一层意识形态和准道德的遮羞布。他们使用"生存空间"这个概念，给赤裸裸的侵略意图披上一件哲学的外衣。这个关键词因为其可定义性含糊不清而显得无大妨碍，但是，任何形式上的哪怕是那种最蛮不讲理的兼并，也可以借助这个关键词得到辩护，来表明它们在伦理上和民族学意义上的必要性。

就这样，这位曾经的旅伴不得不因为自己的理论受到希特勒的篡改而背负罪责——希特勒为了达到自己的目的，从根本上对他的理论做了给全世界带来灾难的篡改。我不知道自己的这位旅伴对此是否有所了解，他自己是否也本意如此。希特勒的目标最初只严格地局限于民族国家以及种族纯粹方面，但是通过"生存空间"这一理论，他的政治转化为一个口号："今天德意志属于我们，明天全世界属于我们！"这也是一个令人深思的案例：一个简洁有力的表述，由于词语的内在力量可以转化为行动和灾难，正如先前大百科全书派关于"理性"的统治这一表述，最终演变成完全相反的恐怖和大众情感冲动。据我所知，豪斯霍费尔本人在纳粹党里从来没有接受一个显要的位置，甚至可能都不是党员。在他的身上，我一点儿也看不到像今天那些善于耍笔杆子的新闻记者那种魔鬼般的"灰色高参"：他们躲在幕后，制订最危险的计划并给元首种种暗示。然而，在将国家社会主义的侵略政策从比较窄的国家范围推到更大的普世范围这一点上，他的理论所做的贡献要超过希特勒的顾问当中最无所顾忌之人，这一点是毋庸置疑的。也许，只有当后人掌握了更多的文献材料以后，他们才能给予这个人正确的历史评价。

在第一次海外旅行过后一段时间，我开始前往美国的第二次旅行。除了去看一看世界，看一看我可能拥有的未来，这次旅行全无其他意图。我相信，当时真的只有为数极少的作家去那里，不是为挣钱，也不为做关于美国的新闻报道，只是为了做一件事：让自己关于这块新大陆相当模糊的想象与现实相遇。

我的这一设想是真正浪漫的，我不羞于将它说出口。美国对我来说，是沃尔特·惠特曼，是跃动着新韵律的土地，是即将降临的四海之内皆兄弟的情怀。在远渡重洋以前，我再读一遍伟大的《卡美拉多》中那些狂野的、奔涌而来的长诗行，我敞开胸襟带着兄弟一般的宽广胸怀，而不是带着欧洲人常有的那种傲慢踏上曼哈顿。我今天还能回忆起来，我做的第一件事就是，问我下榻旅馆的门卫惠特曼的墓地在何处，因为我想去拜谒一番。这一要求让那位可怜的意大利人陷入窘迫，因为他还从未听到过这个名字呢。

纽约给我的第一印象相当有震撼力，尽管当时纽约还不像今天这样有着迷人的美丽夜景。当时的时代广场还没有灯光照射的人工瀑布，纽约也还没有城市的梦幻夜空——它们在黑夜中以几十亿个人造星星与真实的、真正的天空交相辉映。市容和城市交通还没有今天这样的大手笔，因为新建筑艺术还不十分有把握地在个别的高层建筑中进行最初尝试。橱窗陈列和装潢品位上的大胆尝试还只是刚开了一个头。不过，在那座走动会让桥身轻微颤动的布鲁克林悬索大桥上向港口瞭望，在大道上石头砌成的峡道周围行走，也足以让人有所发现和兴奋。当然，这么连续下来两三天，兴奋就会让位于一种更为激烈的感觉：出奇的寂寞感。我在纽约无事可做，而在当时，一个无所事事的人无论在哪里都要比在纽约好受些。那里当时还没有可以在里面消磨上一个小时的电影院，没有小咖啡馆，没有像今天这么多的艺术品商店、图书馆和博物馆，一切文化活动方面都要远远落后于欧洲。两三天以后，我已经将博物馆和名胜参观完毕，我就像一条无桨船一样在刮着大风的冰冷街道上打转。我的街头漫游带来的无意义感觉太强烈，最后只好想出一个艺术手段来让这一行动对我更有吸引力，以便战胜这种无意义的感觉。我给自己虚构了一个剧情。因为我一直是一个人在瞎转，于是我假设自己是无数移民者当中的一个，还不知道自己要做什么，身上只有七美元。我对自己说，自愿地去做那些别人不得不去做的事情。设想一下，三天以后你必须自己挣钱糊口；看一看，一个外来人在举目无亲的情况下，如何能马上挣来钱！于是我从一个职业介绍所转悠到下一个，琢磨贴在门上的各种广告。这里在找一位面包师傅；那里在找一位助理抄写员，必须要会法语和意大利语；还有一个地方在找书店里的助手。最后这个职位对于想象中的我来说毕竟是一个机会。于是，我爬上三层的铁制旋转楼梯，询问那里的工资如何，比较这份工资与报纸上登出来的在布朗克斯区租一间住房的价格。经过两天的"求职"，理论上我已经找到五个能维持生活的工作。这样一来，我比单纯的闲逛能更好地了解，在这个年轻的国家里，对于一位想工作的人来说有多大的活动余地、多少可能性。这让我印象极为深刻。我也通过从一个介绍所到另一个介绍所，通过去商店面试工作来赢得直观的印象：神圣的自由在这个国家是什么样子。没有人询问我的国籍、我的宗教、我的出身，而且我是没有护照就去旅行的，对于我们今天这个需要指纹、签证、警察证明的世界，真是太不可思议了！那里有工作在等着人去做，这才是决定一切的因素。没有国家的阻挠性介入，没有贸易联盟的例行手续，在一分钟之内自由合同就已经签署妥当，在这个时代已经变成传奇了。由于这个"求职"，我在最初几天关于美国所了解的内容要超过后来的几个星期。在那几个星期，我作为一个惬意的旅游者漫游了费城、波士顿、巴尔的摩、芝加哥。只是在波士顿，我与查尔斯·莱夫勒（Charles Loeffler）——他曾经为我的几首诗谱了曲——一起度过了几个小时，其余时间我总是一个人。只有一次，一个意外打断了我彻头彻尾的隐姓埋名的状态。我还能非常清楚地回忆起这个时刻。我在费城的一条大街上漫无目地地走着，在一家大书店前停住脚步，至少想在那些作者的名字当中看到我熟悉的名字。突然之间我吓了一跳。这家书店橱窗的左下角有六七本德语书，从其中的一本书上面，我自己的名字向我跳过来。我像是被施了魔法一样向那里看过去，开始考虑。关于"我"，在这里无人知晓的那个"我"似乎没有意义地在陌生的街道上游荡，这个没有人会认出来，没有人会关注的"我"，其实已经先我一步来到这里了。书店老板肯定得把我的名字写到一张纸条上，这样这本书才能在十天内越过大洋来到这里。有那么片刻，这种被遗弃的感觉消失了。当我在两年之前（1938）再次来到费城时，我一直在无意识中不断地寻找这个橱窗。

我已经没了去旧金山的勇气——那时候好莱坞还没有被发明出来。但是，至少我可以从另外一个地点瞥一眼那向往已久的太平洋。自童年时代以来，那些关于早期世界航海的报告就让我对太平洋神往不已。我当初看到太平洋的那个地点如今已经消失不见，再也不会有凡人的眼睛看到它了：那是当时正处于建设状态中巴拿马运河上最后的小山包。我乘一条小船，绕道百慕大和海地，下行到那里。我们这一代诗人，是受维尔哈伦诗歌的熏陶成长起来的，我们对这个时代的技术奇迹给予的赞叹，正如我们的前辈们对罗马古迹的赞叹一样。但是，巴拿马运河本身就是一个令人难忘的景象，由机器挖掘出来的河床那种赭黄透过墨镜还能让人感到刺眼，有一种魔鬼般的乐趣，数以亿万计的蚊子在这里飞舞着，它们的牺牲者一排排地躺在墓地里，望不到尽头。这项由欧洲人开始，由美国人完成的工程，让多少人殒命于此！直到现在，在经过了三十年的灾难和失望之后，它才终于完成了。人们还需要几个月来完成在闸门上的最后工作，之后只要手指按动一个电子按钮，相隔千万年的两个大洋的海水就会永远地合在一处。[1] 我属于最后那批带着完整而清醒的历史感觉亲眼看见两大洋处于分离状态的人。将美国最伟大的创造性活动尽收眼底，这是与美国告别的一个好方式。

---

[1] 巴拿马运河于 1914 年 8 月 15 日正式通航，茨威格的美洲之行是在 1912 年。

八　欧洲上空的光芒与阴影

现在我已经经历了十年新世纪，看到过印度、美洲和非洲的一部分。我开始怀着一种新的、对世界更有所了解的愉快心情来看我们的欧洲。我从来没有比在第一次世界大战前的那几年更热爱这片古老的土地，从来没有比那一时期更相信未来。我们以为看到了黎明的红色曙光，实际上那是近在咫尺的世界火海中的热焰。

今天这一代人在灾难、毁灭和危机中长大，每天都有可能发生战争，也许很难向他们描述那种自世纪之初占据我们年轻人心灵的乐观主义和对世界的信任。四十年的和平让各国的经济肌体变得强健，技术给生活节奏加入生机，科学上的发现让那一代人的精神为之自豪。蒸蒸日上的情形几乎在我们欧洲所有国家同时开始。城市一年比一年美丽，人口一年比一年增加。1905 年的柏林与我在 1901 年见到的柏林已经不能同日而语，它已经从一国之都变成了世界之都，而现在 1910 年的柏林又超出原来许多。维也纳、米兰、巴黎、伦敦、阿姆斯特丹，无论何时重返这些城市，都会让人感到惊讶和欣喜。街道变得宽敞而阔气，公共建筑变得更加气派，店面更加奢华而且有品位。在所有的物品上，人们都可以感觉到财富在增长、在扩大，连我们作家都能从作品的印数上感觉到：在这十年之内，印数增加了三倍、五倍、十倍。到处都出现了剧院、图书馆、博物馆；比如，拥有卫生间和电话这样的舒适生活，从前是一个小圈子里的人所具有的特权，现在也进入了小市民阶层。自从工作时间缩短以来，无产者也从底层获得上升，至少能分享一点点生活中的愉快和舒适。到处都在向前。谁敢大胆向前，谁就能有所收获。如果有人买了一座房子、一本珍稀的书籍或者一幅画，他就会看到这些东西在升值。企业越大胆，越舍得投入，就越有把握会获得好的回报。这样一来，到处都是一片美好的无忧景象，因为会有什么力量能打破这种上升呢，会有什么力量能阻碍这种辉煌呢？毕竟这种辉煌从自身的发展劲头中不断地获得力量。欧洲还从来没有这么强大、这么富裕、这么美丽，从来没有比现在更发自内心地相信未来，除了少数的龙钟老人，没有人像从前那样去抱怨现在，去怀念"美好的旧时代"。

发生变化的不仅仅是城市。由于体育运动、更好的营养、工作时间缩短以及与大自然的内在关联，人本身也变得更美丽、更健康了。在先前，冬天是一个萧索的季节，人们无精打采地在小酒店里打牌消磨时光，或者在热烘烘的屋子里感到百无聊赖；现在人们在山上重新发现了冬天，这里让人饱享阳光，让人心舒肺润，让人感到血脉偾张生机无限。高山、湖泊和大海也不像以前那么遥远了；自行车、汽车和有轨电车让距离缩短，给世界以一种新的空间感觉。每到星期天，成千上万的人身着鲜艳的运动衣乘滑雪板和雪橇从滑雪场上呼啸而下；到处都有新修建的体育馆和游泳馆。尤其是在游泳池里，人们可以最好地看到这些变化：在我年轻的时代，在一群粗脖子、大肚子、塌胸的人群当中，一位真正健壮的男人是少见的，而如今，这些柔韧灵活、被太阳晒得黝黑、因为体育锻炼而变得修长挺拔的身躯似乎在进行古代的健美比赛。除了那些极端贫穷的人，没有人还会在星期天留在家里，整个年轻一代都在徒步漫游、登山或者比赛，他们学会了各种运动项目。度假的人们，已经不像我父母当年那样只到城市的附近或者最多到经典的旅游地盐矿区（Salzkammergut）去参观，人们开始变得对世界感到好奇，想知道别处也都是这类美呢，还是有另类之美。以前只有那些特权人物能看到外国是什么样子，而现在呢，连银行职员和小企业主也能去意大利或者法国。旅行变得比以前更廉价、更舒适，更重要的是那种新兴的勇气，展现在人们身上的那种魄力，这让人们在徒步漫游中变得更加无畏，在生活中不再那么谨小慎微，那么锱铢必较：对，人们羞于谨小慎微。整个一代人，下决心要更充满青春朝气。与我父母生活的那个世界相反，每个人都以年轻为荣：突然之间，年轻一些的人把胡子刮掉了；接下来，年长一些的人模仿他们，为的是不让人觉得自己年长。保持年轻、富有朝气、不要老成持重，这是当时的口号。女性们脱掉束胸的紧身衣，放弃了太阳伞和面纱，因为她们不再害怕空气和阳光。她们把裙子改短，为的是能够在打网球时双腿活动更加自如；当她们的丰满之处让人看出来时，她们也不再为此感到害羞。时装变得越来越合乎自然，男人穿马裤，女人也敢坐在男式马鞍上。人们之间不再互相遮掩、互相隐藏什么。世界不光变得更加美丽了，也更加自由了。

正是我们之后出生的这一代人所获得的健康和自信，让这种自由也进入社会风习领域。人们第一次可以看到，年轻姑娘们没有女家庭教师的陪同和年轻的男性朋友一起出去郊游、进行体育活动，他们之间是坦诚而有自持能力的同伴友谊，她们不再处处害怕，不再扭捏，她们知道自己想要什么，不想要什么。她们逃脱了父母出于担心的控制，她们担任女秘书、女职员而自食其力，她们行使自己去安排生活的权利。娼妓这一旧大陆上唯一允许的色情交易行当，明显减少。由于这种更为健康的新型自由，任何形式的男女授受不亲都成了老一套。在越来越多的游泳馆里，那些迄今为止将男女泳池分隔开的厚厚木板被拆除；女人和男人都不再羞于让人看到他们长得怎么样。在那十年里，人们重新获得的自由、不受强制、无拘无束，要胜过此前的一百年。

这是因为世界已经进入了另一种节奏。一年，现在的一年里能发生多少事情！一项发明、一个发现之后就紧接着下一个，而且这些又都飞快地成为共同的资源。说到相通性，各国家之间没有比现在更觉得彼此有相通之处了。当齐柏林飞艇[1]第一次升空那天，我正好路过斯特拉斯堡前往比利时，正好看到它在

1　齐柏林飞艇为一种硬式飞艇，以其发明者德国人斐迪南·冯·齐柏林（Ferdinand Graf von Zepplin）而命名。在 1900—1940 年间，齐柏林飞艇被认为是了不起的技术成就，被应用在人力和物品运输方面。

众人雷鸣般的欢呼中绕着大教堂飞行，好像这悬浮着的巨物要对这千年的建筑物鞠躬致意。晚上，当我在比利时维尔哈伦家时，传来了飞艇在艾希特丁根（Echterdingen）坠毁的消息。维尔哈伦满眼泪水，情绪极端不安。他没有作为一个比利时人对德国发生的灾难抱着无所谓的态度，而是作为一个欧洲人，作为这个时代的人一起去感受战胜自然，去经受考验。当布莱里奥[1]驾驶飞机飞过英吉利海峡时，我们也在维也纳欢呼庆祝，好像他是我们家乡的英雄一样。技术和科学上分秒必争的进步让我们感到自豪，这让我们第一次感觉到欧洲作为一种共同体，一种泛欧洲的民族意识在形成。我们说，如果每架飞机都能像玩一样轻松飞过边境线，那国界变得多么没有意义！那些海关和边防岗哨的设置，显得多么褊狭，多么做作，多么有违于我们所渴望的这个时代的精神，这种明确的纽带和世界大同！这种感觉上的飞升所带来的美妙，一点也不亚于飞机带来的效果。我为每一个没有在年轻时经历过欧洲最后几年信任的人感到遗憾。我们周围的空气不是死的，也并非一无所有，空气自身带着当时的节拍和韵律。它把这种时代的腾飞无意识地挤入我们的血液，把它引导到我们的内心和大脑中。在这些年，我们当中的每一个人都从这个时代的整体腾飞中吸收了力量，个人的信心从集体的信心中得到了提升。我们这不知感恩的人类！当时也许并不知道，这托举我们的波浪有多么强大、多么可靠。只有

1　路易·布莱里奥（Louis Blériot, 1871—1936），法国工程师和飞行家，他是在 1909 年 7 月 25 日驾驶飞机飞越英吉利海峡的第一人。

自己经历过那个普遍信任时代的人才明白，从那以后信任的程度就只有倒退，信任的量被蒸发。

这个充满力量的强大世界是多么壮观辉煌，从欧洲的每个海岸涌向我们的心脏。这些让我们感到幸福的事情，也带来了危险，只是我们对此还一无所知。当初那席卷欧洲的自豪与信心之风暴，也携带着乌云而来。也许上升的步伐太快，国家和城市都壮大得太快，而且那种充满力量的感觉也总是引导着人们和国家去运用或者滥用自己的力量。法国已经有了大量的财富，但是它还想要更多，还要再加上一个殖民地，尽管老殖民地已经管顾不过来了，差一点儿就因为摩洛哥而大动干戈；意大利想要昔兰尼加[1]；奥地利兼并了波斯尼亚；塞尔维亚和保加利亚又把矛头指向了土耳其；德国暂时还没有份儿，但是已经跃跃欲试，随时准备露出尖牙利爪。欧洲各国都血脉偾张。从前那种富有成果的内部团结理念，现在都在各处同时发展成扩张的贪婪，好像受到了细菌的传染一样。赚得钵满盆满的法国工业界开始向同样满身油水的德国工业界发难，因为两家企业，德国的克虏伯公司（Krupp）和法国的施奈德—勒克勒佐公司（Schneider-Creusot）都要推销更多的大炮；汉堡的船运公司带来高额红利，与南安普敦针锋相对；匈牙利的农民对付塞尔维亚的农民；一家大公司对付另一家大公司。宏观经济上的蓬勃发展让大家日子都好过，人们折腾来折腾去，想要获取更多、更多。如果我们今天心平气和地思考并追问自己，为什么1914年会陷

---

1 昔兰尼加，利比亚东部一个比较大的省份。

入战争，人们找不到任何一个出于理性考虑的理由，也没有什么直接的起因。那次战争不是为了某个理念，也不是为了争夺边境上的小地块。我今天只能用"力量过剩"来解释那次战争，也就是说，内在发展动力所导致的悲剧性后果。这种内在的发展动力是四十年和平累积起来的结果，现在要以暴力的形式释放出去。每个国家突然都有了自己很强大的感觉，但是忘记了别的国家也有同样的感觉；每个国家都想要得更多，要从别人的手里拿过来。最糟糕的是，欺骗我们的恰恰是我们最热爱的那种感觉：大家都抱着的乐观想法。每个国家都相信，它们能在最后一分钟将其他国家吓退。于是，外交官们玩起了彼此恫吓的游戏。四次、五次，在阿加迪尔[1]、在巴尔干战争、在阿尔巴尼亚，都是同样的把戏。不过，大协作变得愈来愈紧密，愈来愈军事化，德国在和平时期实行了战争税，法国延长了服兵役时间。多余的力量最终必然要释放出来，而巴尔干的风向标表明，战争的乌云正在向欧洲的方向移动。

当时还没有出现惶恐，但还是有一种像炭火一样不息止的不安笼罩着我们。每次巴尔干上有枪声响起，我们都会感觉到轻度的不快。难道战争真的要降临在我们身上吗？可是我们并不知道为什么，也不知道那是在争夺什么。慢慢地——太慢了，太迟疑了，我们今天才知道！——反对战争的力量在聚集。那是社会党，有几百万人在他们的章程中拒绝战争；有置于教宗领

1　阿加迪尔（德语写为 Agadir）位于今天摩洛哥南部，是一座靠大西洋的港口城市。

导之下的强大的天主教群体；若干有国际性业务的大公司；有为数不多几个有明见的政治家站出来反对那些背后的战争推手。我们这些作家也站在反对战争的行列当中，但是一如既往的是孤立的单枪匹马，既没有结成联合体，也不够坚决。大多数知识分子的态度，可惜是那种无所谓的被动样子。由于我们那个时代的乐观主义，战争造成的问题及其全部道义上的后果还没能进入我们的内心深处：在当时那些著名人士的文字中，找不到任何从根本上对这一问题做出讨论或者大声提出警告的文字。我们以为做到这样就足够了呢：我们在思想上考虑到整个欧洲范围；在国际范围内建立兄弟般的关系；在自己的领域（这个领域对时局只能有间接影响）里，我们把超越语言和国家的和平沟通及精神结盟当作理想。恰好是新一代，他们最强烈地主张这种欧洲理念。在巴黎，我看到聚集在我的朋友巴扎尔热特周围的一群年轻人，与上一代正好相反，他们拒绝任何狭隘的民族主义和侵略性的帝国主义。儒勒·罗曼（他后来在战争期间创作了献给欧洲的伟大诗篇）、乔治·杜阿梅尔、夏尔·维尔德拉克、杜尔丹、勒内·阿科斯（René Arcos）、让—里夏尔·布洛克等人先是一起组织"修道院"（Abbaye）文化中心，然后是"争取自由"（Effort libre）文学社。他们是充满激情的战斗先驱，为将要来临的一体化的欧洲而战斗；他们毫不动摇地憎恶那些在战争的苗头中已经显现的军国主义。像他们这样一群勇敢、有出色天才、道义上坚定不移的年轻人，在从前的法国很少见。在德国，当阿尔萨斯人的命运被置于两个国家之间时，是弗朗茨·韦尔弗尔（Franz Werfel）和他的"世界朋友"，用最有力的抒情诗来表达世界博爱思想的勒内·席克勒（René Schickele），充满激情地投身相互间的理解当中；意大利的博尔杰塞（G. A. Borgese）向我们发出了同志般的致意；从斯堪的纳维亚和斯拉夫国家也不断有人给我们打气。"来我们这里吧！"一位伟大的俄国作家在给我的信中写道："让那些想让我们陷入战争的泛斯拉夫主义分子看看，你们奥地利人不想要战争。"啊，我们都热爱这个用它的羽翼托着我们腾飞的时代，我们热爱欧洲！我们都太不加疑虑地相信理性，相信理性会在最后一刻阻止那荒诞的笑话。这也是我们唯一的过错。诚然，我们没有带着足够的怀疑去观察那些凶兆。可是，作为年轻人的真正意义，难道不就在于要去相信世界，而摒弃对世界不信任吗？我们相信饶勒斯[1]，相信社会党国际组织；我们相信，铁路工人在自己的同志像屠宰场动物一样被火车运往前线之前，就会将铁轨炸掉；我们以为，妇女们会拒绝将自己的孩子、自己的丈夫交给吃人的魔鬼。我们坚信，在最后的关键瞬间，欧洲的精神和道德力量会宣告自己的胜利。我们那共同拥有的理想主义，在进步中形成的乐观主义，使得我们没有看到也没有重视那共同的危险。

况且，我们缺少一位组织者，一位能把在我们身上潜藏的力量有目标地集中到一起的人。在我们当中只有一位警示者，唯一具有前瞻性的有识之士。然而最不可思议的是，这个人生活在我们当中，我们却根本不知道他，不知道这位命运要让他率

1　让·饶勒斯（Jean Jaurés, 1859—1914），法国社会党领袖，是活跃的反战主义者，1914 年 7 月 31 日遭到暗杀。

领我们前行的人。对我来说，能够在最后一刻还发现他，那是有决定性意义的幸运情况之一。要发现他很困难，因为他住在巴黎，却不在那"喧嚣之地"。如果有人想写一本扎实的 20 世纪法国文学史的话，就不能不去注意这个让人吃惊的现象：当时巴黎报纸上对所有能想到的诗人和作家名人盛赞有加，但是有三个最重要的人物却没有被发现，或者他们的名字被置于错误的背景关联当中。从 1900 年到 1904 年，我从来没有看到《费加罗报》和《晨报》上提到作为诗人的保尔·瓦莱里，马赛尔·普鲁斯特被看成是沙龙里的小丑，罗曼·罗兰则被当作知识渊博的音乐学者。他们都是在快到了五十岁时，荣誉那第一道羞涩的光芒才找到他们的名字，他们最伟大的作品都是在这个全世界最好奇、精神生活最丰富的城市中，在不为人知的昏暗角落中创作出来的。

我有幸及时发现罗曼·罗兰，这纯属巧合。一位俄国女雕塑家在佛罗伦萨请我去她那里喝咖啡，以便给我看她的作品，她也想给我画一张速画像。我四点钟准时到达，但是忘了她是一位俄国人，对时间和准点有不同的态度。一位老奶奶——我听说，她曾经是雕塑家母亲的奶妈——把我领到了她的工作室，让我在那里等候。那里的杂乱无章，达到人想象的极限。旁边有四个小雕像，我在两分钟以内把它们看了一遍。为了不虚度时间，我伸手去拿一本书或者说几本散乱地放在那里的小册子。小册子的名字是《半月刊》，我记起以前在巴黎听到过这个名字。但是，有谁能一直关注这些小期刊呢？它们在全国到处都有，作为生命短暂的理想主义花朵一度出现，不久便消失。我拿在手里翻看，《黎明》，作者罗曼·罗兰，开始读起来，越来越震惊，越来越感兴趣。这位对德国如此了解的法国人，到底是谁呢？很快我就因为这位俄国女士的不准时而对她满心感谢了。当她终于姗姗来迟时，我的第一个问题便是："这位罗曼·罗兰是谁？"她也不太清楚。当我将其余的几册都看完了以后（这部作品尚未全部完成），我就意识到：这部作品，不是写给某一个欧洲国家，而是写给所有的国家以及它们之间的兄弟之爱；这个人，这位诗人，在书里带来了道义上的全部力量：充满爱的见识，以及去获得见识的真诚愿望；经过甄别和沉淀的公正；对艺术那能让人联结的使命有着令人心情激荡的信任。当我们纠结于一份小小的宣言中的措辞时，他在静静地、耐心地做着实事：让各民族的人看到他们各自身上最值得珍爱的特殊品性。这是第一部完成的意识明确的欧洲小说；这里第一次提出了建立睦邻关系这一具有决定性意义的呼吁。它更有效力，因为它的受众要多于维尔哈伦的赞美诗，而它又比一切小册子或者抗议更有穿透力。一切我们在不自觉当中所希望、所渴求的东西，都已经在这里被他默默无闻地完成。

我到巴黎后的第一件事，便是去打听他的情况。我总是想起歌德的那句话："他学过了，他就能教导我们。"我向朋友们问起他。维尔哈伦记得他的剧作《狼群》，是在社会党人的"人民剧场"演出过的；巴扎尔热特听说过，罗曼·罗兰是一位音乐学家，并且写过一本关于贝多芬的小书。我在国家图书馆的目录中找到十几本关于古典音乐和现代音乐的著作，七八部剧本，都是在小出版社出版的，或者在《半月刊》上发表的。最后，我寄给他一本自己的书，为的是找到一个关联点。不久以后我就收到了他的来信，请我去他那里。一段新的友谊就这样开始了，同我与弗洛伊德、维尔哈伦的友谊一样，罗曼·罗兰的友谊也是令我收获最大的友谊，在某些时刻甚至决定了我的人生道路。

人生中值得记住的日子总是比平常日子有更强的色度。我至今还能特别清晰地回忆起第一次去拜访他的情形。那是坐落在蒙巴拿斯林荫大道附近一座不显眼的房子：走上五层窄窄的楼梯，站在他的门前，就已经感觉到了一种特殊的安静。在这里所听到的林荫大道上的车水马龙声，一点儿也不比那扫过修道院花园中的树木之后，在窗下掠过的风声更响。罗曼·罗兰给我开了门，将我领到他那书籍一直堆到房顶的小书房里。我生平第一次在他那双特别炯炯有神的蓝眼睛里，看到了我在人世当中见到过的最清澈、最和善的眼睛。这双眼睛，在谈话中牵动着来自最内在感觉的色彩和热度：在悲哀中它们蒙上一层暗色的影子；在沉思中又同时显得深沉；在激动中发出闪光。他的眼边因为读书和熬夜显得微微发红，唯有眼边之间的那对瞳孔奇妙闪亮，带着一种让人受益、让人兴奋的光芒。我带着一点儿恐惧的心情打量着他[1]：他个子非常高，身体瘦长，走路时有点儿前倾，好像在写字台前度过的无数时光让他的脖子开始弯曲了。他面色惨白，脸上的线条极其分明，看起来更像是生着病

---

1 这里描述的茨威格与罗曼·罗兰的相识是在 1913 年。罗曼·罗兰于 1910 年 10 月在巴黎遭遇车祸，身体受伤，导致几个月无法工作。出于这一部分原因，他于 1912 年辞去索邦大学音乐史教授的职位，成为自由职业作家。二人初次见面之时，应该是罗曼·罗兰身体状况非常不佳的时候，所以茨威格"带着一点儿恐惧的心情"去打量他是可以理解的。

的样子。他说话的声音非常轻，好像在极尽可能来保护自己的身体能量；他几乎从来不出去散步；他吃得很少，不抽烟不喝酒，避免任何躯体上的紧张。直到后来我才惊奇地发现，在他这过着苦行生活的躯体中蕴藏着多么大的耐力，在这些看起来的羸弱之后有着何等强大的精神劳动力！他几个小时伏在那小小的、堆满书籍纸张的写字台上写作，几个小时躺在床上看书，他给那疲倦的身体的睡眠时间不超过四五个小时，他允许自己享受的唯一放松方式便是音乐。他钢琴弹得特别好，那是一种令我难忘的轻柔弹奏，那么爱抚地敲击琴键，好像他不想从琴键中将音调逼迫出来，而是要将它们引诱出来。我以前在小范围内听过马克斯·雷格尔（Max Reger）、费卢西奥·布索尼（Ferruccio Busoni）、布鲁诺·瓦尔特（Bruno Walter）的钢琴演奏，没有哪位业内名流能像听罗曼·罗兰弹钢琴那样让我感到收获那么多与心爱大师的直接交流。

他的知识如此渊博，令人自愧弗如。他的生活就是读书，他精通文学、哲学、历史，了解所有国家一切时代的问题。他知道音乐作品中的每一个节拍，即便是加卢皮（Galuppi）和特勒曼（Telemann）最最生僻的作品，或者那些六流、七流音乐家的作品他也都熟悉。同时，他也充满激情地参与当代发生的一切事情。这个像修士静修室一样简陋的地方，像是摄影机的暗箱一样反映着整个世界。在人际关系上，他享受着与同时代伟大人物的熟识和信任。他曾经是乔治·勒南（Georg Renan）的学生，是瓦格纳家里的客人，是饶勒斯的朋友；托尔斯泰，这位为人品格甚至使其自身作品都黯然失色的伟人，那著名的《远方来信》

就是写给罗曼·罗兰的。在这里我能感觉到——这也总能引发我的一种幸福感觉——一种作为人的道德上的优胜，一种不带有任何骄傲的内心自由。这种自由，是一个强大灵魂自然而然所具备的。在他身上我第一眼就看到，这个人，在决定性的时刻会成为欧洲的良心。时间证明我是对的。我们谈到《约翰·克利斯朵夫》。罗曼·罗兰向我解释说，通过写作这本书他想尽到三个责任：向音乐致谢，表明他对欧洲统一的信念，唤起欧洲各民族的思考。我们现在必须去施加影响，每个人从自己的岗位出发，从自己所在的国家出发，各自使用自己的语言。这个时代到了需要警醒的时候，而且要越来越警醒。那些鼓动仇恨的力量，由于其低劣的本性，要比那些主张和解的力量更激烈，更有进攻性；况且，这些力量背后还有物质利益，他们本来就比我们的力量更无所顾忌。这种非理性已经成形，能看得见了，与之进行斗争甚至比我们的艺术更为重要。我能感觉到他的悲哀，世间结构的脆弱让这个人遭受双重的打击。他在全部作品中都盛赞艺术的永恒性。"它（艺术）可以安慰我们，我们，单一的人，"他这样回答我，"但是在对抗现实时，它什么用也没有。"

那是1913年。在我和罗曼·罗兰的第一次谈话中，我就清楚地认识到：我们有责任不要毫无准备、毫无作为地去面对一次欧洲大战。罗曼·罗兰已经提前痛苦地磨砺了自己的灵魂，这让他能够在关键时刻在道德上胜出任何人。我们也在自己的范围内做力所能及的事情。我已经翻译了很多作品，让人注意到邻邦的诗人；我在1912年陪同维尔哈伦走遍德国，做旅行演讲。维尔哈伦的德国之行变成了象征性的德法关系和睦宣言。在汉堡，维尔哈伦与戴默尔当众拥抱：他们分别是法国和德国最伟大的抒情诗人。我替赖因哈德争取到了维尔哈伦的一部新剧本。我们之间的合作从来没有比那个时候更诚挚、更深入、更令人兴奋。有时候在兴奋之中，我们会飘飘然，以为我们已经让世界看到了什么是正确的拯救之路。但是，世界很少会在意这些文学上的宣言，它仍走在自己的险恶之路上。在那些看不见的摩擦这一电流中，总有火星迸发出来。察贝恩事件[1]、阿尔巴尼亚危机、蹩脚的答记者问：这些每次总是一个小火花，但是，每一个都有可能引爆那些已经堆积如山的爆炸材料。尤其是我们奥地利人更能感觉到，我们处于不安的核心地带。1910 年，皇帝弗朗茨·约瑟夫已过了八十大寿。这位早已成为象征的老人在位的时间不可能持续很久了，一种神秘的感觉开始在人们的情绪中蔓延开来：在他过世之后，千年王朝的解体进程似乎是无法遏止了。在帝国的内部，各民族之间对抗的压力在增加；在帝国外部，意大利、塞尔维亚、罗马尼亚，在一定程度上甚至德国都在等着瓜分帝国。在巴尔干战争中，德国克虏伯公司和法国的勒克勒佐的施奈德公司都在外国的"人肉材料"上试验自己的大炮产品，就如同后来德国人和意大利人在西班牙内战中试验他们的飞机一样。巴尔干战争让我们越来越多地陷入

1　察贝恩（德语 Zabern，法语 Saverne）是今天法国阿尔萨斯地区的一座小城。普法战争以后，普鲁士在此地驻军。1913 年，普鲁士士兵与当地一个法国平民发生争执，引发当地人大规模抗议，普鲁士军方采取了过激的军事手段引发冲突。

湍流当中。人们总是惶恐不安，又总是能长舒一口气："这次还没有。但愿永远不会发生！"

以往的经验都会告诉我们，重构一个时代的事实要比重构那个时代的精神氛围容易千倍。它们没有写在官方的事件纪录当中，而更多的是写在细小的个人插曲当中。这是我现在要插入的。说实话，当时我没有相信会发生战争。但是，有两次我却在清醒中看到了战争的影子，这让我的灵魂大为震颤。第一次便是在"雷德尔事件"发生时，这一事件正如历史上所有重要的背景插曲一样少为人知。

我和这位错综复杂间谍戏里的主人公雷德尔上校只是点头之交。我们住在同一城区，只隔着一条小街。有一次，我的朋友检察官 T 在一家咖啡馆里把我引荐给他，当时这位面容和蔼、会享受生活的先生正在咖啡馆里抽雪茄。从那以后，我们见面就彼此打招呼。但是直到后来我才发现，我们在生活中为多少秘密所包围着，我们对那些近在咫尺的人的了解有多么少。这位上校外表上与一名普通奥地利军官并无差别，是皇储的亲信：他被委以重任，掌管军队的秘密情报局，并负责破获敌方的谍报机构。1912 年，在巴尔干危机期间，俄国和奥地利都在进行针锋相对的部队调遣。现在终于真相大白，奥地利军队最为重要的秘密军情即"进攻计划"被卖给了俄国人。如果是在战争状态中，这肯定会引发一场史无前例的灾难，因为俄国人提前了解到了奥地利军队的每一个行动步骤和节奏。这一背叛在总参谋部引起的恐慌是不言而喻的。雷德尔上校作为最高层的专业人士面临着去找到叛徒的任务，按理说这个叛徒只能出在最小的高层圈子里。外交部对军事部门的能力并不完全信任，这也是典型的各部门之间出于嫉妒而彼此针锋相对的做法，它在没有知会总参谋部的情况下，也展开了独立调查。外交部授命警察局在完成这一任务时除了采取其他措施，还要对所有来自国外的信件进行检查，根本不要理会保护信函秘密的规矩。

有一天，一家邮局收到从俄国边境站波特沃罗奇斯卡（Podwoloczyska）寄来的一封留局待领信，其地址是"歌剧晚会"邮箱。邮局打开了信封，里面没有信纸，只有六张或者八张一千奥地利克朗的钞票。这个可疑的发现马上就被报告给警察局了。警察局马上派出一名侦探到邮局窗口，只要有人来领取这封信件，就要将其立即逮捕。

有那么一刻，这出悲剧开始转向维也纳式闲适剧。中午时分，来了一位先生要求取走那封标有"歌剧晚会"信箱的信。邮局窗口的职员马上偷偷地给侦探发出了报警信号，可是侦探正好出去与人小酌。等到他回来时，只好面对这样的情况：那位陌生的先生已经乘坐一辆出租马车离去，方向不确定。马上，维也纳喜剧的第二幕就开始上演了。在当时，出租马车是非常时尚体面的双驾马车，车夫们觉得自己地位之高，是用不着亲手来擦洗车辆的。因此，在每一个停车的地方，都有一位所谓的"水工"，他的任务便是饮马擦车。所幸这位"水工"记住了刚走的那辆马车的车号。一刻钟以后，所有的警察局都接到指令，该出租马车已经找到。马车夫还描写了那位先生的相貌，他去了"皇宫"咖啡馆，那也是我总能碰到雷德尔先生的地方。碰巧的是，在出租马车里还找到一把小刀，那位陌生人就是用这把小刀打开信封的。侦探马上赶到了"皇宫"咖啡馆。他所描述的那位先生现在已经离开了。不过，侍者非常肯定地说，这人肯定就是他们的老主顾雷德尔上校，他刚刚回克罗姆塞尔旅馆（Hotel Klomser）去了。

侦探目瞪口呆。秘密被揭开了。雷德尔上校，奥地利军队的最高情报长官，同时也是被俄国参谋总部收买的间谍。他不光出卖了各种机密和进军计划，现在人们也一下子豁然开朗了，为什么近年来由他派出的奥地利间谍在俄国不断地被逮捕、被判刑。一阵狂乱的电话联系开始了，最后电话终于打到了奥地利军队总参谋长弗朗茨·康拉德·冯·赫岑道尔夫（Franz Conrad von Hötzendorf）那里。一位曾经目击这一场景的当事人向我讲述说，他在听了几个词以后，脸惨白得如同餐桌桌布一样。电话也打进皇宫，一次又一次地磋商。现在怎么办？警察方面已经采取了防范措施，雷德尔上校无法逃跑了。当他想再离开克罗姆塞尔旅馆，吩咐看门人一件事情时，侦探不动声色地向他走过来，拿出他的小刀客气地问道："上校先生没有把这把小刀忘在出租马车里吗？"在这一刻，雷德尔知道自己败露了。不管他去哪里，都能看到熟悉的秘密警察的脸孔，他们在监视他。当他再回到旅馆时，两位军官跟在他身后，随他进入了房间，将一把左轮手枪放在桌子上。在这期间，宫廷里已经决定要以最不引人注意的方式来了结奥地利军队中如此不光彩的事件。直到夜里两点，两位军官在克罗姆塞尔旅馆雷德尔房间的门前走来走去。然后，从里面传来了一声枪响。

第二天，各家晚报上登载了简短的讣告，哀悼这位突然去世、功绩不凡的军官雷德尔上校。但是，整个的追捕过程中有太多人卷入，所以这个秘密无法被严守。人们一点一点地获知一些细节，从心理学的角度许多问题可以得到解释。雷德尔上校有同性恋倾向，他的上司和同事对此一无所知，多年来他便落入敲诈勒索者的手中，最终将他逼向这条绝望的逃亡之路。整个军队都震惊了。大家都知道，在发生战争时，他一个人的行为就能断送成千上万人的生命，奥地利王朝将因他而陷入崩溃的边缘。只是到了这个时候我们在奥地利才明白，过去的若干年里，世界战争离我们如此之近，近到我们都能听到它的呼吸。

那是我第一次感到战争的阴影如鲠骨在喉。碰巧第二天我遇见了贝尔塔·冯·苏特纳（Bertha von Suttner），我们这个时代最有勇气的、了不起的卡珊德拉。她是出身社会最高层的贵族，早年在波希米亚的家族宅邸附近看见过 1866 年战争带来的惨状。她带着像南丁格尔（Florence Nightingale）一样的激情，认为自己终其一生只有一个使命：要阻止第二次战争，阻止任何战争。她写作了长篇小说《放下武器》，获得了世界性的声誉；她组织了无数次的和平集会；她人生中的最大胜利是，唤醒了炸药的发明者阿尔弗雷德·诺贝尔的良知，为了对他的炸药造成的灾难进行补偿，设立了旨在推进和平及国际理解的诺贝尔奖。她情绪激动地向我走来，平时说话那么平静、那么祥和的她在大街上就大声地喊："人们不明白正在发生什么。这已经是战争，他们又一次把什么都在我们面前掩藏起来，不让我们知道。为什么你们什么也不做，你们这些年轻人？这跟你们尤其有关！你们要反抗，你们要团结起来！别总是让我们几个老太太做这些，没有人听我们说什么。"我告诉她自己要去巴黎，也许真的可以尝试发表一个共同宣言。"为什么只是'也许'？"她催促着说，"现在比以往任何时候都糟糕，机器已经开动了。"我自己也感到不安，颇费周折才让她平静下来。

恰好是在法国，我经历的第二个个人插曲让我想到，这位在维也纳没有太被人当一回事儿的老太太是多么有远见地看到了未来。这是一个非常小的插曲，但是对我来说尤其印象深刻。我在1914年的春天与一位女性朋友一起去都兰（Touraine）几天，凭吊达·芬奇的墓地。我们沿着风和日丽的卢瓦河岸漫步，到了晚上真心感到疲乏，于是我们决定到没有太多热闹的城市图尔（Tours）——以前我去那里瞻仰过巴尔扎克的故居——去看电影。

那是一家小小的郊区电影院，与那些由铬和闪光玻璃装潢起来的新时代豪华设施不可同日而语。那里只有一个改建的大厅，里面都是小人物，有工人、士兵、市场上的女小贩，他们是一群真正的老百姓，无拘无束地闲聊着，尽管电影院里禁止吸烟，他们还是向污浊的空气里再吐出斯卡费拉蒂（Scaferlati）牌和卡波拉尔（Caporal）牌散装烟的蓝色烟雾。银幕上首先放映的是"世界新闻"：英国的划船比赛，人们在说说笑笑；然后是法国的军队检阅，这时人们仍然没有太在意；然后是第三个画面：德国威廉皇帝在维也纳拜会弗朗茨·约瑟夫皇帝。我一下子就在银幕上看到了自己相当熟悉的丑陋的维也纳西站的站台，上面站着几个警察，正在等待一辆列车。然后是一个信号：年迈的皇帝弗朗茨·约瑟夫沿着仪仗队走过，去迎接他的客人。银幕上出现的老皇帝，已经有些驼背，沿着仪仗行列走过时步伐也有些不稳，图尔人对这位白胡子老先生还是发出了不无善意的笑声。接下来画面上有一辆火车开进来，第一节、第二节、第三节车厢。包厢的门打开了，威廉二世皇帝走出来：八字胡高高地上翘，身着奥地利的将军制服。

就在威廉二世在画面中出现的这一时刻，这个昏暗的空间中突然临时爆发出一片疯狂的口哨声、跺脚声。大家都在大喊、吹口哨，女人、男人和孩子都在咒骂，好像有人侮辱了他们本人似的。这些性情愉悦的图尔人，对政治和世界的了解超不出当地报纸上写的内容，但是在那一秒钟却变得如此不可思议。我感到不寒而栗，直到心底，因为我能感觉到，通过这么多年的仇恨宣传，这种毒害已经多么深地进入人们的内心：甚至在一座外省的小城市，并非恶人的市民和士兵已经被鼓噪得那么仇恨皇帝、仇恨德国，哪怕一个在银幕上快速闪过的画面都能引起这样的爆发。那不过是一秒钟，就一秒钟。当另外的画面出现时，一切都被忘记了。人们现在看着喜剧电影开怀大笑，高兴地用手拍打着膝盖，发出声响。那只不过是一秒钟，但是这一秒钟让我看到，在严肃的危机四伏的时刻要想煽动起民众多么容易，哪怕有那么多致力于民族理解的尝试，哪怕我们自己也在为此努力。

整个晚上我心情沉重。我无法入睡。如果这发生在巴黎，我也同样会感到不安，但是不会这么震撼。仇恨已经传播到外省，侵蚀到善良而天真的百姓，这让我感到战栗。在接下来的几天，我将这个插曲讲述给朋友们。他们人多没有太当一回事儿："我们法国人当初多么嘲笑肥胖的维多利亚女王，两年以后，我们和英国结盟。你不了解法国人，他们对政治不深入考虑。"只有罗曼·罗兰不这么看。"民众越天真,就越容易去左右他们。自从庞加莱[1]当选以来,情况就不好。他的彼得堡之行,不会是一场愉快的旅行。"关于那个夏天将在维也纳召开的国际社会党代表大会,我们也谈了好长时间,罗曼·罗兰对此的态度也比别人有更多的怀疑。"一旦部队动员令贴出来,还能有多少人扛得住,谁知道呢?我们已经进入了一个大众敏感、大众歇斯底里的时代,这在战争中产生的暴力是无法预见的。"

可是,我在前面已经说过,这种担忧的时刻飞快过去,就如同蜘蛛网在风中消失一样快速。我们虽然时不时地想到战争,但是并不比想到死亡的时候多——二者都有发生的可能,但是也许会在很遥远的将来。在那些日子,巴黎太美,我们自己太年轻、太幸福。我今天还记得儒勒·罗曼想出来的迷人的恶作剧:为了挪揄"诗人王子"(prince de poetes)这一称号,我们故意推举出一位"思想者王子"(prince des penseurs),一位老实巴交、头脑有些简单的男人,他让大学生隆重地将自己领到"先贤祠"中罗丹的那幅雕像作品前。[2]晚上,我们像一群中学生一样在诙谐讽刺的宴会上大吵大闹。那正是树上花开的季节,轻盈的空气中有甜甜的味道。面对如此多的欢乐,谁还愿意去想那些难以想象的事情?朋友间的友谊比以往更加深厚,而且是在异国——

1　雷蒙·庞加莱(Raymond Poincaré,1860—1934),法国政治家,1912—1913年担任法国外交部长和总理,1913—1920年担任法兰西第三共和国总统。他在1914年前往俄国访问。著名的数学家、法兰西院士昂利·庞加莱是其堂兄。

2　罗丹的经典性雕塑名作《思想者》自1906年起进入"先贤祠"。

在一个"敌对的"国家——赢得了新朋友；城市比以往任何时候都更无忧无虑；人们因为自己的无忧无虑而热爱这座城市的无忧无虑。我在最后的几天里陪同维尔哈伦去了鲁昂，他在那里有一场演讲。我们夜里站在大教堂前，教堂的尖顶在月光下泛着迷人的闪光：这样纤柔的奇迹，应该属于某一个"祖国"吗？它难道不应该属于我们所有人？我们在鲁昂的火车站告别，就在那同样的地方，两年以后他被自己歌颂过的机器碾得粉身碎骨。[1] 他拥抱我。"8月1号，在我的卡佑基比克见！"我答应他，因为我每年都去他的这个庄园拜访他，和他一起一字一句地翻译他的新诗。为什么今年就不这样做呢？我不带任何忧虑地与其他朋友告别，与巴黎告别，那是漫不经心的、没有伤感的告别，就像一个人要离开自己的家几个星期那样。接下来的几个月，我的计划很明确。现在要回到奥地利，避居在乡下什么地方，让关于陀思妥耶夫斯基的写作有所进展（五年以后这本书才得以出版），这样我就完成了《三大师传》，我要通过这本书让读者看到三个伟大国度里各自最伟大的小说家。然后，去维尔哈伦那里。也许，冬天我就可以完成所计划已久的俄国之行，去组建一个致力于思想沟通的小组。三十二岁这一年，在我目力所及的范围，一切都显得那么平坦和光明。在这个阳光明媚的夏天，世界显得如此美丽而又富有意义，正如一枚珍贵的果实。我热爱这个世界，因为它的当下，因为它更出彩的未来。

1　1916年11月，维尔哈伦在鲁昂火车站遭遇交通事故，他在试图登上一辆已经开动的火车时，不幸跌落，被火车碾压身亡。

可是，1914 年 6 月 28 日，萨拉热窝发出了一声枪响。在这枪声中，那个我们曾经在其中受教育、成长和栖身的充满安全感和创造理性的世界，正如一只空陶罐一样被击得粉碎。

　　　　　　　　　　　　昨日的世界：一个欧洲人的回忆

九 1914年大战伊始时刻

即便没有那场席卷欧洲大地的灾难，1914年的夏天也仍然令人难以忘怀。我很少经历过如此这般的夏天，比以往的任何夏天都美丽、繁盛，我几乎想说，更是夏天。连续多日，天空像蓝色的丝绸一般舒展，空气柔软而温热；草地暖暖地散发着幽香；树林郁郁葱葱，到处都是新绿。至今，当我一说出"夏天"这个词，还会情不自禁地想起那一年的灿烂七月天。那些日子，我是在维也纳附近的小城巴登（Baden）度过的。贝多芬就喜欢将这里选为夏居之地。我之所以避居到这座富有浪漫气息的小镇，就是想将这一整月全身心投入工作中。这个夏天余下的时间，我打算去那位尊敬的朋友维尔哈伦在比利时的乡下别墅。在巴登，不必离开小城就可以看到赏心悦目的自然风光。那美丽的、起伏的森林，神不知鬼不觉地进入"毕得迈雅风格"[1]的低矮房屋

1　"毕得迈雅风格"（Biedermeierstil）指的是在1815—1848年间出现的市民阶层的文化和艺术，其基本主旨是强调小市民的生活舒适，体现为对大自然的理想化以及对家庭生活的重视，在文学、音乐、戏剧建筑、家具、室内装饰、服饰等方面形成一套独特的风格。在民居建筑方面，以典雅和外形朴素为特征。维也纳附近的巴登是哈布斯堡皇室的消夏之地，是"毕得迈雅风格"建筑的重镇。

之间，这些房子还保留着贝多芬时代的简朴和优雅。人们到处都可以坐在露天咖啡馆和餐厅，与那些兴高采烈的疗养客待在一起，在疗养公园里参加花车庆典，或者去寻幽于寂寞的小径，完全出于自己的喜乐兴趣。

6月29日是圣人"彼得和保罗纪念日"，这一天在信奉天主教的奥地利从来都是节假日。在头一天晚上，已经有很多游客从维也纳来到巴登。人们穿着浅色的夏天服装，高兴地、无忧无虑地聚集在疗养公园来听音乐。那天真是让人感到舒适愉快，栗树上方的天空一片辽阔，了无云朵，真是一个让人感到幸福的日子。大人和孩子马上就要放假了，他们已经觉得这首个仲夏节日已经为整个夏天做出了预言：舒适的空气，满眼绿色，让人能够忘掉平日所有的忧虑。我坐在疗养公园中远离熙熙攘攘的人群的地方读书，今天我还知道当时自己读的是什么书：梅列日科夫斯基（Mereschkowskij）的《托尔斯泰与陀思妥耶夫斯基》。我读得专注入神。不过，树间的风声、鸟的鸣啾和疗养公园里的音乐还是能同时进入我的意识当中。我能清楚地听到旋律，同时还能一点儿也不受打扰，因为我们耳朵的适应能力如此之强，一种持续的声音、一条轰鸣的大街、一条潺潺水流的小溪在几分钟以后就完全融入我们的意识当中。反倒是只有出其不意的节奏上的停顿，才会让我们竖起耳朵来。

当演奏当中音乐戛然而止时，我也就不由自主地停住了阅读。当时乐队演奏的是什么曲目，我已经不记得了。只是感觉音乐一下子就停住了，我本能地将目光从书本上抬起来。人群原本差不多如一个流动的浅色块在树间徜徉，现在似乎也有所改变。他们也都突然之间停在自己的动作上。一定是发生了什么事。我站起身来，看见乐师们正在离开演出场地音乐亭子。这也很奇怪，因为这里的音乐会一般都有一个小时或者更长时间。这种突如其来的中断，一定有什么原因。我走近一些才注意到，人们在音乐亭子前面东一伙儿、西一伙儿地聚在一起，个个神色紧张，挤着看一条刚刚贴出来的告示。几分钟以后我知道了，那是一份急电：弗朗茨·斐迪南王储陛下及其夫人在前往波斯尼亚检阅军队的途中，遭遇政治谋杀殒命。

　　知道这一刺杀消息的人越来越多，人们一个接一个地在传递这意想不到的消息。但是，请允许我诚实地说出真实情形：从人们的脸上看不到特别的震惊或者痛苦，因为王储一点儿也不招人待见。我还记得在我很小时，当皇帝唯一的儿子即皇太子鲁道夫（Rudolf）某一天在马耶尔林宫（Mayerling）被发现遭到枪杀时的情形。当时全城人都悲恸万分，大街上人多得不可思议，人们蜂拥着争相看一眼灵柩，竞相表达对皇帝的同情，对这桩不幸所感到的震骇。这是皇帝唯一的儿子和继承人，人们把他看成哈布斯堡皇室里最进步的人，在为人方面最招人喜欢，最值得期待，却不幸英年离去。弗朗茨·斐迪南的情况正好相反：他正好缺少那种要想在奥地利真正讨人喜欢所需要的无比重要的特质：个性化的人格魅力以及待人处事的方式。我经常在剧院里观察他。他坐在自己的包厢里，身躯魁梧，目光冰冷而僵硬，一次也不向观众投出友好的一瞥，或者用真心的掌声来给演员以鼓励。人们从来也看不到他笑，没有哪张照片上能看到他有放松的姿势。他不懂音乐，不懂幽默，他的王妃看人的目光也同样那么不友好。在他们两个人的周围，空气像铁一样生冷。人们知道，他们没有朋友；人们也知道，老皇帝从心里恨他，因为他有王储想上位的那种急不可耐，又不知道策略地将其掩盖起来。我几乎都有一种神秘的预感：这位粗脖子、有着冰冷而僵硬目光的人，早晚会出什么事。有这种预感的不光是我一个人，有这种想法的人遍及全国。因此，他被谋杀的消息没有带来很深的同情。两个小时以后，在人们身上已经看不到有深重悲哀的迹象了。人们又开始有说有笑，到晚上餐馆里又开始演奏音乐了。在这一天，很多奥地利人会静静地松一口气：皇位继承人这个位置终于给备受人们喜爱的年轻的卡尔公爵让出来了。

第二天，各家报纸理所当然都刊登了详细的讣告，也恰如其分地表达了对刺杀事件的愤怒。但是，没有任何迹象表明，这个事件会引发针对塞尔维亚的政治行动。让皇室感到头疼的是这一死亡带来的另外一种忧虑，那便是葬礼仪式。以弗朗茨·斐迪南的王储身份，尤其是他在为皇室履行公务之时遇害身亡，按理说他理所当然地应该在皇室墓地（Kapuzinergruft），也就是哈布斯堡家族的传统陵园获得一席之地。但是，弗朗茨·斐迪南生前与皇室进行过长时间愤怒的抗争之后终于与一位肖台克女伯爵（Gräfin Chotek）结婚。她也出身于高级贵族之门，但是按照哈布斯堡家族几百年的秘密家法，她与王储并不门户相当。在重大仪式场合，其他大公王妃都要求自己的待遇要优于这位其子女没有皇位继承权的皇储妃。即便面对死者，宫廷的傲慢也不会有丝毫退让的。怎么？一位肖台克女伯爵入葬哈布斯堡皇室墓地？不可以，这绝对不可以发生！于是，大肆的计谋活动开始了。女大公们川流不息地去老皇帝那里说项。一方面普通百姓被要求公开地表示深切的悲痛；另一方面，宫廷里却在上演一场激烈的敌意较量。像通常的情况一样，死人反正是没处去说理的。典礼官编造出一种说法：死者生前曾经表达的愿望是，让自己在奥地利外省的一个小地方阿尔茨台腾（Artstetten）入土为安。以这样一个假装尊重死者遗愿的借口，公开的遗体告别、出殡等一切仪式以及所有相关的尊卑之争也就都悄悄地压下来了。两位谋杀遇害者的灵柩被静静地运往阿尔茨台腾，并在那里得到安葬。永远爱看热闹的维也纳原本把这也当成一个大好机会，现在已经开始忘记这个悲剧性事件。毕竟，维也纳人经历过伊丽莎白皇后和鲁道夫皇太子的暴力惨死，以及皇室成员的各种丑闻，已经习惯了这样的想法：老皇帝会孤独而不可撼动地经受住发生在家庭中的种种磨难。再过几个星期，弗朗茨·斐迪南这个名字和形象就将会永远从历史中消失。

但是，大约一个星期以后，报纸上突然开始争论起来。与此同时，争论的调门越来越高，让人感到这一切绝非偶然。塞尔维亚政府被指责曾默许谋杀行为，而且这种指责差不多也算明确表示：奥地利不能对刺杀如此深受爱戴的皇储伉俪的事件就此善罢甘休。人们不由自主地会产生这样的印象：某个公众行动正在紧锣密鼓地准备着，但是没有人想到战争。无论银行、商店，还是私人生活，都没有改变自己的轨道。这种同塞尔维亚无休止的争吵，跟我有什么关系呢？我们都知道，说到底争吵的就是几个由塞尔维亚生猪出口而牵出来的贸易合同。我准备出发去比利时的维尔哈伦那里，箱子已经装好，我的工作进展顺利，躺在棺材里的皇储跟我的生活有什么相干呢？还从来没有过这么美的夏天，接下来的日子还会更美：我们全都无忧无虑地张望着世界。我还记得，在巴登的最后一天，我和一位朋友去葡萄园散步，一位种葡萄的老农对我们说："像这样的夏天，我们很久没有过了。要是一直这样，我们的葡萄酒可要好过任何年份。人们会记住这个夏天的！"

可是，这位穿蓝色酒窖工装的老头不知道，他说出来的是多么残酷的千真万确之语。

在奥斯坦德（Ostende）附近的海滨小浴场勒科（Le Coq），也到处充满那种无忧无虑的气氛。每年夏天，我在去维尔哈伦的乡间小别墅以前，都在这里待上两个星期。享受度假乐趣的人们有的躺在沙滩上的彩色凉篷下，有的在海里游泳。孩子们在放风筝，年轻人在咖啡馆前的平台上跳舞。来自不同国度的人在这里和平相处，能听到很多人在讲德语，毗邻的德国莱茵兰地区的游客每年夏天都到比利时海滩来度假。打扰人们休闲的唯一因素是报童：为了更好地兜售报纸，他们大声喊着巴黎报纸上吓人的标题：《奥地利向俄国挑衅》《德国在准备战争动员》。我们可以看到，买报纸时人们脸上的表情怏怏不乐，但总是持续不了几分钟。多年来我们都知道，这些外交上的冲突总是在局势变得严峻前的最后一分钟还能够幸运地得到解决。为什么这次就不能呢？半个小时以后，就能看到这些一度心情沉重的人又已经兴高采烈地在水里扑腾了。风筝在空中飘升，海鸥在天上盘旋，太阳仿佛在含笑，给这和平的大地送来光明和温暖。

可是，坏消息越来越多，危险性越来越大。先是奥地利向塞尔维亚发出最后通牒，接下来是塞尔维亚方面支吾搪塞的答复；奥地利皇帝和德国皇帝之间电报频仍，此后便是几乎无法掩盖的军事动员。我差不多没法还待在这个狭小偏僻的地方，我每天乘有轨电车去奥斯坦德，以便得到更多的消息。消息越来越糟糕。人们还能在海里游泳，旅馆仍然是满的，为消暑而来的客人们仍然在海滨平台上散步、说说笑笑。但是，突然之间有新东西加入其中。比利时的士兵突然出现了，平时他们是从来不到沙滩上来的。机枪放在狗拉的小车上——这是比利时军队的奇特之处。

当时我正和几位比利时朋友一起坐在咖啡馆里，有一位年轻的画家，还有诗人费尔南·克罗默林克（Fernand Crommelynck，1886—1970）。我们下午去拜访了詹姆斯·恩索尔（James Ensor，1860—1949），比利时最伟大的现代画家，一个非常特殊、离群索居、内向的人。他为自己给军乐队写的几个糟糕的波尔卡和华尔兹短舞曲产生的骄傲感，要远远超过对自己的油画作品——那些作品有着了不起的构想和斑斓的色彩。他让我们看了他的作品，这原本是他不太情愿的。一想到有人会买下他的画，就让他感到别扭而压抑。这些朋友告诉我说，他的梦想是能将这些画高价卖出去，同时他又可以保留它们，因为他对于钱和对于自己的每一幅作品的贪恋程度相同。每次当他不得不交出一幅画时，总会有那么几天陷入绝望当中。这位天才的贪财鬼的种种乖僻举动，让我们感到开心愉快。这时有一队士兵带着用狗拉着的机枪从我们前面走过，我们当中有一个人站起来去抚摸狗，这让陪行的军官特别生气，他担心允许人们对一件作战物品表示出喜爱之情会损害军事机构的尊严。"这样愚蠢地走来走去是要干什么？"我们当中的一位小声嘀咕。但是，另外一位马上激动地回答说："必须未雨绸缪。就是说，在战争情况下，如果德国人从我们这里突破的话。""绝不可能！"我带着真诚的信心说，因为在那个旧世界人们还相信条约的神圣性。"就算发生了什么事，法国和德国打到只剩下最后一个人了，你们也还可以安安稳稳地坐着！"然而，我们那位悲观主义者朋友也不让步。他说，如果在比利时有这样的军事安排，那就一定事出有因。早在几年以前，就有传闻说截获了德国参谋总部的一份秘密计划：尽管有各种承诺条约，一旦进攻法国的话，德国就会从比利时突破。但是，我也没有让步。我觉得这简直荒谬透顶，一方面让成千上万的德国人悠闲愉快地享受着这个小小的中立国的地主之谊，另一方面却要在边境上驻扎严阵以待的军队。"无稽之谈！"我说，"如果德国军队进入比利时的话，你们可以把我吊在这个路灯杆上！"我今天还得感谢这些朋友，他们没有真按照我的话去做。

但是，形势危急的 7 月最后几天接踵而至，每小时都会有一个跟其他消息相矛盾的新消息：威廉皇帝给沙皇的电报，沙皇给威廉皇帝的电报，奥地利对塞尔维亚宣战，饶勒斯被谋杀。人们能感觉到，情势变得严重起来了。一道恐惧的冷风一下子就把海滩扫得空空荡荡。数以千计的人离开旅馆，涌向火车站，甚至连最不相信坏事会发生的人也开始加速收拾旅行箱。我刚一听到奥地利向塞尔维亚宣战的消息，就马上买了一张离开这里的火车票。那真算是赶上了末班车，因为那列从奥斯坦德开出的快车已经是从比利时开往德国的最后一趟火车了。我们站在过道里，非常紧张不安，大家都在互相说话。没有人愿意安静地坐下或者读书，每到一站都有人冲出车厢去打听新消息，心存一份秘密的希望：总会有那么一只决绝的手，还能将这已经脱缰的命运再拽回来。人们还不相信会有战争，也不相信比利时会被入侵。人们无法相信，因为他们不想相信这种发了疯的笑话。火车渐渐离边境线近了，我们进入了韦尔维耶（Verviers）车站，比利时的边境站。德国列车员上来，十分钟以后，我们就应该在德国境内了。

但是，列车在驶向德国境内第一站赫尔倍施塔尔（Herbesthal）的中途，突然在没有车站的地方停住了。我们挤到车厢过道处，向窗外望去。发生了什么事？在黑暗中，我们看到一列火车迎面开过来，敞篷的车厢，上面盖着帆布，我觉得我认出了帆布下面吓人的大炮形状。我的心脏都停止跳动了。这一定是德国军队向前线开拔。但是，也许这只是一种保护措施，无非是以战争动员做恐吓手段，而不是战争动员本身。我这样安慰自己。人总是在身处危险的时刻，意志还会再生出希望，巨大的希望。终于有了"通行"的信号，车轮又向前滚动，进入赫尔倍施塔尔车站。我一步跳下车门的台阶，打算买一份报纸，看一看最新消息。但是，火车站被军队接管了。我正准备进入候车室，一位白胡子铁路职员站在关着的门前神情严厉地说：谁也不许进入火车站。但是，从那被小心遮挡起来的门玻璃之后，我已经听到了军刀轻微的碰击声，以及枪托触地的声音。毫无疑问，可怕的事情已经开始：德国违背所有国际法，进攻比利时。我浑身战栗地登上了列车，火车继续行驶，开往奥地利。现在再没有什么可怀疑的了：我在驶向战争。

第二天早晨到了奥地利！每个车站上都贴着告示，宣布了全面的战争动员。火车上挤满了刚入伍的新兵，彩旗飞舞，音乐声震耳欲聋。在维也纳，我发现整座城市陷入一种沉醉状态。最初对这场战争的惊骇，转变成了一种突如其来的兴奋。这是一场没有人想要的战争，民众不要，政府也不要，外交官们本来在以此玩弄手段、虚张声势，却没想到失手而弄假成真。维也纳大街上组成了各种队伍，突然之间到处都是彩旗、彩带和音乐。年轻的新兵在志得意满地行进着，他们面容灿烂，因为人群在向他们欢呼致意，这群日常生活中的小人物，平时是没有人会注意到他们对他们欢呼致意的。

实话实说，我必须承认，在这种大众最初的情绪爆发中也存在一些了不起的、令人神往甚至有诱惑力的东西，这是一些很不容易摆脱的东西。尽管我痛恨和厌恶战争，但还是不会在自己的生活中抹掉对那一天的回忆：成千上万的人还从来没有像那天那样，感觉到他们是属于一起的，这种感觉在和平时期他们原本能更好地感觉到的。一座两百万人口的城市，一个五千万人口的国家，在那一时刻他们感觉到自己正在共同经历世界历史，正在共同经历一个再不会重现的时刻，每个人都感觉受到了召唤，将渺小的"我"融入沸腾的大众当中，清除一切自私杂念。在这短暂的时刻，奔涌的兄弟般感觉淹没了一切因为地位、语言、阶级、宗教而造成的差异。大街上，素不相识的人在攀谈；多年来彼此回避的人，在互相握手：到处都是生机盎然的面孔。每一个单独的人，都在经历一种"我"的提升：他不再是先前那个孤立的个人，他被融入大众当中，他变成了"人民"，他作为个人，平时根本不被看重的个人，获得了一种意义。一位邮局小职员，平时就是从早到晚分拣信件，从星期一到星期六不停地分信而已；抄写员、鞋匠在他们的生活中突然有了另外一种可能性，浪漫的可能性：他可以成为英雄，妇女们已经在向每一位穿上军装的人致意，那些留在后方的人已经提前用"英雄"这个浪漫的名字充满敬意地向他们致意。他们认可那自己并不了解的权力，而这权力将他们从日常生活中拎出来。在这过于兴奋的最初时刻，纵然是母亲的悲伤、妻子的恐惧都羞于自然地流露出来。也许在这种狂热中，还有一种更深、更神秘的力量在起作用。那种惊涛骇浪如此凶猛、如此突然地向人类袭来，它表面上泛着泡沫，它将人形动物身上那些昏暗的、无意识的原驱动和本能推到上面来。这种诉求，就是被弗洛伊德深刻地称为"对文明之厌恶"的大发作：人们要有那么一次契机，去冲破市民社会的法律法条，让最原始的嗜血本能尽情放纵。与这种狂热掺和到一起的，也许还有另外一些黑暗力量：献祭的欢娱和酒精，冒险的乐趣和纯然轻信，旗帜与爱国主义言辞的巫术魅力。有那么短短的一刻，这种无法想象的，几乎用言词无法描述的千百万人的如醉如痴，给我们这个时代最大的罪行以一种狂野的几乎是摧枯拉朽般的推动力。

今天这些只见过第二次世界大战爆发的年轻一代也许会问：为什么我们没有经历过这种情形？为什么1939年的大众没有像

1914年那样兴奋？为什么他们只是严肃而决绝、沉默而听天由命地听从指使？这次的战争和上次的不一样吗？按说我们现在的这场战争还是为了更神圣、更高级的目标，这是一场争夺理念的战争，而不仅仅是为了国境线或者殖民地？

答案很简单：因为在我们1939年的世界上，已经不像1914年那样有那么多幼稚天真的轻信。当时的民众还不假思索地相信他们尊奉的权威，在奥地利没有人会想到：在并非万不得已的情况下，最受尊崇的一国之父弗朗茨·约瑟夫皇帝还会在自己八十四岁的高龄向他的子民发出战斗号召；在没有邪恶、狡猾、凶残的敌人威胁着帝国的和平之时，他还会要求子民做出流血牺牲。德国人也都读到了皇帝写给俄国沙皇尽力争取和平的电报。人们对"上层人物"、部长们、外交官们以及他们的判断和诚实怀有极大尊敬，这一想法还占据着普通人的头脑。如果有战争发生，那一定是违背了本国政治首脑的意愿；他们自己不可能有责任，整个国家没有人有哪怕一丁点儿的责任。肯定是在敌对方的国家里，这些犯罪之人，这些战争的推动者。人们拿起武器，这是自卫，针对那些有坏蛋行径的卑鄙敌人，因为他们无端地侵入和平的奥地利和德国。1939年，几乎在欧洲所有国家，人们这种近乎宗教般对本国政府的诚实或者至少对本国政府能力的信任已经消失了。自从看到他们在凡尔赛如何出卖了长久和平的可能性，人们开始鄙视外交手段。各民族还都清楚地记得，这些政客在解除军备、废止秘密外交方面是怎样无耻地欺骗了自己。从根本上说，在1939年，人们不再对任何一个国家的首脑存有尊重，不会满怀信任地将自己的命运交到他们当中任何一位的手中。一位最不起眼的法国筑路工人会讥诮达拉第；在英国，自从慕尼黑会议——"为了我们时代的和平！"——以来，人们就完全不再相信张伯伦的深谋远虑；在意大利、德国，民众满是恐惧地看着墨索里尼和希特勒：他又要把我们驱赶到哪里去？当然，人们不能抗拒，这关涉到祖国，于是士兵们拿起了武器，于是妇女们让自己的孩子出征。但是，从前那种不可撼动的信念"牺牲是不可避免的"已经没有了。人们服从，但是不再欢呼；人们走上前线，但不再梦想成为英雄。整个民族以及单个个体都已经感觉到，他们不过是牺牲品而已，坑害他们的要么是人世的、政治上的愚蠢，要么是难以理喻的、险恶的命运之力。

可是在1914年，在几乎半个世纪的和平之后，大众对战争哪里知道些什么呢！他们不了解战争，几乎从来没有想到过战争。那是一个传说，正因为战争的遥远，这又让它变成英雄的、浪漫的。他们仍然透过教科书或者美术馆里的绘画作品来看待战争：军服光鲜的骑兵进攻令人眼花缭乱，致命一枪打中了勇敢者的心脏，整个军队开拔就是一场无往不胜的凯歌进军。"圣诞节我们就回来了！"1914年8月的入伍新兵笑着对他们的母亲喊道。谁在乡村和城市里还能回忆起"真正的"战争？最多还有那么几位老人参加过1866年反对普鲁士的战争，而当初的敌人这次成了同盟者。那是一个多么速战速决、不那么血腥、年代久远的战争！整个出击就三个星期，没有很多牺牲就结束了，也就是喘口气的功夫！一次踏入浪漫之地的快速郊游，一次充满阳刚之气的狂野冒险：在一些头脑简单的男人的想象中，1914

年的战争就被描绘成这样的画面，年轻人甚至诚心诚意地不愿意错过生活中这令人激动的美好场景。他们因此激动不已地挤向募兵站的旗帜，在将自己的血肉之躯送往战壕的火车上欢呼、唱歌。整个帝国的血管里都涌动着这狂野的、燃烧的血流。1939年的这一代已经知道什么是战争。他们不再抱有幻想。他们知道，战争不是浪漫的，而是野蛮的；他们知道，战争会一年年持续下去，那是一段任何代价都无法补偿的生活；他们知道，向敌人发起冲锋时不会佩戴橡叶勋章，身披彩色绶带，而是在战壕或者营地里度过几个星期，身上长满虱子，渴得半死；他们知道，还没有见到敌人时，就可能被远处发射的枪炮打得碎尸万段。人们从报纸上、电影里提前知道那些新型魔鬼技术的灭绝手段：巨型坦克会将所到之处的伤员碾成肉酱，飞机会将尚在床上的妇女儿童炸得血肉横飞。人们知道，1939年的一场世界战争由于那没有灵魂的机械化，会比人类历史上此前的任何战争更邪恶、更野蛮、更无人性。1939年的这一代人当中，没有人会相信战争有上帝所愿的正义性；更为糟糕的是，人们也不相信他们为之战斗的和平会有正义性和长久性。人们还能很清楚地记起上次战争带来的一切失望：战争带来的是悲苦而不是富裕，是怨艾而不是满足，是饥馑、通货膨胀、革命、公民自由的丧失、个人成为国家的奴隶、一种让人神经崩溃的不安全感、人和人之间信任全无。

这带来了区别。在1939年的战争中参加战斗，有一种精神上的意义：这关乎自由，关乎去保存一种道德财富。为一种意义而抗争，这让人们变得坚强，变得矢志不移。在1914年的战争中，人们对战争的真实还一无所知，战争还服务于人们的痴心妄想，人们还梦想着一个更美好、更公正、更和平的世界。仅仅是妄想，而不是有所知，才让人们感到幸福。因此，当时的牺牲者们才沉醉着、欢呼着走向战壕，他们身上戴着花环，钢盔上戴有橡叶徽记，大街上人声鼎沸、灯火辉煌，如同过节一般。

我自己之所以没有陷入这种突如其来的爱国主义狂热当中，绝不是因为我头脑特别冷静或者能明察秋毫，那完全是因为我到那时为止的生活方式。两天以前我还在"敌对国"，因此我完全确信无疑，比利时的大多数民众与我们自己的国人同样热爱和平，同样对战争一无所知。我在世界主义的理念当中生活了太长时间，无法在一夜之间突然开始憎恨另外那个世界，那也是我的世界，就如同我的祖国一样。我多年以来就对政治有着不信任，而且正好是最近几年在与我的法国朋友、意大利朋友的无数次谈话中，讨论可能发生战争是多么非理性的事情。所以，我在一定程度上注射过不信任疫苗来预防爱国主义狂热。我对这场战争之初的高烧发作有所准备，但仍然下定决心：不要让自己"欧洲有必要统一"这一信念因为一场兄弟间的争端发生动摇，而导致这场争端的是拙劣的外交官和残忍的军火工业巨头。

在内心里，我从一开始就肯定要做一位世界公民。但是，作为一个国家的公民，找到一个正确的立场并不容易。尽管我才三十二岁，不过暂时还没有服兵役的责任，因为我在所有的服役检查中都被认为不合格，当时我已经为此感到真心高兴。首先，这种被拒绝让我节省了一年愚蠢的服兵役时间；再说，在20世纪还去学如何使用杀人武器，我认为那是与时代相背离的事情。

带着我这般信念的人，正确的态度应该是在一场战争中宣布自己为"拒服兵役者"。这在奥地利（与在英国不同）会面临着最严重的惩罚，这的确要求一个人在灵魂上有受难者的坚定。可是，在我的天性中缺少这种英雄因素，我一点儿也不羞于公开承认这个缺陷。我的本性态度总是去回避一切危险情境，而且我为自己的犹豫不决而受到责备也不光是在这次——这次我受到指责也许是对的。在另外一个世纪里，当时的人们也经常指责一位我高度敬仰的大师鹿特丹的伊拉斯谟。不过，在这样的一个时刻里，作为一个还相对年轻的人一直等下去，等到自己被人从昏暗角落中挖出来扔到一个本不属于自己的位置上，那也是无法忍受的。于是，我一直在寻找某种不具有煽动性的事去做。我的一位朋友，一位在战争档案馆任职的高级军官，能让我受雇于那个机构。我的工作跟图书馆有关系，我的外语能力对工作有用，或者给某些要向公众发布的消息做些语言上的修改。当然，我也愿意承认这不是什么值得炫耀的工作，但是这似乎是很适合我个人特点的工作，远胜于去拿刺刀扎进俄国农民的肚肠。不过，对我来说有决定性意义的是，我在这个不很紧张的工作之后，还有时间从事另外一个工作。对我来说那是这场战争中最重要的工作：致力于未来的相互理解。

比对官方保持一种合适态度更难的，是在我自己的朋友圈子中保持一种合适的态度。我们作家大多没怎么受过欧洲的教育，完全在德意志视野中生活，他们认为自己能做的最佳之举，便是去加强民众的兴奋，用诗歌形式的呼吁或者学术性理念去给所谓的战争之美奠定基础。几乎所有的德国作家，尤其是霍普特曼和戴默尔，都认为自己有责任，如同古代日耳曼的说唱诗人一样，用诗歌和鲁内文符号来激发那些冲锋陷阵的斗士对死亡的兴奋之情。令人震惊的是，在铺天盖地的诗歌中到处用"战争"（Krieg）与"胜利"（Sieg）、"困境"（Not）与"死亡"（Tod）来构成韵脚。作家们隆重地发誓，再也不愿意跟一个法国人、一个英国人有同一个文化共同体。更糟糕的是，他们竟然在一夜之间就否认英国文化或者法国文化曾经存在过。面对德意志的本质、德意志的艺术和德意志的生活方式，英法都变得微不足道或者毫无价值。学者们的鼓动更为登峰造极。突然之间，好像哲学家们除了将战争解释为一场"百炼成钢"，能有效地让民众的力量免于变得僵硬，就没有其他智慧可谈了。和学者站在一起的还有医生，他们把假肢吹嘘得天花乱坠，让人恨不得都有兴趣把自己的一条腿截下来，以便用这种人造的支架来代替自己健康的腿。各教派的牧师也不甘落后，一起加入这场大合唱当中。有时候，你会感觉到是在听一群走火入魔的人群魔乱舞。同样是这伙人，在一个星期、一个月以前，还让你敬仰他们身上的理性、建设性的力量、人性的态度。

但是，这种疯狂中最令人震撼的是，这些人绝大多数是真诚的。大多数人，由于岁数太大或者身体条件不符合要求，无法参加军队的活动，诚恳地认为自己有责任做一些辅助性"工作"。他们以前所创作的东西，让他们愧对这一语言，因而也愧对"人民"。所以，他们现在要通过语言来为"人民"效力，让他们能听到想听到的内容：在这场战争中，正义只在他们这边，非正义完全在敌人那一边；德国会取得胜利，敌人会惨败。他们完全没有想到，这是在背叛诗人的真正使命：诗人是人类普遍人性的守护者、保卫者。当最初的兴奋烟消云散之后，他们有些人肯定能在舌尖上感觉到自己言辞里那恶心的苦味。但是，在最初的几个月里，人们听到最多的是评价哪个人鼓噪得最狂野，他们就这样在疯狂大合唱中唱着、喊着。

在这种真诚而荒唐的狂热中，我觉得最典型、最令人震撼的事例，无过于恩斯特·利骚（Ernst Lissauer，1882—1937）。我跟他很熟悉。他创作一些短小精练、有棱有角的诗歌，是我能想起来的性情最愉快的人。我今天还能回忆起来，他第一次来我这里时，我不得不紧闭双唇，才能藏住笑。在读了他那些洗练的德语诗歌，那些特别追求简洁的诗歌以后，我不由得将这位年轻的抒情诗人想象成一个身材细长、瘦骨嶙峋的形象。可是，走进我房间的是一个摇摇晃晃、身材像桶一样粗的人，双下颌上是一张愉快的脸，一位胖乎乎的矮个子，因为兴奋和自我感觉良好而滔滔不绝，说话磕磕绊绊，完全沉湎在诗歌当中，没有什么力量能让他停住，他总是一次一次地重复引用自己的诗歌。尽管有这一切的可笑之处，人们还是不由得喜欢他，因为他热心，对同伴讲义气、诚实，对艺术有一种几乎魔鬼般的献身热情。

他出身德国一个殷实的家庭，在柏林著名的腓特烈—威廉人文中学受过教育，他也许是我所认识的最普鲁士式的犹太人，或者说是被普鲁士同化程度最强的犹太人。除了德语，他不会讲任何一种活语言，也从来没有去过德国以外的任何地方。德国就是他的全部世界，对他来说，什么东西越是德国的，便越能让他兴奋。约克[1]、马丁·路德、施泰因[2]是他心目中的英雄，德意志自由战争是他最喜欢的题目，巴赫是他的音乐上帝。尽管他的手指又短又粗，像海绵一样，却能将巴赫的曲子弹得出神入化。没有人比他更了解德国的抒情诗，没有人比他更热爱、更迷恋德语。像许多犹太人一样，他的家庭是后来才进入德国文化的，但是，他比任何一个最虔诚的德国人更相信德国。

战争一爆发，他是第一个急急赶往兵营，报名去当志愿兵的。我能想到，当这个胖子气喘吁吁地爬上楼梯时，那些上士和列兵会发笑的。他们立刻把他打发走了。利骚感到沮丧。正如许多其他人一样，他至少要用诗歌为德国效力。对他来说，德国报纸和德国陆军报告中的一切都是最可靠的真实。他相信自己的国家遭到了突然袭击，最坏的罪犯就是那个狡诈的英国外交大臣格雷爵士（Lord Grey），就如同柏林的"威廉大街"[3]刻意展示的那样。他在诗歌《憎恨英国之歌》中找到了表达"英国是反对德国、引发战争的罪魁祸首"这种感觉的方式，这首诗——我手头没有它的文本——以坚硬、简洁，令人印象深刻的诗句

---

1 约克（Ludwig Graf Yorck von Wartenburg，1759—1830），普鲁士陆军大元帅。在1813年抵抗拿破仑的自由战争中，他指挥的部队在易北河畔的瓦腾堡取得了具有重大战略意义的胜利。1814年，普鲁士国王给他颁发了大十字勋章，并授予冯·瓦腾堡伯爵的贵族称号。

2 施泰因（Heinrich Friedrich Karl Reichsfreiherr vom und zum Stein，1757—1831），普鲁士政治家和改革家。

3 "威廉大街"（Wilhelmstraße）是柏林中心的一条街道，普鲁士的许多政府机构坐落在那条大街上，在修辞上被用作"帝国政府"的同义词，直到1945年。

把对英国的仇恨挑拨成永久的誓言：再也不会原谅英国人的"罪行"。很快，这首诗就以其灾难性的方式表明，要想通过煽动仇恨来达到某种目的是多么容易（这个肥胖的、昏了头的矮个子犹太人还走在了希特勒的前面）。这首诗就如同一枚炸弹落进了弹药库。还从来没有一首诗，甚至《守卫莱茵河》，能如这首臭名昭著的《憎恨英国之歌》一样如此广泛地传播开来。德国皇帝非常高兴，授予利骚一枚红色的雄鹰勋章。所有报纸都转载这首诗；教师们在学校里读给孩子们听；军官们出现在前线，将这首诗朗读给士兵们，直到每个士兵都能把这仇恨经背得滚瓜烂熟。这还不算完呢。这首小诗被配上音乐，扩展成合唱，在剧院上演。不久，全德国七千万人口当中就再没有一个人不能从头到尾背诵这首《憎恨英国之歌》。再往后，全世界都知道这首诗，当然，人们的热情要小得多。一夜之间，恩斯特·利骚红得发紫，得到了一位诗人在这次战争中所能得到的一切。当然，这种烈焰般的荣誉，后来也如同涅索斯的衬衣[1]在他身上烧起来。战争刚一结束，商人又开始打算做生意，政治家开始真诚地希望达成理解。人们尽一切努力，否认这首诗，人们不要与英国形成永久性的敌对关系。为了推卸自身的责任，人们将那位可怜的"憎恨者利骚"指斥为唯一的罪人，要他一个人对这疯狂

---

1 "涅索斯衬衣"，意为带来灭顶之灾的礼物。故事来源于古代希腊神话：半人半马的涅索斯被大英雄赫拉克勒斯杀死，他的血中还有死亡之毒。赫拉克勒斯的妻子出于嫉妒让他穿上浸满涅索斯血液的衬衣，他感到浑身剧痛，也无法脱掉衬衣，最后在大火中被活活烧死。

的歇斯底里憎恨大发作负责，而 1914 年的真实情况是，每个人都从头到尾参与了。那些在 1914 年对他欢呼的人，1919 年都有意不再理睬他了。报纸不再发表他的诗作，在伙伴们当中他一露面，就会出现难堪的沉默。这位被遗弃的人，后来被希特勒从他全心牵挂的国家德国赶出，在被人遗忘中死去。[1] 他是那首诗悲剧性的牺牲者：那首诗将他高高捧起，以便将他更重地摔下。

他们当时都和利骚一样。我并不否认，这些当时突然变成了爱国者的作家、教授当时的感觉是真诚的，他们也在真诚地做事。但是，过了非常短的时间，人们就可以看出来，他们对战争的赞美之词和散播的仇恨带来了何等可怕的恶果。在 1914 年，所有参战国的民众反正都已经处于极度亢奋的状态。最恶毒的传闻立刻被信以为真，最荒谬的无稽之谈也有人相信。在德国，会有好几十人向人们发誓说，就在战争爆发前几天，他们用自己的眼睛看到了装满黄金的汽车从法国开向俄国。在每次战争开始三天之后就会出现的那些关于挖眼、剁手的童话，现在也登在报纸上。唉，这些毫不知情的、传播这些谎言的人根本不知道，那些将一切想得出来的暴行都加在敌对国士兵身上这种加罪于人的手段，同样也是战争消耗材料，正如子弹和飞机一

---

1 第一次世界大战以后，利骚作为抒情诗人已经无法得到文学界的认可。他开始尝试戏剧创作，尤其是关于历史人物的戏剧，但是其成就与从前不可同日而语。出于失望，他于 1924 年离开德国，移居维也纳。1936 年出版了带有自传性质的诗歌集《时代的转折》。1937 年 12 月利骚去世，尚在维也纳于 1938 年落入希特勒之手之前。茨威格所谓的利骚"被希特勒从德国赶出"的这一说法，有些牵强。

样，在每场战争里，这些材料也是从第一天开始就从仓库里取出来的。战争无法与理性和公正的感觉协作。战争需要过度感觉，为达到目的它需要过度的兴奋，为针对敌对者它需要仇恨。

不过，出于人的本性，强烈的感觉不能无限延长，无论是在个人身上还是在一个民族身上。军事组织对此也了如指掌。它需要人为的煽风点火，需要不断地给群情激奋以"兴奋剂"，这种快马加鞭的刺激工作应该由诗人、作家、记者这些知识分子来做，或者心安理得，或者良心不安，或者满腔真诚，或者出于专业的例行公事。他们已经敲响了仇恨之鼓，如此卖力，直到每一个尚未被说服的人耳朵轰鸣，心脏打战。无论是在德国还是在法国、意大利、俄国、比利时，几乎所有知识分子都听话地为"战争宣传"效力，从而去助长而不是去消灭大众狂热和大众仇恨。

后果是严重的。在当时，由于宣传在和平时期还没有被利用得声名狼藉，人们对印刷出来的内容还是信以为真，尽管他们已经有成千上万次的失望。于是，最初几天那种纯粹的、美好的、带有牺牲勇气的兴奋演变成最恶劣、最愚蠢感觉的扩散。在维也纳和柏林，在环城大道上和腓特烈大街上去消灭法国和英国，要比在战场上方便多了。商店里的法语和英语招牌必须消失，甚至有一个修道院"天使贞女"（Zu den Englischen Fräulein）的名字也必须改，因为那些愤怒的民众根本不知道，这里的englisch的含义是"天使"（die Engle），而不是盎格鲁—撒克逊。那些装腔作势的商人在信封上贴上或者盖上"上帝惩罚英国"的口号，社交界的妇女们发誓（写信给报纸）她们一辈子再也不会讲一句法语。在德国的舞台上，莎士比亚被禁演；莫扎特和瓦格纳被从法国和英国的音乐厅中驱逐出来；德国的教授们声称，但丁是日耳曼人；法国的教授们则声称，贝多芬是比利时人。人们不假思索地将精神财富从敌国运来，就如同粮食和矿砂一样。每天在前线上都有上千的和平公民互相残杀，但是这好像还不够似的。在战场的后方，他们还互相谩骂和中伤敌国中已经故去的、一言不发地躺在墓地里几百年的伟人们。这种精神错乱变得越来越荒唐。灶边的厨娘，哪怕她从来没有离开过自己的城市，哪怕自从学校毕业后再没打开过地图，现在都相信，如果没有"桑沙可"（波斯尼亚什么地方的一个小边境区），奥地利就无法生存下去；街头的马车夫们在争论，应该向法国要多少战争赔款，是五百亿还是一千亿，而他们根本不知道十亿是个什么样的概念。没有哪一座城市、哪一个社会阶层不陷入这种令人毛骨悚然的仇恨的歇斯底里当中。牧师从祭坛上布道这样的内容，社会民主党在一个月前还谴责军国主义为最大的犯罪，现在却比谁都鼓噪得响亮，为的是不要成为那种用威廉皇帝的话说"没有祖国的家伙"。那是一代对战争毫不知情的人所进行的战争，正是民众还有尚未被消耗殆尽的对自身单方面正义性的相信，这成了最大的危险。

在1914年战争之初的几个星期里，想与某个人进行一次理智的谈话，渐渐变得不可能了。那些最和平、脾气最好的人也变得杀气腾腾，好像醉酒了一般。那些我一直以为是坚定的个人主义者，甚至在精神上是无政府主义者的朋友，一夜之间都成了狂热的爱国主义者，而且从爱国主义者变成了贪得无厌的兼并主义者。每次谈话都以一些愚蠢的陈词滥调如"不会去恨的人，也就不会真正地去爱"或者某些无端怀疑而结束。多年来我都未同他们有过争吵的同伴，很粗鲁地指责我说，我已经不再是一位奥地利人，我应该到法国或者比利时那边去。对，他们还审慎地暗示我，按说类似"战争是罪行"这样的观点是应该向当局报告的，因为"无望主义者"——这个漂亮的词汇是刚刚在法国发明出来的——是针对祖国的最严重的罪行。

于是，我只剩下一条出路：在别人发烧、狂躁之时，回到自己的内心并保持沉默。这并不容易。即便是在流亡当中——我对此已经有足够的了解——的生活，也不如孤单地生活在自己的祖国里那么糟糕。在维也纳，我的老朋友们都和我疏远了，那也不是找新朋友的时候。只有同莱纳·马利亚·里尔克，有时候还有内心沟通的谈话。将他调到这个偏僻的战争档案馆的尝试办成了：由于他那过分敏感的神经，肮脏、气味、噪声都会引起他在身体上的恶心感觉，他肯定是一个最不适合当士兵的人。每次我想起他穿着军服的样子，就不由自主地发笑。有一天，有人敲我的门。一名士兵畏畏缩缩地站在那里。再看一眼，我吓坏了：莱纳·马利亚·里尔克穿着军服！他看起来笨拙的样子令人心动，衣领紧紧的，因为一个念头被搅扰得心神不宁：对每个军官他都得将靴子的后跟并拢表示致敬。他有一种着魔般的强迫症，对规定中任何毫无意义的程式都要模范地执行，所以始终处于一种张皇失措的状态。他轻声地对我说："我从上军校时就开始憎恨军服。我还以为自己永远逃脱了它。现在又穿上了，快四十的时候！"幸运的是，有愿意帮忙的人伸手来保护他，不久以后因为一项医学检查的结果，他被解除了兵役。他又来我这里一次，是来告别的，这次已经是平民的打扮。他走进我的房间，我甚至想说是如风一样飘进来的（他走路时动作之轻，总是难以形容的）。他说，他还要向我表示感谢，因为我曾经通过罗曼·罗兰设法把他在巴黎被没收的图书给救出来了。这是我第一次注意到，他已经显得不再年轻，好像想到那些残忍场景让他感到筋疲力尽。"去国外，"他说，"要是能去国外就好了！战争总是监狱。"然后，他就走了。现在，我又完全孤独了。

几个星期以后，我决定移居到郊区乡下的一个地方，避开这种危险的大规模群体心理变态，为的是在战争期间开始我个人的战争：与现时大众激情对理性的背叛作战。

十　争取精神上的同路人

退居乡下也于事无补，整个氛围让人感到压抑。也正因为如此我才意识到，在对方进行粗野的咒骂之时，仅有消极的做法，不去参与其事，这还不够。毕竟，一位作家拥有了词语，他同时也就有了在这个言论审查时代于许可的范围之内运用词语来表达自身信念的责任。我尝试着去做这些。我写了一篇标题为《致外国的朋友们》的文章，直言不讳地说出与那些鼓吹仇恨者截然不同的观点，对那些国外朋友发出呼吁：尽管我们目前没有可能保持联系，但是要彼此保持忠诚，以便日后能够在第一时间开始为重建欧洲文化而共同工作。我将这篇文章寄给一家读者最多的德国报纸。出乎意外的是，《柏林日报》不加删改地将全文刊登出来。只有一个句子"管他谁会获胜"成了报刊审查的牺牲品，因为当时不允许对德国将在世界大战中胜出这一点有哪怕再小的怀疑。不过，即便没有这个句子，这篇文章也给我招来若干来自超级爱国者们出离愤怒的信件，他们不能理解，为什么一个人在这样的时刻还是要和那些卑鄙下流的敌人为伍。这不会让我受到什么伤害。我一生中从来没有试图说服别人接受我的信念。对我来说，把我的信念表达出来，能够以看得见的方式将我的信念公之于众，这就足够了。

十四天以后，在我几乎都已将这篇文章完全忘记时，我发现一份贴着瑞士邮票、盖着检查章的信件，我从那熟悉的字迹上已经认出来这是罗曼·罗兰的信。他肯定是读到我的那篇文章了，因为他在信中写道："不，我永远不斩断和朋友的关系。"我立刻明白了，他这短短的几行字只是为了试探一下，是否有可能在战争期间与一位奥地利朋友保持通信联系。我马上给他回信。从那时开始，我们定期给对方写信，这种通信持续了二十五年之久，直到第二次世界大战——它比第一次世界大战还要血腥——将各国之间的联系彻底斩断。

这是我人生中巨大的幸福时刻之一：这封信就如一只雪白的鸽子，它来自那装满吼叫着、踢踏着、愤怒发作的动物的诺亚方舟。我不再感到孤独，终于又可以和有同样思想的人连在一起。罗曼·罗兰那超强的灵魂力量，让我感到自己变得更有力量，因为现在我知道，在国境线的那边，这位了不起的罗兰在守护着人性。他找到了一位诗人在如此情形下个人可以践行的唯一正确之路：不去参与摧毁和谋杀，而是以沃尔特·惠特曼为伟大榜样参加人道救援工作——惠特曼曾经在南北战争时期担任伤员护理的工作。罗曼·罗兰生活在瑞士，由于健康状况时好时坏，他被豁免了一切战地服务的义务，但是他马上去了日内瓦红十字会报到——在战争爆发之时，他住在日内瓦。他每天在拥挤不堪的房间里，做一件了不起的工作，我后来在一篇题为《欧洲之心》的文章中对这一工作公开致谢。在谋杀性质的战役开始后的几个星期里，各国之间的一切联系都中断了。在所有国家里，人们不知道自己的儿子、兄弟、父亲到底是阵亡了、失踪了，还是被俘了，他们也不知道应该去问谁，因为不能指望"敌人"会给出任何消息。在如此恐怖和残忍之时，红十字会承担起一项了不起的任务，至少让人们免于最痛苦的折磨：对自己心爱之人所遭受的命运没有确切的消息，那是如刑讯一般的折磨。红十字会将敌国战俘的信件带到他们的家乡。当然，这个组织才筹建了几十年，还不足以应对这么大规模的邮件转发，以及数以百万计的信件量。每天、每个小时都得增加前来帮助工作的志愿人员，因为对于那些在煎熬中等待消息的亲属来说，每一小时都长于百年。到1914年12月底时，每天到达那里的信件超过三万封，最后竟有一千二百人一起挤在日内瓦的拉特美术馆里来处理和答复每天汹涌而来的信件。在这群人当中，也有一位最具人道精神的诗人，他和志愿者们一起从事这项工作，而不是自私地去做自己的事情：这位诗人便是罗曼·罗兰。

但是，他也没有忘记自己的另外一种责任，那种应该大声说出自身信念的艺术家责任，哪怕这得面对来自自己国家的抵抗，甚至遇到来自整个战争地区的抵制。早在1914年的秋天，当大多数作家还在声嘶力竭地叫嚣仇恨、互相攻击和辱骂时，他却写出了那篇脍炙人口的自白文章《超脱于混战之上》，他要消除不同国家在精神上的憎恨，要求艺术家即便在战争状态下也要主持正义和人道。在当时，没有哪篇文章像这篇一样引发这么多不同的观点，让整个文学界分成两个部分：要么赞同，要么反对。

第一次世界大战与第二次世界大战还是有所区别：词语在当时还有力量。当时，舆论还没有被组织化的谎言，即所谓的"宣传"送往死亡之地，人们还听信那些写出来的词语，也在期待着这些词语的出现。在1939年，没有任何一个诗人的集会，无论是好的还是坏的，产生出哪怕最小的效果，直到今天也没有哪怕一本书、一个小册子、一篇文章、一首诗歌能够触动大众的内心，甚至能对他们的思想有所影响；在1914年，一首十四行的诗，如利骚的《憎恨英国之歌》或者那份愚蠢的《九十三位德国知识界人士的宣言》，以及与之站在对立面上的如罗曼·罗兰八页长的文章或者巴比塞（Henri Barbusse）的长篇小说《火线下》都能成为大事件。当时道义上的世界良心还没有像今天这样衰竭、枯干，对于任何公然的谎言，任何对国际法和人道的践踏，它都以几百年来聚集的信念力量竭尽全力做出反应。自从希特勒视谎言为理所当然、将反人道提升为法律以后，破坏法律的行为如德国入侵中立国比利时几乎不会受到严肃的谴责，而这在当时却激起全世界的愤怒。枪杀卡维尔（Edith Cavell）护士，使用鱼雷击沉"卢西塔尼亚"号客船等行为所引起的普遍性道德谴责，让德国遭到的重创要甚于一次失败的战役。那位诗人、法国作家在那个时代发声，并非完全于事无补，因为当时人们的耳朵和灵魂还没有被收音机里不间断的胡说八道的浪潮所淹没。正好相反：一位大诗人发表的即兴宣言要比政客们的正式讲话影响大上一千倍。人们知道，后者的讲话是战略上和政治上审时度势的结果，最多有一半的真实内容。那一代人还有着对诗人的无限信任，把他们看作是有着纯洁思想的最好公民，也正因为如此，他们后来如此失望。正因为军队和官方机构知道诗人有这样的威望，他们便将一切在道德上、思想上有声望的人都网罗在自己的动员机构下面：他们应该去声明、去见证、去证实、去发誓，一切非正义、一切邪恶都在另外一方，而所有的真理都在自己国家的一方。但是，在罗曼·罗兰这里，他们没有达到这个目的。他认为自己的任务不是去强化这种充满愤怒的、用一切煽动手段制造的过激氛围，而是要去净化它。

如果今天来读这八页的著名文章《超脱于混战之上》，也许人们不再能理解它的巨大效果。一个人如果还有着冷静而清醒的头脑就会发现，罗曼·罗兰所倡导的无非是最理所当然的简单道理。然而，他发出这些言辞的时代，正是一个大众精神疯狂的时代，这在今天几乎难以描述当时的情形。这文章一发表出来，法国的超级爱国者们就好像无意中抓到一块烧红的铁块。一夜之间，罗曼·罗兰遭到老朋友们的抵制，书店里不再敢把《约翰·克利斯朵夫》陈列出来，正好需要以仇恨来刺激士兵的军事当局已经在考虑采取某些措施来针对他。鼓吹这样观点的小册子一本接着一本地出来："在战争期间，爱国高于一切人道主义的价值。"像以往一样，这种叫喊只能证明，罗曼·罗兰的这一记重拳完全击中了要害。思想界人士在战争中应该保持这样的态度，对这一问题展开讨论已经无法阻挡，每个人都无可回避地要面对这一问题。

在回忆这些事情时，最让我感到遗憾的莫过于现在无法看到罗曼·罗兰在那些年写给我的信件。一想到它们可能在这场新的浩劫当中被毁掉或者丢失，我就感觉到一种责任的重负。

我那么热爱他的作品，也认为以后这些信件有可能成为从他那伟大的心灵和充满激情的理性中表达出来的最优美、最富有人性的作品。这些信件是他写给国境线对面的一位朋友，即官方意义上的"敌人"的，出自灵魂遭受同样痛苦所带来的无比震撼，出自无能为力的悲愤所具有的全部力量。在那个保持理性已经需要巨大的力量，仅仅做到不背叛自己的理念就已经需要超乎寻常的勇气的时代，也许它们是最能打动肺腑的道德文献。

过了不久，从我们的友谊书信往来中就产生出一个积极的建议：罗曼·罗兰建议，应该邀请各国思想界的重要人士来瑞士召开一个共同的会议，以便他们能形成一种统一的、更为得体的态度，甚至也许能在达成相互理解的意义上向全世界发出一份团结合作的呼吁。他从瑞士对法国和其他外国思想界人物发出邀请，而我则从奥地利与德语界那些本人没有公开参与仇恨宣传的诗人、作家和学者取得联系。我马上就着手去做。当时最重要、最有代表性的诗人便是盖尔哈特·霍普特曼。我没有直截了当地去问他，以避免他在做出接受或者拒绝的决定时为难。我给我们的共同朋友瓦尔特·拉特瑙写信，请他私下询问一下霍普特曼的意见。拉特瑙拒绝说，现在还没有到让思想界保持和平的时候，霍普特曼是否知道此事，我无从得知。这样一来，我的尝试就算是以失败而告终了，因为当时托马斯·曼站在另外一个阵营里，并且不久前在一篇关于腓特烈大帝的文章中，接受了德国权益的立场；里尔克呢，我知道他是站在我们这边的，但是他原则上不参与任何公开的和联合性质的活动；戴默尔这位曾经的社会主义者，在信件落款上带着幼稚的爱国主义自豪感，签名为

"戴默尔少尉";与霍夫曼斯塔尔和雅各布·瓦塞尔曼的私下交谈让我明白，不能指望他们会加入其中。在德语作家这边，几乎没有什么可以期待的，而罗曼·罗兰在法国遇到的情况也比我这里好不了多少。1914、1915 年，当时还为时太早，对于后方的人来说，战争还是太遥远的事情。我们孤立无援。

孤立，但也并非完全孤立。通过信件往来我们已经有所收获：无论在中立国还是在参战国，已经有那么十几个人和我们的想法是一致的。我们互相关注到对方的著作、文章、小册子，可以从中看到某一结晶点。新的因素在这结晶点上聚集，刚开始带着犹豫，随着时间的推移，沉重的压力让这种趋势增强。这种并非完全站在荒无人烟之地的感觉给我勇气，促使我更经常写些文章，通过回应和反响找到那些与我们有同样感觉的单枪匹马之士，或者那些尚且隐而未露之人。不管怎么说，我还可以在德国和奥地利的大报纸上发表文章，从而有一个非常重要的影响圈，也不用害怕当局部门常规性的阻挠，因为我从来不去涉及当下的政治问题。在自由主义的思想余韵之下，当时人们对文学人士还敬重有加。当我再读当时我悄悄地在广大读者当中传播的那些文章，不能不对奥地利军事当局官员的心胸大度表示敬意。在世界大战进行得热火朝天之时，我居然还能热烈地赞誉和平主义的创始人贝尔塔·冯·苏特纳这位将战争指责为罪中之罪的人，还可以在一家奥地利的报纸上详细介绍巴比塞的小说《火线下》。我们想在战争期间将一些不合时宜的观点传播到更大的范围内，当然我们也得找到一定的技巧。要想在奥地利展现战争的残酷、后方的冷漠，在介绍小说《火线下》

的文章里自然就有必要突出"法国"步兵所遭受的痛苦。但是，上百封来自奥地利前线的来信让我看到，我们自己的那些士兵也从中看到了自身的命运；或者，为了表达我们的信念，我们就采取了互相攻击的手段。比如，我的一位法国朋友在《法兰西信使报》批驳我的那篇《致外国的朋友们》，在装模作样的论辩中，他将我的全文一字不落地翻译出来、发表出来，成功地把它在法国散布开来，让那里的每个人都能读到（这也是本来的目的）。我们用这种方法互相打着信号灯，这些无非是一些回忆的标记。我们的目标读者那么默契地领会了我们的意图，从后来的一桩逸事中我看到了这一点。当意大利于 1915 年 5 月对它从前的盟友奥地利宣战时，我们这里掀起了一股仇恨的浪潮，一切跟意大利有关的事物都遭到咒骂。碰巧，一位"复兴时代"的年轻意大利人卡尔·波埃里奥（Carl Poerio）描写他与歌德见面的回忆录出版了，我就在这仇恨的嘶喊声中写了一篇题为《一位意大利人访问歌德》来表示，意大利原本和我们的文化是有着密切关联的。由于这本书的前言是出自克罗齐（Benedetto Croce）之手，我便趁机用几句话表达了对他的最高崇敬。在一个不许承认敌国的作家或者学者的时代，在奥地利发表对一位意大利人的钦敬之词，自然是在表达一种明确的抗议，国境线对面的那些人也领会了这一内涵。当时担任部长的克罗齐[1]后来给我讲述说，当时部里一位不懂德语的职员惊惶失措地告诉他说，在战争敌对国的一份大报上有针对他的内容（因为他无法

_____

1 贝内德托·克罗齐在 1920 / 1921 年才担任（教育部）部长。——德文版注释

想象有指名道姓却不是当作敌人这种可能）。克罗齐让人给他拿来了《新自由报》，他先是吃惊，然后就感到非常愉快，他没有从中看出有任何敌意。

我现在根本无意于去高估那些小小的、孤立的尝试。它们当然对事件的发生没有产生哪怕最微小的影响。但是，这些努力对我们自身还有一些素不相识的读者有所帮助。它们缓解了可怕的孤立和灵魂上的绝望：这便是20世纪真正有人之感觉的人在当时的处境。今天，在二十五年之后，同样的情形再度出现：面对超强势力，真正带着人之感觉的人如此无力，恐怕现在比以前更为糟糕。我当时已经完全知道，这种小小的抗议和小把戏无法将我内心真正的负担碾碎。慢慢地我有了要完成一部作品的计划：我不光要对个别情形发声，还要表达我对时代和民族、对灾难和战争的全部看法。

为了能够以文学的手段全面地描写战争，我还缺少最重要的东西：我还从来没有亲见过战争。我坐在这间办公室里快一年了。在看不见的远方，"本质性的东西"即战争的现实和残酷，正在时刻发生。我曾经有过若干机会去前线，几家大型报纸曾经三次找我为他们做随军报道。但是，每一种描写都会带着一种义务，要从正面的、爱国主义意义上来入手。我曾经对自己发誓，绝不写任何一个字来认可战争或者贬低其他民族。这一誓言我在1940年也坚守不渝。现在有了一个机会。1915年的春天，奥地利—德国的强大攻势在塔尔努夫（Tarnow）突破了俄国的防线，一举夺下加利西亚和波兰。战争档案馆要将俄国人在奥地利占领区发布的各种宣传品和告示的原件搜集到自己的图书馆当中，要赶在这些材料被撕下或者被销毁之前。馆长碰巧知道我有收藏方面的技能，就问我是否愿意去做这件事。我当然马上就同意了。于是，我有了一张通行证，可以乘坐任何一辆军车到任何我想去的地方，不隶属于任何特定部门，不直接听命于某个机构或者某个上司。于是，出现了一个最为特别的情况：我并非军官，只是一位名义上的上士，穿着没有特殊标记的军队制服。每次我出示机密证件时，都会引起人们特别的尊敬，因为前线的军人和文职官员以为我肯定是微服私访的参谋部军官或者有其他秘密使命在身。我也不住军官室，只在旅馆下榻，所以我还能得到一种便利，那便是可以置身于庞大的战争机器之外，可以在没有"向导"的指点下看到我想看到的东西。

　　收集宣传海报这一本职任务对我来说不是太难。每到一座加利西亚的城市——塔尔努夫、德罗戈贝奇、伦贝格——火车站总有那么几个被称为"掮客"的犹太人，这个职业就是帮人们弄到想要的东西。我只需跟一个这样的万能人物说，我想要俄国占领军的宣传告示。这位掮客便像鼬鼠一样敏捷行动，以神秘的方式将这一任务分派给不同的"下线"。三个小时以后，我自己一步未出，已经把材料搜集齐备。正因为有这种出色的搜集渠道，我有很多时间去多走多看，我也的确看到了很多。首先看到的，是那些平民可怕的悲惨处境，在他们的眼睛上还能看到他们遭遇的残忍，如同影子一样。我也看到了犹太人聚居区人们的悲惨生活，这是我从来不曾知道的：他们八个人或者十个人一起住在一间平房或者地下室里。我第一次看到"敌人"。在塔尔努夫，我遇到了押解首批俄国战俘的情形。他们坐在一块围起来的四方形空地上，抽着烟，说着话，被二三十位年纪较大，大多数胡子拉碴的蒂罗尔省（奥地利南部阿尔卑斯山地区的一个省份）的"护卫军"（Landsturm）[1]看守着，这些人也和战俘差不多一样破衣烂衫、不修边幅，跟我们在家里画报上所见的那些体面讲究、头光脸净、身着崭新制服的士兵完全不可同日而语。不过，这种看守战俘一点儿也没有那些你死我活的、苛酷的特征。战俘们根本没有人们平常所设想的那种逃跑企图，而奥地利的护卫军士兵也没有要严格看管的愿望。他们和战俘们像战友一样坐在一起，恰好是语言的不通，让双方觉得特别好玩儿。他们互相递烟，向对方微笑。一位蒂罗尔的士兵正从又旧又脏的皮夹子中拿出他妻子和孩子的照片给"敌人们"看，"敌人们"一个一个地欣赏照片，用手指打着手势来问孩子是三岁还是四岁。我不由自主地有这样的感觉：这些底层的、简单的人对于战争的感觉比我们那些大学教授和作家要正确得多：那是一种降临到他们头上的不幸，他们对此束手无策；那些也被卷入这一厄运当中的人，都像是同病相怜的兄弟一样。这一认识给我安慰，伴随着我的整个行程，穿过那些遭受过炮击的城市和被抢劫一空的店铺：家具像残碎的肢体和被掏出来的内脏一样躺在街道的中央。那些位于战场之间、庄稼长势良好的田野又让我希望，在几年以内这些破坏都将会消失。我自然也没有估算到，

---

1 在奥地利军事组织中，各省的"护卫军"行使保卫职责，成员包括所有符合服兵役条件的男人。在1915年意大利对奥地利宣战之后，包括蒂罗尔等一些省份的"护卫军"也被调往前线。

正如战争的痕迹在地球上快速消失一样，对残酷战争的回忆也同样迅速地从人们的记忆中销声匿迹。

战争的真正残忍我在最初的几天还没有遇到：它的面目超出了我做出的最坏的设想。由于常规的客车基本上已经没有了，有一次我乘坐了敞篷炮车，另外一次则乘坐了平时运送动物的列车。在这样的车厢里，极度疲乏的人横七竖八地睡在浓烈的恶臭中，正在被送往屠场，哪怕他们跟已经被宰杀的动物非常相似。但是，最可怕的还是运送伤兵的列车，我曾经不得不乘坐过两三次。这与我们在战争之初在画报上看到的那些公爵夫人和维也纳社交界名媛淑女当护士的军医救护车有多么不同！那些是明亮雪白、擦洗得干干净净的车厢，而我在这里看到的却是普通的货车车厢，没有真正的窗户，只有一个窄窄的通风口，里面是靠满是烟垢的油灯来照明的。最为简陋的担架一个挨一个并排立着，每个上面都躺着呻吟着的汗水淋淋的像死人一样惨白的人，他们在充满排泄物和碘酒的污浊气味中，拼命地吸着气。卫生员与其说是走路，不如说是在摇晃，他们已经筋疲力尽。在哪里都见不到照片上那些雪白耀眼的床上用品。伤员们盖着已经浸透了血的毯子，躺在麦草上或者硬硬的担架上；在这样的车厢里，两三个死者躺在这群正在死去或者正在呻吟的人当中。我跟一位医生谈话，他坦承自己不过是匈牙利一个小村子里的牙科医生，已经很多年没有做过手术了。他感到绝望。他告诉我说，他已经提前给七个车站拍了电报，要吗啡。但是，全都用光了，他没有药棉，也没有干净的绷带，而离到达布达佩斯的医院还有二十个小时的车程。他请求我帮助他，因为他手下的人已经疲倦得支撑不下去。我尽力去做，笨手笨脚的我至少可以让自己派上用场，在每个车站下车去拎上来几桶水。水质非常糟糕，而且很脏，那原本只是给机车加水用的，现在却成了甘泉：至少可以让人稍微擦洗一下，将滴在地上的血迹抹掉。除此以外，还有一个困难：不同民族的士兵都被扔进这个向前滚动的棺材当中，语言不通又给这些士兵带来人际沟通上的困难。医生和护理员都不懂罗塞尼亚语[1]和克罗地亚语。唯一一位能帮上点儿忙的，是一位白发苍苍的老神父。他也倒出自己的抱怨，说他没法行使自己的神圣职责，因为他没有油来做临终涂油仪式，正如医生没有吗啡来给伤员止痛一样。他一辈子经手"送走"的人都不如最近这一个月里那么多。我在他那里听到的一句话，是我再也不能忘记的，那是用坚硬的、愤怒的声音说出来的："我已经六十七岁了，看到过很多东西。可是，我还一直以为这种人类罪行是无法想象的。"

我返程时乘坐的那趟伤员列车于清晨到达布达佩斯。我马上去了宾馆，为的是好好睡上一觉。在那趟车上，唯一的座位是我的箱子。我累坏了，一直睡到十一点，然后赶快穿上衣服去吃早饭。刚走出几步，我就一直有必须揉眼睛的感觉，证实一下自己是不是在做梦。那也是一个阳光灿烂的日子，早上还是春天，到正午时已经如夏天一般，布达佩斯从来没有过那么

1　从语言学的角度上，罗塞尼亚语属于斯拉夫语族东斯拉夫语支下面的一种语言。奥匈帝国里通行的做法是，将皇室在东斯拉夫地区的臣民尤其是乌克兰人称为"罗塞尼亚人"，他们的语言称为"罗塞尼亚语"。

美丽、那么无忧无虑。女人身着白色的连衣裙与军官挽臂而行，我突然觉得这些军官与我昨天、前天刚刚见到的军官肯定不属于同一个军队。我的衣服上、口中、鼻子里还带着伤员运输车上的碘酒味，看着军官们去买紫罗兰，在女士前殷勤奉上；看着无可挑剔的汽车载着修饰和穿着无可挑剔的先生们在大街上驶过。所有这些，离前线只有八九个小时火车快车的路程！但是，谁有权利去指责他们？他们在生活，在努力为自己的生活感到高兴，这难道不是最理所当然的吗？也许正是出于感觉到一切都受到威胁，他们才享受一切尚且能够享受的东西：几件好衣服，最后的几个美好时刻！正是因为人们看到，人是一种多么脆弱、多么易于遭到毁灭的生物，一枚小小的铅丸便能在千分之一秒以内夺走一个生命，带走这生命的全部回忆、认知和狂喜，人们才能理解，在这样明媚的上午会有几千人来到这波光粼粼的河畔，享受阳光，让自己以更强的力量感觉到自己的血液、自己的生命。对于那一开始让我感到震撼不适的景象，我几乎要感到释然了。不巧的是，那位殷勤的餐厅侍者给我送来一份维也纳的报纸。我翻开报纸读起来，这才让我感到真正的愤怒，让我感到恶心。上面全是一些关于"不屈的胜利意志"这种说法，我们自己的军队损失很少，敌军损失很大。这战争的谎言，赤裸裸地、声势浩大地、恬不知耻地在我的面前跳来跳去！不，那些散步者、休闲者、无忧者没有过错，唯独那些用语言来煽动战争的人才有罪。但是，如果我们不能对他们反击的话，我们也一样有罪。

这才给了我真正的推动力：必须反抗战争！我已经有了素

材，只是还缺少最后这一能让我的直觉得到确认的形象性画面。我认出了自己要与之搏斗的对手：那种虚伪的英雄主义，它宁可先把别人送入痛苦和死亡当中；那种毫无良心的预言家所持有的廉价乐观主义，这些人来自政界和军界，他们侈谈辉煌的胜利，延长战场上的厮杀；还有他们身后被租借来的唱诗班，所有这些"战争的鼓吹手"——韦尔弗尔曾经用这样的词汇在他优美的诗歌中斥责这些人。谁表示出疑虑，便妨碍了他们的爱国生意；谁发出警告，就被嘲笑为悲观主义者；谁要消灭战争，他们就把谁标记为叛徒，而他们自己在战争中却会毫发无伤。贯穿所有的时代，同样的无稽之谈总是一再出现：谨慎者被看作胆怯，有人性者被当成软弱。但是，在他们轻率地招来灾难降临的时刻，他们自己也不知所措。同样的愚蠢总是再度出现，卡珊德拉在特洛伊、耶利米在耶路撒冷受到嘲笑。在面对与他们处境相似的目前时刻，我对于这两个形象身上体现出来的悲剧性和伟大之处的理解，比以往任何时刻都更为深刻。从一开始我就不相信所谓的"胜利"，我知道只有一件事是确定无疑的：纵使能够在付出无尽的牺牲之后得到胜利，那也不足以成为牺牲的借口。我发出这样的提醒，在朋友当中总是处于孤立状态。人们在打响第一枪之前就发出了乱糟糟的庆祝胜利的喊叫，在第一场战役之前已经开始分赃，这让我感到怀疑，到底是众人睿智我独痴，还是众人皆醉我独醒。所以，将自身的、一个"无望主义者"——这个词是人们新发明出来，用来将"通向失败的意志"归咎在致力于谅解的人身上——的悲剧性处境以戏剧的形式描述出来，这也是理所当然之事。我选择了一位徒然的警告者耶米利这一形象作为象征。但是，我根本不要写成一个"和平主义"的剧本，用词语和韵文来说出人所共知的真话:和平好于战争。相反，我要表现出来的是，那位在群情激昂时遭到蔑视的软弱者、畏惧者，是唯一一位能忍受失败并能战胜失败的人。从我的第一个剧本《忒耳西忒斯》开始，我一直都在重新思考"战败者灵魂上的优势"这一问题。总能促使我去写作的因素是，我要让人看到：有一种权力形式会在一个人身上导致内心坚硬和灵魂麻木，全体民众都认为正是这种权力决定了每一个胜利；与之构成对立的，是那种失败所带来的翻搅性的让灵魂遭受痛苦和可怕蹂躏的权力。在战争尚在进行之时，当别人还在过早地、洋洋得意地互相证实胜券在握之时，我已经将自己扔到灾难的最深渊，并寻找走出来的途径。

我选择了《圣经》中的一个主题，在无意识当中碰触到血统或者在传统上悄悄地形成的犹太人命运共同体，迄今为止在我这里一直没有派上用场。这个民族，我的民族，不正是一次又一次地被所有民族战胜，但是由于一种神秘的力量，就是那种通过意志来转化失败的力量，才使他们一直存留下来，超出那些曾经战胜过他们的民族吗？我们的先知，永远被追逐、被驱赶的人，他们不是已经预先知道，今天我们又像秕糠一样被撒在大街上，不正是他们没有认可对暴力的屈服，甚至将遭受暴力的命运赞美为通向上帝之路吗？磨难并非总能让所有人或者单个人从中获益，但是在写作这个剧本期间我感觉有幸在磨难中获得裨益，这是第一本我自己认可的书。今天我知道，如果我当初没有在战争期间带着同情和预感遭受痛苦，我还会是战前的那位作家，"舒缓的"——如人们在乐评中使用的词汇——但是永远也不会直达内心的最深处被抓住，有所理解、有所触动。现在我第一次有了这样的感觉，同时是在为自己也为这个时代发声。在我试图去帮助别人时，同时帮助了自己：这是我在《鹿特丹的伊拉斯谟》之外最关涉自身的、最为自己而作的作品，后者完成于希特勒统治之下的1934年，源于类似的危机。从我开始写作的那一刻起，这个时代的悲剧给我带来的痛苦不再那么严重了。

我丝毫没有想到这部作品能带来引人注目的成功。由于这里面涉及很多问题，如先知问题、和平主义的问题、犹太人的问题，由于结束场景采取了合唱的形式——要提升为被战胜者献给命运的赞歌，这部作品的篇幅要远远超过一般剧本的篇幅，要想真正上演，需要连续两场或者三场的时间。况且，当报纸每天都在叫嚣"胜利，或者沉沦！"之时，一出宣告失败甚至颂扬失败的戏剧怎么能出现在德国的舞台上呢。要是这本书被允许出版，我就只得称之为奇迹了；即便是在最糟糕的情况下，连这也做不到，它也至少帮助我自己度过最困难的日子。我把那些在与人们谈话中不得不保持沉默的内容，全部写入诗的对话当中。我把压在自己灵魂上的重负甩了出去，又找回了自己；在我对这个时代无法认可之时，我找到了对自己的认可。

十一　在欧洲的心脏

当我的悲剧作品《耶利米》在1917年复活节时以书的形式出版时，我经历了一场意想不到的情形。我在写作这部作品时，内心深处有与这个时代最为强烈的抵制，因而也必须等待着它会遭到强烈抵制。但是，实际的情形正好相反。两万册很快销售一空，对于剧本来说，这是一个不可思议的数字。公开褒扬这个剧作的人，不光有罗曼·罗兰这样的朋友，也有那些先前站在另外一面的人，如拉特瑙和戴默尔。剧院的院长们——我根本没有将书寄给他们，因为反正在战争期间不可能上演——主动给我写信，请求我给他们保留在和平时期首演此剧的权利。甚至那些主张战争的对立者，也显示出了礼貌和尊重。我什么都想到了，就是没想到这一点。

　　到底发生了什么？无非是战争已经持续了两年半，时间带来了残忍的清醒。经过战场上可怕的喋血，对战争的狂热高烧开始降温。人们现在用更为冷静、更为坚硬的目光去直视战争的面孔，与充满兴奋之情的最初几个月完全不同。那种同仇敌忾的感觉开始松动，因为人们看不到一丝一毫所谓的"道德精神上的净化"，这是哲学家和诗人、作家曾经大肆标榜的。一道深深的裂缝出现在这个民族当中，这个国家一下子成为两个不同的世界：前方是士兵，他们在打仗，在经受着最为残忍的困苦；后方是留在家里的那些人，他们继续无忧无虑地生活，去剧院看歌舞表演，甚至还乘人之难而敛财。前方和后方形成的反差越来越分明。官场腐坏，拉关系走后门，形成了一个关系网络。人们知道，有了金钱和得力的关系，就可以得到获利丰厚的物品；与此同时，那些已经濒于毙命的农民或者工人却一而再再而三地被驱赶到战壕里去。只要有可能，每个人都在无所顾忌地为自己谋利益。由于那些无耻的倒卖，生活必需品变得一天贵于一天，食品变得越来越少。在大众悲苦这惨雾萦绕的沼泽地之上，发战争财者那令人炫目的奢侈仿佛闪烁不定的"鬼火"一般。在民众当中，开始出现深深的不满：不再相信货币，其贬值越来越厉害；不相信将军、军官和外交官；对政府和总参谋部发布的任何一项公告都不相信，不相信报纸和新闻，不相信战争本身及其必要性。并非我的那部剧作本身所具有的文学上的成就，让它获得了这意外的成功。我只是说出了别人不敢公开说出来的话：对战争的痛恨，对胜利的不信任。

　　然而，在舞台上以活的语言将这种气氛表达出来，似乎是不可能的。演出肯定会遭到抗议的，于是我必须放弃在战争期间看到反对战争的诗剧能够首演。这时，我突然收到苏黎世城市话剧院院长的一封信，他想马上将我的《耶利米》搬上舞台，并邀请我去参加首演。我竟然都忘记了，还有那么一小块无比珍贵的讲德语的土地——在第二次世界大战中也是如此——还得到了可以置身事外的上帝恩赐，一个民主国家，在那里言论仍然自由，思想还没有成为一潭浑水。我当然马上就同意了。

我的同意当然也只能是原则上的，因为前提是我能获得许可，被允许离开我的工作岗位和本国一段时间。幸运的是，当时每个参战国都有一个称为"文化宣传处"的机构——在第二次世界大战中，根本就没有设立这个部门。我觉得有必要再明确指出一下，第一次世界大战时的氛围与第二次世界大战时有所不同。值得一提的是，当时的各国首脑、皇帝、国王还都是在仁爱的传统中长大的，他们在无意识当中还因为战争感到羞愧。他们一个接一个反驳别人对他们"军事主义"的指责，说这是卑鄙的诽谤。相反，他们要争相去表示、去证明、去解释、去展现自己是"文明国家"。在1914年，他们在世界面前要装作将"文化"置于"暴力"之上的样子，他们会鄙视和排斥诸如"神圣的利己主义""生存空间"这样的口号，他们最迫切期待的莫过于被认可本国在精神方面有世界性的贡献。在所有中立国，到处都是各种艺术演出，令人眼花缭乱。德国派出由具有世界性声誉的著名指挥家带领的交响乐团去瑞士、荷兰、瑞典演出，维也纳也派出了它的爱乐乐团。甚至诗人、作家和学者也被派出去，并非要让他们去表彰军事行动，或者去赞美兼并的趋势，而仅仅是通过他们的诗句和作品来证明德意志人不是"野蛮人"，他们不光能生产燃烧弹或者优质的毒气，也产出为欧洲所认可的完美价值。我还要再强调一下，在1914—1918年，"世界的良心"还是一种被各国争夺的力量：在战争中，一个国家在艺术创造上、道德上的因素还代表着一种被看作有深远影响的力量；国家还在努力争得人们的好感，而不是像 1939 年的德国那样，只用恐怖将人们打翻在地。因此，以参加本人戏剧作品在瑞士首演为理由提出请假申请，获得批准的可能性很大。唯一可以设想的障碍便是，这是一出反对战争的戏剧。在这场戏里，一位奥地利人——哪怕那只是一种象征性的形式——预期战争会失败。我去找了"文化宣传处"的负责人，向他陈述了我的愿望。让我大为吃惊的是，他马上答应我的一切计划，以这个有点儿异乎寻常的理由："谢天谢地，您从来也不属于那些愚蠢地叫嚣战争的人。好吧，您在外边做一切可能的事情，让这个事早晚有个尽头。"四天以后，我获得了休假批准，还有一份可以去外国的护照。

在战争期间听到奥地利政府一个部里的最高级别官员这么自由地谈话，这还是让我吃惊不小。不过，我不熟悉政治的秘密进程，没有预感到，在 1917 年新皇帝卡尔即位以后，政府的最高层已经有了些轻微动作，要摆脱德国军队的专制：它根本不顾及奥地利人的内心意愿，继续拖着奥地利加入它野蛮的兼并主义拔河赛。在我们的总参谋部里，人们痛恨鲁登道夫那种残忍的控制；在外交部里，他们绝望而徒然地反对无限制潜艇战，那肯定会把美国变成我们的敌人；甚至在普通人那里，他们也在小声地抱怨"普鲁士人的飞扬跋扈"。所有这些表达，首先都只是以小心翼翼的弦外之音以及似乎是无意之间的评论来流露出来的。在接下来的几天，我还能了解得更多，意想不到地比其他人更近地接触到那时的一个大政治秘密。

事情是这样的：我在赴瑞士途中，在萨尔茨堡停留了两天。我在那里买了一座房子，打算战争之后在那里安居下来。在这座城市，有一小群严格笃信天主教的人，其中两位曾经在战争之后担任了总理，在奥地利历史上担任过具有决定性意义的角色：他们是海因里希·拉马施（Heinrich Lammasch）和伊格纳茨·赛佩尔（Ignaz Seipel）。前者是当时最杰出的法学家之一，曾经担任海牙会议的主席团成员；后者，伊格纳茨·赛佩尔，是一位几乎可以说具有不可思议才智的天主教神父。在奥地利王朝瓦解之后，他被任命领导小小的奥地利，他在这一任职上展示了卓越的政治才干。他们二人都是坚定的和平主义者、虔诚的天主教徒、充满激情的老派奥地利人。作为这样的人，他们发自内心最深处反对德意志的、普鲁士的、新教的军国主义，他们觉得它与奥地利的传统理念以及天主教的使命无法相容。我的诗剧《耶利米》在这个宗教信奉者—和平主义者的圈子里得到了最强烈的爱戴，宫廷顾问拉马施——赛佩尔当时正旅行在外——邀请我在萨尔茨堡去访问他。这位举足轻重的老学者非常诚挚地谈到我的书：它体现了我们奥地利人那种友善相处的理念，他热切地希望，这本书会在文学以外的范围内发挥影响。令我感到惊讶的是，他如此信任我这位此前未曾谋面的人，带着一种能见证其内心勇敢的坦诚来说出一个秘密：我们奥地利正处在一个决定性的转折点上。自从俄国实行军事停火以后，无论对德国——只要它不再释放其侵略性的意图——还是对奥地利，都没有妨碍缔结和平的真正障碍了，这个时刻我们绝不应该错过。如果那些德国佬不愿意进行谈判，那么奥地利就必须接手战争指挥并独立行事。他向我表示，年轻的卡尔皇帝已经答应帮助实现这一意图。也许下一步，就可以看到他本人的政治决策所带来的效果。现在的一切都取决于奥地利是否有足够的能量达成一种互谅性的和平，而不是德国军方根本不顾继续牺牲而要求的"胜利者和平"。在紧急情况下，必须采取断然措施：在被德国军国主义分子拽进灾难深渊之前，及时脱离与德国的联盟。"谁也不能指责我们背信弃义，"他坚定而决绝地说，"我们已经死去一百万人。我们已经牺牲得够多，我们做得够多了！现在不要再牺牲生命，一个生命也不要再为德国的世界霸权所牺牲！"

我屏住呼吸，站在那里。这些我们都默默地想过无数次，但是没有谁敢在光天化日之下说出这句"我们要及时与德国的吞并政策摆脱干系"的话，因为这意味着对战争盟友的"背叛"。可是在这里，这些话却由这样一位德高望重的人——在奥地利为皇帝所信赖倚重，在国外因为他在海牙的作为而受到高度尊重——如此平静而坚决地在我这位几乎可以说还是一位陌生人的面前说出来。我马上就感觉到，奥地利想与德国切割的单方行动计划不是尚在准备阶段，而是已经付诸实施了。以单独媾和谈判为威胁来迫使德国同意做出让步，或者在不得已的情况下实施这一威胁，这种想法是非常大胆的。历史可以作证，这是当时可以拯救帝国、拯救皇室，也就是拯救欧洲的唯一的、最后的可能。可惜，在计划的实施上缺少了原初计划中的决绝。卡尔皇帝确实派皇后的哥哥帕尔玛亲王给克里孟梭送去一封密信，以便在没有征得柏林宫廷同意下打探缔结和平的可能，如有可能便开始谈判。这一秘密使命是如何被德国所获知的，我记得好像一直没能得到完全澄清。糟糕的是，卡尔皇帝没有勇气公开主张自己的信念：要么是因为德国曾经威胁武装入侵奥地利——有些人这样说——要么是因为他作为哈布斯堡皇族的成员，不敢冒天下之大不韪，在关键时刻取消弗朗茨·约瑟夫皇帝以抛洒那么多鲜血为代价订下的盟约。不管怎样，他没有任命拉马施和赛佩尔为内阁总理。只有他们这两位信奉天主教的国际主义者出于内心的道德信念，才会有这样的力量来背负背离德国的恶名。这种犹豫最后毁了他。这两个人都是在后来千疮百孔的奥地利共和国时期才担任总理的，而不是在哈布斯堡帝国时期。当时除了这两位有分量的、备受尊敬的人物，似乎没有什么人有能力在世界面前来护卫这一貌似不义的举动。如果拉马施能够公开以脱离德国相威胁，或者果真脱离，那么他不仅拯救了奥地利的存在，也救德国于其最内在的危险，即没有餍足的吞并企图。假如这位笃信宗教的智者当初对我坦言相告的计划没有因为软弱和行事笨拙半途而废的话，我们欧洲今天的处境会好一些。

第二天我继续行程，穿过瑞士边界。很难想象，从一个被封锁的已经处于半饥荒状态下的战争国来到一个中立国意味着什么。从这边的最后一站到那边的第一站之间，只有几分钟。从过了边界的第一秒开始，人就有了这样的感觉，好像从令人窒息的污浊空气中突然来到了一个满是白雪的清新环境，那种眩晕感从大脑穿过所有的神经和感官。很多年，每当我从奥地利来瑞士途经这个火车站（不然的话，它的名字我是不会保留在记忆当中的），每次这种放开呼吸的感觉就会倏然升起。一下火车，第一个惊喜便是那食品柜上琳琅满目地陈列着的东西，这些曾经是生活中天经地义的东西，我几乎都已经忘记了它们该是什么样子：饱满的金色柑橘、香蕉，还有巧克力和火腿就放在那里，而在我们那里这是需要走后门才能弄到的；还有面包和肉，不需要面包票、肉票——旅客们像一群饥饿的动物一般向这些物美价廉的食品扑过去。那里还有一个电报局、一个邮局，可以将不被检查的信件发送到全世界的各个方向。那里放着法文的、意大利文的、英文的报纸，人们可以不受惩罚地购买、翻看、阅读里面的内容。只是行驶了五分钟，被禁止的东西就被允许了；到了那边，被允许的就被禁止了。欧洲战争的全部荒谬之处由于空间的比邻而立变得如此昭然若揭。就在对面的那座边境小城，近得连招牌上的字还能用肉眼看到，从每一茅屋土舍里都会有男人被拉出来，被运送到乌克兰或者阿尔巴尼亚，到那里去杀人或者被人杀死。在离那里五分钟路程的这里，那些与他们同龄的男人正怡然与妻子坐在长满爬山虎的房门前抽着烟斗。我不由自主地问自己：在这条边界河流里游着的鱼，右边的是属于战争状态的，左边的是保持中立。在跨过国界的头一秒，我的思考已经不同，更自由、更兴奋、更无拘无束。第二天我就知道了，在战争的世界里，不光是我们的精神生活被削弱了那么多，甚至我们的身体机能也同样如此。当我受到亲戚的邀请，不加考虑地在饭后喝了一杯纯咖啡，还抽了哈瓦那雪茄之后，我突然感到头晕，心跳得厉害。我的身体、我的神经在经历过长期的代用品之后，对真正的咖啡和烟草已经没有接受能力了，连身体也得从战争的不自然状态切换到和平的自然状态。

这种眩晕，这种舒适的头昏眼花也传递到精神领域里。在我的眼里，每一棵树都更美了，每一座山都显得更自由了，每一处风景都更能让人感到幸福。在一个处于战争状态的国家，在阴暗沉重的目光下，草地上那透着幸福气息的和平也会被看成大自然的冷漠无情，殷红的落日会让人想到流淌的鲜血。在这里，在和平的自然状态下，大自然那幽雅的低调也让人觉得原本就该如此。我从来没有像现在这样喜欢瑞士。以前我也总是喜欢来到这个面积不大但是了不起的有着无尽多样性的国家。我从来没有这么强烈地感觉到她[1]的存在意义：在同样的空间里，各民族没有敌意地共同存在的瑞士理念，这个最为睿智的指导思想，即通过相互间的尊重和真诚地推行的民主，让语言上、民族上的差异提升为兄弟之爱，对我们这乱作一团的欧洲来说，这是一个多么好的榜样！她是一切受迫害者的避难所。几百年来，她就是和平与自由的家园，她以地主之谊最忠诚地存留着每一种思想特有的品质。存在着这唯一的超越民族的国家，这对于我们的世界何其重要！我觉得，这个国家拥有美丽和财富，实在是得其所哉。在这里，没有人是陌生人；在这个悲哀的时刻，一个自由独立的人在这里比在自己的祖国更有归家的感觉。

1　德语中瑞士的名称是 die Schweiz，定冠词为阴性，所以这里的译文中采用了"她"来指代这个国家，这也更符合作者在这里表露出来的对这个国家的热爱。

我还在苏黎世的大街上和湖边徜徉了几个小时，直到夜里。万家灯火下一片和平，这里的人们还有着生活中的那种泰然自若。我仿佛能感觉到，在那些窗户后面，没有整夜无眠的妇女躺在床上想着她们的儿子；我看不到伤员，看不到残疾人，看不到那些明后天就会被装上火车运往前线的年轻士兵：这里会让人感觉到，人们有权利去生活，而在战争的国家，自己还没有变成残疾仿佛都已经是一种不当、一种罪过了。

但是，对我来说最迫切的不是那些因为演出的谈话，也不是去结识瑞士朋友和外国朋友。我首先要会见罗曼·罗兰。我知道他能让我变得更坚定、更清醒、更有行动力，我要向他表示感谢，感谢他在最艰难的日子里给予我的认可和友谊。我必须首先去看他，于是马上去了日内瓦。现在，我们这两个"敌人"处于一种相当复杂的情境中。可想而知，交战国政府不愿意看到，属于他们国家的公民在中立的第三国有私人来往。但是，另外一方面，也没有哪条法律禁止这些活动。没有哪个法律条文规定，因为坐在一起就会受到惩罚。只有贸易交换即"跟敌人通商"是被禁止的，而且要以叛国罪论处。为了避免在这一点上引起任何些微的嫌疑，我们朋友之间原则上都不互相递烟，因为我们肯定会不间断地受到特工人员的监视。为了不让人怀疑我们害怕或者我们有什么心虚之事，我们这些国际朋友总是选择一个最为简单的办法：公开。我们的通信不用假地址，也不用留局待领的渠道，我们也不在夜里偷偷互访，而是公开走在大街上，坐在咖啡馆里。我到了日内瓦以后，也马上对旅馆的门房报上全名，说我要见罗曼·罗兰先生。我这样做，对德语和法语的情报机构都方便，他们马上就知道我是谁，我要和谁见面。对我们来说，两个老朋友用不着因为各自碰巧所属的国家碰巧正处于交战状态就故意避而不见，这是最自然不过的了。我们觉得，没有必要因为世界表现得荒谬，我们就随着它一起来做荒谬之事。

我终于站在他的房间里——我几乎觉得，跟巴黎的那个房间是一样的。像从前一样，桌面和扶手椅上堆放着各种书籍。写字台上满满的都是杂志、信函和纸张。他有着与从前同样朴素的住地，宛如隐修士的工作室一般，却连接起整个世界。无论他到哪里，都出于自己的想法把房间布置成这个样子。我一下子说不出来问候之语，我们彼此伸出了手：这是几年以来我第一次可以相握的法国人的手。罗曼·罗兰是我三年以来与之交谈的第一个法国人。但是，在这三年里，我们比以往任何时候都走得更近。跟他说外语让我感觉比跟在我自己国家同任何人说话都更有信任、更直截了当。我完全意识到，这位站在我面前的朋友是当下世界上最重要的人物，欧洲的道德良知正在同我说话。现在我才能看到，他为促进人类的谅解已经做出和正在做出怎样的大贡献。他日日夜夜都在工作，单独一人，没有助手，没有秘书，关注各个国家发出的不同宣言，与无数在不同情况下向他咨询意见的人保持通信联系，每天在他的日记本里写满很多页纸。在这个时代，没有哪个人像他那样有那么强烈的见证历史时代的责任感，感觉到有向后来人有所交代的需求。（可是，到了今天，这些手写的日记本，这些能让人完整地了解对于第一次世界大战所造成的道德冲突和思想冲突的文稿，它们如今在哪里？）与此同时，他也在发表文章，每一篇都引起国际反响。他还在创作长篇小说《格莱昂波》[1]。他的投入不遗余力，没有间隙，充满了牺牲精神，将自己的全部身心投入自己接手的那种无比巨大的责任当中；在人类疯狂发作的时代，他在每一件事上的做法都堪为表率，都是充满人性的。每一封信他都答复，每一本讨论时代问题的小册子他都阅读。这位身体乏力、虚弱、健康状况正受到威胁的男人，这位只能轻声说话、一直轻咳的人，这位不戴围巾就无法出门的人，这位快走几步就喘不上气来的人，焕发出来的力量却能应对大得几乎不可能的要求。任何攻击、任何卑劣的手段都不能让他动摇，他无畏而清醒地看着世界的混乱。我在这里看到一种英雄主义，在一个活着的人身上看到这种精神上、道德上、纪念碑式的英雄主义——即便在那本写他的书里，我对他的描写可能还是不够充分（在盖棺论定之前，人们不太敢对一个尚在人世的人给予太多赞美）。当我在这个小房间里见到他时——从这里他将那看不见的强大光芒发散到世界上的各个地区——我当时受到了怎样的震撼！也许我可以说那是"净化"，直到今天这一震撼还流淌在我的血液中。我那时很清楚：罗曼·罗兰一个人或者说几乎是单枪匹马而形成的那种正直而强劲的力量，可以抵抗上百万人的非理性仇恨，这力量是任何测度和计算都不足以估量的。只有我们，那个时代的见证人，

---

1 这是罗曼·罗兰在 1920 年完成的一部历史小说，主人公为法国 17 世纪作曲家格莱昂波（Louis-Nicolas Clérambault，1676—1749）。茨威格将该书翻译成德文，题名为《格莱昂波的故事：战争中的自由精神》。

才能知道，他的存在以及他那堪为表率的不可动摇在当时意味着什么。因为有了他，患上狂犬病的欧洲才得以存留住自己的道德良知。

在那天下午以及后来几天的谈话中，他的言词包裹下的内容给我带来淡淡的悲哀，正如跟里尔克谈到战争时一样。他对那些政客以及为了本民族的虚荣不惜牺牲他人的人感到愤慨；同时，他对那些难以计数的为了一个他们自己根本不理解的意义——实际上无意义——而受难和死亡的人感到同情。他把一份列宁的电报拿给我看。在乘坐那辆广受非议的全封闭列车离开瑞士之前，列宁强烈请求罗曼·罗兰与他一同前往俄国，因为他完全知道罗曼·罗兰的道德威望对自己正在从事的事业有多么重要。但是，罗曼·罗兰坚决不听命于任何群体，只是以一己之力在为一个他发誓为之努力的事业而奉献：人类的共同事业。正如他也从来不要求任何人屈从于他的理念，他也拒绝任何关联。爱戴他的人，本身应该是不受约束的。他要让人看到的，无非是这样的一个例子：人可以保持自由，可以忠实于自己的信念，哪怕为此要与整个世界作对。

在日内瓦，我在第一天晚上便遇到了聚集在两家小型独立报纸《叶报》（La Feuille）和《明天》（Demain）的几位法国人和其他外国人，皮埃尔–让·茹弗（P.-J. Jouve）、勒内·阿科斯和弗朗斯·马塞雷尔（Frans Masereel）。我们彼此一见倾心，成为知心朋友，就像平常青少年之间缔结友谊才会出现的那个样子。但是，我们凭直觉感觉到，我们正站在一种新生活的开端。由于从前的朋友受到爱国主义的蒙蔽，我们的一些昔日朋友关系已经不复存在。我们需要新朋友，因为我们仍然站在同一阵线，在同样的思想战壕里反对共同的敌人，于是我们马上形成了一种充满激情的同志般的友谊。在二十四小时之后，我们彼此已经信任，好像我们已经相识多年，也都愿意兄弟般彼此以"你"相称，像这个阵线中的人通常做的那样。"我们为数不多，我们快乐，我们是兄弟一样的朋党"，我们都感觉到，这种不寻常而胆大妄为的相聚也有个人危险；我们知道，在五个小时路程以外的地方，每个德国与每个法国人在彼此虎视眈眈，他们要用刺刀将对方刺倒，或者用手榴弹将对方炸得粉碎，他们会因此得到嘉奖；国界两边的千百万人都在做着这样的梦，将对方消灭，让对方从地上消失，敌对双方的报纸彼此都只有谩骂。在千百万人当中我们为数不多的几个，不光能和平地坐在一张桌子旁边，同时也是有着最诚恳的、最充满激情的兄弟之谊。我们知道自己这样做与官方规定的内容多么不符，我们也知道，这样忠于友谊会让我们在各自的国家给自己带来危险。但是，正是这种危险让我们将自己的所作所为甚至升级为一种亢奋。我们就是要铤而走险，并且要享受铤而走险的乐趣，因为单单这将自身置于险境的行动，就足以给我们的抗议真正的分量。我甚至与皮埃尔-让·茹弗一起在苏黎世举办了一次公开的朗诵会，这在这场战争期间是极为罕见的。他用法语朗诵他的诗作，我用德语朗诵我的《耶利米》中的片段。正因为我采取了将一切公开摊牌的做法，这也表明在这场大胆的游戏当中，我们是真诚的。至于领事馆和大使馆的人对我们有什么看法，那对我们来说无所谓，哪怕我们这样做是像科尔特斯[1]将返回家乡的船给烧毁。我们直到灵魂深处都深信不疑，真正的"叛徒"不是我们，而是那些在这一意外时刻背叛了诗人之人道使命的人。这些年轻的法国人和比利时人，他们生活得多么有英雄气概！正是那位弗朗斯·马塞雷尔以他那些反对战争残忍的木刻版画，在我们的眼前展示出永远的战争画面，其中体现出来的激愤和狂怒，与戈雅的《战争的灾难》相比也毫不逊色。这位充满阳刚之气的男人日日夜夜不知疲倦地在无言的木头上刻画着新的形象和画面，那窄小的房间和厨房里已经堆满了这些木板。每天早晨《叶报》上刊登出来的版画控诉，并不是在指控某个国家，所有作品的控诉对象都是一样的，是我们的共同对手：战争。我们梦想着能有人从飞机上将这些传单而不是炮弹投向城市和军队，让人们看到这些能让头脑最简单的人无需有阅读语言能力也能理解的愤怒而悲惨的画面。我敢肯定，那样的话，战争就会更早地被扼杀。可惜，这些版画只能刊登在《叶报》这张小报上，所及范围几乎都不出日内瓦。我们所谈论的、所尝试的，都只局限于瑞士这个小圈子内，等到它们能有效应时，已经为时太晚。面对各国的总参谋部和政治机构这些庞大的机器，我们感到无能为力，对此我们都心知肚明。他们之所以没有迫害我们，也许正因为我们不会变得危险，我们的言词被窒息，我们的影响

1　科特特斯（Hernán Cortés，1485—1547），西班牙的殖民征服者。1519 年，他让自己的队伍在登陆之后将船队摧毁，断绝一切后路，以示背水一战征服墨西哥的决心。

无法得到发挥。正因为我们知道自己为数少，知道我们在孤军奋战，所以我们紧密相拥，肝胆相照。在成年以后，我还从来没有感受到像在日内瓦这个时候的热烈友谊，在以后的岁月里我们都保持着这些关系。

从心理学以及从历史的角度（而不是从艺术家的角度）来看，这个小组里最引人注目的形象是昂利·吉尔波，他比任何人都更能让人看到一条历史上颠扑不破的规律：在天翻地覆的突变时期，尤其是在战争或者革命时期，短时间内勇气和胆量可能比内在意义更有效力，大无畏的公民勇气能比一个人的品格和坚贞更有决定性意义。当时代潮流奔涌而来时，总是那些毫不犹豫地将自己投入激流当中的人能先行一步。有多少被历史的潮流裹挟而来的昙花一现的风云人物，如贝拉·库恩（Bela Kun）、库特·艾斯纳（Kurt Eisner），把他们推举到其才智无法胜任的地步！吉尔波，一位瘦弱的、长着金黄色头发的小个子男人，他灰色的眼睛目光锐利、充满不安，他能说会道，有说起话来活灵活现的口才，却并非天才人物。尽管他差不多在十年前就将我的诗歌翻译成法语，但是我不得不诚实地说，他的文学才华真的无足轻重。他的语言表达能力没有超出一般水平，他在各方面的素养都不是特别深厚。他的性格当中有一种很不幸的秉性，那就是一定要提出反对意见，完全无所谓本来要反对什么。如果能真正像一个街头小混混那样到处寻衅，能碰上比他自己强的对手，那他就会觉得很舒坦。在巴黎，在战争开始之前他就不断地跟文学界的某个方向或者某个单个的人争来辩去，无论谁在他眼里都不够极端，尽管他本质上是一个

　　　　　昨日的世界：一个欧洲人的回忆

心地不坏的小伙子。现在，在战争中，他这位原本的反军国主义者，一下子找到了一个巨大的对手：世界战争。与大多数人的恐惧和怯懦形成对比的，是他在战斗中带来的无畏和勇猛，这让他在关键时刻变得非常重要，甚至可以说不可缺少。吸引他的东西，也正是其他人所惧怕的：危险。别人缩手缩脚不敢去做的事，他一个人却做了那么多，使得这位原本没有什么文学地位的人变成一位大人物，让他的创作能力与战斗能力都提升到超正常的水准：类似的现象，在法国大革命时期吉伦特省的小律师和小法学家[1]身上也可以观察到。当他人在保持沉默时，当我们自己踌躇犹豫，在每个环节上都仔细去考虑做什么以及不做什么时，他却义无反顾地动起手来了。吉尔波留下的长久性的功绩是，他创办并主持了第一次世界大战期间唯一一份在思想界举足轻重的反战刊物《明日》，这是任何想要真正了解那个时代思想潮流的人都必须去读的文献。他办了一件我们正需要的事情：一个在战争期间超越民族的国际性讨论中心。罗曼·罗兰对这份刊物的支持，起着决定性作用：由于在道德上的威望以及人事关系，他为这份杂志争取到来自欧洲、美洲和印度最宝贵的作者；另外一方面，当时正在流亡的俄国革命者如列宁、托洛茨基、卢那察尔斯基对吉尔波的激进立场有所信任，定期为《明日》撰稿。这样一来，有十二个月或者二十个月，这世界上没有哪份刊物比它更有趣、更独立。如果它能持续

---

1 在法国大革命中，三级会议中来自吉伦特省的代表最终形成了一股强有力的政治力量，被称为"吉伦特派"。在其十二名代表中，有五人是律师。

到战争结束之后，也许对公众舆论的形成还会产生影响呢。同时，吉尔波在瑞士还代表着法国的激进小组，因为在法国克里孟梭强行让他们噤声。在著名的昆塔尔会议和齐美尔瓦尔德会议上[1]——坚持国际主义的社会党人从那些变成爱国者的成员当中分离出来——他扮演了一个历史性的角色。在整个战争期间，在巴黎的政界和军界，没有哪个法国人比这位金黄色头发的小个子更让人害怕、遭人痛恨，甚至超过那位后来在俄国成为布尔什维克的沙杜尔（Jacques Sadoul，1881—1956）上尉。法国情报局最后终于成功地给他下了一个绊子。在伯尔尼一个德国间谍的旅馆房间里搜出来几份报纸，这些无非能够证明德国机构订阅了几份《明日》而已。这原本是无可非议的事情，就德国人的一丝不苟而言，这几份《明日》似乎是不同图书馆和机构所订阅的。对巴黎来说，有了这个借口就足够将吉尔波说成是受到德国人收买的煽动者，并对他进行了起诉。他被缺席判处死刑。这是完全不公正的，正如后来的事实所证明的那样，这个判决在十年以后的复审中被撤销了。此后不久，由于他的

1　齐美尔瓦尔德（Zimmerwald）是位于瑞士伯尔尼附近的一个小镇。瑞士社会民主党于 1915 年 9 月 5 日至 8 日在这里举办了一场国际会议，有来自十二个国家的三十七位代表参加，包括列宁和托洛茨基。会议形成了《齐美尔瓦尔德宣言》，以列宁为核心形成了反军国主义、主张革命的社会主义者运动，被称为"齐美尔瓦尔德左派"，由此国际工人运动开始分化为革命的社会主义（即共产主义）和改革社会主义（即社会民主主义）。这次会议上也成立了"国际社会主义委员会"，该组织 1916 年的会议在昆塔尔（Kienthal，也是伯尔尼附近的一个小镇）召开。

偏激和极端行为——这种行为也慢慢危及罗曼·罗兰和我们大家——他与瑞士当局发生了冲突，被逮捕并监禁。列宁对他有好感，也出于对他在艰难时期所提供的帮助怀有感激之情，于是大笔一挥让他变成俄国公民，让他坐上第二个封闭列车来到莫斯科。到了那里，他的创造性活力才得以充分发挥出来。他有着一个真正的革命者所具有的一切条件：坐牢、被缺席判处死刑，他再次有了大显身手的机会。正如在日内瓦是通过罗曼·罗兰的帮助一样，他在莫斯科由于列宁的信任在俄国的建设中做出了一些积极的贡献。另外一方面，几乎没有哪个人能像他那样，由于战争时期的大胆立场而在战后的议会和公众中受到青睐，并担任了一个决定性的角色，因为所有极端性质的群体都在他身上看到：一个有行动力、有勇气的真男人，一个天生的领导者。然而，事实证明，吉尔波根本不是一个具备领导者素质的人，他像许多战争诗人和革命政治家一样，仅仅是一个来去匆匆的时代产儿，在经历了与自己才能不相符的突然升迁之后，最终还是要塌垮下来。吉尔波这位无可救药的论战者，在俄国也像他从前在巴黎那样，将他的天才都花在吵架和惹是生非上，慢慢地与那些曾经敬重他勇气的人闹翻，最先同列宁，之后是巴比塞和罗曼·罗兰，最后和我们大家。他终结于一个变得不那么波澜壮阔的时代，写些没有什么分量的小册子以及没有什么意义的争吵，一如他起步之初所做的那样。在获得赦免以后不久，他在巴黎的一隅无声无息地死去。这位在战争时期最无畏、最勇敢地反对战争的人，如果能好好地利用时代带给他的契机，知道如何使之发生效力，原本有可能成为我们这个时代的伟大人物。今天他完全被人们所遗忘，他在战争期间创办《明日》这份刊物，也许我是最后一个带着对这份功绩的感激之情来回忆他的人。

　　几天以后，我从日内瓦回到苏黎世，以便开始讨论我的话剧试演的问题。我一直都热爱这座城市，因为它的湖光山色，也因为它那高雅、略为保守的文化生活。由于瑞士位于各交战国之间，苏黎世也不再那么安静，一夜之间成为欧洲最重要的城市，是欧洲各种思想运动的聚会所，当然也是一切可以想到的商人、投机者、间谍、宣传鼓动者等各色人等的聚集地。当地人有充分的理由带着怀疑的态度来看待这些人。在餐馆、咖啡馆、电车里、大街上，人们听到各种语言。到处都能遇到熟人，不管喜欢还是不喜欢；总会陷入无休止的激烈争论当中，不管愿意还是不愿意。被命运卷到这里的人，他们的生存都与战争的结局休戚相关：有的人受到自己政府的指派，有的人是因为受到迫害和蔑视。每个人都从原本的生存状态中脱离出来，被甩入偶然事件当中。由于没有家乡，他们一直都在找同伴式的相聚共处；因为没有权力来影响军事事件和政治事件，他们日日夜夜在思想发烧的状态中讨论问题，这让一个人同时变得兴奋而疲倦。人们在自己的家乡里经历了若干年月的闭嘴不言之后，现在真的很难舍弃这种说话的乐趣。当一个人又可以不受检查地去思想、去写作之后，这让人不由得要去写作、去发表。每个人都开足马力，哪怕是中等资质的人——如我所描述的吉尔波——也变得比此前以及此后更有意思了。各种语言、各种背景的作家和政治家都汇聚在这里。诺贝尔和平奖获得者阿尔弗雷德·赫尔曼·弗里德（Alfred H. Fried）在这里出版了他的《和平守望者》，前普鲁士军官弗里茨·冯·翁鲁（Fritz von Unruh）给我们朗诵他的戏剧作品，莱昂哈德·弗朗克（Leonhard Frank）写出了他那激动人心的短篇小说《人是善良的》，安德雷阿斯·拉茨科（Andreas Latzko）以他的《战争中的人们》引起轰动，弗朗茨·韦尔弗尔（Franz Werfel）来到这里朗诵作品。我下榻的施韦德饭店（Hotel Schwerdt）历史悠久，当年卡萨诺瓦和歌德也曾经下榻在此处，这里能够遇到来自各个国家的人。我看到过一些俄国人，他们后来现身在革命当中，他们的真实名字我从来不会知道；还有意大利的天主教神职人员，强硬的社会党人，还有主战的德国社会党人。在瑞士方面，站在我们这边的是大名鼎鼎的神父莱昂哈德·拉加茨（Leonhard Ragaz）以及作家罗伯特·费齐（Robert Faesi）。我在法语书店里约见了我的法语译者保罗·莫里斯（Paul Morisse），在音乐厅里得遇指挥家奥斯卡·弗里德（Oscar Fried）：一切来来往往，你可以在那里听到所有的观点，有最荒谬的，也有最理性的；有恼怒，也有兴奋。杂志得以成立，辩论得以进行，不同观点在碰撞，或者对立在升级；各种群体在形成，或者在解散。我从来还没有像在苏黎世的那些日子里（或者更准确地说，是在夜里），见识到这么丰富多彩而充满激情的人和观点的组合，这种集中而且热烈的形式。人们在贝莱菲咖啡馆（Cafe Bellevue）或者奥德翁咖啡馆（Cafe Odeo）一直待到打烊为止，还经常再到另外一个人的寓所里继续讨论。在这个着了魔的世界里，没有人再去注意风光、湖光和山色，以及这恬静的和平；人们生活在报纸中、在新闻和谣言里、在观点中、在争论中。非常特别的是：在这里，人们在思想上对战争的经历更为集中，甚至超过战争正在进行的本国土地上，因为在这里人们可以将问题客观化，可以完全不考虑胜利或者失败带来的国家利益。人们不再从某一个政治锚点出发来看问题，而是从欧洲的角度出发，将战争看成一种残酷的、暴力性质的事件，它所改变的不光是地图上的几条边境线，而是我们这个世界的形式和未来。

好像我已经预感到自己将来的命运一样，我最为之动容的是这些人当中没有家乡的人，或者更糟糕的是，那些不光有一个，而是有两个或者三个祖国的人，他们在内心中不知道应该属于哪一个。在奥德翁咖啡馆的一个角落，一位蓄着褐色小胡子的青年男子大多时候独自坐在那里，锐利的黑色眼睛前架着一副引人注目的厚厚的眼镜。有人告诉我说，他是一位非常有才华的英国诗人。当我在几天以后与这位詹姆斯·乔伊斯相识，他直截了当地拒绝与英国有任何所属关系。他是爱尔兰人。他虽然用英语写作，但是他不用英语思考，也不想有英语式的思考。他当时对我说："我想要一种语言，一种超越一切语言之上的语言，所有的语言都对它俯首帖耳。我没法用英语表达自己而不让自己因此进入一种传统当中。"我当时还不是特别清楚他的话，因为我不知道他已经在写作《尤利西斯》。他当时只是将他的那本《青年艺术家的肖像》借给我阅读，那是他所存有的唯一一本，还有他的短剧《流亡》。为了帮助他，我当时甚至还想翻译这个剧本。我越了解他，他那了不得的语言知识就越让我不胜惊讶。他那圆圆的、高高凸起的前额，在电灯下如陶瓷般反光，在额头后面的大脑里好像所有恰当表达其所具有的词汇都在跳舞，而且它们以最光彩夺人的方式错综复杂地交织在一起。有一次他问我，《青年艺术家的肖像》里的一个复杂句子该如何用德语来表达出来。我们一起尝试着用意大利语和法语找到合适的句子构成。每个单词他都有四五个备选的词汇，甚至是方言词汇，他对这些词汇的色彩和分量的细微差别都了如指掌。他身上很少会不带有某种苦涩的气息，但是我相信正是这种躁动、这种力量让他内心变得激荡而多产。对都柏林、对英国和对特定人的恨在他身上变成了动力能量的形式，的确只是在诗歌作品中才得到了释放。他好像喜欢自己的不苟言笑。我从来没见过他笑过或高兴过。他总显得是一团纠结在一起、让人看不透的力量。每次我在街上看到他时，他总是双唇紧闭，总是步伐匆匆，好像他在朝某个特定的目标而去，这时我就会比在我们的谈话中更强烈地感觉到他的拒人于千里之外，他内心的离群索居。我后来一点儿也不感到吃惊，正好是他写出了最孤独、最没有羁绊同时又如彗星一般坠入我们这个时代的作品。

另外一位栖居于两个国家之间生活的人，是费卢西奥·布索尼（Feruccio Busoni）。他的出生地和受教育之地都在意大利，但是他选择在德国生活。从我的青少年时代开始，他就是众多艺术名人当中我最喜欢的人。当他坐在钢琴前聚精会神时，眼睛里有一种特别美的如在梦境中的光彩。他的双手在下面轻松地弹奏音乐，绝对的完美；在上面他在倾听，他那漂亮的、装满思想的头略微后仰，在静听着自己演奏的音乐，完全沉浸在其中，好像他已经进入了出神入化的境界。我曾经多少次在音乐厅里如醉如痴般看他那张神采焕发的脸，让他的琴音轻柔地升起，带着银色的清亮而进入我的血液之中。现在，我在这里又见到他，他的头发已经灰白，眼睛里笼罩着哀伤的暗影。"我应该属于哪一方？"有一次他这样问我，"当我夜里从梦中醒来，我知道在梦里我说意大利语。我要写东西时，我在用德语词汇思考。"他的学生遍及各国——"也许一个正在对另外一个开枪"——他不敢去碰自己的真正作品，歌剧《浮士德博士》，因为他感觉到自己心思恍惚。他写了一个小型的轻音乐独幕剧，为的是让自己获得解放，但是在战争期间，乌云不会从他的头上散去。很少能听到他那明朗洪亮的悦耳笑声，他从前那种令我如此喜爱的笑声。有一次深夜我在火车站餐馆的大厅里碰到他，这时他已经独自喝了两瓶葡萄酒。我从那里走过时，他喊住了我。"麻醉一下！"他指着酒瓶说，"不是酗酒！但是，有时候必须麻醉一下，不然受不了。音乐也不总能有效，创作的灵感只能在好光景时才降临。"

这种分裂的情形给阿尔萨斯人造成的痛苦最为强烈，而在他们当中最糟糕不过的是像勒内·席克勒这样的人，他们心里朝向法国，但是用德语写作。本来战争争夺的就是他们的地盘，感觉将他们的心从中间切开。有人想要把他们拉向左边，有人要把他们拉向右边，要强迫他们认可德国或者法国。但是，他们最受不了的便是"要么这个，要么那个"的问题，这对他们来说是不可能的。他们想要的，和我们大家一样，那便是德国和法国作为兄弟，彼此间的互谅而不是敌视，因此他们在两边受苦，为两个国家而受难。

在他们周围还有一群无所适从的半敌半友者：混血的人，跟德国军官结婚的英国女人，奥地利外交官的法国母亲。在有些家庭中，一个儿子在这边服役，而另外一个儿子在那边服役；有的父母在等着信件；这边不多的财产被没收了，那边的职位丢掉了。所有这些被分裂的人都逃到瑞士来，为了逃脱嫌疑。无论在旧的还是在新的家乡，他们都同样遭到迫害。这些被摧残、被损害的生灵，为了避免彼此难堪，他们避免说这种或者那种语言，像影子一样悄无声息地游走。一个人活得越欧洲化，那只要砸碎欧洲的拳头对他就会教训得越狠。

在此期间，《耶利米》上演的日期也临近了。首演非常成功，甚至《法兰克福报》也阴阳怪气地向德国报道说，美国公使和协约国的几个重要人物都观看了首演。这并不会让我感到不安。我们都感觉到，战争现在进行到了第三个年头，参战国内部已经变得越来越弱，对由鲁登道夫一意孤行而强迫继续进行的战争持反对态度也不像在他风光无比的罪恶之始时那么危险了。在1918年的秋天，会有最终的决定。但是，我不想让自己在整个等待时期留在苏黎世。我慢慢地变得更为清醒和警觉了。在刚刚到达这里的兴奋中，我还曾经以为在这些和平主义者和反对军国主义者当中，真的找到了志同道合者，他们是为实现欧洲和解这一目标的坚定战斗者。很快我就发现，在那些装扮成流亡者或者扮演成英雄信念的殉道者当中，也有几个不明身份的人混进来。他们是受德国情报机构收买来监听和刺探其他人的。很快，每个人都从自己遇到的事情当中看清楚了：这个宁静的、规矩的瑞士被来自两个战争阵营的情报人员给打通了无数个地洞。倒字纸篓的女用、电话接线员、在服务时出奇地与人靠得近而且速度慢的跑堂，都在为敌对的某一方服务，甚至是同一个人为双方服务。箱子被神秘地打开了；吸墨纸被拍了照片；信件在路上或者在邮局里消失了；在旅馆的大厅里，时尚俏丽的女人以令人厌烦的样子向人挤出笑容；我们从来没有听说过的和平主义者会突然来访，请我们在声明上签字，或者一副无辜的样子请求给他们那些"可靠的朋友"的地址。一位"社会党人"请我给拉绍德封（La Chaux-de-Fonds）的工人组织做一次报告，他给出的报酬高得令人生疑，而工人组织对此却一无所知。到处都得提防备至。没用多久我就注意到，那些能够当作绝对可靠的人，数量是多么少。由于不想再卷入政治当中，我的交往变得越来越少。即便是在跟那些可靠的人交往当中，那些没有结果的无休无止的讨论，那种一意孤行地局限在激进主义者、自由派人士、无政府主义者、布尔什维克主义者和无政治倾向的小圈子的做法，也让我感到无聊。在那里我第一次真正能观察那些典型的职业革命者：只是作为反对者，他才会觉得自己无足轻重的地位得到了提高；他们死守教条，因为他们自身没有可以停靠的锚点。要是继续留在这喋喋不休的混乱环境里，这种令人眼花缭乱、毫无把握的共同性就会继续发酵下去，自身的信念和道德上的把握就会受到损害。于是，我撤了出来。事实上，这些咖啡馆谋反者没有一个敢于真正谋反的，那些临时扮演的国际政治家没有一个懂得在真正有必要时该如何去从事政治。在积极的任务即战后的建设开始之时，他们还躲藏在自己那种吹毛求疵、满腹牢骚的消极情绪当中，正如那些日子里的反战作家一样，他们当中少有在战争以后还完成重要作品的。是那个发烧的时代，让他们创作、讨论、从事政治；那只是一个暂时的状态，造成他们形成共同之处的并非一个内在的理念，于是这些由有趣的、有才华的年轻人组成的圈子一下子消散得不留任何痕迹，只要他们反抗的对象——战争——过去了。

　　我选择的适合我停留的地方是吕施利孔（Rüschlikon）的一家小旅馆，离苏黎世半个小时路程。从那里的小山上可以看到整个苏黎世湖，城市的尖塔显得又小又远，一览无余。在这里我只需见我自己请来的人，真正的朋友，罗曼·罗兰和马塞雷尔；在这里我能做自己想做的事，充分利用那些无情流逝的时间。只要本国的宣传还没有让他们的眼睛变瞎、耳朵变聋，美国的参战让所有人都看到，德国的战败不可避免。当德国皇帝突然宣布他从此要"民主地"执政时，我们都知道，这钟声传达出来的是什么。我坦率地承认，我们奥地利人尽管与德国人在语言上和思想上有密切关联，却变得急不可耐：那不可避免的结局，也正因为它是不可避免的，应该快点到来。曾经发誓战斗到最后一息的威廉皇帝逃出国境线，那位为了他的"胜利者和平"而让百万人殒命的鲁登道夫戴上墨镜败走瑞典的那一天，给我们带来很大的安慰。我们相信——当时全世界都和我们一起相信——这场战争是一切时代的最后一场战争，那个蹂躏世界的野兽被驯服了或者已经被杀死了。我们相信威尔逊那了不起的纲领，那也正是我们自己的；我们在东方也看到一束差不多的光芒，因为俄国革命还带着人道的理想主义理念在欢庆它的蜜月期。我们是太傻了，我知道。但是，这么傻的不光是我们。经历过那个时代的人都能回忆起来，所有城市的街道上都满是欢呼声，以此来迎接地球的拯救者美国总统威尔逊，甚至敌对双方的士兵都互相拥抱，互相亲吻。人们从来没有像在和平的最初几天里，对作为一个整体的欧洲有那么大的信任。现在，在地球上终于有余地去建立那早就被承诺的公平与博爱的王国了，去建立我们朝思暮想的那个共同的欧洲：要么是现在，要么便永无可能。我们已经走过地狱，地狱之后还有什么能吓住我们？一个新世界正整装待发。我们还都年轻，所以我们对自己说：那将是我们的世界，我们梦寐以求的世界，一个更美好、更人道的世界。

十二　重返奥地利

单从逻辑的角度看，在德国和奥地利缴械以后，我能做的最愚不可及的事情便是回到奥地利，回到那个从前的皇权帝国，现在只是欧洲地图上一块尚未确定的、毫无生气的灰影子。捷克人、波兰人、意大利人、斯洛文尼亚人都让他们自己的地盘分出去了；现在所剩下的，只是一个残躯，所有的动脉都在流淌着鲜血。那些迫不得已自称为"德意志—奥地利人"的六七百万人口中的两百万人饥寒交迫地拥挤在首都维也纳。那些曾经让这个国家变得富裕的工厂，现在都在外国；铁路线现在也变成了可怜的短短的路基；国家银行里的黄金被拿走了，取而代之的是巨额战争贷款。边境线还没有划定，因为和平会议几乎可以说还没有开始召开，谁承担哪些责任还没有确定下来。没有面粉、没有面包、没有煤、没有煤油。一场革命看来将会不可避免，不然的话，就得有个化解灾难的办法。从各种现实的角度看，这个由战胜国人为制造出来的国家是无法独自生存下去的，社会主义的、教会的、民族主义的政党，所有的政党在这个问题上异口同声，都根本不想独立。据我所知，这是历史上第一次出现如此的咄咄怪事：一个国家被强迫独立，而这个国家自身却拒绝这种独立。奥地利希望要么跟过去的邻国再度统一起来，要么与同宗的德国统一，无论如何不要以这种残缺的方式过最屈辱的乞丐式生活。那些邻国却不愿意继续与奥地利保持经济上的同盟关系，部分原因是他们觉得奥地利太穷了，部分原因是他们害怕哈布斯堡皇室卷土重来。另外一方面，归并到德国是被协约国所禁止的，为的是不要增强战败国德国的力量。所以才有了这样的明确条文：德意志人的奥地利共和国必须继续存在下去。这是历史上独一无二的，一个不想存在的国家被命令道："你必须存在下去！"

到底是什么力量促使我在最糟糕的时刻自愿重新回到那个我曾经离开的国家,今天我自己也说不清楚。我们战前那一代人,不管怎样还是在一种非常强的责任感中成长起来的。人们认为,越是在最艰苦卓绝的时刻,越应该回到自己家庭所属的那个地方。反正,我觉得为了自己的安逸而避开那里正在发生的悲剧,是一种怯懦。我,作为《耶利米》的作者,更感到有责任必须用自己的词语来帮助人们战胜失败。我感觉自己在战争期间是多余的,而在战败之后好像有了用武之地,尤其是因为我对战争拖延的抵制,在人们当中,尤其是青年当中,赢得了一些道德上的声望。就算我百无一用,至少还有一个意义：那就是一同去经受早就预言到的、无所不在的苦难。

当时返回奥地利的行程准备差不多同去北极探险一样。必须穿得暖和,要准备好毛衣毛裤,因为谁都知道国境线那边没有煤可烧,而冬天已经站在门前；必须得换好鞋底,因为在那边只有木头鞋底；在瑞士方面允许的额度内要尽量带上食物储备和巧克力，以保证在拿到面包票和肉票前不至于挨饿；要去给行李办保险，保险额要尽量高，因为大部分行李车都会遭到抢劫，而任何一双鞋、一件衣服都不是可有可无的。只有在我十年以后去俄国旅行时，才再一次做了类似的准备。在边境站布克斯（Buchs），也就是在一年多以前我带着强大幸福感进入这个国家的那个地方，我还有那么一刻的犹豫不定，问自己在这最后的一刻是否还是转身回去。我感觉，这会是影响我一生的决定。我还是选择走向那个更沉重、更艰难的生活。我又上了火车。

当我一年前到达瑞士的边境站布克斯站时，我经历了令人激动的一分钟；现在在我返程时，在奥地利这边的边境站费尔德基尔希（Feldkirch）也有了与之相比毫不逊色的难忘一分钟。在下车时我已经感觉到边境官员和警察身上那种明显的不安。他们并不太注意我们，边境检查十分草率，好像他们在等待更重要的事情。终于有钟声敲响，宣告一辆来自奥地利方向的列车快要进站。车站上的警察马上各就各位，所有的工作人员都从木板屋里出来，他们的太太们似乎事先也被知会过，都挤在站台上。在等候的人群当中，引起我特别注意的是一位身穿黑衣的老太太带着她的两个女儿，看她的仪态和服饰我猜想她是一位贵族。她明显非常激动，不停地用手帕擦拭眼睛。

列车徐徐地，几乎可以说带着王者风范驶进来。这是一种特殊类别的列车，不是那种已经用旧的、日晒雨淋褪了色的普通旅客列车，而是黑色的宽大车厢，一辆专车。车头停住了。在等待的人群中，能感觉到有一种激动情绪在出现。我始终还是不明白为什么。这时我通过车厢的反光车窗看到高高站立的卡尔皇帝，奥地利的最后一位皇帝，还有他那身穿黑衣的夫人齐塔皇后。我吓瘫了：奥地利的皇帝，统治了七百多年的哈布斯堡王朝的继承人，要离开他的国家！尽管他拒绝宣告正式退位，奥地利共和国还是允许他离开，也许是他强迫共和国不得不这样做。此刻，这位身材高大、面容严肃的人站在车窗旁，最后看一眼自己国家的山峦、房屋和人群。这是我所经历的一个历史性时刻：对于一位在帝国传统中长大的人来说，这是一种双重的震惊：在小学里唱的第一支歌是皇帝之歌，以后在部队服役时又宣誓对这个男人，这位身着便装、一脸严肃和沉思的男人"在陆地、水域和领空唯命是从"。我曾经无数次见过老皇帝，当时那些重大节庆典礼上所展示的豪华，在如今早已经成为传奇。我看见他站在美泉宫的台阶上，在他的家人和身着崭新制服的将军们环绕之下，接受站列在草地上的八万名维也纳儿童的欢呼，他们用稚嫩的童声唱起海顿创作的大合唱《上帝护佑》，令人为之动容。我曾经在宫廷舞会上看到过他，在话剧专场演出上看到过他穿着光灿灿的制服，看到过他又戴着一顶绿色的施蒂里亚人帽子去伊施尔（Ischl）打猎，看到过他低着头虔诚地在"圣体节"的行列中走向斯特凡大教堂，在那个雾蒙蒙的、潮湿的冬天，我看到了那灵车：在战争进行当中，这位耄耋老者被安葬到皇室墓地，在那里得到他永久的安宁。对我们来说，"皇帝"这个词曾经是一切权力、一切财富的汇总概念，是奥地利长治久安的象征：从孩童时代起，人们就学会了在说出这两个音节时要带着敬畏。现在，我看到了他的继承人，奥地利的最后一位皇帝，作为被驱逐者离开这个国家。哈布斯堡家族的光荣序列，一个又一个世纪帝国的权杖和皇冠世袭罔替，就在这一分钟里终结了。在这悲哀的景象中，我们周围所有人都感觉到历史，世界的历史。宪兵、警察和士兵显得有些尴尬，他们有些不好意思地看向一旁，因为他们不知道是否还可以像从前那样采取老式的敬礼仪式。女人们都不敢真正抬起目光，没有人说话。突然人们听到那位一身黑衣的老妇人在轻声啜泣，谁知道她是从多远的地方赶来，为了还能再看上一眼"她的"皇帝。终于，火车司机给出了信号。大家都不禁吓了一跳：不可逆转的时刻开始了。机车猛地一冲，好像它也必须对自己使用暴力，才能让自己行进。火车缓缓地远去。铁路员工满怀敬意地目送它。然后，他们带着某种尴尬——那是人们在送葬时可以观察到的表情——再回到他们的小工作室。在这个时刻，那个延续了几乎一千年的王朝才真正结束了。我知道，我要回到的是另外一个奥地利，另外一个世界。

那辆列车一在远处消失，我们就被要求从漂亮整洁的瑞士车厢换到奥地利车厢里。只要一进到奥地利车厢，人们就已经提前知道在这个国家发生了什么。帮旅客找座位的列车员，走起路来一副弱不禁风的样子，面带饥色，衣衫已经半是褴褛，有裂口的破旧制服在他耷拉的双肩下晃来晃去。原本在将车窗推上去或者拉下来时用的皮把手已经被割掉，因为每一块皮子都是宝贝。盗贼的匕首或者刺刀将座位给划破，整块的软垫皮面不知道被哪个胆大之徒给野蛮地拆走：为了补鞋，人们看见哪里有皮面就拿走。同样，烟灰缸也因为里面有那么一点点儿镍和铜而被偷走。深秋的风,透过破碎的车窗从外面呼啸而来,带着发动机燃烧的劣质褐煤的煤灰和碎渣,它们把四壁和地板都熏黑了。不过,强烈的煤烟味至少冲淡了那种极其强烈的碘酒味,这会让人联想到在战争期间这座只剩下骨架子的列车曾经运送了多少伤病员。不管怎样,这列车居然还能向前开动,这也是一个奇迹,不过是一个慢腾腾的奇迹。每次听到没有上润滑油的车轮发出吱吱嘎嘎的响声不那么刺耳时,我们就会担心这疲劳过度的机器也许要停止呼吸。以前一个小时走完的路程,现在需要四五个小时,黄昏到来之际,车厢里陷入黑暗。电灯泡要么是打碎了,要么是被偷走了。谁要是想找什么,就得自己点着火柴向前摸索。人们之所以不觉得冷得发抖,是因为从一开始就六个人或者八个人挤坐在一起。到了前面的第一站,又挤上来很多人,越来越多,因为好几个小时的等待,人们都开始变得疲惫不堪。车厢的过道里都挤满了人,甚至在车厢的踏板上都蜷缩着人,坐在这半是冬天的寒夜里。况且,每个人都害怕地紧紧按住自己的行李和食品包不放。没有人敢在黑暗中让自己的东西离手一分钟。我从和平之地返回到战争的残忍当中,而人们以为这战争已经结束了。

快到因斯布鲁克(Innsbruck)时,火车头突然开始倒气,尽管马力加大气喘吁吁,还是无法爬上一个小山坡。乘务员们在黑暗中提着冒着烟的灯紧张地跑来跑去。过了一个小时以后,救援车才赶来。而后,整整用了十七个小时而不是平时的七个小时,才到了萨尔茨堡。车站上根本没有搬运工。最后,在那么几个衣衫褴褛的士兵的帮助下,我才把行李放到马车上。拉车的马又老又吃不饱，与其说是靠它来驾辕，毋宁说是它靠着车辕才站得住。我实在没有勇气把箱子装在车上，还让这匹行将就木的动物去干活。我把箱子留在火车站的寄存处，忧心忡忡地怕再也见不到它们。

在战争期间，我在萨尔茨堡买了一幢房子。由于对战争持彼此相反的态度，我和先前的朋友们大大疏远了，这也唤醒了我内心中不再住在大城市、生活在众人当中的要求。我日后的工作也需要这种隐居的生活方式。在奥地利所有的小城市当中，我觉得萨尔茨堡是最理想不过的了，不光是因为这里的景色优美，也因为它的地理位置。它位于奥地利的边缘，两个半小时的火车到慕尼黑，五个小时到维也纳，十个小时到苏黎世或者威尼斯，二十个小时到达巴黎，一个真正的去往欧洲的出发地。当然，它当初还没有因为艺术节而名声大振，（在夏天成为姿态傲慢的）"名流"会聚地（不然我也根本不会选这里为工作的地点）。当时，这里是一个古朴的、静谧的、浪漫的小城，位于阿尔卑斯山脉的最后一道山梁，山地和丘陵在这里平缓地过渡到德国平原。我的房子所在的那个郁郁葱葱的小丘，正是阿尔卑斯山山峦起伏的最后一个余波。汽车开不到上面，要上去只有一条朝圣之路般三百年的老路，走过一百多级台阶。这辛苦攀登所得到的报偿便是，可以在上面的平台上获得美妙无比的视野，将这座有很多教堂尖塔的城市里的屋顶与屋脊一览无余。在这小丘后面展开的是一幅全景画，是阿尔卑斯山脉气势雄伟的山脉链条（当然，也能看到贝希特斯加登附近的萨尔茨山，不久以后，当时还完全不为人知的希特勒就会住在对面）。这座房子本身也一样浪漫而不实用。在17世纪，它是一位大主教的狩猎别墅，背靠结实的城堡防护墙而建；在18世纪末，房子向左右各扩建出来一个房间。别墅内有一幅豪华的旧壁毯，还有一个彩绘的保龄球，当弗朗茨皇帝于1807年访问萨尔茨堡时，曾经在这座房子的长廊里用过它打球。此外，这座房子里也有若干写着各种基本权利的羊皮纸。不管怎样，它们可以让人一目了然，见证这座房子的辉煌历史。

那幢别墅的门脸显得很长，可是实际上只有九个房间，因为它的进深浅。这是一个历史悠久的稀罕之物，后来我们的客人们也每每赞叹不已。可是在当时，它的历史悠久可是个要命的倒霉事。我们发现这个家几乎是处在没法住人的状态。雨水滴进房间里，每次降雪后门廊里都是水。而且，在当时要想修好屋顶是不可能的，因为木匠找不到修房椽的木头，管道工也没有铅皮来修导水管。我们只能用油毡纸将坏得最糟糕的地方修补一下，一旦下雪，只好自己及时爬到屋顶上把雪铲掉，以免房顶承重太大。电话也不好用，因为电话线不是铜线，而是铁制的替代品。每一样小东西都得我们自己搬到山上，因为没有人来送货。但是，最糟糕的是寒冷，因为在这附近根本就没有煤，而园子里的木头还太湿，点着后像蛇一样发出咝咝声，但是根本不发热，只是发出爆裂声却不出火苗。最后我们不得不烧苔藓地衣来对付，它至少可以给出一些温暖的幻象。有三个月的时间，我的作品差不多都是在床上用冻得发紫的手写成的。每写完一页，我就得把手放到被子下面去暖和一下。即便这样一个不适合人居住的房子，也还需要保卫，因为除了普遍的食品和燃料不足，在这个灾难之年人们还缺少住房。长达四年之久，奥地利根本没有修建房屋，许多房子倒塌了，现在突然有大量被解散的士兵和战俘从战场上回来，涌向这里。不得已，每一个空房间里都会有一个家庭安顿下来。管理委员会已经来了四次，可是我们早已自愿地让出去两个房间。当初曾经跟我们过不去的破与冷，现在似乎恰到好处：没有人愿意爬上一百个台阶，到这上面来受冻。

当时，每次下去到城里都是令人震撼的经历：我第一次在人们危险的黄眼睛里看到了饥馑。面包发霉变黑，味道如同沥青和胶水一样，咖啡是用烧糊了的大麦做成的代制品，啤酒就是黄色的水，巧克力是涂了颜色的沙子，土豆都冻了。为了不至于将肉味彻底忘掉，好多人自己饲养兔子；有一位小伙子在我们的花园里打到了一只松鼠，当作星期天的菜肴；喂得稍微好一点儿的猫和狗，出门稍远一点儿就很难再回来。衣料呢，都是加工过的纸做成的，是代用品中的代用品。男人们身上穿的几乎都是旧衣服，甚至也穿俄国人的军服，这些都是从仓库里或者医院里拿来的，都是好几个已经死了的人曾经穿过的；用旧口袋缝制的裤子也不少见。路边的商店都像是遭了劫一样空空如也，失修的房子上的泥灰像疮痂一样剥落下来。路上的行人都明显营养不足，在拖着疲惫的身躯去工作，精神萎靡不振。在平原地带，人们的营养状况要好一些。在道德风气普遍下降的时代，没有哪个农民会愿意按照法定的"最高限价"来出售黄油、鸡蛋和牛奶。他们把能储存的东西都储藏在一个仓库里，等着能出高价的买主来。很快就出现了一个新的职业，所谓的

"仓鼠"，即投机倒把的人。无业的男人们背上一两个背包，挨家挨户地走到农民家——有些货源充足的地方，他们甚至坐火车去——去非法收购食品，然后在城市里以四倍或者五倍的价格卖出去。刚开始，农民们还因为一下子有这么多纸币感到高兴，于是自己把纸币"囤积"起来。等到他们的钱包满了，要带着钱到城里买东西时，才难过地发现：那些食品，他们不过是以平时五倍的价格卖出去的，而他们想要买的镰刀、锤子、铁锅等，价格已经涨了二十倍或者五十倍。从那以后，他们就只以工业品来换食品，要求以物易物的对等交换。自从人类进入战壕重温洞穴时代的生活，千年以来使用货币的传统也被抛弃了，人们又回到了原始的物物交换。一种怪异的贸易方式开始遍及全国。城里人将那些农民可能愿意要的东西拿到农村去，比如中国的瓷花瓶和地毯、长刀和火枪、照相机和书籍、灯具和各种装饰物。可能会出现这样的情形：如果一个人走进萨尔茨堡的农户，可能会看到一尊印度佛像正在盯视着来者，或者一只洛可可风格的书柜，里面竖立着皮面精装的法文书，新主人会为做成这桩好买卖而格外得意。"真皮的！法国！"他们鼓着腮帮子炫耀说。要物，不要钱，已经成了当时的口头禅。有些人不得不从手上褪下结婚戒指，或者从身上摘下皮带，只因为要填饱肚子。

最后，有关部门也掺和进来，要阻止这种黑市交易，可是实际上只是对富人有利。每一个省份里都设立了很多关卡，要从自行车和火车上将"仓鼠"们的货物收缴下来，分派到城市里的食品供应机构。"仓鼠"们采用美国西部的方式组织夜间运输，或者去贿赂那些检查人员，这些人自己家中也有嗷嗷待哺的孩子。有时候也会真刀真枪地打起来：经过四年的前线练习，小伙子们精通武器的使用，在逃跑途中也熟悉自身掩护等一套军事艺术。这种混乱的局面一天比一天严重，百姓越来越不安，因为货币的贬值是每一天都能感觉到的。邻国已经启用自己的纸币取代奥匈帝国的纸币，在一定程度上将兑付旧"克朗"的负担都转嫁给了小小的奥地利。令民众失去信任的第一个标志，是硬币已经见不到了，因为跟纸币相对而言，一小块铜或者镍仍然是"实物"。国家在开足马力印钞票，以便按照魔鬼梅非斯特的办法尽可能地制造出更多的人为货币，但是其速度仍然赶不上通胀的速度。于是，每个大大小小的城市和乡村都开始自行印制自己的"紧急状态钞票"，可是相邻的村子却都不肯接受它们作为支付手段，后来人们在认识到这完全没有价值以后只好全部扔掉。这一阶段的通货膨胀首先出现在奥地利，然后在德国，如果一位国民经济学家能把情况如实写下来的话，我感觉那惊心动魄的程度很容易超过任何一部小说，因为混乱的形式越来越出人意料。很快人们就不再知道什么东西是什么价钱了。物价在随意上涨：一家商店里的火柴价格可能是另外一家店里的二十倍，只是因为后者的店主还一无所知地按照昨天的价格在出售物品。这老实人得到的回报是，不到一个小时他的商店就被抢购一空，因为人们互相转告，每个人都跑来买能买的东西，不管他们是否真正需要。就算是一条金鱼或者一架旧望远镜，也还能说是"实物"，每个人都想要"实物"，而不想要纸钞。最荒唐的是房租的不成比例。政府为了保护租客（他们构成了大多数）起见，禁止任何形式的租金上涨，这就损害了房东的利益。很快，在整个奥地利，一套中等大小住宅的年租金还不够吃一顿午饭，整个奥地利甚至有五年或者十年的时间就是免费住房（因为后来连中止租户合同都被禁止了）。由于这种混乱不堪的局面，局势一周比一周荒唐，世风日下。四十年节俭度日，出于爱国热情而用自己的积蓄购买战争公债的人，现在成了乞丐。欠债的人，不再还债；规规矩矩地只得到食品配额量的人，会挨饿；只有那些大胆越界的人，才能吃饱。肯行贿的人，日子会好过起来；肯投机的人，会大发横财；依循买入价而出售货品的人，等于遭受了盗窃；那些通过精打细算做买卖的人，总会受到欺诈。在钱财的流动和蒸发过程中，再无规范和价值可言。人们所认可的只有一个美德：要机灵、随机应变、不假思索，要跳到这匹追猎快马的背上，而不是让自己被它践踏。

雪上加霜的是，当奥地利人在价值骤变的过程中失去任何规范时，某些外国人也认识到他们可以在其中浑水摸鱼。通货膨胀持续了三年，而且速度越来越快，在此过程中，这个国家唯一保持价值恒定的是外国货币。由于奥地利克朗就如同肉汤冻一样在手指下流走，每个人都想要瑞士法郎、美元；好多外国人也利用这一经济形式，也要在蜷缩一团的奥地利克朗这具死尸上咬上几口。奥地利"被发现了"，于是有了灾难性的"外国人季"。维也纳所有的旅馆都住满了这些食尸秃鹫，他们什么都买，从牙刷到农庄，他们将私人收藏和古董店收购一空，主人最后才意识到，自己由于处境窘迫，遭受了怎样的抢劫和偷窃。瑞士小旅馆的看门人、荷兰的速记员可以住在环城大道大饭店的王侯套房，这种情况显得难以置信，但是，我作为一个目击者是可以证实这一点的：萨尔茨堡著名的豪华饭店"欧洲饭店"好长时间都是出租给英国的失业者，由于有相当丰厚的英国失业金，他们在这里的生活费用甚至比在本国的贫民窟还要低。世上没有不透风的墙，在奥地利生活和购物是多么便宜的消息，慢慢地越传越广，从瑞典、法国有好奇的客人赶来，在维也纳的大街上，意大利语、法语、土耳其语、罗马尼亚语用得比德语还多。甚至德国也利用马克来对付日益贬值的克朗，当时德国的通胀速度还不如我们这里那么快，当然后来比我们快百万倍。作为边境城市的萨尔茨堡给了我最好的机会，可以每天观察到这些抢劫的队伍。他们成百上千地从相邻的巴伐利亚乡村和城市过来，填满了这座小城。他们在这里让裁缝给自己做衣服、修理汽车，他们在这里去药店买药，去看医生；慕尼黑的大公司在萨尔茨堡将寄往国外的信和电报发出去，以便省下邮费的差额。后来，德国政府采取了措施，阻止人们在便宜的萨尔茨堡购买所有的必需品——毕竟一个马克可以换七十克朗——而不是在本地商店里购物，他们设立了边境稽查站，每一个来自奥地利的商品都会被海关没收。但是，有一样东西海关也没法没收：那就是已经喝到肚子里的啤酒。嗜好啤酒的巴伐利亚人每天从汇率表上看，由于克朗的贬值他们用在当地喝一升啤酒的价钱能在萨尔茨堡喝上五六升还是十升啤酒。再也想不到比这更诱人的事情了。于是，他们带着妻儿老小成群结队地从费赖拉辛（Freilassing）或者赖辛哈尔（Reichenhall）越过边境到这边来，享受尽情畅饮的奢侈。每天晚上，火车站都成了一个真正的魔窟，到处是酩酊大醉的、大呼小叫的、打着嗝的、呕吐着的人。有的人喝得太多，只好被用平常运土豆的推车给推到车厢去，直到火车满载着醉醺醺中又吼又唱的人回到自己的国家。当然，当时这些快活的巴伐利亚人没有想到，一个可怕的报复就在不远的将来等待着他们。当克朗稳定下来，而马克却以天文数字的幅度强烈下跌时，奥地利人也从同样的火车站乘车过去，到那里去喝便宜啤酒。同样的戏，第二次上演，只不过换了一个方向而已。这两场通货膨胀当中的啤酒战争，属于留在我的回忆中最为特别的，因为这些在小节上的实在和怪诞，也许最淋漓尽致地展示了那些年的疯狂之处。

最不可思议的是，我今天怎么也回忆不起来那些年里我们是怎样来应付家庭开销的。当时在奥地利，单单为了维持生活，每天都需要几千或者上万克朗，后来在德国需要上百万马克。然而，最神秘的是：人们能得到这么多钱。人们变得对此习惯，适应了那种混乱。一个鸡蛋所需要的钱数，和从前的一辆豪华汽车一样多；后来在德国，一个鸡蛋需要四十亿马克，在通胀以前这个数额可以买下整个大柏林区的全部房产，从逻辑上，一位没有身临其境的外国人肯定会这么以为：在那时的奥地利妇女们肯定是蓬头垢面在大街上跌跌撞撞，商店里肯定一片荒凉，因为没有什么人还买得起什么，尤其是剧院和娱乐场所肯定都是空荡荡的。然而，令人吃惊的是，情况正好相反。人们对生活连续性的意志要大于货币的不稳定性。在金融的混乱之中，日常生活似乎在不受干扰地继续下去。在个人层面上，发生了很多变化：富人们变穷了，因为他们存在银行里的钱，他们买的国债贬值了；投机家们变富了。但是，生活的车轮在继续转下去，毫不在意单个人的命运，按照自己的节奏自顾自地行进着。面包师在烤他们的面包，鞋匠在缝制他们的靴子，作家在写他们的书，农民在耕种他们的土地，火车正常运行，每天早晨报纸都会像往常一样放在门口。恰好是那些娱乐场所、酒吧和戏院总是座无虚席。正是因为那意想不到的事情在发生，即从前最稳定的货币现在却在每一天都失去其价值，人们更加珍惜生活中的真正价值：工作、爱情、友谊、艺术和大自然，整个民族在灾难当中生活得比以往任何时候都更投入、更精彩。小伙子们和姑娘们上山远足，回到家时晒得皮肤黝黑；舞厅里的音乐一直响彻到深夜；到处都有新工厂和商行在成立。我自己也没想到能比以往任何年月都更投入地生活和工作。以前我们所看重的东西，现在对我们来说变得更重要了。在奥地利，我们还从来没有像在这些混乱之年里如此热爱艺术，因为我们在金钱的背叛中感觉到，只有我们身上那些永恒的东西才是真正持久的。

比如，在那些最为艰难的日子里，我也从来没有忘掉去一场歌剧演出。人们在半明半暗的街道上跌跌撞撞，因为煤的匮乏，照明受到限制。买一张大厅里座位的票需要一捆钞票，这在早先足够豪华包厢的全年票了。因为剧场里没有暖气，观众都穿着外套看戏，并且大家拥挤在一起来取暖。现在的大厅里，是多么单调，多么灰暗，而从前这里是耀眼的制服，多么华贵的女士晚装！谁也不知道，如果货币继续贬值，哪怕只有一个星期没有煤可用，在下一个星期歌剧是否还能够继续上演。在这个带着皇室般富丽堂皇的奢华剧院里，一切都显示出双重的令人绝望。乐队的演奏员们坐在乐谱架旁，他们也处在灰色的阴影当中，身着已经磨坏了的旧燕尾服，他们疲惫不堪，因为匮乏而显得憔悴。在这座变得阴森森的剧院里，我们自己也如同幽灵一般。可是，当乐队指挥抬起了指挥棒，当帷幕徐徐拉开以后，一切都展示出前所未有的辉煌。每一位歌唱家，每一位音乐家都发挥出他们最好的水平，因为他们都感觉到，也许这是最后一次在这座自己钟爱的剧院里演出。我们在悉心倾听，从来没有这么集中，因为也许这是最后一次。我们就这样生活着，其他的千百万人也是这样；每个人都极尽自己所能，在这个星期、这个月、这一年，这毁灭之前的时段。我还从来没像当时那样在一个民族当中感觉到那么强烈的对于生活的意志，好像那一切都关涉到终极所在：为了存在，为了延续。

然而，哪怕有这一切，要是我得向人解释，当时那个被洗劫一空、贫穷而多灾多难的奥地利怎么就保留下来了，我还是会觉得尴尬。我们右边的巴伐利亚成立了共产主义的苏维埃共和国，我们左边的匈牙利在贝拉·库恩的领导下走向了布尔什维主义。直到今天我也不明白，为什么革命没有在奥地利发生。当时真的不缺少爆炸材料：满大街游荡着返乡的士兵，他们处于半饥饿状态，衣衫褴褛，愤怒地眼见着发战争财的人享受着无耻的奢侈，他们还得面对严重的通货膨胀。在兵营里，一个"红色卫队"团已经准备就绪，而且没有任何对立组织的存在。两百个心意已决的男人就足以拿下当时的维也纳和整个奥地利。但是，没有什么真正严肃的事情发生。唯有一次，一群不守纪律的人准备闹事，被四五十个携带武器的警察轻而易举地给平定了。于是，奇迹变成了现实：这个与它的能源供应、工厂、煤矿和油田切断关联的国家，这个纸币像雪山崩塌一样失去价值的、被抢劫一空的国家存留下来了，站住脚了。也许这是由于它的衰弱，人们挨饿的日子太久了，没有力气再去斗争了；也许，也是由于那种典型的奥地利式的神秘力量：那种与生俱来的和睦相处的能力。两个最大的党派，社会民主党和基督教社会党，在最艰难的时刻联合在一起组成政府，尽管他们有内在的深层对立。每一方都向对方做出了让步，以避免让整个欧洲陷入四分五裂的灾难性局面。慢慢地各种关系开始被理顺、稳固起来，让我们自己也感到吃惊的是，这些难以置信的事情发生了：这个肢体残缺的国家继续存在下去，后来当希特勒来到这里要夺走这个民族——这个富有牺牲意愿、忠贞不渝、在艰苦卓绝中表现出无比勇敢的民族——的灵魂时，它甚至还能保卫这个国家的独立性。

但是，这个国家避免了彻底塌垮，这只停留在表面的和政治的意义上。在国家的内部，在战后的最初几年它经历了一场极大的革命。与军队一起被粉碎的，还有曾经对"威权不会犯错误"的信任，这是我们从小就被灌输的信条。对于那位发誓"人马一息尚存，决不放弃战斗"，却在夜深雾浓之时逃出国境的皇帝，对于那些军队首领、政客和毫不懈怠地用"战争"（Krieg）和"胜利"（Sieg）、"痛苦"（Not）和"死亡"（Tod）来押韵的诗人，德意志人还会有一丝敬仰之情吗？当硝烟弥漫这个国家，战争带来的满目疮痍随处可见时，战争的残酷现在才为人们所见。长达四年的时间，在英雄主义和军队征用的名义下进行了谋杀和抢劫，人们怎么还能将这样的道德信条看作是神圣的呢？当国家取消了一切颇为棘手的对公民的责任之后，国民怎么还能够相信这个国家做出的任何承诺呢？而现在，正是那些战争期间的原班人马，那些有经验的人，在商谈和平时显示出来的愚蠢与发动战争相比，有过之而无不及。今天大家都知道——当时却只有我们少数几个人才认识到——这次的和平会是历史中一个实现正义的机会，也许是最大的可能机会。威尔逊认识到了这一点。他以卓越的远见勾画了一项给世界带来真正的、持久和平的和解计划。但是，那些旧日的将军、国家首脑、利益相关人将这一计划割裂成毫无价值的碎纸片。那些曾经许给千百万人的诺言——这次战争将是最后一场战争——无非是要从那些一半由于失望、一半由于疲惫而变得绝望的士兵身上，再动员出来最后的力量。军火商的利益和政客们的较量已经以牺牲这些承诺为代价，他们采取了关起门来签订秘密条约和进行私下谈判的灾难性策略，成功地避开威尔逊提出的那些睿智的、人道的要求。这世界上的明眼人都看到，他们受骗了。受骗的是牺牲了自己孩子的母亲，是作为乞丐而返乡的士兵，是认购爱国国债的人，是每一位相信了国家承诺的人，是我们所有那些梦想着一个更有秩序的新世界的人。我们不得不看到，那个押上了我们的生存、我们的幸福、我们的时间、我们的财富的老游戏，现在又重新开始了，操盘手还是原来的那拨人或新来的赌徒。如果整个年轻一代怨恨而鄙视地看待他们的父辈——这群先听信了胜利在握而后又接受了和平条件的人——这会让人感到奇怪吗？难道这一切都是因为不走运，什么都无法预见、什么都无法料到才导致的？如果年轻人失去了任何形式的尊敬，这难道会不好理解吗？整个年轻一代，不再相信父母、政客和老师；国家的任何规定、任何法令，他们都会带着怀疑的目光来阅读。战后的一代一下子就抛弃了迄今为止的一切有效条规，背离了传统，他们要将命运掌握在自己的手中，摆脱过去，跃入未来。生活领域中一个完整的新世界，一种完全不同的秩序应该从他们这里开始，当然一切都带着某些狂野的过激。一切非同龄人的活动，都是不可以接受的。以前年轻人与父母一起旅行，而现在十一二岁的孩子们依照性别组织起自己的群体，像"迁徙的鸟儿"一样走遍整个国家，去意大利，去北海。在学校里，他们依照苏俄的榜样，成立学生委员会来监督教师，推翻"教学计划"，因为孩子们只愿意、只想学习他们愿意学习的内容。对于每一种现行的规则，他们出于造反的乐趣去反对，甚至违背了天然的意志，违背了性别之间永久性的两极化。女孩们把头发剪得短短的，短到与男孩子们的发型都无法区分开来，而年轻小伙子们又要将胡子刮得精光，为的是显出些姑娘的娇媚。男女同性恋并非出于内在的性驱动，而是作为一种表达抗议的盛行时尚，反抗的是那些悠久的、合法的、正常的爱情形式。存在的每一种表达形式都要显示出激进和革命，艺术也当然如此。新绘画宣布伦勃朗、老荷尔拜因（Ambrosius Holbein）和委拉斯开兹（Velasquez）创作的一切都已过时，开启了最光怪陆离的立体主义和超现实主义的实验。无论在哪里，那些能让人一目了然的因素——音乐中的旋律、肖像中的相似性、语言中的可感性——都受到鄙视。德语中表示阳性、阴性、中性的定冠词 der、die、das 被弃之不用，句子的结构被颠倒过来，人们用"直白"和"口无遮拦"的电报风格，加入激烈的感叹词，来进行文学写作。况且，任何非活跃性质的文学作品，也就是说，缺少政治理论上思考的文学都会被扔到垃圾堆里。音乐在一根筋地寻找一种新的调性，将节拍分离；建筑学把房屋的里外翻了个个儿；在舞蹈方面，华尔兹消失了，取而代之的是古巴和黑人的舞蹈因素；在时装设计上，突出强调裸露一直在造就另一种荒谬性；在戏剧方面，演员们穿燕尾服来上演《哈姆雷特》，力图带来爆炸性的戏剧效果。在所有领域中，都展开了最无羁绊的实验，一切现有的、已经完成的、已经成就的东西，要一蹴而就地被赶超过去。一个人越年轻，所学到的东西越少，就会因为他与任何传统都不相干而越受欢迎：终于，年轻一代可以胜利地向父母一代的世界进行报复。在这种任性的狂欢之中，让我觉得最可悲而滑稽的一场戏便是，老一代知识分子惊惶失措地担心自己会被超越，会被认为"不合时宜"，他们绝望地也赶紧装扮出做作的"野性"，试图一瘸一拐地跟在这些年轻人的后面，哪怕那是明显不过的歧途。那些中规中矩、温柔敦厚、胡须灰白的学院教授在他们从前创作的现在卖不出去的"静物写生"画上添加上象征性的立方体和六面体，因为不如此的话，年轻的馆长们（现在到处都在找年轻人，或者更准确地说：最年轻的）就会认为这些画太过"古典主义"，会把它们从画廊里取下，送到仓库里。那些几十年来以圆润清晰的德语进行写作的作家，现在把自己的句子砍剁得七零八落，驱使自己成为"行动主义"中的一分子；大腹便便的普鲁士枢密顾问在讲台宣讲卡尔·马克思；上了年纪的宫廷芭蕾舞女演员裸露出四分之三的肉体，用"做作"的旋转舞来跳贝多芬的《热情奏鸣曲》或者勋柏格的（弦乐六重奏曲）《升华之夜》。到处都有老人在惶恐不安地追随最新的时尚。突然之间，要保持"年轻"，当昨天的还尚未过时，就要快速地构想出一个更新的、更极端的还从来没有出现过的方向，这变成了唯一的虚荣心。

这是一个多么狂野、无政府主义大肆泛滥、令人难以置信的时代！在这些年里，随着货币价值的消失，在奥地利和德国的一切价值都在向下大跌！这是一个人们兴奋得心醉神迷的时代，是无所顾忌的骗局连连的时代，是焦躁不安和极端主义的独特混合。一切非常规的、无法掌控的东西，都在经历黄金时代：通神学、神秘学、招魂术、催眠术、人智学、手相学、笔相学、印度的瑜伽学说、巴拉塞尔士的神秘主义。一切能够带来超出现有兴奋程度的东西，吗啡、可卡因、海洛因，任何形式的麻醉品，都有令人瞠目结舌的好销路。在戏剧作品中充斥着乱伦和弑父的情结；在政治方面，唯有共产主义和法西斯主义是人们所渴望的极端，与之相反的任何形式的中规中矩与温和折中都会遭到鄙视。但是，我也不愿意在自己的生活中、在艺术的发展中舍弃这个混乱的时代。就如同每一场思想革命其最先的任务总是清除积垢，总是得先将空气中沉闷的传统一扫而空，将多年累积下来的紧张释放出来，尽管有各种大胆的实验，而有价值的启发还是没能出现。尽管我们对他们的夸张行径感到疏离，我们还是没有理由去责备他们或者高傲地去拒绝他们，因为从根本上这些新一代年轻人在尝试着做我们那一代因为谨慎和边缘化而贻误的事情，尽管他们太过于激烈、太不耐心。在内心最深层，他们的直觉是对的，战后时代必须与战前有所不同：一个新时代，一个更美好的世界，我们这年长的一代在战争之前和战争期间，不也是一直希望如此吗？当然，就算在战后，我们这些年长的人，再一次证明了我们在面对危险的世界被重新政治化时，无力及时形成超越国家的组织来扭转这种局面。还在和平谈判期间，以小说《火线下》享誉世界的法国作家昂利·巴比塞就曾经试图在欧洲和解的旗帜下成立欧洲各国知识分子联合会。这个团体将自己命名为"清醒思考者"（Clarte），各国作家和艺术家要庄严地承担起责任，与任何形式的民众煽动做斗争。巴比塞曾委托我和勒内·席克勒共同领导德语作家小组，这也是最艰难的一部分，因为在德国还到处燃烧着对《凡尔赛和约》的怒火。只要莱茵兰、萨尔与美因兹的桥头堡还被外国军队占领着，要想赢得德国人在思想上超越民族主义就显得前景渺茫。如果巴比塞没有抛弃我们，也许还有可能建成这样的组织，就如同后来高尔斯华绥通过成立国际笔会俱乐部（P.E.N.）所能做到的那样。致命的是，一次俄国之行带给他的兴奋——那里群情高涨的大众传染到他身上的——让他坚信，市民国家和民主无力让各民族结成真正的兄弟关系，只有在共产主义旗帜下全世界成为兄弟才有可能。他想悄悄地将"清醒思考者"变成阶级斗争的工具，而我们拒绝这种激进做法，这是一种注定会削弱我们力量的做法。于是，这件本身很有意义的计划就提前告吹了。我们又一次因为太热爱自身的自由和独立，让为思想自由而进行的斗争遭遇失败。

现在只有一件事可做：平静地隐居起来，回到自己的创作。在表现主义者和放纵主义者——如果允许我这样说的话——那里，我以三十六岁的年龄，已经进入了上一代，那个本来已经该销声匿迹的一代，因为我拒绝像猴子那样投他们所好。对于早年的作品，我自己感到不满意，我再也没有再版那些“唯美”时期的书。这也意味着，要重新开始、要等待，直到各种“主义”的焦躁浪潮退去。我个人的一个缺陷——全无上进心——也有利于做到这种不尚虚荣。我开始了一个大型的系列“世界建造大师”，就因为自己知道这需要做上几年；我写了中长篇小说《马来亚狂人》和《一个陌生女人的来信》，带着彻底的非行动主义者的放松。我身边的国家、我身边的世界开始慢慢地有了秩序，我也不应该再有所犹豫。我可以装模作样的时代过去了，那时我所开始的一切，都无非是权宜之计。人生的中途站我已经到达，单纯承诺的年龄已经过去；现在需要做的是，去更有力地追随自己的渴望，去让自己经受住考验，或者让自己彻底放弃。

十二　重返奥地利

十三　再度漫游世界

三年的时间，1919—1921 年，奥地利在第一次世界大战以后最为艰难的三年，我在萨尔茨堡生活的与世隔绝的状态中，本来已经放弃了再次看到外面世界的这种希望。战后的崩溃，国外人对德意志人以及用德语写作的人的憎恨，货币贬值，这一切所具有的巨大灾难，让人已经想到此生只能留在自己的家乡了。可是，一切都好起来了。又能吃饱了，又能重新坐在写字台旁不受打扰地工作了。没有发生抢劫，也没有发生革命。还活着，还能感觉到自己的力量。难道不应该再去尝试一下年轻时的乐趣，出门去远方？

　　我还没有考虑到远途旅行。可是，意大利就在跟前，只有八个或者十个小时的车程。我应该大胆一次走出这步？国境线这边的奥地利人，可是他们的"头号敌人"啊，尽管我自己倒从来没有过这样的感觉。为了不让自己的老朋友陷入尴尬，难道就应该不友好地避开他们，必须过他们的家门而不入？现在，我要迈出这一步，在某一天的中午，我越过了国境线。

　　晚上，我到了维罗纳（Verona），住进一家旅馆。有人递给我一张登记表，我在上面填写了内容。看门人接过登记表看着，当看到"国籍"一栏写着"奥地利"时，他大为吃惊。"您是奥地利人？"他问。我想，现在他要把我赶出门了。可是，当我肯定地回答时，他几乎都高兴得欢呼了。"啊，太好了！终于来了一个！"这是第一句问候，也再次证实了我在战争期间已有的感觉：所有那些对仇恨的宣传和煽动只能掀起短暂的狂热，在根本上从来不能真正触及欧洲的大众。一刻钟以后，这位诚恳的看门人还特地到我的房间来看一下是否所有的用品都准备停当。他盛赞我的意大利语，告别时我们发自内心地握手。

第二天我到了米兰。我又见到了大教堂，在画廊里游荡。能听到自己热爱的意大利语的声乐，对所有的街道都那么熟悉，能享受在异地他乡中找到熟悉感，让人倍觉舒坦。在路过时，我看到一个大楼上写着《晚邮报》字样。我突然想到，我的老朋友朱·安·博尔杰塞（G. A. Borgese）是这个编辑部的领导，昔日在他的社交晚会上，我与凯泽林伯爵、本诺·盖格尔一起，曾经度过很多思想激荡的愉快夜晚。他是意大利最好、最有激情的作家之一，对年轻人有着特别大的影响。虽然他是《少年维特之烦恼》的译者，也狂热地热爱德国哲学，但在大战期间却采取了坚决反对德国和奥地利的立场，与墨索里尼（后来分道扬镳了）肩并肩地主张战争。在整个战争期间，我都因为知道有一位敌对国的老朋友是个军事干预主义者而有一种很怪异的感觉。正因为如此，我更有来见这位"敌人"的愿望。不过，我可不想让自己被拒之门外。我给他留下自己的名片，上面写上了我的旅馆地址。我还没走下楼梯时，已经有人从后面追上来，那张充满生命活力的脸因为兴奋而光彩照人：博尔杰塞。五分钟以后，我们就交谈得内心毫无芥蒂，或许还更加推心置腹。他也从战争中得到了教训，我们从各自的一岸出发，彼此比以往更近了。

到处都是这样的情况。在佛罗伦萨，我的老朋友、画家阿尔贝特·斯特林（Albert Stringa）在大街上向我走来，他紧紧地拥抱我，让我的妻子——当时和我走在一起，却不认识他——以为这位大胡子的陌生人要谋害我。一切都和从前一样，不，比从前更加诚挚。我松了一口气：战争被埋葬了。战争过去了。

可是，战争并没有过去，只是我们不知道而已。我们都在美好的愿望中让自己受到蒙蔽，将自己的个人思想准备和外在世界的思想准备混淆了。但是，我们不需要为这一误判感到羞愧，因为那些政治家、经济学家和银行家的误判一点也不亚于我们，他们同样为复苏的虚假繁荣和心满意足的慵懒所蒙蔽。实际上，战斗只是转移了阵地，从国家之间转移到社会阶层之间。我从第一天开始就是一个场景的见证人，其影响深远的意义我直到后来才明白。我们在奥地利的人，当时不太了解意大利的政治，只是知道由于战后失望所造成的强烈的社会主义甚至布尔什维克主义倾向开始蔓延。每一面墙上都能看到用墨炭或者粉笔写下的僵硬字母"列宁万岁"。人们恍惚听说，一个叫墨索里尼的社会党领袖在战争期间与党脱离，自己另行组织了某个对抗小组。但是，人们带着事不关己的无所谓态度来接受这种消息。这样的小组有什么大不了的？每个国家里都有无数个这样的小党派：在波罗的海沿岸，到处都有志愿兵团的人在行进，在莱茵兰、巴伐利亚都形成了分裂分子小组。到处都有游行和政变，几乎都被镇压下去了。谁也没有想到，这些"法西斯主义者"——他们不穿加里波第义勇军的红衫，而是全部黑色着装——会成为未来欧洲发展的一个重要因素。

但是，在威尼斯，这一词汇之于我突然就有了实在的内容。下午，我从米兰来到我所热爱的水上城市，那里没有搬运工，也没有小游艇。工人和铁路员工无所事事地站在那里，示威性地将双手放在衣袋里。由于带着两个相当重的大箱子，我环顾四周寻求帮助，向一位年长的先生打听，在哪里可以找到搬运工。"您来得太不凑巧，"他不无遗憾地回答我说，"不过，我们现在经常有这种日子。又是一次总罢工。"我不知道罢工是为了什么，也没有继续问下去。我们在奥地利已经对此习以为常，社会民主党太经常使用这种最终让自己倒霉得最厉害的手段了，根本不去考虑实际效果如何。我于是吃力地提着箱子继续走，直到看见一只小船在小河道里快速地、偷偷地向我招手，然后让我和两个箱子上了他的船。我们用了半个小时到达了我的旅馆，路上遇到若干人对我的船夫——这个打破罢工规矩的家伙——挥舞拳头。我不假思索地按照老习惯去了圣马可广场，那里冷清得让人吃惊。大多数商店的防护窗都放下了，没有人坐在咖啡馆里，只有一大群工人三三两两地站在拱廊下面，好像在等待着什么特别之事的发生。我和他们一起等。然后，这样的场景就突然出现了。从旁边的一条小巷里迈步走出来或者可以说原本是以急匆匆的脚步跑出来一组年轻人，非常整齐，用练习过的节奏唱一首歌，歌词的内容我不知道——后来我知道就是那首《青年之歌》。他们挥舞着棍子，以疾跑的步子向人数超过他们百倍的人群冲过去，让这些受攻击者来不及反抗。这个有组织的小团伙的确大胆而且快速地冲击人群，等对方意识到这是一种挑衅时，已经没有办法抓到这些人了。这些受到冲击的人现在生气地凑在一起，攥起拳头，但是太晚了，他们已经追不上那个小小的冲锋队了。

　　眼见为实的印象总是更有说服力。我第一次知道，那个传说中的我还不知道的法西斯主义是真实存在的，领导极为有方，它是下定决心要让那些无畏的年轻人成为自己的狂热信徒。从那以后，我再也不能认同佛罗伦萨和罗马那些年纪大的朋友的看法了：他们总是轻蔑地耸耸肩膀，称这些年轻人为"雇佣来的匪帮"，嘲讽他们为"魔鬼的兄弟"。我出于好奇买了几期《意大利人民报》，从墨索里尼那尖锐、拉丁语式简洁和形象的文风中看到了同样的决心，正如圣马可广场上冲锋队的年轻人表现出来的决心一样。我当然还无法知道这场斗争在一年以后达到的规模。我从这个时刻开始知道，无论这里还是在别处，我们都面临着一场斗争，我们的和平还不是真正的和平。

　　对我来说，这是第一个警告：在我们欧洲似乎平静的表面之下，还潜藏着完全危险的暗流。第二个警告没过多久就接踵而至了。我因为再度有了旅行的兴趣，决定夏天去德国北海之滨的威斯特兰（Westerland）。当时对一个奥地利人来说，去德国还是能让人感觉振奋的。跟我们疲软的克朗相比，德国的货币马克还一直表现得相当不错，现在似乎是在很好的康复之路上。火车准点到以分钟计算，旅馆整洁得一尘不染，铁路两旁到处是新建的房屋、新建的工厂，到处都是无可指摘的、没有喧嚣的秩序井然，人们在战争之前痛恨这种秩序，可在混乱之中又学会了珍视这种秩序。空气中有某种特殊的紧张，因为整个国家都在等着热那亚和拉巴洛（Rapallo）的谈判结果，不知道能否得到人们所希望的减少战争赔偿，或者至少会达成真正和解的清醒姿态。这是德国第一次作为有平等权利的国家与那些敌对国家一起坐在谈判桌前。主持这次在欧洲历史上有纪念意义谈判的，正是我的老朋友拉特瑙。他那杰出的组织才能在战争期间已经显露无遗，他在第一时间就认识到德国经济的薄弱之处——这也是后来让德国经济遭受致命一击的软肋——即原材料供应。他及时地（在这方面他也是有远见的）将全部经济置于中央控制之下。在战争结束之后，当德国需要一位外交部部长来与对手中那些最睿智、最有经验的人打交道时，这一人选自然就非他莫属。

迟疑良久，我在柏林给他打了电话。他正在打造这个时代的命运，我怎么能去打扰他呢？"对，确实很难，"他在电话里说，"现在我也必须因为工作而牺牲友谊。"不过，他有那种能利用每一分钟的出色组织技巧，马上就找到了一个会面的可能性。他说，他要去几个使馆拜会，从格鲁内瓦尔德（Grunewald，拉特瑙的住地）出发得有半个小时的车程。最简单的办法是，我过去到他那里，我们利用这半个小时在汽车上聊一下。他的确有那种精神上的专注能力，能快速而彻底地从一件事情转到另一件事情上，任何时候在汽车或者火车上的谈话都能如此精确和深刻，如同在他的工作室里一样。我不想错过这个机会，而且我也相信，能跟一位不介入政治、与他有多年友谊的老朋友说说话，也会让他感到愉快。那是一次长谈，我可以作证，拉特瑙虽然并非完全没有个人野心，但是绝非带着某种贪婪或者急不可耐地接手相当棘手的德国外交部部长一职。他早就知道，这个任务目前还是无解的，他最多也就能完成四分之一，能达成几个无关紧要的让步。但是，真正的和平，宽宏大度地彼此面对，现在还不能指望。"也许需要十年，"他对我说，"前提是，大家的日子都不好过，不光是我们不好过。那些老一代的人得从外交界中退出，那些将军都成了公共广场上的纪念雕像，站在那里不再作声，这才有可能。"他完全明了，自己作为犹太人，有双重的责任。在历史上也许很少能有这样一个人，带着那么大的疑虑和那么深的内心思考来接受这一项任务，而他自己也很清楚，能解决这一问题的是时间而不是他。他也知道自己面临的危险，自从埃尔茨伯格尔（Erzberger）被暗杀——他接手了签署停火协议这个不愉快的责任，而鲁登道夫小心地躲到了国外而回避这个责任——拉特瑙就一点儿也不怀疑，作为一位主张和解的先锋，等待着他的也会是类似命运。不过，没有结婚、没有子女、从根本上极度孤独的他，认为自己没有必要害怕这种危险。我也没有勇气提醒他要注意个人安危。拉特瑙在拉巴洛会议上做得非常出色，在当时的条件下他达到了最好的结果，这在如今已经是一个历史事实。他那种能把握任何一个有利时机的出色天才，那世界级人物的风度、个人的声望，从来没有像那次那么光芒闪烁过。但是，德国国内一些群体的力量已经日渐壮大起来，他们知道能给自己注入力量的唯一手段便是：不断对被战胜国的民众宣称，他们根本没有战败，任何谈判和让步都是对国家的背叛。当时的秘密团体——因为强烈的同性恋风气而结成——的势力之大，超过了当时共和国领导者的预想。在自由的理念下，共和国领导者们对所有群体都听之任之，包括那些意图在德国永远消灭自由的群体。

我在市中心外交部门口和他告别，没想到那竟然是永别。我后来从新闻照片上认出，时隔不久，就在我们一起驶过的那条街道上，杀手伏击了我们一起坐过的那辆汽车。按说，我没有成为这个历史上灾难性一幕的目击者，也只是因为偶然。因此，这一悲剧性场景——德国的不幸、欧洲的不幸由此开始了——在我这里更让人内心有所触动，更印象十足。

那一天我已经在威斯特兰。数以千百计的疗养者在沙滩上愉快地休闲，又有乐队在给无忧无虑避暑的人们演奏音乐，就如同弗朗茨·斐迪南遇刺消息传来的那一天一样！突然，送报人像白色的信天翁一样从滨海大道上跑过来："瓦尔特·拉特瑙被暗杀！"恐慌开始了，这一消息震动了全德国。马克一下子暴跌，没有什么能支撑的了，一直疯狂到以兆来计算。现在才开始了真正的通货膨胀的混乱局面，相比之下，我们奥地利之前的 1∶15000 的通胀率只是一个小儿科的游戏而已。要想讲述当初那些细节，那些令人难以置信的事情，需要整整一本书的篇幅，而这样的一本书在今天看来如同童话一样。我经历了这样的日子，早上买一份报纸需要五万马克，到了晚上则需要十万马克。必须兑换外币的人，将兑换的数额按照小时来划分，因为四点钟能换到的数量比三点钟的要多出几倍，而五点钟又会比一个小时前再多出几倍来。比如，我将写了一年的一部手稿寄给出版人，为保险起见要求出版人马上预付一万册印数的稿酬，等到支票来到时，其价值还不够一个星期前我所支付的包裹费用呢。电车票都是以百万计算的。中央银行用卡车将纸币运往各银行，十四天以后人们可以在排水沟里看到十万马克的钞票：那是一个乞丐不屑地扔掉的。一根鞋带比先前的一双鞋还贵，不，比有两千双鞋的豪华商店还要贵。去修理一扇玻璃窗比以前买整座房子还要贵。一本书要比以前有上百台机器的印刷厂还要贵。如果兜里有一百美元，可以在柏林的选帝侯大街上买一排六层楼的房子。从前的一家工厂现在也不过是一台手推车的价钱。半大的男孩子要是碰巧在港口拣到一箱被人落掉的香皂，他就可以开车兜风几个月，每天卖出一块香皂就能生活得像王侯一样奢侈，而他们的父母，从前的富人则在四处乞讨。送报人成立了银行，在各种外汇买卖中投机。他们当中的佼佼者是大赢家施廷内斯（Stinnes）。他利用德国马克崩溃的时机扩展贷款，买进一切能买到的东西，矿山和轮船、工厂和股票、城堡和农庄，实际上什么都没有花费，因为所有的欠债都归零。不久以后，四分之一的德国都在他的手中。可笑的是，那些总是对看得见的成就感到心旌荡漾的德国民众还向他欢呼，好像他是天才一样。数以千计的失业者无所事事地站在那里，对着豪华汽车里的外国人和给他们开车门的人握紧拳头，他们能买下整个一条街，就如同买一包火柴一样。每个会读写的人都在交易和投机，都在挣钱，同时有一种神秘的感觉，他们都在欺骗，也在被一只躲藏起来的手所欺骗：这只手在明确地策划这场混乱,以便让这个国家摆脱债务和责任。我自认为对历史相当了解,历史上还从来没有过类似的疯狂时代,会产生这么大比例的通货膨胀。一切价值都发生了改变,不光是在物质方面;国家的规定遭到嘲笑,没有什么风俗、道德会被顾及,柏林变成了世界的罪恶渊薮。酒吧、游艺场、小酒馆如雨后春笋般拔地而起。我们在奥地利所见到的,只是这种群魔乱舞场景的一个温和而羞怯的小前奏而已,因为德国人让自己的激情和条理彻底反转过来。沿着选帝侯大街,涂脂抹粉、戴着假腰肢的年轻人在来回晃荡,他们并非都是职业卖身者,中学生也都想挣些钱;在那些昏暗的酒吧里,可以看到国务秘书和高级金融大员在向喝醉了的水手温柔地大献殷勤,没有任何羞耻感。就算是斯韦东(Sueton)的罗马,也没有过如柏林的变性化装舞会这样的放荡:上百名男扮女装和女扮男装的人在警察赞许的目光下劲舞狂欢。在一切价值崩塌的时候,疯狂正好侵袭了秩序至今尚未受到震荡的市民阶层。年轻姑娘们很是以反常为荣。到了十六岁还被人怀疑是处女,这在当时柏林的任何一所学校里都会被当成是丢脸的事儿,每个人都想能吹嘘自己的风流冒险,越离奇就越好。在这种狂欢的色情当中,最重要的便是那种可怕的不真实。从根本上,随着通货膨胀而在德国爆发出来的恣意纵欲,无非是一种发烧般的模仿而已。到处都能看到,这些市民家庭出身的姑娘,她们原本是愿意把头发向两边梳分,而不是梳成一个光溜溜的男人发型;她们更愿意用小勺吃带奶油的苹果蛋糕,而不是去喝烈酒。到处都可以看到,整个民众对这种过度刺激、这种每天都不得不走通货膨胀这条钢丝、这对人的神经折磨已经变得无法忍受了。这个被战争弄得完全疲惫不堪的国家，原本只是渴望着秩序、安宁，渴望着一点点的安全和市民生活。他们暗地里憎恨这个共和国，不是因为它压制了这种狂野的自由，而是正好相反，它手里的缰绳太松了。

经历过这个世界末日般年月的人，哪怕他们对其感到厌恶和痛恨，也会感觉到：这肯定会遭到沉重一击，会有令人毛骨悚然的反制出现。那些将德国民众驱赶向混乱的人，正手里拿着时钟在幕后笑吟吟地等着时机："这个国家的情况越糟糕，对我们就越有利。"他们知道，自己出头的日子快到了。当时聚集在鲁登道夫周围的人要比聚集在尚无权势的希特勒周围的人多，他们已经明确显示出反革命的迹象。那些不得不脱下军装的军官组织起秘密团体，那些觉得自己的一生储蓄都被人骗走了的小市民也悄无声息地聚集在一起，只要承诺带来秩序的口号，他们都愿意接受。对共和国来说，再也没有比它那种理想主义的尝试更致命的了：它要给民众自由，哪怕是自己的敌人，它也要给予自由。德意志民族是一个讲究秩序的民族，面对自由他们不知如何是好，他们已经在焦急地等着有人来将自由从这里拿走。

德国通货膨胀结束的那一天（1924年），原本可以是历史上的一个转折点。随着一声钟响，当快速上涨起来的一兆马克兑换一个新马克时，标准也就给定了。的确，那带着污浊和泥浆的浑水不久以后就退去，酒吧、小酒馆消失了，各种关系开始正常化，现在每个人都能清楚地计算出来，自己得到了多少，失去了多少。绝大多数人，一个巨大的群体，都是输家。可是，罪责没有记到那些对战争负有责任的人身上，而是记在那些有牺牲勇气（他们没有得到任何感谢）的人身上，那些让自己挑起建设新秩序这一重负的人身上。我们必须时刻记住的是，没有什么比这次通货膨胀让德国民众变得如此恼火，如此充满仇恨和愤怒，如此容易接受希特勒。战争虽然让生灵涂炭，但总是给人带来可以欢呼的时刻，有钟声和胜利的号角。作为一个不可救药的军国主义国家，德国人曾经因为战争中取得的阶段性胜利而获得骄傲感的提升，而通货膨胀却让德国人只感觉到被玷污、被欺骗、受屈辱。整整一代人都不会忘记，也不会原谅德意志共和国的这几年，他们宁愿唤回那些屠杀者。不过这些还都远着呢。况且，到了1924年，混乱不堪的怪象似乎已经如鬼火一样消失了。日子又光明起来，人们知道该怎样做。秩序还在恢复当中，我们已经对长期的安宁表示出欢欣鼓舞。多少次，多少次，我们以为战争已经过去了。傻瓜，不可救药的傻瓜，如同以前一样。然而，也正是这种欺骗性的幻觉，毕竟送给我们十年的工作、希望甚至安全。

从今天来看，1924年到1933年的近十年间，也就是从德国通货膨胀结束到希特勒掌权，是我们这一代人从1914年开始见证的大灾难系列的一个中场间歇，尽管这期间也存在各种问题。在这期间也不乏个别的紧张局势、动荡和危机，尤其是1929年的那场经济危机，但是在这十年间欧洲似乎有了和平，这已经有非常大的意义。德国体面地被国际联盟接受，获得贷款来建设经济——实际上被秘密地用于军备；英国裁减了军事力量；在意大利，墨索里尼接手了对奥地利的保护。世界似乎又要开始建设了。巴黎、维也纳、柏林、纽约、罗马，无论是胜利者还是被战胜的城市，都变得比以前漂亮了。飞机让交通变得快起来，办理护照的规定不那么繁复了，各种汇率之间的大幅度波动停止了。人们又都知道自己有多少收入，可以支出多少，不再将注意力那么狂热地集中在外在的问题上。人们又能够工作，集中心思去思考精神世界，甚至又可以重新梦想，可以指望有一个一体化的欧洲。在这人类社会的一瞬间——这十个年头——好像我们这经历过磨难的一代将会重新过上正常的生活一样。

在我的个人生活中最为突出的是，在那些年里有一位客人来到我的家里，并且在这里舒坦地住了下来。这位客人——成就——是我从来没有期待过的。不难理解，我并不十分情愿提到自己的作品所取得的外在成功。在一般情况下，我也不会允许任何哪怕最不经意的明说暗示，只要它们可能会被理解为自负或者吹嘘。但是，我在这里有一个特殊的理由，而且我甚至必须做到不讳言我的人生历史上的这一事实，因为这些成就自从希特勒上台的七年以来已经成了历史上的成就。我的书曾经数以几十万、上百万计，在书店和无数个家庭中找到安全的居留地，今天在德国已经一本也买不到了。谁要是还有一本的话，就会小心地藏起来；在公共图书馆里，它们都被放在"毒草专柜"里，只有那些少数得到了当局特殊许可——大多数是出于批判辱骂的目的——的人，才可以因为"学术需要"来使用它们。那些曾经给我写信的读者、朋友，早没有人敢把我这个遭到蔑视的名字写在信封上。不仅如此：在法国、意大利，在所有受到奴役的国家——在这些国家里，我的著作译本属于读者最多的书籍——我的书都因为希特勒的命令而遭禁。今天作为作家的我，用我们的格里尔帕策（Grillparzer）的话说，是一位"走在自己尸身后面的活人"。我在四十年里在国际上打造的一切(或者说差不多一切)，都被这一只拳头击得粉碎。所以，当我提到我的"成就"时，不是在说现在属于我的东西，而是从前曾经属于我的东西，如同我的房子、我的家乡、我的自信、我的自由、我的无拘无束。如果我不让人看到先前达到的高度，就无法让人形象地知道我——与无数同样无辜的人一起——所遭受的跌落有多么深、多么彻底。它对我们整个文学一代的灭绝，是绝无仅有的；它所带来的后果之惨烈，就我所知，在历史上没有第二个可以与之比肩的例子。

成就不是突然之间涌到我这里来的。它来得缓慢、小心翼翼，但是坚持不懈而忠诚可靠，直到希特勒用法令的鞭子将它赶走。它一年一年地提升自己的影响。继《耶利米》以后出版的第一本书，也就是"世界建造大师"中的第一本——三部曲《三大师传》——就开启了成就之路。表现主义者、行动派、实验派都已经谢幕了，对于那些耐心坚守的人来说，通往民众的路又没有障碍了。我的中篇小说《马来亚狂人》和《一个陌生女人的来信》大受欢迎，达到了平时只有长篇小说才能有的程度。它们被改编成戏剧，被公开朗诵，被拍成电影；一本小书《人类的群星闪耀时》——所有学校都在读它——在"岛屿丛书"中很快就达到二十五万册的销量。没用几年的时间，我就获得了这一类型的成就(我感觉，这是一位作者所能得到的最有价值的成就)：一个群体，一个可靠的人群，他们在期待着作者的每一本新书，他们买每一本新书，他们信任作者，而作者也不可以让他们失望。这个群体慢慢变得大起来，而且越来越大。我的每一本书，在德国发行第一天就能销售出去两万册，这还没有在报纸上刊登任何广告。有时候我有意识地回避这种成就，但是它总是以惊人的韧性追随着我。我纯粹出于个人的兴趣写了一本书，富歇的传记，当我把书稿寄给出版人时，他马上回信给我说，立刻开印一万册。我建议他不要印这么多，富歇不是一个招人喜欢的形象，书里面也没有任何女人的桥段，不太可能吸引到更大范围的读者，他最好先印五千册。一年以后，这本书在德国销售了五万册。在同样的这个德国，现在人们不可以读我的任何一行字。我在修改悲剧《伏尔波尼》(Volpone)时，也遇到类似的情况。我本来打算写成一种诗体剧，于是在九天的时间内用简易松散的散文诗形式写下了各场次，正巧德累斯顿的宫廷剧院来信询问我的最新写作计划。由于这个剧院首演了我的戏剧处女作《忒耳西忒斯》，我一直觉得自己对他们有一种道义上的责任，于是给剧院寄去了散文诗版的剧本，并表示了歉意：我所呈上的，只是一个计划要加工成诗歌的初稿。可是，剧院马上就给我拍来电报，请求我不要做任何改动。这个剧本也真的就这样登上了世界各地的舞台［在纽约是在戏剧公会上演，艾尔弗雷德·伦特 (Afred Lunt) 主演］。那些年不管我做什么，成功和不断增大的读者群一直对我不弃不离。

在撰写传记或者评论性的文字去评价外国作品或者人物时，我总是觉得有责任去探究它们／他们是由于哪些原因才在自己的时代中获得影响或者没能获得影响。所以，有时候在沉思默想之时我也不能不问自己：我的书里有哪些特殊之处，让它们给我带来这么出乎意料的成功。最终的结论是，我认为这是出于我自己的一个缺点，我是一个没有耐心的、感情用事的读者。在一部长篇小说、一部传记或者一个思想讨论中，如果一部作品有任何冗长之处，任何琐碎的铺排、朦胧的晦涩，一切不清晰、不明确之处，一切多余的绕来绕去之处，这些都会让我感到厌烦。只有那些每一页都有高潮、能让人一口气读到最后一页的书，才会让我感到真正的享受。我拿到手里的书，百分之九十我都以为有太多多余的描写，啰唆的对话和没有必要的配角，把书扩展得太宽泛，因而也就太不紧凑、太死气沉沉。甚至那些最著名的经典大作也有很多拖泥带水的地方让我感到阅读上的不愉快，我经常向出版人提出胆大妄为的设想：编辑一个能让人一目了然的系列，将全部的世界名著——从荷马到巴尔扎克、陀思妥耶夫斯基，直到《魔山》（托马斯·曼）——进行剔除累赘部分的彻底缩写。唯其如此，这些作品——它们毫无疑问包含着超越时代的内容——才能在我们的时代重新焕发出生命的活力。

我个人在阅读别人的作品时对冗长和枯燥的反感，也会转移到自己的写作上，这培养了我特殊的警觉。我的写作总是很轻松和流畅，在一本书的第一稿中我总是信手写来，让自己心中所想流淌出来。同样，在一部传记性质的作品中，我也总是把一切供我使用的资料细节都用起来。比如，在写作《玛丽·安托瓦内特》这本书时，我的确核对了她的每一个账单，以便确定她的个人开销；我也研读了当时的报纸和各种小册子，把当时的审判卷宗一行一行地仔细研究过。不过，在印出来的书里，找不到一行这样的内容，因为在一本书的初稿大体完成时，对我来说真正的工作才开始，即压缩和构思的工作，从一稿到下一稿，这是一个永无止境的工作。一遍一遍地推倒重来，不断地对内部构造进行精练和提纯。大多数人无法下决心对那些他们自己知道的事情保持沉默，还带着一种偏好，愿意让字里行间的内容比自己原本所知的内容更深、更广，而我的抱负却在于：自己所知道的，一定要多于从外面可见到的。

这种浓缩过程以及由此而来的跌宕起伏，还要在后来的印刷校样上重复一遍、两遍、三遍。这一过程后来就变成了一个乐趣无限的狩猎活动：去找到一个多余的句子或者一个词语，在缺少它们时既不会减少精确性，还能让作品的节奏加快。在我的工作过程中，最让我感到愉快的部分，便是这种删减工作。我还记得有那么一次，我特别满意地放下工作站起来时，妻子对我说，好像我今天完成了什么非同寻常的事情。我不无骄傲地回答她说："对，我成功地将整个段落删掉了，这样就找到了一种更流畅的过渡。"如果说，有时候我的书因为能抓住读者的节奏而受到赞誉的话，那么这个特点绝非出于天性的不安或者内心的躁动，而仅仅是由于有那种系统性的方法，始终将一切多余的停顿和噪音都处理掉。如果说我的写作有哪种艺术可言的话，那就是这种舍弃的艺术，因为哪怕在写出来的一千页手稿中，有八百页最后被扔进了废纸篓，只有二百页经过筛选的精华被印出来，我也不抱怨。如果有什么能在某种程度上解释我的书之所以有这么大的反响，那便是我严格遵循这样的规则：

我宁可让作品篇幅小，但是一定只写最重要的内容。书中的想法从一开始就完全带着欧洲的、超越国界的取向，所以当有外国出版社和我取得联系时，我实实在在地感到高兴：他们来自法国、保加利亚、亚美尼亚、葡萄牙、阿根廷、挪威、拉脱维亚、芬兰和中国。不久以后，我就得买一个很大的书柜，以便放下不同语言的译本。有一天我在日内瓦的国际组织"知识界合作"的统计数字上看到，我是当时被翻译得最多的作者（按照我的秉性，我又会多次说这是一个错误的消息）。另外一天，来了一封俄国出版社的信件，该出版社要给我出俄文版作品全集，问我是否同意让马克西姆·高尔基为全集写序言。我是否会同意？我还是个中学生时，就在课桌下面偷偷地读过他的中篇小说，多年来一直热爱他、钦敬他。然而，我从来没敢想他会听到过我的名字，更不用说还会读我的作品，根本不敢想一位这么重要的大师级人物会给我的作品写序。某一天，一位美国出版人出现在我在萨尔茨堡的房子前——还带着一封介绍信，好像真有必要这么做似的——建议接手我的全部作品来陆续出版。这就是维京出版社（Viking Press）的本亚明·许布施（Benjamin Huebsch），从那时起他一直是我最可靠的朋友和顾问。当我在其他地方的全部出版物都被希特勒的马靴踏入地下时，在我失去了旧有的、原本的、德意志的、欧洲的家乡时，他用文字给我保留了最后的家乡。

这样的外在成就也会是危险的，它能让一个此前对自己美好意图比对自己的能力和影响力更有信心的人，感到不知所措。任何一种知名度本身，都会扰乱一个人自然而然的均衡。在平常的情况下，一个人的名字无非如同香烟的包装纸一样：一个识别性的标记，几乎是无关紧要的对象，与真正的主体即原本的我，只是松散地关联在一起。在成就出现时，这个名字也跟着一起蹿红。它挣脱了原本使用这个名字的人，自身变成了一种权力、一种力量、一个自在之物、一种商品、一种资本，在向内的强烈反冲中，它也会产生一种力量，开始去影响、去主宰、去改变那个用它作为自己名字的人。荣幸的、自信的天性会在无意识中成为它所带来的效应。头衔、地位、勋章以及名字的知名度让这些人有更高的安全感，能产生一种被升高的自我感觉，会带给他们一种意识：他们在这个社会、这个国家、这个时代有着特别的重要性，他们不由自主地吹嘘，以便让自身能达到外在影响效应相符合的高度。不过，一个天性就对自己没有信心的人，会觉得每一种外在的成就都是一种责任，力图让这种困难状态尽量保持不变。

我并不是要说，我没有为自己的成就感到高兴。正好相反，它让我感到非常幸福，只要这只关涉到已经与我脱钩的产品，即我的书以及由此而来的虚名。当我没有被人认出来站在一家德国的书店里，偶然看到一位中学生走进来要一本《人类的群星闪耀时》，用自己不多的零花钱来买书，这是令人感动的一幕。在卧铺车厢里，当列车员在旅客登记时看过名字之后充满敬意地将护照还给我，或者当一位意大利海关人员在认出我之后，因为他读过我的某一本书而不再对我的行李进行检查时，这也会愉快地拨动我的虚荣心。或者，纯数量上的效应，对于作者而言也是一种诱惑。我碰巧在一本书的首发那天来到莱比锡。看到自己用三四个月的时间写在三百页纸上的东西，竟能在无意之中引起那么多人的体力劳动，这让我感到奇特的激动。工人们把书装在大箱子里，另外一些人气喘吁吁地把它们搬到下面的卡车上，装到开往各个方向的火车上。几十个姑娘在印刷厂里分拣印张，排字工、装订工、搬运工、批发商都从早晨一直工作到夜里。人们也能计算出来，如果把这些书当成地砖排起来，可以修建一段像样的路。物质方面的收益，我也从来没有敢高傲地蔑视。在刚开始的若干年，我从来没敢想过还能靠书挣钱，甚至版税收益还能维持生活。现在，这些书突然给我带来数量可观的钱财，而且数额总是在上升，好像它们足以消除我的任何忧虑——那时又有谁能想到我们这个时代呢？我可以慷慨地投入青少年时代的昔日爱好当中，去搜集名人手迹，这些令人赞叹的圣人遗迹中，也有一些最精美、最珍贵的作品在我那里找到了备受呵护的归宿。我能够用自己写的在某种更高意义上说相当短命的作品，来购入那些永恒著作的手迹，莫扎特、巴赫、贝多芬、歌德、巴尔扎克等人的手稿。所以，如果我要号称那些意想不到的外在成功对我来说无所谓，或者我在内心中对其有所拒斥，那会是一种多么可笑的姿态。

不过，我说这话时，也是实实在在的：只是当成功限于我的书上、限于我的文学上的名声时，我才为此感到高兴；当人们将好奇平移到我本人身上时，成就对我来说更多是骚扰性质的。从少年时代开始，我那本能地要保持自由独立的愿望就强于其他一切愿望。我感觉到，一旦照片被刊登出去，一个人的个人自由中的很大一部分就会受到阻碍和破坏。况且也存在着一种危险，即我出于兴趣而开始的事情，会变成一种职业甚至成了"业务"。每次邮差都带来信件、请柬、通知、需要回答的询问。我要是外出一个月，回来以后总有那么两三天的时间花在处理成堆的大量邮件上，以便让"业务"再重新井井有条。由于我的书在市场上十分畅销，我虽然不情愿，但是也不得不陷入一种要求条理分明、全局把握、准时、机警的业务处理当中，以便正确地处理这些事情。这些都是令人尊敬的美德，可惜和我的天性根本不相符合，而且对纯粹的、无拘无束的感觉和梦想构成了最危险的威胁，会将它们击得粉碎。于是，人们越希望我能参加活动——演讲、庆典——我就越深居简出。我几乎有一种病态的畏惧，不敢理直气壮地承担自己的名字，这个障碍我几乎从来没能克服。直到今天，在大厅里、音乐会或者戏剧演出中，我还会完全出于本能去坐在最不显眼的最后一排；最让我无法忍受的就是，坐在主席台上或者一个出头露面的位置上，让大家都能看到我的脸。每一种形式的匿名生存，对我来说都是一种需求。当我还是一位小男孩时，就始终无法理解为什么我所敬仰的老一辈作家和艺术家总是通过穿着丝绒外套、波浪卷发、让头发覆盖前额——比如我尊敬的朋友阿图尔·施尼茨勒和赫尔曼·巴尔——或者以与众不同的胡须样式、奇装异服等方式让自己在大街上一下子就被人认出来。我深信，任何因为外形而引人注意的人，都会在无意识当中让自己过着本来之"我"的"镜中人"的生活（这是韦尔弗尔的用词），每个姿势都要有一定的风格，随着这种外在态度的改变，一般而言内心天性中的诚恳、自由和无所顾虑也就会失去了。如果我今天还能重新看，就会考虑到享受这双份的幸运状态：文学上的成就以及同时保留个人的匿名性。我要用另外一个名字，一个凭空捏造的名字，一个笔名来发表自己的作品。生活本身已经够刺激，充满了惊喜，要是还能有双重生活，那该多棒！

十四 夕阳西下

从 1924 年到 1933 年的这十年，在那个人搅翻世界之前，是欧洲相对宁静的时期。每念及此，我总是心中充满感激。正因为它如此严重地遭受混乱不安，我们这一代人才将这相对的和平当成意想不到的礼物。我们都有这样的感觉：必须弥补在战争和战后生活中被夺走的幸福、自由以及全力以赴的思想发展。人们工作得更多，但是更为轻松；人们漫游、人们尝试、人们再度发现欧洲和世界。从来没有像在这十年里，有那么多人加入旅游的行列。那是年轻人急不可耐，要迅速弥补在互相禁绝的状态下所错失的东西吗？或者，那也许是人们一种阴暗的预感，必须及时地赶在禁锢重新开始之前冲破狭隘的小天地吗？

我在这期间也旅行很多次，只是与我年轻时代的旅行有所不同，因为我在这些国家里已经不是一个陌生人了。到处都有我的朋友、出版人、读者，所到之处我是我的书的作者，不再像从前那样是一位匿名的好奇者。这也有各种好处：我可以用更大的力度、更广泛的效果来推行一个理念——多年以来这已经成为我真正的生活理念：欧洲在精神上的统一。为了这样的目标，我在瑞士、荷兰发表演讲，用法语在布鲁塞尔的"艺术殿堂"演讲，用意大利语在佛罗伦萨历史性的韦其奥宫的13世纪艺术大厅（Sala die Dugento）——那曾经是米开朗琪罗和莱奥纳多·达·芬奇曾经滞留的地方——发表演讲，用英语在美国从大西洋到太平洋进行巡回演讲。那完全是另外一种旅行，到处都能见到那个国家里与我同道的最优秀的人物，不必到处去寻找他们。那些我在年轻时满心崇拜，本来从来也不敢给他们写一行信的人，现在成了我的好朋友。我能进入那些平时高傲地将外来者拒之门外的圈子，我能看到巴黎圣日耳曼区高级贵族的宅邸，意大利的各种宫殿和私人收藏；在公共图书馆里，我不必站在外借窗口等候借书，而是馆长亲自带我看他们珍藏的宝贝；我能够成为某些身家百万美元的古董商，比如费城的罗森巴克博士（Dr. Rosenbach）的座上客，而小收藏者只能带着羞窘的目光从他的店面前快速走过。我生平第一次看到了这所谓的"上层"世界，见识到这里的豪华和舒适，而我不必向任何人请求允许我进入其中，这一切都是主动找上门来。但是，这样我就把世界了解得更好了吗？我总是不自主地怀念青年时代的旅行：没有人在等我，由于只身行动，一切都显得更神秘。因此，我也不愿意完全放弃旧有的漫游方式。每次我到巴黎，都会避免在到达的当天告诉任何人，哪怕最好的朋友如罗歇·马丹·杜加尔（Roger Martin du Gard）、儒勒·罗曼（Jules Romains）、杜阿梅尔（Duhamel）、马塞雷尔（Masereel）。我首先要不受干扰、漫无目的地在大街上闲逛一番，就如同当年作为大学生一样，再去从前的咖啡馆和小酒馆，再让自己找回青年时代的感觉。如果我想写作的话，也会到那些最不起眼的地方,去偏僻的小地方如布洛涅(Boulogne)、蒂拉诺(Tirano)或者第戎(Dijon)。在住过奢华得不可思议的大饭店之后,住在小旅馆里,不为人知,是很美妙的事情;有时走上前台,有时退下,让多少光和影子打在自己的身上,完全依照自己的意愿。后来,希特勒夺走了我那么多东西,但是就算他也不能没收和毁掉我这一明确的意识:十年之久,我按照自己的意愿,带着发自内心最深处的自由而作为一个欧洲人生活过。

在这些旅行当中,令我最为激动、所学最多的便是前往新俄国的旅行。1914年,就在战争爆发之前,在写作那本关于陀思妥耶夫斯基的书时,我已经开始准备这次旅行了。可是,血腥的战争将这个计划给中断了,从此我就有所顾虑。对于思想界的人士来说,俄国因为其布尔什维主义的实验成为战后最引人入胜的国家,人们并不真正了解其详情,要么马上兴奋地赞叹它,要么极端地与之为敌。由于宣传以及同等力度的反宣传,谁也不确切地知道那里到底发生了什么。但是人们知道,那里正在尝试一些全新的东西,好的也罢、坏的也罢,那些会决定我们未来世界构成的东西。萧伯纳、威尔斯、巴比塞、伊斯特拉蒂、纪德都去过那里,回来时他们有的成了热衷者,有的成了失望者。假如我不是那种在思想上乐于了解一切新事物的人,也许不会马上有愿望要靠自己的眼睛来形成一番图景。我的书在那里流传甚广,不光有马克西姆·高尔基撰写了序言的全集,还有若干只卖几个戈比的价廉版本,它们进入了最广大的民众当中。可以肯定,我会很受欢迎的。但是,妨碍我成行的因素是:

当时任何去俄国的旅行，从一开始就是意味着一种表态，强制性的公开认可或者公开否定。我这个人对政治性和教条性的因素最深恶痛绝，不想受人强迫在几个星期以后就对一个我无法获得总体概观的国家，一个尚有很多问题待解决的国家形成一种评判。所以，尽管我的好奇心炙热如火，但是我从来没有想去苏联。

1928 年初夏，我收到了一封邀请信，要我作为奥地利作家的代表参加在莫斯科举行的列夫·托尔斯泰一百周年诞辰的庆祝活动，并在晚会上发表贺词。我没有理由避开这样的机会，因为这个超越党派的活动让我的访问失去了任何政治色彩。托尔斯泰作为一位主张非暴力的先知人物，不能被认为是一位布尔什维主义者。我也有足够的资格，关于作为诗人的他来说些什么，因为我写的关于他的书已经销售出去几万册。在欧洲的意义上，我也觉得这种活动——所有国家的作家联合起来，共同向他们当中最伟大的一员致敬——也是一种意义深远的表达。我接受了邀请，也没有后悔这快速的决定。列车行经波兰时，对我已经是一种难忘的经历。我从中看到，我们这个时代能多么快速地让自己切开的伤痕愈合起来。我在 1915 年所看到的加利西亚的城市废墟，现在都已经焕然一新。我再一次认识到，十年的时间在一个人的人生中是很长的一段，而在一个民族的生存中只是眨眼的瞬间。在华沙已经没有任何迹象能表明，这里曾经有过两次、三次、四次胜负双方军队交战。咖啡馆里坐着衣着典雅的女人，耀人眼目；行走在大街上衣装笔挺、身材瘦长的军官们，更像是演技高超的宫廷剧院演员在扮演士兵。到处都能让人感觉到活力、信任和一种有充分理由的自豪，这让新兴的波兰共和国从世纪的废墟中抬起头来。列车从华沙继续开往俄国的边界。这里的土地广袤平坦，沙质也越来越强。在每一个车站，都有全村的居民穿着花花绿绿的乡村服饰站着，因为全天只有一辆客车经过这片被禁止入内、被封闭的土地，因此能看到一辆整洁光鲜的快车，一辆将世界的东方与西方连接在一起的快车，是一件了不起的大事。终于到了边境站涅戈洛尔耶（Njegorolje）。在铁轨上方高高地悬挂着一条血红的横幅，上面的俄文字母我不认识。有人给我翻译说："全世界无产者联合起来！"我们从这燃烧般的红色横幅下穿过，就算踏入了一个劳工者的国度，苏维埃共和国，一个新世界。当然，我们乘坐的列车根本不是劳工者的，那是沙皇时代的卧铺列车，比欧洲的豪华列车还要舒适，因为车厢要宽敞些，行驶的速度也慢一些。我第一次行驶在俄国的大地上，很奇怪，我不觉得陌生。一切都让我觉得出乎意料地熟悉：那平坦空旷的草原带着淡淡的忧伤，低矮的小茅舍以及有着洋葱头的小城镇，那些长着长胡子的男人，他们半是农民半是先知，快乐而笑容满面地向我们致意；那些戴着彩色头巾、穿着白色裙子的妇女出售格瓦斯、鸡蛋和黄瓜。我怎么会知道这一切呢？只是通过俄国的文学大师：托尔斯泰、陀思妥耶夫斯基、阿克萨科夫、高尔基曾经真实而卓越地描写过"人民"的生活。我相信，尽管我不会这门语言，这些人说的话我也能懂。这些令人感到朴实的男人站在那里，穿着宽松的上衣，有着魁梧的身材；那些车厢里的年轻工人，或者下棋，或者读书，或者讨论，那种年轻人身上的不安定、不受羁绊的精神力量，它们还会因为对一切力量的呼唤而经历一种特殊的复活。那是留在我的记忆中托尔斯泰和陀思妥耶夫斯基对"人民"的爱在发生作用：不管怎样，还在火车上我已经对这些单纯的、动人的、聪明的、蒙昧未开的人产生了好感。

我在苏维埃俄国度过的这十四天一直都神经绷紧。去看、去听，去赞叹、去讨厌，感到兴奋、感到生气，我总是在冷与热的激流变换中。莫斯科本身就是一个矛盾：那里有带着围墙和洋葱塔顶的雄伟的红场，有一些鞑靼人的、近东的、拜占庭的精彩因素在里面，因而也有最初的俄罗斯风格，但是紧挨着这些还有一群如美国巨人一样的现代的、超现代的高楼建筑。什么都显得格格不入。教堂里被烟熏黑了的古旧圣像和嵌有宝石的圣坛影影绰绰可见，百步之外放着的一口水晶棺材中躺着列宁的遗体，刚刚整过容（不知道是不是因为我们的到来），穿着黑色的西服。在几辆闪亮的汽车旁边，是满脸胡子、邋里邋遢的马车夫在含混不清地吆喝着，用鞭子驱赶他们那瘦弱的马匹。在我们发表演讲的大歌剧院里灯火辉煌，一派沙皇时代的富丽景象展现在无产阶级听众面前，而在城郊，无人照管的肮脏老人站在朽坏的老房子前，只能互相依靠着以免跌倒在地。一切都太老旧、衰颓、锈迹斑斑，但是一切又都想一蹴而就变得现代、超级现代，变得在技术上有顶尖水平。正是由于这种急于求成，莫斯科人满为患，到处混乱不堪。到处都是拥挤的人群，在商店里，在剧场门前，人们到处都得等待。一切都管理过度，因而不能真正有效运转。应该带来秩序的新官僚体系，还在享受着批条子和派发许可证的乐趣，一切都在拖延。那个重要的晚上，本来要在晚上六点钟开始的，一直拖延到九点半才开始；等到我凌晨三点筋疲力尽地离开大歌剧院时，讲话者还在滔滔不绝地说个没完。每个招待会、每次赴约，欧洲人总是提前一个小时来到。时间就这样在手中流过，但是又因为观望、观察和讨论显得满满的。一切都蕴含着一种热度，它让人感觉到自己已经在不知不觉中被俘获，还会引发出俄罗斯那种神秘的精神导火索，让人迸发出无法抑制的快活、感觉和想法。一个人在这里会容易情绪激昂，尽管不知道原因何在，也不知道是为了怎样的目标。这是周围环境导致的结果，也许一种俄罗斯灵魂已经在一个人身上生长出来。

许多事情的确非常了不起。尤其是圣彼得堡，这座由具有胆识的王侯天才们设计的城市，有着恢宏的布局和宏伟的宫殿。不过，它同时也是《白夜》中让人感到压抑的彼得堡，是拉斯科尔尼科夫（Raskolnikow）的彼得堡。冬宫非常雄伟，令人难忘的是在那里看到的景象：工人、士兵、农民成群地穿着沉重的鞋子走进从前沙皇的大厅，他们充满敬畏地将帽子拿在手里，就如同从前站在圣像前面一样，他们怀揣说不出的自豪来观赏这些绘画：这些现在属于我们了，我们得学着去了解这些东西。教师们带着脸蛋圆圆的孩子穿过大厅，艺术管理员们在向那些有些拘谨的、认真倾听的农民解释伦勃朗和提香的绘画。每当讲到细节，他们总是胆怯地将沉重的眼皮下的眼睛抬起。在这里也如同到处都有的那种情况一样，在这种纯洁的、认真的努力后面，未免有小小的可笑之处：想要在一夜之间让那些大字不识的"人民"马上能理解贝多芬或者维米尔的作品。这种努力的最可宝贵之处在于，一方要立竿见影地让艺术变得可以理解，另外一方得去理解。但是，这让双方都变得毫无耐心。在学校里，他们让孩子们画最野性、最先锋的东西，十二岁的小姑娘的课桌上放着黑格尔的著作和索雷尔（当时我还不知道这个人）的书；连根本不认字的马车夫，手里也拿着书，只是因为那是书，"书"就意味着教育，也是新型无产者的尊严和责任。有多少次他们让我们参观一个中型工厂并期待着我们的惊讶时，我们得露出那样的微笑，好像我们在欧洲和美国从来没有看到过这类东西似的。有一次，一位充满自豪的工人指着缝纫机对我说："这是电动的。"他满是期待地向我看过来，我应该大力赞扬才对。这些民众第一次看到这些技术产品，他们诚心诚意地认为，是革命和革命之父列宁与托洛茨基设想出来、发明出来这一切。人们在赞叹中微笑着，暗地里却觉得好玩。这个俄国就是一个有着怎样了不起的才能而又性情愉快的大孩子啊！人们不由得总是这样想、这样问自己：这个国家真的能像它打算的那样，快速地学会那门庞大的课程吗？这个伟大的计划还能更加了不起地发展下去，抑或搁浅在旧式的奥勃洛摩夫的怠惰中？在某个钟头，我们对此有信心；在另外一个钟头里，我们又失去了信任。我看得越多，心里就越发不清楚。

可是，难道这种矛盾只在我身上才有？难道它不是更多地源于俄罗斯人的身上？它不也存在于托尔斯泰——这位我们前来纪念的伟人——的灵魂当中吗？在去往亚斯纳亚·波尔亚纳（Jasnaja Poljana）的火车上，我跟卢那察尔斯基讨论过这个问题。"他到底是一个革命者，还是一个反革命者？"卢那察尔斯基对我说，"他自己对此有所知吗？作为一个俄国人，他想太快地完成一切。上千年来形成的世界，他想在翻手之间就改变。差不多和我们一样。"他微笑着加上一句："要按照一个独此一家的方案来做，完全和我们一样。要是有人说我们是有耐心的，那便是看错了我们，我们俄国人。在身体上，甚至在灵魂上，我们都是能忍耐的；但是我们的思想，比任何民族都缺少耐心。我们想要一切真理，总是要马上知晓真谛。他，那位伟大的老人，为此受了多少折磨。"的确，当我走进亚斯纳亚·波尔亚纳的托尔斯泰故居时，总是能感觉到"那位伟大的老人，为此受了多少折磨"这句话。就是在那张写字台上，他完成了不朽的著作，但是他离开它，到旁边一个贫穷不堪的小房子里去修鞋，很糟糕的鞋。那扇门、那个楼梯，他就是从那里逃离了这座房子，他是想借此逃离自身存在的矛盾。那里有一杆长枪，在战争中他用它杀死过敌人，而他自己却是一切战争的敌人。在这座低矮的白色庄园建筑里，他的人生存在的全部问题如此强烈而直观地矗立在我的眼前。当我走向他的最后安息地时，这种悲哀的感觉被奇妙地平复了。

我在俄国所见到的，没有什么比托尔斯泰的墓地更了不起、更令人动容的了。这个广为人知的朝圣之地偏僻孤寂地躺在一片树林之中。一条窄窄的步行小路通往这座土丘：那不过是一个四方形的土堆而已，没有人来守卫它，没有人来保护它，只有几棵大树给它遮阴。在墓前，他的孙女告诉我说，这些参天耸立的树，是列夫·托尔斯泰自己栽下的。他和哥哥尼古拉小时候曾经在某个村妇那里听到过这样的传说：人们栽下树的地方，就会成为幸运之地。他们半是游戏似的栽下一些小树苗。很久以后，老人才想起来这个美好的预言，马上就表达了要葬在自己栽种的树下面这一愿望。事情的安排，完全依照他的愿望。因为它那征服人心的简朴，它也是世界上给人印象最为深刻的坟墓。在树林中间，为树木所笼罩的一个小小的四方形土丘：没有十字架，没有墓碑，没有碑文。这位比任何人都因为自己的名字和荣誉而倍感痛苦的伟大人物，被不题名地埋葬在这里，就如同一个被人偶然发现的流浪汉，如同一位无名的士兵。谁也不会被挡在他的长眠之地以外，围起墓地的那单薄的栅栏没有上锁。没有什么能比人们的敬畏更好地保护这位永无止息之人的最后安息。平常情况下，好奇者会因为一座墓地的奢华蜂拥而至，而在这里，令人无法抵抗的简单俘获了所有参观者。风，像上帝的言辞一样沙沙地掠过无名者的坟墓，此外便了无音声。从这里走过的人，也许只知道这里埋葬着一个人，在俄国的土地上埋葬着某一位俄国人。无论是巴黎荣军大教堂大理石拱门下拿破仑的墓室、公爵陵寝中歌德的灵柩，还是威斯敏斯特大教堂里的墓碑，让我感到的震撼都不如这沉默无言、令人动容的无名坟墓：它在树林中的某个地方，只有风儿同它喃喃细语，哪怕不传递任何讯息和言辞。

我在俄国度过了十四天，还一直感觉到这种内心的好奇，这种轻微的思想上的痴迷迷雾。让我如此不安的，到底是什么呢？很快我就认识到了：是人和从他们身上涌动出来的诚挚。所有的人，从第一个到最后一个，都坚信他们在参与一项了不起的、关乎全人类的事情；所有的人都深信不疑，他们不得不接受物品的匮乏和短缺，是为了一个更崇高的使命。从前他们在欧洲人面前的那种自卑感，一下子变成了沉醉般的骄傲：他们超前了，走在一切人的前面。"光明来自东方"：他们才能拯救世界。他们真诚、坚定地这么以为。"这个"真理，他们已经认识到：他们被给予机会，去实现其他民族只能梦想的事情。当他们把最微不足道的东西给人看时，也会两眼放光："这是我们做出来的。"这个"我们"贯穿在整个民族当中。送人赶路的马车夫会用鞭子指着某座新房子，带着一脸灿烂的笑容说："我们建造了它。"大学教室里的鞑靼人、蒙古人走过，带着骄傲给人看他们的书。"达尔文！"一个大学生说，另外一个说："马克思！"他们带着的那种自豪，就好像书是他们自己写出来的一样。他们不断地拥挤前来，要给我们看、给我们解释，他们非常感激有人来参观他们的"事业"。每个人——在斯大林之前的年代！——对欧洲人都有着无边的信任，他们用忠诚的眼睛看着人，像兄弟一般用力与人握手。但是，也正是这些极少数人同时也表现出来，他们也许热爱一个人，但是对一个人没有什么"尊敬"可言：大家都是兄弟，是同志。在作家当中也不例外。我们坐在亚历山大·赫尔岑从前的宅邸里，不光有欧洲人和俄罗斯人，还有通古斯人、格鲁吉亚人、高加索人，每一个苏维埃加盟共和国都为纪念托尔斯泰而派出了自己的作家代表。我与他们大部分人之间语言不同，但是能互相明白。有时候一个人站起来，朝某人走过去，说出该人一部作品的名字，指了指自己的心脏，意思是说"我非常喜欢它"，然后抓起这人的手热烈地摇晃，好像出于喜爱而要将他的全部关节给弄断一样。更令人感动的是，他们每个人都带来了礼物。当时还是一个很艰难的时代，他们几乎没有什么值钱的东西，但是每个人都准备了些什么，以便留作纪念。一幅没有价值的旧版画，一本读不懂的书，一幅农民的剪纸。对我来说，这当然要容易得多，因为我可以用一些若干年来在苏联已经见不到的贵重物品来回赠他们：一个吉利牌刮脸刀片，一支钢笔，几本上好的白色信纸，一双软皮拖鞋，于是我回来时行李已经少得不能再少。正因为这种诚挚是无言而带有冲击力的，它才那么有震撼力。在这里人们所感受到的效果之广泛、温暖，于我们是前所未有的，因为在我们那里从来不能接触到"人民"。每次与这些人在一起，都是一个很危险的诱惑，有些外国作家也确实在对苏联的访问过程中被俘获了。他们从来没有受到过这样的欢呼，为真正的大众所热爱，所以他们相信当政者一定推崇他们的作品，所以人们才会读他们的作品，热爱他们的作品。以德报德，以大度回报大度，这也是人之常情。我也必须承认，在俄国的某些时刻，我自己也差不多要开始唱赞歌了，因为所看到的兴奋之情而感到兴奋。

我自己之所以没有被这种魔术般的迷狂所附体，与其说是因为我自己的内在力量，毋宁说更应该感谢一位陌生人，其姓名我无从知晓，永远也不会知晓。那是一个大学生的庆祝活动。他们环绕着我，拥抱我，和我握手。这种兴奋，让我浑身温暖，我看到他们充满活力的脸上满是喜悦。四五个人陪着我回到住地，一个小组，其中也有指派给我的女翻译，她也是一位大学生，一切都是她来替我翻译。直到我在旅馆里将房间门关上，我才真正是一个人，十二天以来真正独自一人，因为总是有人陪着，

昨日的世界：一个欧洲人的回忆

总是被包围着，总是被热情的波浪拥来荡去。我开始脱衣服，将外套脱下。这时我发觉有纸的声音。我把手伸进衣袋。是一封信。一封用法语写的信，但不是通过邮局送来的，一定是某个人在拥抱或者人群簇拥时巧妙地放到我的衣袋里的。

那是一封没有签名的信，一封非常聪明、非常人性通达的信，虽然不是出自所谓的"白俄"，但是对近年来日益强化的对自由的限制表示彻底愤慨。"人们对您所说的话，请您不要什么都相信，"这位不相识的人写道，"您也不要忘记，当您看到他们给您看的东西时，他们也有很多东西没有给您看。您要记住，那些跟您讲话的人，大多数没有说出他们想说的话，只是说了可以对您说的话。我们都受到监视，您受到的监视一点儿也不少。您的翻译要报告您的每一句话。您的电话被窃听，每一步都受到控制。"这位陌生人给我列出一些例子和细节，可是我无法去核实这些。但是，我按照他／她的要求将信烧掉了："不要光是将信撕碎，因为他们会从您的纸篓里找到每个碎片，把它们拼到一起。"然后，我开始考虑。我曾经身处这诚挚的热情当中，这种美好的同志式情谊当中，原本不止有一次机会可以和某人私下里无拘无束地谈话，难道这不是真正的事实？我不懂俄语，这让我无法对来自民众的人群有真正的感觉。况且，在这十四天里我所见的，是这个看不透的国家中那么微小的一块！如果我要诚实地面对自己、面对别人的话，就必须承认，某些细节给我印象令人如此激动、如此欢欣鼓舞，然而却没有客观上的可靠性。于是就出现了这样的结果：几乎所有的欧洲作家从俄国回来之后，马上都写了一本书，带着兴奋的肯定，或者是言词尖刻的否定，而我只写了几篇文章。我的这种保留也不无益处：因为在三个月以后，很多事情与我所见到的已经有所不同；一年以后，由于迅速的改变，当时的每一个字都能因为后来发生的事实被斥责为谎言。不管怎样，我还是在俄国如此强烈地感觉到了我们这个时代的潮流。其程度之强，在我的一生中很少有过。

离开莫斯科时，我的箱子基本上空空如也。能给出去的东西，我都分别送出去了；他们给我的东西，我只带回来两个圣像，好长时间它们装饰了我的房间。不过，我带回家里最有价值的东西，是与马克西姆·高尔基的友谊：我是在莫斯科才第一次见到他本人。一年或者两年以后，我们在索伦托（Sorrent）再度相逢：他当时因为健康状况不好必须去那里休养，而我作为客人在他那里度过了难忘的三天。

我们的相聚共处原本有些特殊。高尔基什么外语都不会说，而我又不会俄语。按照所有的逻辑来说，我们只好无言地相对而坐，或者只能借助于我们尊敬的朋友玛丽亚·布德贝格男爵夫人（Maria Baronin Budberg）的翻译才得以交谈。不过，高尔基能成为世界文学当中最天才的叙事者，绝非偶然。讲述，对他来说不光是艺术性的表达形式，也是他整个人最有效的魅力所在。在叙述时，他将自己融入叙述对象当中，将自己置换到被叙述的事当中。我虽然不懂他的语言，但是能从他脸上的各种形象动作中已经提前知道他讲述的内容。他本人的样子是地地道道的"俄罗斯人"——没法用别的说法。他脸上的线条没有什么特别引人注目的地方：人们看到这位高高瘦瘦的有着麦草般黄头发和宽宽颧骨的男人，可能会想到他是田野里的农民、出租马车的车夫、不起眼的鞋匠或颠簸无依的流浪汉。他完全是一个"老百姓"，是浓缩的俄罗斯人的原型。如果在大街上，一个人从他的身边走过，可能根本不会意识到他有什么特殊之处。只是等到在他的对面坐下来，等到他开始讲述时，人们才会认出他是谁。他不由自主地成为他正在描绘的人。我还记得他如何描述一位他在某次漫游中遇见一位疲惫不堪的驼背老人——在他的句子被翻译出来之前，我已经明白了。他不由自主地低下了头，双肩下垂，他的眼睛在开始讲述时还是清澈的蓝色，熠熠发光，现在却变得黯淡而疲倦，声音也变得颤颤巍巍。他根本不知道自己已经变成了那个驼背老人。当他描述一些高兴的事情时，嘴里会爆发出大笑，放松地将身体向后仰过去，额头上闪着光亮。当他用那不太准确同时却非常有画面感的动作来展示风景和人物时，听他说话真是一件难以言表的乐趣。他身上的一切都那么简单、自然：他的行和坐，他的倾听和愉悦。有一天晚上，他把自己乔装打扮成一个贵族领主，横挎着一把长刀，眼神当中马上就有了尊贵之态。他像下达命令般将眉毛舒展，在房间里有力地踱来踱去，好像他正在构思一道愤怒的谕旨。瞬间以后，当他脱下妆服以后，马上笑得那么天真，像个农家少年一样。他的生命力就是一个奇迹：他的肺坏了，他还能活着，这原本是违背任何医学规律的；但是，一种不可思议的生之意愿，一种钢铁般的责任感让他坚持下去。每天早上，他用那清清楚楚的字体写作伟大的长篇小说，回答上百个问题——那是来自家乡的年轻作家和工人向他提出来的。对我来说，和他在一起，就是在经历俄国，不是那个布尔什维克的俄国，也不是从前和今天的俄国，而是一个永恒的民族所具有的宽广、坚强和痛苦的灵魂。在那些年里，他的内心还没有完全做出决定。作为一个老革命者，他曾经愿意改天换地，他与列宁也有私人友谊，但是他还在犹豫着是否要全身心地献给党，用他的话说是"成为神父或者教皇"。然而，在那些年里良心在压迫着他：每个星期都有新的决定出台，而且与他这个人不相符合。

在那几天里我碰巧见证了一个典型的新俄国的场景，这很好地向我揭示了这个国家的矛盾之处。俄国的一艘战舰第一次在训练航行中驶进那不勒斯。那些年轻的水手从来没有来过这个世界之都，他们穿着漂亮的海军服散步穿过托莱多大街（Via Toledo），睁着大大的、好奇的农民的眼睛，对一切新东西看个没够。第二天，他们中的一小组人要来索伦托看望"他们的"大作家。他们没有事先打招呼：在他们俄国人的兄弟理念中，"他们的"大作家理所当然随时有时间接待他们。突然之间，他们站在房子前面，而且他们的感觉也没有错：高尔基没有让他们久等，马上请他们进来。但是——高尔基自己第二天笑着讲述说——这些年轻人把"公事公办"看得高于一切，首先对他做出非常严厉的姿态。"你住在这里啊，"他们刚一踏进这座漂亮舒适的别墅就这样说，"你生活得就像个小资产阶级一样。你为什么不回到俄国？"高尔基尽其所能，给他们仔细地解释。不过，从本质上这些好小伙子也不是那么严格，他们只是想要显示一下，面对名人他们也没有"尊重"，每个人都得先经受思想观点的检验。他们无拘无束地坐下来，喝茶，聊天，最后一个接一个地与他拥抱告别。非常美妙，高尔基后来讲述说，他真心喜爱这年轻一代人那种随便、自由的方式，一点儿也没有因为他们的大大咧咧而感到受了伤害。"我们和他们多么不同，"他一直重复，"要么畏首畏尾，要么太过分，但从来不能真正是自己原本的样子。"整个晚上，他的眼睛都放着光。我对他说："我相信，您更愿意能跟他们一起回家去。"这时他猛地一怔，犀利地看着我："您怎么知道这个？的确，我直到最后一刻还在考虑，是不是将这里的一切都放下，这些书、纸、工作，跟这些小伙子在碧蓝的大海上航行十四天。之后也许我就又知道，俄国是什么。在远方，一个人会丢掉最好的东西，我们当中还没有谁在流放中拿出好作品来。"

不过，高尔基将在索伦托的生活称为流亡，那他是弄错了。他每天都可以回国，事实上他也回去过。他的人和书都没有如梅列日科夫斯基那样被流放——我曾经在巴黎遇见过这位悲剧性的愤世嫉俗者——也不像今天的"我们"——用格里尔帕策（Grillparzer）的美妙说法，"双份外籍人，无一处是家乡"，无法在熟悉的语言中安身，被风给吹来荡去。跟高尔基不一样的一个真正流亡者，特殊类别的流亡者，我几天以后在那不勒斯见到了：贝内德托·克罗齐。长达几十年，他是青年的精神领袖，他曾经作为参议员和部长，在他的国家里获得了外在的各种荣誉，一直到他因为抵抗法西斯主义和墨索里尼产生冲突。他辞去所有职务，从各种事务中退出来。但是，对于那些强硬派来说，这还不够。他们要打破他的抵抗，必要时对他进行惩戒。那些大学生也和从前大不相同，他们到处都成了反动势力的先锋队，冲击了他的房子，砸碎他的玻璃。但是，这位有着一双聪明的眼睛、留着一小绺山羊胡子、看起来更像一位愉快市民的矮胖人物，并没有被吓倒。他没有离开这个国家，尽管他接到了美国和其他外国大学的聘任，他留在自己的房子里，待在一排排书籍后面。他将《批评》这份杂志继续办下去，继续持同样的观点，继续出版著作和文章，他的威望如此之强，以至于连按照墨索里尼的命令建立起来的毫不留情的检查制度也对他网开一面，而他的学生和与他持有同样理念的人却一个个被检查所封杀。对意大利人来说，甚至对外国人来说，要去看望他都需要非凡的勇气，因为当局非常清楚，他在自己的堡垒中，在四壁是书的书房里，他的谈话不带任何面具和装饰。所以，他等于生活在一个密不透风的房间里，在四千万同胞当中却如同生活在真空瓶里一样。我觉得，在一座百万人口的城市，一个几千万人口的国家，将单独一个人完全孤立起来，是有些令人毛骨悚然，同时也很了不得。我当时还无法知道，和后来加在我们自己头上的做法比起来，这种灭绝思想的做法还算是十分温和的形式。我无法不钦佩，这位当时已经称得上年迈的老人在每天的斗争中保持了怎样的振奋和精神上的张力。但是，他笑了："恰好是抵抗，才让人变得年轻。如果我继续当参议员，我的日子好过多了，我的精神早就会变得懒散了，变得前后不一贯了。对于一个有思想的人，最大的损害莫过于缺少抵抗。只是到了我一个人站在这里，没有年轻人围在我身边时，我才感觉有必要再让自己变得年轻。"

好几年过去以后我才明白，检查是对一个人的考验，迫害让一个人强大，孤立让一个人得到提升，只要它们没有把一个人摧毁。就如同生活中一切重要的事情一样，这些认识无法从别人的经验中获得，它们总是得自自身的命运。

我从来没有见过意大利最重要的人物墨索里尼，这是因为我怯于接近任何政治人物。就算是在我的祖国，小小的奥地利，我也没有见过那些国家领导人，如赛佩尔（Seipel）、多尔富斯（Dollfuß）、舒施尼克（Schuschnigg）——这本来就是有意为之的。去面见墨索里尼，亲自向他表示我个人对他满足了我提出的一项临时请求而表示感激，应该是我的分内责任。这也是我对一位国家首脑提出的首个请求。从那些既是我的也是他的朋友当中，我得知他是我在意大利的第一批最忠诚的读者之一。

事情是这样的。有一天我收到一位朋友从巴黎发来的快信：一位意大利女士因为一件重要的事情想在萨尔茨堡拜访我，我应该马上接待她。她第二天就来了，她给我讲的事，实在是让人震惊。她的丈夫，一位出身穷人家庭的出色医生，是由马泰奥蒂（Matteotti）出钱培养的。当这位社会党领袖马泰奥蒂被法西斯分子残酷杀害时，已经疲惫的世界良心还针对这一罪行做出了强烈的反应，整个欧洲都愤怒得血脉偾张。而这位忠心耿耿的朋友就是那敢于抬着遇害者灵柩公开走在罗马大街上的六位勇敢者当中的一员。不久以后，他受到了刁难和威胁而流亡在外。但是，马泰奥蒂的家人让他放心不下。为了报答当年的资助者，他要把恩主的孩子们悄悄地带到外国去。在做这个尝试时，他落入了间谍或者专事挑衅的密探手中，他被逮捕了。由于任何与马泰奥蒂有关的回忆都会让意大利感到难堪，所以拿这个理由来审判对他不会有太坏的结果。但是，检察官很巧妙地将他推到另外一个正在同时审理的案子中，那是一个计划用炸弹暗杀墨索里尼的案子。于是，这位在"一战"战场上获得最高战争勋章的人，被判处十年的重犯监禁。

这位年轻女人当然非常着急。必须针对这个判决做些什么，她的丈夫可能活不过这个判决。必须让全欧洲的文学名人联合起来抗议，她请求我来帮助她。我马上建议她不要用抗议这个手段。我自己知道，自战争以来所有的宣言都变得多么一无用处。我试图让她明白，就算是出于国家的自尊感，也没有哪个国家会因为外来力量而修改自己的司法判决，而在美国的萨科(Sacco)和万泽蒂(Vanzetti)一案中，来自欧洲的抗议反倒对当事人不利，而不是有所助益。我恳切地请求她，不要用这种方式来做任何事情，这样只会让她丈夫的处境变得更加糟糕，因为如果有人从外面来强迫墨索里尼的话，他绝不会也绝不能安排减刑——哪怕他本意愿意。但是，深感震动的我答应她，要尽我最大的努力。我正好下个星期要去意大利，在那里我有一些心地善良的朋友身居有影响的位置，也许他们能在不声不响中施加些影响，以便对她丈夫有利。

我在第一天就马上去办这件事。我看到恐惧已经多么深地咬进人们的灵魂当中。我刚一提到那个名字，每个人都感到为难。不行，他没有影响。完全不可能。我从一个人到另外一个人那里。我羞愧地回来，因为那个不幸的人也许会以为，我没有真正尽力。剩下的只有一个可能性，一个直接的、不知结局如何的路：写信给那个手握生杀予夺大权的人，即墨索里尼本人。

我做了。我给他写了一封诚恳的信。我写道，我不想以对他的恭维开头，我想开门见山地说，我不认识那个人，也不知道他所犯罪行程度如何。我见过那个人的太太，毫无疑问她是无辜的。如果她丈夫得在监狱里度过那么多年，这全部惩罚之力也会落在她的头上。我绝无意于对判决提出批评，但是我能想到的是，如果这位女人的丈夫不是在监狱里，而是在囚犯岛上——在那里流放者的妻子和孩子可以同住——服刑的话，这对她来说将是一件救命的功德事。

　　我拿起这封收件人为贝尼托·墨索里尼阁下的信，扔进一个普通的萨尔茨堡的信箱。四天以后，意大利驻维也纳的大使先生给我写信说，总统阁下向我表示感谢，他已经考虑我的愿望，准备将刑期缩短。同时也有一封来自意大利的电报，确认我所请求的信件已经转交了。墨索里尼挥笔之间，亲自满足了我的请求，那个被判刑的医生不久以后果真被完全赦免。我的一生中，如果论及文学成就带来的喜悦和满足的话，还从来没有什么作品能超过这封信，因此我总是带着特别的感激之情想到这件事。

　　在那最后的风平浪静的几年里去旅行，是非常美好的。但是，回到家里也是挺美的。静悄悄地，一些值得注意的事情发生了。萨尔茨堡，这座拥有四万居民的小城——我正是因为它那具有浪漫色彩的偏僻才选择了它——令人吃惊地转变了：到了夏季，它不光成了全欧洲的艺术之都，也是全世界的艺术之都。在战后最为艰难的那几年，为了帮助那些夏季没有收入的演员和演奏家免于生计上的窘迫，马克斯·赖因哈德和霍夫曼斯塔尔曾经举办了几场演出，尤其是在萨尔茨堡大教堂广场上露天演出的话剧《耶德曼》[1]，一开始只是想吸引周围的观众。后来他们也尝试以歌剧的形式上演这部作品，表演越来越好，越来越完美。慢慢地，全世界都注意到了。最好的导演、歌唱家、演员争相涌来，以便能有这样一个机会，不光在自己原来的范围，而且也在国际观众面前展示自己的艺术。一下子，萨尔茨堡艺术节演出成了世界热点，如同新时代的艺术奥林匹克，所有国家都争相将他们的最好水平展示出来，没有人想错过这些特别精彩的演出。国王和公爵贵族、美国的百万富翁、电影大腕、音乐热爱者、艺术家、诗人和装腔作势的冒牌货们近年来都云集萨尔茨堡。在欧洲还从来没有哪里能这么成功地让完美的戏剧和音乐艺术这么荟萃一堂，而这里不过是小小的长期被蔑视的奥地利的一座小城而已。萨尔茨堡华丽绽放。在大街上，人们可以遇到那些来自美国和欧洲的寻求在艺术领域里有最高成就的人，身着萨尔茨堡的民间服装：男人是白色的亚麻短裤和短外套，女人则是花花绿绿的阿尔卑斯农妇的紧身百褶裙，小小的萨尔茨堡一下子有了世界各地的时装。旅馆一间难求，开往演出剧院的汽车华丽耀眼，就如同以前去参加皇家宫廷舞会一样。火车站始终人山人海，其他城市也想引走这条有含金量的人流，但是没有哪一个做得到。在那个年代，萨尔茨堡一直是欧洲的艺术朝圣地。

我就这样生活在自己城市里，在欧洲的中心。命运再次满足了我的一个愿望，这是我自己几乎都不敢想的：我们在卡普

---

1 霍夫曼斯塔尔的代表作，已经成为萨尔茨堡艺术节的保留节目，至今仍然如此。

齐纳山上的那幢房子成了一幢欧洲房子。我们的宾客留言簿能够比单纯的回忆更好地证明这一点，不过这本留言簿和那座房子以及许多其他东西都落入了纳粹手中。我们和谁没有在那里共同度过最诚挚的时光呢？我们从平台上眺望美丽而和平的景色，根本想不到对面的贝希特斯加登山上住着一个人，他将要把这一切全部毁掉。罗曼·罗兰和托马斯·曼曾在我们那里住过，作家当中 H. G. 威尔斯、霍夫曼斯塔尔、雅各布·瓦塞尔曼、房龙、詹姆斯·乔伊斯、埃米尔·路德维希、弗朗茨·韦尔弗尔、盖奥尔格·勃兰兑斯、保尔·瓦莱里、简·亚当斯、沙洛姆·阿施、阿图尔·施尼茨勒都是我们接待过的客人；在音乐家当中，有拉威尔、理查德·施特劳斯、阿尔滨·贝尔格、布鲁诺·瓦尔特、巴尔托克。还有那些来自各个流派的画家、演员、学者！每个夏天，都有那么多愉悦而明快的时光，那些思想上的交谈，向我们扑面而来。有一天，阿尔图罗·托斯卡尼尼从那些陡立的台阶来到上面，我们的友谊马上就开始了，这友谊让我比以前任何时候都更多地在了解之上更热爱音乐、享受音乐。后来很多年我是他排练时最忠实的观众，不止一次经历他那满怀激情的斗争：他一定要达到完美，在公开的音乐会上那种完美显得是奇迹，同时也是理所当然一般（我曾经试图在一篇文章中描写他的排练，那对每一位艺术家都是具有榜样意义的驱动力：不到完美无瑕，绝不善罢甘休）。我再一次感受到，莎士比亚所说的"音乐是灵魂的养料"是多么美好，目睹艺术的争奇斗艳，我感激命运让我能长时间与它们有缘。这些夏日，是多么丰富、多么灿烂，因为艺术与令人陶醉的风景相得益彰！每当我回想起那座小城，在战争之后的破败、灰暗，令人压抑，想到我们自己的房子，我们浑身冻得发抖，与房顶漏进来的雨水搏斗，我才感觉到这几年和平中的辉煌岁月给我的生活带来了什么。它允许我去再一次相信世界、相信人。

那些年里有很多受欢迎的名人来到我们房子里，不过，独处之时我身边也聚集着一圈充满魔力的高贵人物，慢慢地我能从他们的影子和踪迹中获取力量：在前面提到过的名人手迹收藏当中，各个时代最伟大的大师以他们的手迹聚会在一起。我十五岁时开始的这个业余爱好，在后来的岁月中，由于日益丰富的经验、充裕的资金以及有增无减的激情，从一项单纯的业余之事变成了一个有生命力的图景，我甚至可以说，变身为一项真正的艺术。在刚开始时，我像每一个新手一样，只追求汇集名字——著名的名字；然后，出于心理学上的好奇，我较多收集的是一些我所爱戴的大师的原初手稿或者片段，是那些能让我从中看到大师们创作方式的文稿。在世界上无数个不解之谜当中，最深邃、最神秘的就是造物的秘密。大自然不让人来偷听这个秘密，它不让人读懂那最后的一个艺术之举：大地是怎么来的，一朵小花是怎样出现的，正如一首诗、一个人一样。造物毫无怜悯之心地、没有任何商量余地地给自己蒙上一层面纱，就连诗人、音乐家本人也无法解释清楚他们灵感产生的那一瞬间。当一件创作完成之时，艺术家也不再知道它的起源、它的生长和成形。他永远或者说几乎永远也无法说清楚，单个的词语如何在他那高超的感觉中汇集成诗行，单个的音调如何就合在一起变成旋律，之后便响彻了几个世纪。唯一能对这一无法把握的创作过程提供一点线索的便是手稿，尤其是那些并非用来印刷的手稿，而是上面到处是修改的痕迹、尚未确定的原始草稿，从那当中才慢慢凸现出后来的定稿形式。去搜集一切伟大诗人、哲学家、音乐家的手稿，这些满是改动之处，同时也是他们辛苦工作的见证的手稿，是我的手迹收集的第二个、有意识的阶段。到拍卖会上去举牌获得它们是我的乐趣，从一些最隐秘的角落里找到它们，也是我很愿意付出的劳苦。同时，这也是一种学术研究，因为在我的手迹收藏之余，还出现了第二个收藏，即关于名人手迹的全部出版物，以及全部被印刷出来的收藏目录，其数量超过四千，一个无人可及、无可匹敌的专业藏书，因为即便书商也没有那么多时间和热情集中在一个专门的领域里。我甚至敢斗胆说——在文学或者生活中的其他领域我不会敢说出口的——在这三四十年的收藏时间中，我成了这一领域里的第一权威。每一张重要的手稿，我都知道它收藏在哪里，属于谁，是怎样流落到当前物主手中的。我是一个真正的鉴定专家，一眼就能辨别出真伪，在估价方面，我比大多数专业人士还有经验。

可是，我的收藏雄心还在继续发酵。我不再满足于有一个反映上千种创作方法的世界文学和音乐的收藏库。单纯地扩大收藏不再能吸引我了，在收藏生涯的最后十年，我主要做的是精品化。刚开始时，我满足于能表明诗人或者音乐家某一个创造性时刻的手稿，后来慢慢地，我的努力开始转向那些表现他最幸福的创作时刻，他最成功作品的手稿。也就是说，我要收藏的，不再是诗人随便哪一首诗，而是他最美诗作当中的一首，那些从墨水笔或者铅笔将灵感给予人世间的形式那一刻起就已经流传千古的诗歌。我想要的是，那些永恒人物的手稿遗留当中那些让他们在人世间变得不朽的痕迹——狂妄的苛求！

所以，我的收藏按说处于不间断的流动当中。只要我能找到一张更重要、更典型、更有永恒价值的手稿——如果我可以这样说的话，我就会将不那么符合这一最高要求的手稿卖掉或者拿来交换。大多数情况下都能成功，这显得更为神奇，因为只有很少人有这样的认识、这样的韧性，同时也有这样的知识来收藏最重要的藏品。这些藏品从最初的一个收藏夹，发展到一个箱子，被金属和石棉保护着，它们是那些能长久地表明人类创造性之杰作的原稿。由于我今天被迫过着这流浪天涯的生活，这一早已星散的收藏品目录也不在手边，所以我只能碰巧地列举几件藏品，它们能代表人世的天才处在永恒性时刻的手迹。

这些收藏品中有一张达·芬奇的工作笔记，用反向书写（向左倾斜）字母的字体给一张制图写下的说明；有四页拿破仑用几乎无法辨认的字体急急草就的军令，发给他那些在黑沃利（Rivoli）的士兵；有巴尔扎克一整部小说的印张，每一张都是一个战场，上面有上千个改动，再清楚不过地表明了这些修改工作是怎样的艰苦战斗（为一家美国大学所做的复印本幸而得以保留）；有尼采《悲剧的诞生》的第一稿，不为人知的是，他在这本书出版前很长时间就为他所爱的科西玛·瓦格纳（Cosima Wagner）所写的；有巴赫的一首康塔塔舞曲；格鲁克的"阿尔西斯特咏叹调"；还有一张乐谱手稿是亨德尔的，他的手迹是最罕见的。我总是去寻找那些最具有代表性的，大部分都找到了：

勃拉姆斯的《吉卜赛人之歌》、肖邦的《巴尔卡罗勒》、舒伯特那不朽的《致音乐》、海顿的《皇帝四重奏》中《上帝保佑》那千古流传的旋律。对几个人，我甚至成功地将收藏从作品独有的形式扩展到创造者个人的全部生活画面。我不仅有一张莫扎特作为十一岁男孩时稚气未脱的手稿，也有他为歌德的不朽之作《紫罗兰》所作的谱曲——他的歌曲艺术的标志，在他的小步舞曲当中有表现费加罗"不再受人欺凌"，甚至《费加罗婚礼》当中的"天使咏叹调"；另外，我也有他写给巴斯勒（Bäsle）的十分粗鲁的信，那是从来没有全部公开发表过的，也有一首十分轻佻的卡农舞曲，还有一页在他去世前不久写下的手稿，是《提图斯的仁慈》中的咏叹调。我收藏的歌德手稿也同样涵盖了他的人生跨度：从他九岁时的一篇拉丁文翻译手稿，到他最后的一首诗歌，是他在去世前不久八十二岁高龄时写下的；还有一张他的皇冠作品《浮士德》的双页校样张，一份自然科学的手稿，无数篇诗稿以及他的不同生活阶段中的素描，在这十五张纸页上可以一目了然地看到歌德的一生。关于贝多芬，这位我最崇拜的人物，我却没能完成这样完美的全景画。在涉及贝多芬的收藏上——和跟歌德相关的收藏一样，我遇到的竞争者和藏品提供者便是我的出版人基彭贝格教授，瑞士最富有的人之一。他关于贝多芬的收藏无人可以匹敌。但是，除了他青少年时期的一个笔记本、歌曲《吻》和《哀格蒙特》的乐谱片段，我至少还能将他那悲剧生活中的一个时刻在视觉上完整地展示出来，这世界上没有哪个博物馆做得到。由于一个最幸运的机会，我能够将他房间里的全部陈设入手，这些陈设在他去世之后被拍卖，由枢密顾问官布罗伊宁（Breuning）购得，而后转到我这里。尤其是那个大大的写字台，在抽屉里还藏着他的两个情人——吉乌莉塔·古西亚尔蒂伯爵夫人和埃尔德蒂伯爵夫人——的画像；有那个钱盒子，直到生命的最后一刻他都保存在床头；还有那个小斜面写字桌，他卧床时还在那上面写下了最后的乐谱和信件；他过世以后从头发上剪下来的一缕白色卷发，吊唁的邀请函，他用颤抖的手写下的最后一张洗衣单，拍卖的家具什物登记清单，他在维也纳的朋友签署的照顾一贫如洗的厨娘莎莉的声明。机遇总是特别关照那些真正的收藏者，就在我入手他临终房间里的全部家什之后，还有三幅他在临终床上的素描加入我的收藏当中。从当事人的描述中我们知道，一位年轻的画家、舒伯特的朋友约瑟夫·特尔切尔（Josef Teltscher）想在3月26日——当时贝多芬正在与死神抗争——将贝多芬的弥留之际画下来，但是被枢密顾问官布罗伊宁从房间里赶出来，因为在他看来这是大不敬的行为。这几幅素描销声匿迹了一百年，直到在布尔诺（Brüno）的一个小小拍卖会上，这位名气不大的画家几十个素描本以极端低廉的价格出手，而在这里面就有那三张素描。巧合一个接着一个，某一天一位中间商给我打电话，问我是否有兴趣要入手贝多芬临终床上速写像的真迹。我回答他说，这些就在我自己的手中。后来才弄清楚，他给我提供的是后来非常著名的贝多芬临终情形的丹豪塞的石版画真迹。于是，那些以可视形式保留了贝多芬最后的、值得纪念的、真正永恒时刻的全部物件，都被我收藏齐了。

我理所当然地从来没有感到自己是这些东西的所有者，而只是一段时间内它们的保存者。吸引我的不是那种"拥有"的感觉，"我拥有"的感觉，而是那种汇集带来的刺激，将收藏打点成一件艺术作品。我很清楚,通过这种收藏我完成了一件杰作，就传世的总体价值而言，比我自己的作品更值得。我迟迟不愿意整理一份目录，尽管有很多人请我这样做，因为我的收藏还在建设和打造当中，要想让它臻于完善还缺少很多名字和藏品。我的一番美意是，在我死后将这份独一无二的收藏留给一个能满足我的特殊条件的机构：即该机构要每年拿出一定数量的款项，来让收藏按照我的意愿继续完善下去。这样它就不会是一个僵化的整体，而是一个活生生的有机体，在我身后五十年或者一百年还一直是正在补充、正在完善当中的美好整体。

但是，我们这一代备受磨难的人没能做到去想得长远些。当希特勒的时代降临，我离开自己的房子以后，我的收藏喜悦不复存在，也没有那种能保留住什么东西的把握。一段时间内，我让一部分藏品存放在保险箱里以及放在朋友处，此后我下了决心，依照歌德那警告性的话语：如果博物馆、收藏库和武器库不能继续充实，不得不僵化在自身当中的话，那么最好就跟这个收藏告别。我不再能将自己的收藏心思花费到这些藏品上了。其中的一部分，作为一种告别，我送给了维也纳国家图书馆，主要是我自己从同时代朋友获赠的那部分；一部分我出手了，其余的那些在过去和现在的命运如何，我并不太在意。对我来说，从来都是创造本身才是我的愉悦所在，而不是创造之物。所以，我并不为从前的狂热投入唱挽歌。我们这些在这个时代——它是任何艺术、任何收藏的敌人——被追猎、被驱逐的人，如果还需要去新学一种艺术的话，那便是诀别的艺术：与一切曾经是我们的骄傲、我们的爱之所在的东西告别。

就这样，岁月在工作、旅行、学习、读书、收藏和享受中流逝而过。我在1931年11月的一天早上醒来时，已经五十岁了。对那位忠于职守、一头白发的萨尔茨堡老邮递员来说，这是一个令人头疼的日子。在德国有一种好的惯例，一位作家到了五十岁生日时报纸上要大张旗鼓地庆贺一番，于是这位老邮差不得不将一大包信件和电报背上陡峭的台阶来。在我打开读取它们之前，我想仔细考虑这一天对我来说意味着什么。五十岁是人生的一个转折点：一个人可以不安地回顾过去，看自己走过了哪些人生之路，然后平静地问自己是否还要继续向上。我回想自己经历的岁月，如同从自己的房子里眺望阿尔卑斯山脉和那些平缓下行的山谷地带一样，我回望着自己这五十年，然后我对自己说：假若我毫无感激之情，那真是罪过啊。我被给予的东西，远远地超过了我期待的或者我可以希望得到的。让我得以发展自己、表达自己的介质——诗歌和文学产出——所带来的效果，远远超过我少年时代最大胆的梦想。作为五十岁生日的礼物，岛屿出版社出版了一本我的著作目录，包括了各种语言的译本。这目录本身就是一本书，什么语言的译本都有了，连保加利亚文、芬兰文、葡萄牙文、亚美尼亚文、中文和马拉提文都有。我的词语和思想以盲文、速记文以及各种异国的字母和表达方式传播到人们中间，我的存在极大地扩展到超越我本人所在的空间以外。我和我们这个时代中一些最优秀的人成为私交好友；我享受过最完美的演出；我有机会看到那些不朽的城市，不朽的画作,地球上最美的风景,并且能享受它们。我能保持自由之身,不受任何机构和职业的羁绊,我的工作是我的乐趣,而且更重要的是,它给别人带来了愉悦! 还能再有什么糟糕的事情发生?我的书在这里:莫非有人会把它们销毁? (我当时就是这么想的,完全没有意料到后来的事情) 我的房子在这里 : 莫非会有人把我从家里赶走? 我的朋友们在这里 : 莫非他们会什么时候跟我绝交? 我不带任何恐惧地想到死亡、想到疾病,但是,对那些在未来我还要经历的情景,一丁点儿也没有在我的头脑中出现过 :我作为一个失去家园的人,一个被驱逐的人遭到攻击、遭到追猎,还得背井离乡、漂洋过海去流浪;我的书会被烧、被禁、被蔑视;我的名字在德国会像一个罪犯的名字一样被通缉;同样是那些朋友——在这一天他们的信件和电报出现在我桌子上——后来在与我邂逅时,会变得脸色苍白。我没有想到,三四十年里坚持不懈地所做的一切,会被几乎不留任何痕迹地销毁;我所面对的这一步一步建设起来的、似乎无法撼动的稳固生活,会彻底坍塌,我被逼迫得几乎没有任何退路,得用这已经疲惫不堪的精力和备受摧残的灵魂再一次从头开始。千真万确,那一天我无论如何想象不到这样的邪恶和荒谬。当时我心满意足。我热爱自己的工作,也因此热爱自己的生活。我不必有什么忧虑 :就算我从此一行字也不写了,我的书也能让我衣食无虞。一切似乎都已经企及,命运似乎已经被驯服了。那种我早年在父母家里感受到的在战争中曾经失去的安全感,现在又凭靠自己的力量赢回来。我还能渴望什么呢?

可是,很奇怪,正因为我在这个时刻并无所求,这给我带来一种神秘的不安。我心里的某个人——我不再是自己——在发问：如果你的生活继续这么下去，这么有条不紊，这么收入丰厚，这么舒适，这么无须努力和考验，那真的会好吗？这种完全有所保障的优渥生活，难道不是并非与你、与你身上的本质所在相契合吗？我沉思着穿过这座房子。这些年来，这座房子变得漂亮了，完全如我所愿的那样。可是，我要一直在这里生活，一直坐在同样的写字台旁写书，一本又一本，然后收到一笔又一笔的版税，越来越多的版税？渐渐地变成一位尊贵的老先生，带着体面和态度来经营着自己的名字和作品，远离一切意外、一切焦虑、一切危险？就这么一直在笔直平坦的大道上继续走下去，到六十岁、七十岁？我在心里继续这样梦想下去，如果有另外一些情况到来，某些新的东西、某些新的挑战也许是更加危险的战斗，来让我变得不安、紧张、更年轻，那对我来说不会更好吗？在每一位艺术家身上，总是有一种矛盾：如果生活让他经历太多的坎坷，他渴望安宁；当生活太过风平浪静时，他又渴望返回惊心动魄之中。所以，在我五十岁生日这天，我内心最深处有一种有罪的愿望：我想发生一些能再次将我带离安全和舒适的事情，迫使我不再继续现在的生活，而是重新开始。那是对年事日增变得疲惫、变得懒惰的恐惧吗？还是一种神秘的预感，让我在内心中发展出对另外一种更艰难的生活的渴望？我不知道。

　　我不知道。那是在这一特殊的时刻，在无意识的昏暗中升起的感觉，根本不是能清楚地说出来的愿望，肯定不是能跟清醒的意识联结在一起的。那只是一个在我这里如微风般吹过的念头，也许根本不是我自己的念头，而是来自我根本不知道的幽冥之地。那一定出自罩在我头上的驱使我的生活的无法把握的神秘力量，它已经实现了那么多我自己从来没有去渴望的事情。它已经听话地抬起手，要砸碎我的生活，直到最后的一点儿根基，逼迫我从废墟中从头去建设一个完全别样的更为艰难、更为沉重的生活。

十五　希特勒的发端

历史总会妨碍当事人在时代攸关的大运动之初就把它辨识出来，这一直都是一个无法颠覆的历史规律。正因为如此，我现在想不起来自己在什么时候第一次听到阿道夫·希特勒这个名字的。几年以来，我们每天甚至每秒的思考和言说，都不得不和这个名字产生某种关联。这个名字给我们的世界带来的灾难要超过一切时代当中的任何人。不管怎样，我听说这个名字肯定是相当早的，因为我们萨尔茨堡距离慕尼黑只有两个半小时的火车车程，算是比邻而居，因此那里发生的纯地方性事件也会很快传到我们这里。我只知道，某一天——日期我想不起来了——一位熟人过来抱怨说，慕尼黑又开始不安稳了。尤其是有个名叫希特勒的下作的煽风点火者，用最野蛮的殴打方式阻止聚会，用最卑鄙的方式煽动人们反对共和国和犹太人。

　　这个名字在我这里空洞而且没有分量。我根本没再多考虑，因为在当时动荡的德国出现了很多今天早已经不为人知的煽动者、暴乱者的名字，这些名字总是昙花一现，很快就消失了。这里面有上校艾哈特（Kapitän Ehrhardt）和他的波罗的海部队，有沃尔夫冈·卡普（Wolfgang Kapp），有政治谋杀团，有巴伐利亚的共产主义者，有莱茵兰的分裂分子，有志愿军团的头领。上百个这样的小泡沫混杂在一起慢慢发酵，几乎都不怎么能膨胀起来，释放出来的无非是一股恶气，清楚地表明了在德国尚未愈合的伤口上悄悄腐烂的过程。当时的国家社会主义运动的小报《米斯巴赫报》（*Miesbacher Anzeiger*，后来这份报纸发展为《人民观察家》），我也是随手而过，没有真正留意。米斯巴赫不过是一个小小的村子，那份报纸也写得很粗俗。谁会在意呢？

接下来，在相邻的边界地方赖兴哈尔和贝希特斯加登——我几乎每个星期都会到那边去——一下子就出现了小型的而后越来越大的年轻人群体，他们穿长筒靴、褐色衬衫，每个人的胳膊上都戴着颜色耀眼的"卐"字袖章。他们举行集会和游行，唱着歌或者齐声喊着口号穿过大街，在墙上贴上大标语、涂上"卐"字符号。我第一次察觉到，在这些突然出现的乌合之众背后一定有金主或者其他有影响力的人物。能把几千个年轻人耗资不菲地装备起来的，不是那个叫希特勒的人，他当时还只能在巴伐利亚的啤酒馆里发表演讲。一定有更强有力的手，在推动这场新的"运动"。那些所谓的"冲锋队"，制服是簇新的，他们被从一座城市送到另一座城市。在一个贫穷的时代，当时那些正规部队里的老兵还都身着破旧褴褛的军服，他们却有着让人吃惊的一大批崭新的小汽车、摩托车和载重车。此外，非常明显的是军队头领在对这些年轻人进行战术训练，或者用当时的话来说，进行"准军事化"规范。这肯定是德国国防部本身，在提供物质装备以外再定期进行技术培训，而希特勒从一开始就是国防部秘密情报处的一个密探。不久以后，我恰好就有机会能提前观察到这种"战斗行动"。在边境的一个地方，社会民主党正在以和平的方式举行集会，突然有四辆卡车飞驰而来，每辆车上都满载着手持橡皮棍的年轻国家社会主义党成员，他们快速冲向毫无准备的人群——这与我当初在威尼斯的圣马可广场所见的情况完全一样。这是从法西斯分子那里学来的方法，只是再加上军事化的精准训练，以及德国式系统性准备，直到最小环节。这些冲锋队的人，随着一声哨响快速跳下汽车，举起橡皮棍抡向他们路上遇到的人。在警察动手干预或者工人们汇集到一起之前，他们又已经跳上汽车，扬长而去。令我非常吃惊的，是他们跳上和跳下汽车的精准动作，每次都是随着歹徒头目的一声尖锐的哨声来进行的。可以看出来，每个年轻人的肌肉和神经事先都知道自己应该用怎样的动作，在哪个汽车轮子的位置，跳上去到什么地方，以便不挡住后面人的路，不影响整体的行动。那绝不是单个人的身手机敏，而是每一个动作都提前在军营里、在演练场上几十次、几百次地训练过。一眼就能看出来，这支队伍从一开始就是为袭击、暴力和恐怖而受训的。

不久以后，人们对巴伐利亚的这种地下演习听说得更多了。等到大家都入睡了，这些年轻小伙子从房子里钻出来，聚集在一起参加夜里的"野外训练"；由国家或者纳粹党的秘密金主来出资雇佣在职的或者非在职的国防军教官来训练这支队伍，有关部门对这种少见的演习并没有给予太多的注意。他们真的是睡着了，还是只是闭上了眼睛？他们对这个运动袖手旁观，甚或秘密地对它的扩展予以支持？不管怎样，连那些支持这个运动的人也震惊于他们的残忍和快速行动，而这些让他们成了气候。某天早晨当局才醒过神来，慕尼黑已经落到了希特勒的手中。所有的机关部门被占领，报纸被手枪逼迫着发布革命已经圆满完成的消息。当一筹莫展的共和国还光顾着做梦一般抬头往上看时，鲁登道夫将军如同从云朵中从天而降——他是那些自以为能周旋过希特勒结果反被希特勒给耍了的许多人当中的第一个。那天早上，这场意在夺取整个德国的著名啤酒馆暴动开始了，众所周知，到中午就结束了（我不需要在这里讲述世界历史）。希特勒逃跑了，不久以后被逮捕。这场运动似乎就烟消火灭了。在这个 1923 年，"卐"标记和冲锋队都不见了，希特勒的名字几乎被人彻底忘记了。没有人再想到把他当成一个可能的掌权人物。

若干年以后，希特勒再度出现，并将喧嚣的不满浪潮迅速地高高托起。通货膨胀、失业、各种政治危机，尤其是外国的愚蠢举措让德国民众沸反盈天。各个阶层的德国民众都强烈要求建立秩序，对他们来说，秩序从来就比自由和权利更为重要。就连歌德都曾经说过，他对无秩序的不待见甚至会超过不公正，谁能承诺秩序，谁就会从一开始就有成千上万的人跟在他自己的后面。

但是，我们还是没有意识到危险。作家当中那少有的几个肯花时间真正读希特勒的书的人，对他的小报写手式的声嘶力竭风格嗤之以鼻，却没有真正去考虑他提出的纲领。大型的民主性报纸没有对读者发出警告，而是每天都安慰读者说，这场运动实际上只是艰难地靠来自重工业的钱以及靠胆大妄为的借贷才能组织的煽动活动，不可避免地会在明天或者后天彻底玩完。

不过，德国人为什么会在那些年里如此低估希特勒本人和他日益增加的权势，并对这一发展无动于衷，这里的真正原因也许在国外是难以理解的：德国不光一直是一个阶级社会，而且在这种阶级理念当中还有着不可动摇的对"受过教育"的高估和膜拜。除了少有的几位将军，国家高级要职都要保留给"受过高等教育"的人。当时在英国却有一个劳合·乔治，在意大利有一个加里波第和一个墨索里尼，在法国有一个白里安，他们都是从平民走到最高政府首脑的位置；但是，对德国人来说，一个连公立学校都没有上完更枉谈什么高等教育的人，一个在成年男子收容所里过夜，好长时间以至今仍不为人知的手段过着不明不白生活的人，怎么可能会靠近一个冯·施泰因男爵、俾斯麦、冯·比洛公爵担任过的要职呢。没有什么比对教育的高傲态度对德国知识分子产生的误导更大，他们在希特勒身上只看到一个啤酒馆的滋事者，从来也不会成为严肃的危险，而这时他早已经通过看不见的牵线人在不同的圈子里获得了强有力的帮助。即使到了他在1933年1月成为总理以后，很多人，甚至那些将他推到这个位子上的人，也把他看成一个临时的占据者，纳粹的统治无非是一段插曲而已。

那时候希特勒的奸雄计策才第一次大规模地展示出来。多年来他四处承诺，赢得了所有党派里重要人物的支持，他们每一个人都以为这位"无名小卒"的神秘力量能为自己所用。这种手段给他带来了第一个胜利。同样的这个手段，希特勒后来也用在大型政治策略上，他以誓言和德国式的忠诚之心来结盟，而他的结盟对象也正是他所要消灭和铲除的。他完全明白用承诺去欺骗所有各方，等到他掌权的那一天，那些彼此最水火不容的阵营都一致向他欢呼。多伦的保皇派觉得，他是皇帝最忠心的开路先锋；那些性情愉快的巴伐利亚的维特尔斯巴赫（Wittelsbach）王族的君主派也持有同样的看法，他们也认为希特勒是“自己人”。德意志国家党希望希特勒会替他们劈木柴，然后他们可以好好烧炉子，他们的党魁胡根贝尔格（Alfred Hugenberg）以协议的方式，保证了自己在希特勒的内阁当中获得最重要的位置，认为这样他已经一脚踩在马镫上了。当然，几个星期以后，尽管有信誓旦旦的协议，他还是被从内阁中踢出来。重工业家们看到自己多年来秘密扶持的人获得权力，感觉到因为希特勒他们可以不惧怕布尔什维克。同时，那些变得贫穷的小市民也兴奋地舒了口气，因为希特勒在无数次集会当中承诺要“砸烂赔款利息的桎梏”；小商人们想到希特勒曾经答应要关掉大商家，这是他们最危险的竞争对手。最欢迎希特勒的是军队里的人，因为他的思考是军事性的，他诅咒和平主义。甚至社会民主党人对希特勒的崛起也并非如人们期待的那样不情愿，因为他们希望他能消灭他们的头号敌人，在他们后面讨厌地跃跃欲试的共产主义者。这位“无名小卒”对每个阶层、每个政党、每个倾向都有过承诺和誓言，最有差异、最互相对立的各政党都视他为自己的朋友，就连德国的犹太人也没有太过不安。他们自欺欺人地以为，一位“入阁的雅各宾”就不再是一位雅各宾分子了，德意志国家的总理自然会放弃反犹煽动者的下作行为。再说，他怎么能让暴力行为得逞呢，毕竟这个国家的法律已经牢固下来，国会中的多数会站起来反对他，每个公民的自由和平等权利都在曾经被庄严宣布的宪法保护之下。

接下来就发生了"国会纵火案"，议会被解散了，戈林让手下的暴徒四处出击，一下子将德国的法律砸得粉碎。人们浑身战栗地得知，就在和平环境之下，集中营已经存在，在军营中有秘密审讯室，不经过法庭和任何程序，无辜的人就在那里被秘密处死。人们对自己说，这可能只是丧失理智的狂怒的一次爆发而已。这种事情在 20 世纪不会长久存在的。然而，这只不过是开始。整个世界在关注着，一开始拒绝去相信那些难以置信之事。在那些天里，我已经看到了第一批逃难者。他们在夜里攀爬过萨尔茨堡的山梁，或者游过边境的界河。他们面黄肌瘦、衣衫褴褛，神情不安地盯视着别人。从他们这里开始，躲避惨绝人寰行径的惊慌大逃亡开始了，这后来遍及整个地球。看到这些被驱逐者时，我还没想到，他们那苍白的脸色已经宣告了我自己的命运，我们大家都将成为那个人强权之下的牺牲者。

一个人无法在短短的几个星期之内改变三四十年中内心对世界的信念。我们相信存在一个德国的、欧洲的、世界的良知，这植根于我们对法律的观念中；我们坚信反人性行为一定会有一个限度，哪怕其中最糟糕的行径也会在人类面前灭亡。我在这里尽可能地保持诚实，因而我得承认，在 1933、1934 年在德国和奥地利的所有人当中，不到百分之一、千分之一的人会以为后来几个星期以后就接踵而来的事情有发生的可能性。诚然，我们这些自由的、独立的作家，从一开始就料想到肯定会有一定的困难、烦恼和敌意在等着我们。"国会纵火案"刚一发生，我就对我的出版人说，用不了多久我的书就不能在德国出版了。

我无法忘记他那吃惊的表情。"谁会禁您的书呢？"那是 1933 年，当时他说这话时还大为惊骇，"您从来没有写过一个字反对德国，您也不掺和政治。"人们可以看到：在希特勒上台一个月的时候，连那些深思远虑的人也认为像焚书、批斗大会等做法是不可能发生的，而在几个月之后这些都已经成为事实。国家社会主义邪恶的欺骗伎俩就在于，在让世界失去警惕之前，他们是不会暴露其目标的极端性的。他们很谨慎地采用这个方法：总是先给一份剂量，然后来一个小间歇；总是给一个药丸，然后就等上一阵，看药量是否太大，看世界良知还能否受得住。由于欧洲的良知——这给我们的文明造成了损害和羞辱——极力强调这与他们"事不关己"，因为这发生在"边界那边"，这种毒药剂量就越来越强，直到最后整个欧洲都彻底倒下了。希特勒没有做出什么特别的天才之举，他只是用这种缓慢的试探和越来越强力升级的策略来针对一个在道义上后来也在军事上变得越来越孱弱的欧洲。就连那个早就在内部决定了要在德国消灭一切自由言论和独立书籍的行动，也在遵循这个试探着前行的办法。他们没有马上颁布法律来直接禁我们的书，而是在两年以后才颁布；他们首先举办了一个不事声张的试探办法，看一看能走多远，他们将对我们的书发动攻击的责任推给一个无须正式负责的群体，即加入国家社会主义党的大学生。他们此前用这种办法，导演"人民的愤怒"来实行早已决定了的抵制犹太人的活动。现在他们给这些大学生一个秘密的关键词，要他们表现出对我们的书籍的"愤怒"。德国大学生对任何一个能表达反动观点的机会都兴奋异常，他们都很听话地在每个大学里聚众闹事，从书店里取走我们的书，在飘扬的旗帜下带着他们的战利品走向公共广场。他们有时候在那里按照德国古老的习俗把书籍钉在耻辱柱上示众——中世纪突然成了最有力的参照——或者将书架在一大堆柴薪之上（因为可惜不允许这样将人烧死），在齐声念诵爱国主义口号下将书焚烧化为灰烬。在我的手里，还有一本被钉子穿透过的我自己的书，那是一位与我要好的大学生在死刑执行之后解救下来的样本，送给我作纪念的。尽管宣传部长戈培尔在经过长久犹豫之后才对焚书表示同意，但是焚书始终还是一种半官方的举措。没有什么比这能让人更明显地看到，当时的德国还完全没有认同这样的行动，大学生烧毁和蔑视我们的书籍的行动还没有给读者带来任何后果。尽管书商受到警告，不许再在橱窗中展列我们的书籍，尽管报纸都不再提及我们的书，但是这对于真正的读者却没有半点儿影响。在读我的书还不用进监狱或者集中营的时候，尽管有各种刁难和凌辱，我的书在1933、1934年的销量和以前一样多。只是等到那条赫然在目的"为了保卫德意志民族"规定变成了法律之后，去印刷、售卖、传播我们的书都成了侵犯国家利益的犯罪，旨在强行让几十万、上百万德国人远离我们的书时，读者还是更愿意读我们的书，而不是那些突然冒出来的赞美鲜血与土地的诗人，他们还是愿意与我们的创作相伴。

同时代的卓越作家如托马斯·曼、亨利希·曼、韦尔弗尔、弗洛伊德、爱因斯坦等人也遭遇文学生涯在德国遭到完全毁灭的命运。我认为他们的著作比我自己的重要得多，能与他们有同样的命运，这让我感到这种命运更多的是一种荣誉，而非羞辱。

十五　希特勒的发端

我对任何一种受难者的姿态都反感，因而在一般性地谈及命运时我也不愿意提及。但是，罕见的是，恰好是我让纳粹党甚至是希特勒本人陷入一个非常尴尬的处境当中。在这些遭到仇视的文学人当中，我反复成为在贝希特斯加登别墅高层或者最高层圈子里引起最激烈的不安和无穷讨论的人。所以，在一生很令我高兴的事情中，我还可以再增加一份满足，因为我挑起了新时代那位一度最有权势之人的愤怒。那个人就是阿道夫·希特勒。

在纳粹政府刚刚走马上任的头几天里，我就无端地担上了引发某种骚动的罪名。当时整个德国都在上映一部电影，是根据我的中篇小说《灼人的秘密》(*Brennendes Geheimnis*)改编的，电影也叫同样的名字。对此谁也没有异议。但是，在国会大厦起火——纳粹徒劳地想将它嫁祸给共产党——的那天以后，在电影院的招牌和海报前聚集的人们，就会互相递个眼神，会心一笑。很快"盖世太保"的人也明白了为什么人们会因为这个电影名而发笑。就在当天晚上，骑着摩托车的警察还到处追击，上演被禁止了。从第二天开始，关于我的中篇小说《灼人的秘密》的消息从所有的报纸和海报柱上消失得踪迹全无。去禁止一个让他们感到不快的词汇，甚至将我们全部的书籍焚烧或者销毁，对他们来说还算是小事一桩。可是，在某些特定的情况下，他们没办法在击中我的同时不对另外一个人造成损害，而那个人正是他们在关键时刻要在全球最高层赢得声望的重要人物。这位人物就是当时尚在人世的德意志民族最伟大、最著名的音乐家理查德·施特劳斯，我刚刚和他一起完成了一部歌剧。

那是我第一次和理查德·施特劳斯合作。此前，自从《埃勒克特拉》和《蔷薇骑士》开始，就一直是胡戈·冯·霍夫曼斯塔尔给他写歌剧的剧本，我从来也没有见到过他本人。在霍夫曼斯塔尔去世以后，他通过我的出版人向我表示，他很愿意开始一部新作品，问我是否愿意为他写歌剧的歌词。我觉得一份这样的请求对我来说是莫大的荣幸。自从马克斯·雷格尔（Max Reger）给我最初的诗歌谱曲以后，我一直生活在音乐当中，生活中也和音乐家多有往来。我与布索尼、托斯卡尼尼、布鲁诺·瓦尔特、阿尔滨·贝尔格保持着密切的友谊。但是，在我们那个时代的音乐创作家当中，没有谁能比理查德·施特劳斯让我更愿意为之效劳了。在从亨德尔、巴赫到贝多芬、勃拉姆斯一直延续到现在的伟大德意志音乐世系当中，他是最后一位。我马上表示愿意，而且在第一次与理查德·施特劳斯见面时就向他提议，用本·琼森的《沉默的女人》作这部歌剧的主题。令我大为意外的是，施特劳斯对我的建议做出了非常迅速、非常清晰的理解。我从来没有想到，他会有这么敏捷的艺术理解力，一种令人吃惊的对戏剧艺术的见识。在我还向他讲述这部歌剧的题材时，他已经对其进行戏剧性上的组装，马上让它适合自己所能的极限。对此，他有着几乎不可思议的清晰头脑，这是让我更为惊讶的。我的一生中遇到过很多艺术家，但是一位能对自己有如此抽象的、不受蛊惑的客观评判的人，我还从来没有遇到过。从一开始，施特劳斯就向我开诚布公地坦言，一位七十岁的音乐家已经不具备音乐灵感的原初力量。像《蒂尔的恶作剧》或者《死亡与净化》那样的交响乐作品，也许他再也创作不出来了，因为纯音乐要求最高的创造活力，不过词语依然能给他带来灵感。他还能用音乐将一种现成的、已经成型的主题戏剧性地表现出来，因为他还能从情景和词语当中临时生发出音乐主题，因此他在自己的晚年就只能从事歌剧写作了。他也很清楚，歌剧作为一种艺术形式按说已经是过气了。瓦格纳已经达到了如此高的巅峰，没有人再能爬上他的高度。"但是，"他带着爽朗的巴伐利亚的笑声加上一句，"我可以对他绕道而行啊。"

在我们谈清楚了剧本的基本轮廓之后，他还给了我几个小小的提醒。他要给我完全自由，因为他从来不会像威尔第那样，从事先已经剪裁妥帖的歌剧剧本中得到灵感，而总是要一个诗歌式的作品。他只是希望，要是我能放进去几个复杂的形式，就能够给色彩描画最好的发挥机会。"我不能像莫扎特那样想到长旋律。我总是采用短主题。但是我所擅长的，是对它进行去变奏、去装饰，将其中蕴藏着的一切都发掘出来。我相信，今天没有人能做到像我这样。"我又一次吃惊于他的开诚布公：的确，施特劳斯的作品中几乎没有哪个旋律的长度超过若干节拍，但是这不多的几个节拍——比如，《蔷薇骑士》的华尔兹——却能如此升华，通过层层的叠加而达到怎样的完美！

每一次与他见面我都像第一次那样满怀崇敬之情，这位年迈的大师面对自己和自己的作品显出如此自信和客观。有一次我和他单独坐在萨尔茨堡大剧院里听他的歌剧《埃及的海伦》的彩排。这里没有别人，我们的周围一片昏暗。他在聆听。突然，我注意到他在小声地、不耐心地用手指敲击座椅的扶手。之后他对我小声地说："糟糕！非常糟糕！我根本没有注意到。"

几分钟以后他又说："要是我能将这段删除就好了！啊，上帝，啊，上帝，这段又空又长，太长了！"几分钟以后，他又说："您看，这段好！"他评价自己的作品那么客观，那么不带任何倾向，好像他是第一次听到这个音乐作品，好像这是出自一位与他完全陌生的作曲家之手。这种让人惊讶的他用来衡量自己的感觉从来没有离开过他。他总是非常清楚自己是谁，能做什么。至于别人能做多少，他并不太感兴趣，同样也不关心别人以为他如何。让他感到高兴的，是工作本身。

施特劳斯的"工作"是一个非常值得注意的过程。他的"工作"没有艺术家式的任何癫狂和冲动，没有任何抑郁和绝望——如人们在关于贝多芬和瓦格纳的生活描绘中所读到的那样。施特劳斯工作得客观而冷静，他按部就班地安静创作，就像塞巴斯蒂安·巴赫一样，像每一个行当中技艺高超的手艺人一样。每天上午九点，他在桌子旁边坐下，精确地从昨天停止的地方开始继续作曲，有条不紊地用铅笔写下初稿，用墨水写下钢琴曲谱，中间没有停顿，一直到十二点或者一点。下午他打桥牌，抄写两三页乐谱，晚上可能要去剧院里指挥。他从来没有什么精神紧张的时候，无论白天还是晚上，他的艺术智慧都同样明亮、清晰。当侍者敲门给他送过来指挥乐队时穿的燕尾服时，他就站起来放下创作去剧院，带着同样的把握和气定神闲去指挥乐队，和下午打桥牌时一样。第二天上午，他会在乐谱同样的位置上继续下去。用歌德的说法，施特劳斯能"给灵感发号施令"。对他来说，艺术就是"能做"（Können），甚至是"全能"（Alles-Können），他自己打趣说："要想成为一位真正的音乐家，也就必须能为一张菜单谱曲。"什么困难都吓不倒他，反倒会给他的精湛手法带来乐趣。我还能愉快地回忆起来，某一次他带着胜利的得意之情，一对蓝色的小眼睛闪着亮光对我说："这个地方我给女歌手出了点儿难题！她肯定得遭点儿折磨，才能唱出来。"在他眼光发亮的少有时刻，你会感觉到有某种魔力的东西，深藏在这位不同寻常人物的身上。这种魔力一开始会因为他的工作方式中的准时、方法、按部就班、手艺人特征，看起来缺少神经弦，让人对此有所怀疑。正如他的脸一样，一开始也让人觉得再平常不过，胖乎乎的孩童似的脸颊，普通的圆润的线条，略微向后突起的前额。但是，你只要看到他的眼睛，这双明亮的、炯炯发光的蓝眼睛，你就能马上感觉到，在这市民的面具下面有某种特殊的魔力。也许那是我所看到过的最清醒的音乐家的眼睛，它们所具有的不是魔鬼般的力量，而是某种洞穿性的完全知道自己使命的男人所拥有的眼睛。

在这次令人振奋的会面之后，我回到萨尔茨堡马上开始工作。我自己也好奇他是否能接受我的诗，于是在第一个星期以后我已经寄给他第一幕。他马上给我写了一张卡片，他引用了瓦格纳的歌剧《纽伦堡的名歌手》中的一句歌词"首战告捷"。寄给他第二幕后，收到他更为衷心的问候，是他的歌曲《啊！我找到了你，亲爱的孩子！》中的开头。他这种喜悦，或者说兴奋，给我接下来的写作带来了难以形容的愉快。理查德·施特劳斯对我写的歌剧脚本没有改动任何一行，只是在一个地方因为另外一个声部他请我再加上三四行。我们之间这至为诚挚的关系让人非常放松，他来我们在萨尔茨堡的家里，我也去他在加米施（Garmisch）的家，他在那里用他细长的手指在钢琴上依照草稿几乎给我演奏了整部歌剧。用不着合同，也用不着任何协议，我们水到渠成般说好了下一步的合作：在完成这部歌剧以后，我马上就开始起草第二部，其基本构思他也毫无保留地同意了。

1933 年 1 月，当希特勒掌权之际，我们的歌剧《沉默的女人》的钢琴总谱已经基本完成，第一幕的配器也差不多了。几个星期以后下达了严格的禁令，在德国的舞台上，非雅利安人的作品或者有犹太人以任何形式参与的作品均不得上演。这道骇人听闻的禁令甚至扩展到死者身上，让世界上所有的音乐热爱者感到痛心的是，莱比锡音乐厅前门德尔松的站立雕像不得不被拆除。对我来说，有了这道禁令，我们的歌剧就算夭折了。我理所当然地以为，理查德·施特劳斯也会放弃继续在这上面的工作，会和别人一起开始另外一部作品。正好相反，他一封一封地写信问我有什么想法。他不要放弃，我应该准备他的下一部歌剧的文本，这时他在做配器。他根本不让自己允许任何人禁止他与我合作。我不得不坦率地承认，在整个事件过程当中他最大限度地对我保持了朋友的忠诚。当然，他也采取了一些防范措施，而我对这些措施却少有好感：他接近权力者，经常与希特勒、戈林、戈培尔在一起，甚至在富尔特温格勒（Wilhelm Furtwängler, 1886—1954）还在公开抵抗时，他就让自己被任命为纳粹的国家音乐局总监。

在当时的那个节骨眼上，他的公开参与对于纳粹党来说至关重要。令纳粹恼火的是，当时不光是最优秀的作家，包括最重要的音乐家都对他们嗤之以鼻。少数那些与他们沆瀣一气或者向他们投奔而来的人，都是一些无名之辈。在这样一个尴尬时刻，这位德国最有名的音乐家公开站在他们这边，对戈培尔和希特勒来说，就纯粉饰意义而言这是一个难以估量的收获。施特劳斯告诉我，希特勒在流浪维也纳期间，就不知道用了什么办法弄到钱去格拉茨（Graz）观看了《莎乐美》的首演，对他崇敬有加。在贝希特斯加登的各种庆典晚会上，除了瓦格纳的作品，节目单上几乎只有施特劳斯的歌曲。施特劳斯加入纳粹党，完全有着自己的目的。他任何时候都公开而且坦然地承认自己的艺术利己主义，在他内心哪个政府执政是根本无所谓的。他曾经作为宫廷乐队指挥为德国皇帝服务过，给德国皇帝的军队进行曲配器；而后又是维也纳宫廷乐队的指挥，为奥地利皇帝效力；在德国和奥地利的共和国时代，他也是备受欢迎的人。他对纳粹特别逢迎，也有其自身的重大利益在里面：用纳粹的语汇来说，他有一个很大的"负债"账户。他的儿子与一位犹太女子结婚了，他肯定担心自己至爱的孙子们会被当成低等人种被学校开除；他的新歌剧受到我的连累，过去的歌剧受到非"纯雅利安人种"的胡戈·冯·霍夫曼斯塔尔的连累，而他的出版人是一位犹太人。正因为如此，他才这么迫不及待地要找到靠山，而且他采用了最坚定不懈的方式。新主子要求他去指挥，他就会去做；他在用音乐给奥林匹克运动会写赞歌，同时在写给我的非常直率的信中坦言自己对这份委托并不感到兴奋。实际上，他在一位艺术家的献身投入中只在乎一件事：保持他的作品有活跃的影响力，尤其是要看到他内心特别珍爱的新歌剧上演。

他对纳粹做出这样的让步，理所当然地让我感到尴尬不堪。

人们很容易就会产生这样的印象，好像我在暗地里有所参与或者至少同意，以便让我本人成为这一无耻的抵制犹太作家中的例外。来自各方面的朋友敦促我，要对在纳粹德国上演这部歌剧表示公开的抗议。可是，我一是在原则上讨厌那些激情充沛的公开姿态，同时也不愿意给理查德·施特劳斯这样级别的天才出难题。施特劳斯毕竟是尚在人世的最伟大的音乐家，已经七十岁，他在这部作品上花了三年时间，而且在这全部期间他对我表示出来的是友好的意愿、无可指责的行为，甚至还有勇气。因此，从我这方面，我认为自己保持在沉默中等待的做法是正确的，让事情顺其自然。况且，我也不知道除了完全的被动不参与，我还能用什么办法给德国文化的保护人带来更多的麻烦。纳粹的国家文化局和宣传部只是在找说得过去的借口，以便能够用这个关键词为理由将他们最伟大的音乐家的作品禁掉。比如，相关机构和人员被要求，希望能找到一个借口：要是在《沉默的女人》里有一个像《蔷薇骑士》里的场景，比如一位年轻男人从一位已婚女人卧房里出来，事情会变得多么简单。那样的话，他们就可以说，德意志的道德必须得到守护。但是，让他们失望的是，我的书里没有任何伤风败俗的内容。而后，"盖世太保"那里所有的卡片索引和我过去的书都被翻了一遍，在那里也没有找到一句贬低德国（同样也没有诋毁过这个地球上任何国家）的词语，或者我从事过什么政治活动。不管他们怎么做，怎样设法，最后他们得自己承担这个决定带来的后果：要么他们在全世界人面前不给这位资深大师上演作品的权利，而正是他们自己将国家社会主义音乐的大旗送到他手上的；要么他们得让斯蒂芬·茨威格的名字作为歌剧脚本的作者与理查德·施特劳斯的名字印刷在一起，像以前已经有过很多次那样，让这个名字再一次玷污德国剧院的节目单，真是一个国家奇耻大辱之日！我在暗地里因为他们的左右为难因为他们苦不堪言的绞尽脑汁而高兴。我预感到，即便我不主动做什么，或者说正是因为我"什么都不做"和"根本不反对"，会不可遏制地让我的音乐喜剧发展为一个纳粹党政治当中的刺耳音乐。

纳粹党对做出决定一拖再拖，只要还能拖得下去。可是，到了1934年年初，他们就必须最终决定到底是跟自己的规矩过不去，还是跟这个时代最伟大的音乐家过不去。时间表不能再容忍继续延迟下去了。总谱、钢琴曲谱和歌词剧本早已经印刷完毕，德累斯顿的宫廷剧院已经预定了演出服装，角色已经分派好了，甚至已经开始了排练。可是，主管者仍然举棋不定，有关部门、戈林、戈培尔、国家文化局、文化委员会、教育部、弦乐队都未能达成一致意见。《沉默的女人》的事件最终成了一件令人不安的国务，尽管这显得如此荒唐。所有的部门都不敢承担那份能带来解脱的责任，给出一个"同意"或者"禁止"的决定。别无选择，这件事的最后决定只能让德国和纳粹党的主宰者阿道夫·希特勒做出。在此之前，很多纳粹党员已经对我的书青眼相向，尤其是《富歇传》被读得最多，富歇作为政治上无头脑的典范反复地被研究、被讨论。继戈培尔和戈林之后，现在阿道夫·希特勒本人也得花工夫来研究我写的那三幕抒情歌剧，这我可真没想到。做这个决定，对他来说也不容易。后来我从各种渠道听到的消息说，他们还为此召开过没完没了的会议。

最后，理查德·施特劳斯被召见到那位至高无上的权力者面前，希特勒亲自告诉施特劳斯本人，尽管他的那部新歌剧有悖于新德意志帝国的一切法律，它还是被网开一面允许上演。这个决定，很可能正如他与斯大林和莫洛托夫签署的那份《苏德互不侵犯条约》一样不情愿、不真诚。

对纳粹德国来说，天昏地暗的一天就这么降临了：一部歌剧将要上演，在所有的节目单上都赫然印着被纳粹蔑视的名字斯蒂芬·茨威格。我自然不会去参加首演，因为我知道观众大厅里会满是穿褐色制服的人，甚至希特勒本人也会亲临某一场演出。这部歌剧获得了很大的成功，我必须在此向音乐评论家们表达敬意，他们当中百分之九十的人还兴奋地再次利用这个机会，最后的机会来表示他们内心对种族观的反抗，他们用想得到的最好的词语来评论我创作的歌词。在柏林、汉堡、法兰克福、慕尼黑，全德国的剧院都马上宣布，接下来要上演这部歌剧。

在第二场演出之后，突然之间晴空霹雳。一切都取消了，德累斯顿和整个德国都被禁止上演这部歌剧。更有甚者，让人吃惊的是，人们在报纸上读到：理查德·施特劳斯已经递交了辞呈，辞去国家音乐局总监职务。每个人都知道，一定是发生了什么特殊的事情。我过了一段时间，才知道全部的真相。施特劳斯又给我写了封信，敦促我马上要开始写第二部歌剧的歌词脚本，他也在信里毫无顾忌地表达了个人的看法。这封信落到了盖世太保的手中。这封信被摆到施特劳斯的面前，他必须马上提出辞呈，歌剧遭到禁演。在德语范围内，这部歌剧只能在自由的瑞士以及布拉格上演，后来得到了墨索里尼的特许，还用意大利语在米兰的斯卡拉大剧院上演。当时的墨索里尼还没有完全屈从于种族论。德国人却再没有被允许听到出自当世最伟大的音乐家所完成的一出颇令人销魂的歌剧中的任何一个音符。

当这件事闹得沸反盈天之时我正好在国外，因为我感觉到，奥地利的动荡不安让我无法静心工作。我在萨尔茨堡的房子离边境线那么近，用肉眼就能看到贝希特斯加登山，那里就有阿道夫·希特勒的房子，那是一位令人不那么愉快和非常不安的邻居。离德国边境这么近，也让我对奥地利局势之险恶比那些居住在维也纳的朋友有更好的判断。那些坐在咖啡馆里的人，有些甚至是在政府中的高层人员，都把国家社会主义看作"那边"发生的事情，一点儿也碰不到奥地利。有着严密组织的社会民主党不是仍然有超过半数的民众追随者吗？自从希特勒的"德意志基督徒"公开非难基督教文化，公开声称他们的元首"比基督更伟大"之后，奥地利跟教会相关的党派不是已经团结一致坚决抵制国家社会主义了吗？法国和英国不还是奥地利民族联盟的支持者吗？墨索里尼不是明确接手了奥地利保护者的责任，甚至要保证奥地利的独立吗？甚至犹太人也毫不忧心，好像犹太人被剥夺担任医生、律师、学者、演员的权利这样的事情发生在中国，而不是距离自己三个小时车程的同样讲德语的地区。他们舒适地坐在自己的房子里，开着车行驶在路上。此外，每个人都会说这样的安慰话："这不可能持续时间太长。"我还能回忆起在那次短暂的俄国之行当中，在列宁格勒与我的著作出版人的一次谈话。他告诉我，他以前是一个多么富有的人，他拥有很多非常美的绘画艺术作品。我问他为什么没有在革命爆发之初像许多人那样走掉。"唉，"他回答我说，"当时谁会相信，那么一个委员会和士兵的共和国闹的事情会超过十四天？"正是出于同样的生活意愿，人们才出现同样的错觉，也进行自我欺骗。

在紧邻边界的萨尔茨堡，人们可以看得更清楚些。窄窄的界河上不断地有人过来过去，年轻人夜里渡河过去接受训练，煽动者开车而来，带着登山的手杖，作为一个普通的"旅游者"在各个阶层当中发展自己的"基层组织"。他们开始招募新的成员，也同时威胁说，谁不及时表态以后就会为此付出代价。这让警察和国家公职人员感到被震慑住了。我感觉到某种不安全感在出现，人们开始动摇。生活中一些小小的个人经历总是最有说服力的。我在萨尔茨堡有一位青年时期的朋友，一位相当有名的作家，三十年来我和他有着最密切、最诚挚的交往。我们互相以"你"相称，彼此将自己的著作献给对方，每个星期都要见面。有一天，我在街上看到这位老朋友和一位陌生的先生在一起，注意到他马上在一个无关紧要的橱窗前站住，将后背转向我，似乎在给那位陌生的先生看特别有趣的东西。奇怪，我在想：他肯定是看到我了。也许是赶巧了。第二天他突然给我打电话说，他下午是否可以到我这里来聊天。我同意了，有些吃惊，因为平常我们总是在咖啡馆见面。虽然是紧急来访，他却也没有说什么特别的事情。这时我就马上明白了：他一方面要与我保持友谊，另一方面他不想因为是我青年时期的朋友而受到怀疑，不想让这座小城里的人看到他与我关系密切。这件事让我警觉起来。我很快就注意到，过去经常来我这里的好多熟人都不来了。我的处境岌岌可危。

我当时还没有想到彻底离开萨尔茨堡。但是，我比往常更乐于在国外度过这个冬天，以便逃脱所有这些小小的紧张气氛。不过我没有想到，当我于1933年10月离开我那美丽的家时，不久之后就与之诀别。

我当时的想法是，1月和2月在法国工作。我热爱这个美丽的思想之国，把它当成自己的第二故乡，在那里不觉得自己是外国人。瓦雷里、罗曼·罗兰、儒勒·罗曼、安德烈·纪德、罗歇·马丹·杜加尔、杜阿梅尔、维尔德拉克、让-里夏尔·布洛克，这些文学界的领军人物都是我的老朋友。我在那里的读者几乎与在德国同样多，没有人会把我当成外国作家、异乡人。我热爱那个民族，热爱那片土地，热爱巴黎那座城市，我感觉到自己在那里如同在自己的家里一样，每当火车开进巴黎北站，我就有了那种"回来了"的感觉。但是，这次由于特殊情况我提早就出发了，并且想在圣诞节之后再到达巴黎。这期间我去了哪里？自从大学时代以来，我已经有二十五年没有去过英国了。为什么总要去巴黎，我对自己说。为什么不在伦敦待上十天或者十四天，在过了这么多年以后，用另外一种眼光重新去看那些博物馆，看这个国家和这座城市？于是，我登上的不是前往巴黎而是开往加来的特快车，在11月仍然是大雾的一天中到达了伦敦维多利亚火车站。让我自己也吃惊的是，自己不像当初那样乘出租马车，而是乘坐出租汽车去了旅馆。这种雾，一种又冷又柔软的灰色，一如从前。我还没有去看这座城市，但是我的嗅觉已经越过三十年的时间距离，闻到这种涩滞、浑浊、潮湿的气味，从周围的空气中我又认出了这座城市。

我带来的行李很少，我的期望也同样不多。在伦敦我差不多可以说没有什么朋友关系，在文学上我们欧洲大陆的作家与英国作家接触也很少。他们有自己独特的、有自己边界的生活，在他们圈子内的影响范围，这对我们来说是难以进入的传统：我想不起来，在我房间的书桌上那些来自世界各地的书当中，能找到哪一本是由一位英国作家出于同行之谊寄来的。萧伯纳，我曾在德累斯顿附近的赫勒劳（Hellerau）与他相遇过一次；威尔斯，曾来过我在萨尔茨堡的家一次。我自己的书，虽然都已经被翻译出版，但不是很有名，英国仍然是我的书影响最小的国家。我与我的书在美国、法国、意大利、俄国的出版人都建立了私人友谊，但是从来没有看到过在英国出版我的书那家公司的某位先生。我也做好了准备，在那里会有陌生的感觉，一如三十年前。

但是，情况大大不同。几天以后，我感觉自己在伦敦有说不出来的舒适。不是因为伦敦有根本上的改变，是因为我自己改变了。我年长了三十岁，经历过战争和战后岁月的各种紧张与挣扎，我彻底渴望能过上宁静的生活，不去听任何政治性议论。当然，在英国也有不同的党派，辉格党和托利党，一个自由派，一个保守派，还有一个工人党，但是他们之间的讨论与我不相干。毫无疑问，在文学界也有不同流派，有公开的争论和隐蔽的敌意，可是我在这里完全置身事外。不过，最让我感到愉快的是，我终于又能感觉到一种文雅、礼貌，没有激动、没有仇恨的氛围。在过去的若干年里，对我的生活毒害最深的莫过于那种无论在乡下还是在城市里都感觉到的憎恨和紧张，我总得保护自己不要卷入这些争论当中。这里的居民还没有惊惶失措到那等份儿上，这里的公共生活中存留的规矩和体面要多于我们那些因为通货膨胀的欺骗而变得道德沦丧的国家。这里的人们生活得更为安详，更为心满意足，他们更多地关注自己的花园，自己喜爱的小玩意儿，而不是他们的邻居如何。在这里一个人能呼吸、思想和考虑问题。不过，真正让我留下来的理由，是一部新的创作。

事情是这样的。当时，我的《玛丽·安托瓦内特》刚好出版，我正在读那本关于伊拉斯谟的书的校样。我在这本书里尝试着去描绘一位人文主义者的精神肖像：尽管他比任何专门致力于世界改造的人都更清晰地看到了时代的荒谬，可悲的是他无力带着自己的全部理性去行动。在完成这部暗含着自我描绘的作品之后，我的本意是要写一部计划已久的长篇小说。我写的传记已经够多了。但是，在我到了伦敦的第三天就发生了一件事，改变了我的计划。出于收集手迹的旧有激情，我来到大英博物馆浏览那些向公众展出的藏品，在里面看到一份处决玛丽亚·斯图亚特的手写报告。我不由自主地问自己：玛丽亚·斯图亚特到底是怎么回事？她真的参与谋害了她的第二任丈夫，还是根本没有？因为晚上没有什么书可读，我便买了一本关于她的书。那是一本颂扬她的书，将她当成圣人一样为她辩护，一本肤浅而愚蠢的书。由于无可救药的好奇心，第二天我又买了另外一本书，这本书里所主张的，几乎和前一本书完全相反。现在我开始对这个个案感兴趣。我想找到一本真正可靠的书。没有人能说出一本来，于是我在寻找和了解中不由得进入了比较当中，在不自觉当中已经开始了准备一本关于玛丽亚·斯图亚特的书，这个工作让我在图书馆待了好几个星期。当我在 1934 年年初返回奥地利时，我已经下了决心，再回到我已经喜欢上了的伦敦，在那里安安静静地来完成这本书。

没用两三天的时间，我就能看出来，在这短短的几个月里，奥地利的局势正在向糟糕的方向发展。从英国那宁静、安稳的氛围一下子回到这个到处充斥着狂热和争斗的奥地利，就如同人们在纽约酷热的 7 月，从一个空气凉爽、带有空调的房间突然来到火炉般的大街上。纳粹的高压开始慢慢摧毁宗教界和市民阶层的神经，他们越来越尖锐地感觉到经济上的压迫，以及迫不及待的德国要闹腾得天翻地覆的压力。多尔富斯政府要保持奥地利的独立，抵抗希特勒，一直在无望地寻找最后的支柱。法国和英国距离太远，内心上也对奥地利持无所谓的态度，捷克斯洛伐克还充满了对维也纳的宿怨和敌意，这样就只剩下了意大利：它当时力争成为奥地利在经济上和政治上的保护国，以便保护阿尔卑斯山的关卡和的里雅斯特。对于这种保护，墨索里尼也提出了代价不菲的要求。奥地利应该顺应法西斯主义的趋势，议会制和民主就要结束了。如果不对社会民主党——奥地利最强大、组织性最好的政党——进行铲除或者剥夺其权力的话，奥地利就无法满足墨索里尼的条件。要摧毁社会民主党，除了血腥的暴力，别无他法。

多尔富斯的前任伊格纳茨·赛佩尔已经为实行这种恐怖行动建立了一个组织，就是所谓的"家乡护卫队"。从外表上看，那是一个人们能想出来的最为落魄的组织，由一些外省的小律师、退役军官、无正当职业的人、失业的工程师等组成，每个人都是心怀失望的庸常之辈，大家彼此以最不堪的方式互相仇恨。最终他们找到一位年轻的施塔勒姆贝尔格（Ernst Rüdiger von Starhemberg）公爵作为自己的首领。这位公爵曾经坐在希特勒的脚下，煽动反对共和与民主；现在他带着雇佣而来的士兵，成了希特勒的敌手，放言"要让人头滚落"。这些"家乡护卫队"的人要做什么积极的事情，还不十分清楚。事实上，"家乡护卫队"的目标无非是要上位而已，而他们的全部力量都在于墨索里尼的拳头，正是这拳头将他们推向前去。这些号称爱国的奥地利人，用意大利人交给他们的刀锯砍掉自己置身其上的树枝，竟然还浑然不觉。

社会民主党更为清楚地认识到真正的危险究竟在哪里。按说他们用不着畏惧公开的斗争。他们有自己的武器，通过总罢工可以让铁路交通、供水、供电等瘫痪。但是，他们也知道，希特勒正在等待的就是这样的"赤色革命"，好找到一个借口，作为"拯救者"挺入奥地利。于是，他们宁可牺牲自身的一大部分权利和议会，以便达成一个可以忍受的妥协。鉴于当时迫不得已的情势，奥地利处于希特勒主义威胁的阴影当中，所有理性之人当时都赞同这种折中方案。甚至多尔富斯这样一个多谋善变、野心勃勃但同时也是有现实感的人，也倾向于奥地利国内达成一致意见。可是，年轻的施塔勒姆贝尔格和他的同伙法伊（Emil Fey）少校——他后来在谋杀多尔富斯的事件中扮演了一个奇特的角色——却要求"保卫同盟"（Schutzbund）[1] 交出武器，任何民主性的、公民的自由痕迹都要求被消灭掉。针对这个要求，社会民主党做了抵抗，两方阵营接连不断地向对方发出威胁。人们能感觉到，一场分出胜负的对决迫在眉睫。在这种无所不在的紧张中，我充满预感地想起了莎士比亚的话："如此浑浊的天空，没有一场暴风雨是不会晴朗的。"

我只在萨尔茨堡待了几天，接着就马上去了维也纳。就在这2月的最初几天里，风暴爆发了。"家乡护卫队"在林茨（Linz）袭击了工人组织的驻地，他们认为那里有武器库，要将那里的武器储备拿走。工人们以总罢工作为回应，多尔富斯再次下令，用武力将这人为造成的被迫"革命"镇压下去。于是，正规的国防军用机枪和大炮对准了维也纳的工人住宅区，进行了三天艰苦的巷战。这是在西班牙内战之前最后一次民主与法西斯的较量。工人们坚持了三天，后来由于对方装备上的优势而遭镇压。

那三天我在维也纳，因而也是这决定性战斗的见证人，是对奥地利独立采取自杀行为的见证人。可是，我既然想当一位诚实的见证人，就必须承认一些首先显得矛盾的事实，那就是我自己一点儿也没有看到革命的景象。一个人若要挺身而出，给出那个时代尽可能真实而清楚的画面，也必须有勇气揭开那些浪漫主义的想象。对我来说，现代革命的技术和特点最有代表性的，莫过于它上演在一个现代大城市巨大空间中少有的几个地方，因此对于大多数居民来说是完全看不到的。这显得有

1　1923 年前后成立的奥地利社会民主党的准军事组织。

些特别：我在1934年2月具有历史性意义的这几天就待在维也纳，根本没有看到这些发生在维也纳的决定性事件当中的任何一件，在它们发生之时，一点点，哪怕一点点也毫无所知。炮击发生后，许多房屋被占领，几百具尸体被运走，可是我一具也没看到。任何一位在纽约、伦敦、巴黎的报纸读者对发生的事情的了解，都超过我们这些似乎应该是见证人的人。在我们这个时代，离一个事件发生地十条街远的人对该事件的所知要比那些在千里之外的人所知还少，这一令人吃惊的现象以后一直不断地被证实。几个月后，多尔富斯中午时分在维也纳被谋杀之时，当天下午五点半我在伦敦大街上看到了这个头条新闻。我马上尝试着跟维也纳通电话。让我吃惊的是，电话马上就接通了；而更让我吃惊的是，那些身在维也纳、离外交部只隔着五条街的人所知道的比那位身在伦敦街角的人少得多。我也只能以自己经历维也纳革命的情况来从反面说明：今天的人如果没有碰巧站在一个关键位置上，他见到那些让世界的面孔和自身生活发生改变的事件会少很多。我所经历的全部情况是这样的：那天晚上，我与歌剧院的一位芭蕾舞女导演玛加蕾特·瓦尔曼（Margarete Wallmann）相约在环城大道咖啡馆见面。我步行去环城大道，正漫不经心地想准备穿过马路，这时突然有几个身着七拼八凑的破旧制服的人向我走过来，问我要去哪里。当我向他们解释说，我要去 J. 咖啡馆，他们就让我过去了。我既不知道为什么这些士兵突然站在街头，也不知道他们究竟在干什么。实际上，当时在郊区的枪战已经持续了几个小时，而在城里大家都对此一无所知。只是当我晚上回到旅馆结账时——因为我打算明天回到萨尔茨堡——看门人才对我说，明天不大有可能通车。铁路工人在罢工，而且城郊在发生什么事呢。

第二天早上的报纸登载了关于社会民主党暴动的消息，相当含混其词，声称暴动已经差不多被镇压下去。实际上，在这一天战斗才达到白热化的程度，政府决定除了机枪也要用大炮来对准工人的住宅。大炮声我也没有听到。如果当时奥地利被占领了，不管是被社会党、纳粹党或者共产党，我对此都会毫无所知，正如当时那些在慕尼黑的人早晨醒来后才从《慕尼黑最新消息报》上知道，他们的城市已经在希特勒手中。在市中心，一切都和平常一样那么安静，那么有条不紊；在郊区，战斗正在激烈进行。我们愚蠢地相信官方的通报，以为一切都已经解决，一切都已经结束了。我因为要查阅一些东西去了国家图书馆，大学生们坐在那里像平时一样读书、学习，所有的商店都在营业，人们根本没有惊慌。一直到了第三天，整个事情都过去了以后，人们才一点一点知道了真相。第四天交通一恢复，我一大早就赶回了萨尔茨堡。在那里我在街上遇到了两三个熟人，他们马上一股脑地向我询问维也纳到底出了什么事。而我，按说曾经是革命的"见证人"，必须诚实地对他们说："我不知道。你们最好买一份外国报纸。"

在事发的第二天，跟此事有所关联的一件事以奇特的方式让我做出了自己生活中的一个决定。那天下午我从维也纳回到萨尔茨堡的家里，看到有很多校样和信件，于是一直到深夜都在处理它们，以便把拖欠下来的工作都完成。第二天早上，我还在床上没有起身，有人敲门。如果不是特意说定某个时间的话，我们忠实的老仆人从来不会来叫醒我的，他一脸惊慌失措地出现在门口，说请我下去一趟，警察局的先生们等在那里，希望跟我说话。我有些吃惊，穿上晨服走到楼下。那里有四位身着便装的警察，他们向我宣布，奉命来这里对我的房子进行搜查，我应该马上将藏在房子里的"保卫同盟"的武器交出来。

我必须承认，开始的一刹那我惊愕得不知如何回答。我的房子里有"保卫同盟"的武器？这太荒谬了。我从来没有属于过某一个党派，从来不关心政治。我已经好几个月没有在萨尔茨堡住了。再说，将武器库放置在位于城外山上的一座房子里，好让每个拿着武器下山的人都被人看到，这难道不是世界上最荒谬的事情吗？我只是冷冷地回答说："请便，您去找吧。"这四位秘密警察走遍房子，打开一些箱柜，敲打几处墙壁。从他们搜查时的马虎方式上我马上就明白，这种查看无非是走走形式而已，没有人真正相信在这座房子里会藏有武器。半个小时之后，他们宣布搜查完毕，然后离开了。

当时这出闹剧为什么令我如此愤慨，可惜这需要从历史上做一些解释性说明。在过去的十年里，欧洲和世界几乎都已经忘记，在从前私人权利和公民自由是多么神圣的事情。自1933年以来，搜查、随便逮捕、财产没收、驱逐、遭送以及各种想得出来的摧残形式几乎都变成了司空见惯。我所认识的欧洲朋友们，几乎没有哪一位没有遭遇过这些。但是，在1934年初的奥地利，住宅遭到搜查还是一种奇耻大辱。一个像我这样完全远离任何政治，多年来都没有行使选举权的人遭到了搜查，这一定有某种特殊的原因。实际上，这是一种典型的奥地利做法。

萨尔茨堡的警察局长不得不对纳粹分子出重拳，他们多次在夜里用炸弹和爆炸物让民众感到不安。监视纳粹分子是一种能给自己带来很多麻烦的勇敢行为，因为纳粹党当时已经在采用恐怖手段。警署每天都接到恐吓信：如果他们继续"迫害"纳粹党，就必须为此付出代价。纳粹党在涉及复仇的事情上，是会百分之百地守住承诺的。希特勒刚一入侵奥地利，那些忠心耿耿的奥地利公务员就被送往集中营。所以我推测，对我的住房进行搜查只是一种表演式做法，意在表明他们无论对谁都一视同仁。透过这个本身并不重要的小插曲，我能感觉到奥地利的形势已经变得多么严峻，来自德国方面的压力有多大。自从警察来过以后，我不再喜欢这个家了。某种感觉告诉我，这样的小插曲只是一个带震慑作用的前戏而已，更多更深远的攻击还会接踵而至。当天晚上，我开始将最重要的文件打包，决定从此长期生活在国外，而且这种放手意味着不光是这座房子和这里的土地，因为我的家人将这座房子当成自己的家，她们热爱这个国家。对我来说，个人自由是世界上最重要的事情。我没有把我的意图告知任何朋友和熟人，两天以后返回伦敦。我到伦敦后的第一件事便是，通知萨尔茨堡的行政管理部门我彻底放弃将萨尔茨堡作为我的居住地。那是我与家乡脱钩的第一步。我知道，有了维也纳的那几天，奥地利已经惨败了。当然，我还不知道，我自己会因此失去多少。

十五　希特勒的发端

十六　和平在垂死挣扎

罗马的太阳已经沉没。

我们的白昼已经过去；

黑云、夜露和危险正在袭来，

我们的事业已成灰烬。

莎士比亚《尤利乌斯·恺撒》

在最初的几年里，就流亡的含义而言，英国之于我正如当年索伦托之于高尔基一样。奥地利还存在，尽管在那次所谓的"革命"以后，纳粹党还试图通过袭击以及暗杀多尔富斯让这个国家倒向纳粹一边。我故国的挣扎还将持续四年。我可以在任何时候回来，我没有遭到驱逐，没有被禁言。萨尔茨堡房子里的书，还都毫发未伤。我还有奥地利的护照，故国依然是我的祖国，我还是它的公民，拥有一切公民权利。那种失去祖国的残酷处境还没有开始，对于没有亲身经历的人，很难将这种处境解释清楚：那是一种让人神经备受摧残的感觉，清醒地睁着眼睛踏入虚空当中，知道自己无论在哪里立足都可能片刻之间再被赶出来。我当时还刚刚处于这种处境的最初阶段。不管怎么说，当我在 1934 年 2 月底在维多利亚火车站下车时，那种到达已经有别样的滋味。看待一座自己要留下来在其中生活的城市，与看待只是作为客人访问的城市，一个人会采取完全不同的视角。我不知道自己会在伦敦待上多长时间。只有一件事对我是重要的：我要开始自己的创作，来保卫自己内心和外在的自由。我没有买房子，因为任何所有物又都意味着束缚。我租了一个小公寓，刚好可以放下两个书柜，装下我不想放弃的书籍，可以放下一张写字台。这样我就有了一切，作为一个精神工作者所需要的一切。当然，这里没有和朋友交流的空间。我更愿意住在狭小至极的空间里，以便能不时地出去旅行：在不自觉当中，我的生活已经有另外一种取向：安顿下来只是权宜之计，并非长远打算。

在第一天晚上——当天色已黑，墙壁的轮廓已经在昏暗中模糊起来——我走进这个终于布置停当的小居室时，不由得吃了一惊。在那一瞬间，我以为走进了三十年前我在维也纳为自己安置的小屋子。也是这么小的房间，唯一的美好问候是那些靠在墙上的和以前同样的书籍，以及布莱克的《约翰国王》上那双梦幻般的眼睛，无论走到哪里它都陪伴着我。我确确实实需要那么一刻才回过神来，因为很多年来我再也没有想到过那第一套公寓。莫非这是一种象征，意味着我的生活在经历了那么大的跨度之后要回到从前的状态，而我会变成自己的影子？三十年前，当我在维也纳选择了那个居室时，那是刚刚开始。那时我还没有什么创作，或者说没有重要作品问世。我的书，我的名字还没有活在我的国家里。现在与当年有着诡异的相似之处，我的书又从这个语言当中消失了。我所写的东西，在德国不为人知。朋友们都保持疏远，从前的圈子被打破了，房子连同所有的收藏和绘画作品都失去了。和从前一样，我的周围都是陌生人。我在这期间所做的一切，所成就的、所学的、所享受的，似乎都随风而散，五十多岁的我又面对一个新开端，如一个大学生坐在写字台前，每天疾步去往图书馆。只不过已经不那么充满信心，不再那么热情，头发上多了一层灰白，疲惫的灵魂蒙上了一层沮丧的暗影。

关于1934年到1940年在英国的情况，我犹豫着不要去讲太多，因为这时已经离我们的时代很近了，我们大家都几乎经历了同样的通过收音机和报纸挑动起来的不安，有着同样的希望和同样的忧虑。我们大家都不会带着骄傲去回想那些政治上的迷惘，想到它将我们引向何方，会让我们感到毛骨悚然。谁要想说明这些过去，就必须控诉，可是在我们所有的人当中，谁有这个资格！况且，我在英国的生活完全深居简出。在我流亡和半流亡的这些年，我中断了一切畅言无羁的群体交往，因为我有一个让人发狂的理念：在讨论时局方面，我身在外国，不能插言。我知道这想法有多么愚蠢，但是我无法克服这种多余的阻碍。对于奥地利的领导层表现出来的愚蠢，我尚且无能为力，我怎么能在这里，在这个我自己感觉是客人的美好岛国里，在对情况有更清楚、更好的了解之上，提醒人们希特勒将对世界构成威胁呢？他们会把这当成我个人的看法。当然，面对一些明显的错误，要想保持嘴巴紧闭，有时候也是很困难的。让人感到心痛的是，眼睁睁地看着偏偏是英国人的最高道德准则——他们的忠诚、诚实的愿望，在没有相反证据时首先给人信任——被精心策划的宣传所滥用。人们不断地听到这样蒙人的说法：希特勒只是想把德国的边境地区要到手里，然后他就会心满意足地收手并且出于感谢之情将布尔什维主义铲除。这个诱饵的效果实在是太好了。希特勒只需要在讲话中说出"和平"一词，报纸就欢呼着忘掉了希特勒所做的一切事情，不再去追问为什么德国要这么疯狂地增加军备。从柏林回来的（英国）人——让他们看到的都是预先准备好的，而他们也受到了款待和逢迎——会大力称赞那里的秩序和他们的新领导人。一来二去，在英国人们甚至开始默认，希特勒提出的大德国"要求"有其道理。没有人明白，奥地利就是墙上那一块特别的石头：只要有人将它挖掉，欧洲便会坍塌。我以焦灼的目光看着英国人和他们当中的领导者们因为天真和高贵的轻信而受人蛊惑，而我的眼睛曾经在家乡从近处看到过冲锋队成员的脸，听到过他们唱"今天，属于我们的是德国；明天，将是整个世界"。政治局势越紧张，我越是回避与人谈话，回避公开活动。在旧大陆，唯独在英国，我没有在报纸上发表与时局相关的文章，从未在电台发表谈话，从未参加过公开讨论。我在那里隐姓埋名，生活在一个小房间里，和三十年前生活在维也纳的那位大学生一样。因此，我没有资格作为一个名副其实的见证人来描绘英国。况且，后来我不得不承认，在战争之前我从来没有认识到英国人身上最深沉、最内涵的只有在最危险的时刻才迸发出来的力量。这样一来，我就更没有资格说什么了。

我在英国见到的作家也不多。恰好那两位我后来开始有交往的作家约翰·德林瓦特（John Drinkwater）和休·沃尔波尔（Hugh Walpole）被死神提早带走了。年轻的作家我不经常能遇到，作为外国人的不安全感给我造成负担，因而我回避一切会所、晚宴和公众活动。不管怎样，我还是经历过一次特殊的、真正难忘的享受，见到萧伯纳和 H. G. 威尔斯这两个真正头脑敏锐的人物之间分歧深刻却特别带有骑士风度的精彩交锋。那是在萧伯纳那里一个小圈子里的午宴。当时令我一方面感到有些兴味，另一方面感到有些尴尬，因为我事先不知道是什么引发了他们之间的隔阂。这隔阂让两位大作家都感到如箭在弦，这已经体现在他们彼此问候的方式上，那是一种浸透着些许讽刺的相熟：肯定在他们二人之间存在着原则性的意见分歧，或者是不久以前刚刚消除，或者正好要通过这次午宴来消除。这两位在英国享有盛誉的大人物半个世纪以前都在"费边社"为当时同样年轻的社会主义并肩战斗过。自那以后，他们都按照自己非常独特的个性发展，彼此越来越远。威尔斯一丝不苟地坚信他那积极的理想主义，不知疲倦地建构他那关于人类未来的愿景，而萧伯纳却用越来越怀疑和讽刺的态度看待未来和当下的事物，在它们身上来检验他那些深思而且愉快的思想游戏。他们二人在身体上的外形，这些年来也正好形成对照。八十几岁的萧伯纳精神矍铄得令人难以置信，他只吃坚果和水果。他身材高挑、清瘦，从不倦息，滔滔不绝的双唇边总是带着尖刻的笑，他比以往任何时候都更沉醉于自己制作的冲突焰火；威尔斯这位热爱生活的七十岁老人，比以往任何时候都更追求享受、安逸，他个头矮小，红红的面颊，在偶尔出现的轻松之后是极端的严肃。萧伯纳在进攻上让人眼花缭乱，他快速而巧妙地变换着攻击点；威尔斯的强项在防卫战术上，坚不可摧，像是一位信念坚定的信徒。我马上就有了这样的印象：威尔斯不光是来这里参加一次友好的午宴，而是为某种原则性辩论而来的。我因为根本不了解二人有思想上的冲突这一背景，所以对这种紧张气氛的感觉就更为强烈。他们二人的每一个动作、每一个眼神、每一个词语中，都经常带着一种冒失的然而又相当严肃的争斗情绪。就如同两位击剑手，在发动猛烈交锋之前，用小小的试探性攻击来检验一下自己的应变能力。萧伯纳在思路敏捷方面更胜一筹。每当他作答或者防卫时，浓密的眉毛下的眼睛都熠熠发光，他乐于使用笑话，玩弄辞藻已经达到了某种过于自我感觉良好的程度——六十年的操练让他在这方面成为无人可以企及的大师。有时候他那白色的长胡子会在轻声的笑中颤动，他的头略为偏向一侧，好像在查看自己射出去的箭是否已经击中靶的。威尔斯面颊红润，有着一双沉静而不动声色的眼睛，他的言词更为锐利、直接。他的理解力也敏捷非凡，但是他不用那种耀眼的侧面进攻，而是采用更放松、更直接的方式，带着一种不言自明的从容。这场交锋既尖锐又快速，一刺一挡，一挡一刺，好像一直都在无限的乐趣当中，让旁观者对这场击剑比赛，熠熠剑光以及二人的攻防技艺叹为观止。但是，在这种迅捷而且始终处于最高水准上的对话背后，有着一种精神上的愤怒，他们以英国人特有的高贵方式将这种愤怒规范在修辞上最文雅的形式里。寓严肃于游戏，寓游戏于严肃，这正是让这场讨论显得引人人胜的原因所在。这是两个极端的个性人物一次激烈的对抗，表面上似乎是某件事引起的，但实际上早就由于某些理由和背景而注定要如此的，只是那些理由和背景我无从知道而已。我看到了英国两位最出色的人物展示他们最精彩的时刻。这场辩论的续篇，在接下来的几个星期里在《民族周刊》以书面的形式继续进行，但是它们给我带来的乐趣远不及这场激情对话的百分之一，因为在那些抽象表述的观点中，那活生生的人，那原本最本质的内容不再能为人所见了。我很少能如此这般享受到思想与思想摩擦时发出的光芒，无论在此前还是此后，都没有在任何戏剧的对话艺术当中看到过如此精彩的展演，因为他们所进行的对话毫无意图，不追求戏剧性效果，具有最典雅的形式。

那些年，我在英国生活仅仅就空间意义而言，并没有倾注全部灵魂。正是对欧洲的担忧，那种让人神经感到疼痛的担忧，促使我在从希特勒上台到第二次世界大战爆发之间的几年里多次旅行，甚至两次跨越大西洋。也许敦促我这样做的是那种预感，要赶在这世界还在敞开之时，在轮船还能和平地行驶在海上的时间内，要用上全部的心力来为将来更黑暗的时代积攒一些印象和经验；也许是出于满心的热望想去了解，在我们的世界因为不信任与不和睦而遭受破坏之时，另外一个世界正在建设；也许那是一种模糊的预感，我们的以及我个人的未来会在与欧洲隔洋而望的那个新大陆。一次穿越美国各地的演讲旅行给我一个很好的机会，让我看到这个国家的多样性，以及同时并存的内在团结性，从东到西、从南到北。也许南美洲给我留下的印象更为强烈，我是应国际笔会邀请去参加大会的。对我来说，去强调超越国家和语言的精神上的团结，显得从来没有比现在更为重要。在出发之前的最后几个小时，欧洲还让我带上一份令人忧心的警告。在那个1936年的夏天，西班牙内战已经爆发。从表面上看，那只是这个美丽的悲剧性国家的内部冲突，而实际上那已经是两个意识形态的权力集团在为未来的交战做准备性演习。我是从南安普敦乘坐一艘英国轮船出发的，原以为这艘船会因为要避开战争地区而不会在平时的第一站维哥（Vigo）停留的。令我吃惊的是，船开进了港口，而我们乘客甚至被允许上岸几个小时。维哥当时掌握在佛朗哥的人手中，离真正的战场还远得很。但是，在这几个小时以内我还是看到了一些足以让人心情沉重的事情。市政厅大楼上飘扬着佛朗哥的党旗，大楼前面一排排地站着一身农民打扮的年轻小伙子，他们大多是被牧师带领着，显然是从附近农村召集来的。我一开始还没有明白要让这些年轻人干什么。是招募他们当工人，完成某项紧急工作吗？或者，他们是来领救济金的失业者？一刻钟以后，我看到同样的小伙子们从市政厅大楼里出来，像是换了一个人一样，身穿簇新的军服，佩带武器和刺刀。在军官的监管下，他们登上了同样崭新锃亮的汽车，随后汽车疾驶过街道，出城而去。我吓了一跳。我在哪里曾经见到过这样的情景？首先是在意大利，然后是在德国！突然之间到处是簇新的军服和崭新的汽车、机关枪。我再一次问自己：谁提供了、谁支付了这些新军服，谁组织起了这些满脸菜色的年轻人，谁在驱使他们去反对现政权，反对选举出来的议会，反对他们自己的合法代表者？据我所知，国库以及武器库还都在合法政府的手中。这也就是说，汽车和武器都是从外国运进来的，它们肯定是从离得最近的葡萄牙越过边境线的。但是，是谁输送的，谁付的钱？一股力图获得政权的新势力，各处出击的都是这同一股势力，它喜欢暴力、需要暴力，一切我们认可并为之努力的理念——和平、人道、友善——在它那里都是早已不合时宜的软弱。那是一些神秘的群体，他们隐蔽在办公室和大公司里，他们阴险地利用年轻人幼稚的理想主义来服务于他们的权力意志和生意。他们有使用暴力的愿望，想要以更新、更精密的技术让战争的原始野蛮性来覆盖我们这多灾多难的欧洲。一个画面上的、感官上的印象对灵魂上的震撼要超过千百篇报纸上的文章和小册子。当我看到这些无辜的年轻人被神秘的幕后操纵者武装起来，让他们起来反对自己的国家时，比任何时候都更强烈地预感到我们将面临什么，欧洲将面临什么。轮船在停留几个小时再起锚之时，我上船后快速走进船舱。再去看一眼这个美丽的国家，它将由于外来势力而遭受残忍的蹂躏，这让我感到巨大的切肤之痛。我感觉到，欧洲，我们的神圣故乡、西方文明的摇篮和圣殿，正在由于自己的癫狂而注定要走向死亡。

正因为如此，瞥见阿根廷才让我感到更加幸福。那是另外一个西班牙，有着它的古老文化，在一片新的、辽阔的、还没有被鲜血浸透、没有被仇恨毒害的土地上得到了保护和保存。那里有丰足的食物、财富和盈余，也有无限的空间，因而也有了未来的养料。我感到莫大的幸福和一种新的信心。几千年来，文明不一直在从一个国度向另外的国度游移吗？一棵死于斧斤之下的树，不总是能够得到某种存留，开出新的花朵，结出新的果实吗？在我们之前和在我们周围，人们世世代代所创造的一切不会完全失去的。人们只是需要学会在更大的范围内思考，要想到更大的时间跨度。我对自己说，人不应该只考虑到欧洲，而是要超越欧洲去思考；不要让自己被埋葬在正日趋死掉的过去中，而是要参与它的重生。这座新兴的百万人口大城市的所有居民都对国际笔会大会表现出满腔的热情，从这种诚挚中我认识到，我们在这里不是陌生人。对于精神上一体化的信心——我们为此献上生活中最美好的东西——在这里还存在，还有效，还在起作用。有了我们这个新时代的速度，大洋也不足以将我们分开。我们有了一个新任务来代替旧任务：在更大范围内，以更大胆的设想来建设我们梦想中的共同事业。如果说，从看到那即将来临的战争之时起，我已经对欧洲放弃了信心，那么我在南十字星下又开始去希望、去相信。

巴西给我留下的强烈印象和希望一点儿也不亚于阿根廷。这个大自然情有独钟的国家有着地球上最美丽的城市，这个国家空间广大，直到今天还有铁路、公路尚未通达的地方，更不用说飞机了。在这里，人们对往昔欧洲的保存甚至要比欧洲人自己更精心。第一次世界大战带来的残忍还没有侵入这个民族的风习和精神当中。人们的共同生活在那里更为和平、更为礼让，即便是大相径庭的种族之间的交往，也不像我们欧洲人之间那样充满敌意。在这里，没有人以血统、种族和出身这些荒谬的理论来对人进行分门别类。我有一种奇特的预感，人们在这里还能和平地生活，这里为未来准备了无尽的空间，而在欧洲，为了哪怕一点点儿可怜的空间，各国之间还要大动干戈，政客们还要喋喋不休。这里的土地还在等待着人，等待着人来利用它，等待着人以自己的存在来充实它。欧洲文明所创造的内容，可以在这里以另一种新方式延续下去，并发扬光大。大自然的千姿百态之美让我感到赏心悦目，我已经将目光投向未来。

不过，旅行，哪怕是旅行到另外一个星座下面，到了另外一个世界，也不意味着逃离了欧洲以及对欧洲的忧心。这似乎是大自然对人类最为恶意的报复：当人类通过技术创造所具备的神秘力量将自然置于自己的手中时，这些技术也同时搅扰人的灵魂。技术给我们带来的最糟糕的诅咒，莫过于它阻止我们逃离现实，哪怕一刹那也不行。我们的祖先可以在灾难性时代逃避到孤独和偏僻之处，可是我们却注定必须在同一个小时、同一秒内了解和感受到世界上某个地方发生的最糟糕的事情。不管我离欧洲有多远，它的命运与我同在。就在我到达伯南布哥的那天晚上，我的头顶上是南十字星座，我的身边是黑肤色的人在行走，如当头一棒一般，我在报纸上看到巴塞罗那被轰炸、一位西班牙朋友被枪杀的消息，就在几个月以前，我还与这位朋友一起度过了好几个小时的愉快时光。在得克萨斯州，我坐在一辆飞驰的普尔曼式的车厢里，行驶在休斯敦和另一座石油城之间，我突然听到有人发疯似的用德语大喊大叫：一位不懂德语的旅客正好将火车上的收音机调到了德国电台，于是我在列车轰轰隆隆地经过得克萨斯平原时，还不得不听着希特勒发表的煽动演说。无由逃避，无论白天还是黑夜，我总是不由得带着折磨人的焦虑想到欧洲，在欧洲之内总是想到奥地利。也许这显得有些狭隘的爱国主义，在一个巨大的危险处境当中——其范围遍及从中国到西班牙的埃布罗河和曼萨纳雷斯城——我对奥地利的命运尤为关注。我知道，整个欧洲的命运都系于这个小小的国家，它偏巧是我的祖国。如果现在回过头去要指出（第一次）世界大战以后的政治失误的话，那么最大的错误便是：欧洲和美国的政治家们没有实行威尔逊总统那个简单明了的和平计划，而是把它给肢解了。他的想法是，让小国获得自由和独立，但是他也正确地认识到，只有在所有的大国和小国都处于一个超越性的统一体之下受到约束，这些小国的自由和独立才能得到保证。由于这个超越性的组织——那个真正的、彻底的国际联盟——没能形成，他的计划中只有另外一部分即小国的独立得以实现了。由此引发的根本不是什么安宁，而是持续不断的紧张局势，因为没有什么比弱小国家的大国梦更危险的了。这些小国尚立足未稳，它们所做的第一件事便是相互钩心斗角，为了一块小小的地盘而争执不休：波兰针对捷克，匈牙利针对罗马尼亚，保加利亚针对塞尔维亚，在这种敌对中，所有国家当中最弱小的奥地利面对的是超级强大的德国。这个被肢解、被弄残了的国家——它的统治者曾经在整个欧洲不可一世——是欧洲这座墙保持不倒的那块关键性石头，这是我还要再强调一遍的。我知道，在这个英国百万人口大城市里我身边的所有人都不会知道，没了奥地利，捷克斯洛伐克也就没有了，然后巴尔干就成了希特勒唾手可得的猎物。由于纳粹所具有的特殊结构，一旦维也纳在手，纳粹便能用这个杠杆撬动整个欧洲。只有我们奥地利人知道，希特勒带着满是仇恨毒刺的贪婪向维也纳挺进，这座城市曾经见证过他的穷困潦倒，而今他要作为一个凯旋者长驱直入。每次当我匆匆前往奥地利，在返回时再越过边境时，都会长舒一口气说"这一次还没有"，然后回望一眼，好像这会是最后一次了。我看着灾难正在到来，无可避免。在那几年里，当别人早晨满怀信心地打开报纸时，我数百次在心里害怕会出现这样的头条：奥地利沦陷。啊，当我假装成自己早已经与奥地利的命运脱钩时，我是怎样在欺骗自己！我从远方为它那迟缓而被发烧弄昏了的头脑所做的最后挣扎而感到痛苦，其程度远远超过我那些留在国内的朋友：他们在用爱国游行来欺骗自己，他们每天互相打气："法国和英国不会让我们沦陷的，尤其是墨索里尼决不会答应的。"他们相信国际联盟，相信和平条约，就如同一位病人相信药物上的漂亮标签一样。他们幸福无忧地生活在那里，而将事情看得更清楚的我，却忧心得肝肠寸断。

我最后一次回奥地利也没有别的理由，只是内心对大难将至的恐惧临时性发作。我曾经在1937年秋天去维也纳看望我的老母亲。我在那里很长时间没做什么事，也没有什么紧要的事情等着我去处理。从维也纳回来几个星期后的一个中午，应该是11月底，我穿过摄政王大街回家，路过时买了一份《旗帜晚报》。那是哈里法克斯勋爵飞往柏林第一次试图与希特勒本人谈判的那一天。现在我的眼前还能出现那个画面，在这份《旗帜晚报》的第一版右边版面上黑体排印的文字逐一列出了哈里法克斯想和希特勒达成一致的几点内容。在字里行间我读到了，或者说我以为我读到了：舍弃奥地利！若不如此，与希特勒会谈还能有什么用？我们奥地利人知道，在这一点上希特勒是决不会让步的。奇怪的是，计划中的讨论题目只出现在《旗帜晚报》的中午版上，在午后印刷的同一份报纸上这些内容已经消失得踪迹全无。（后来我听到有传言说，报纸上的消息是意大利公使提供的，因为在1937年，意大利最害怕的便是英国和德国背着它达成共识。）这份报纸上的这条消息绝大多数人可能根本没有注意，内容是否正确，我无从判断。我只是知道，一想到英国已经开始就奥地利问题与希特勒谈判了，我就被吓得六神无主。今天我也不羞于说出口：当时我拿着报纸的手在抖个不停。假也好，真也好，多年来我从来没有感到这么紧张过。我知道，如果这个报道里有那么一点点真实，那这就是终结的开端：那块石头就会被从墙里撬出来，而墙也会随之坍塌的。我马上转身不再去回家的方向，而是跳上下一辆开往维多利亚火车站方向的公共汽车前往帝国航空公司，去打听是否有明天的飞机票。我还想再见一次我的老母亲、我的家庭成员、我的家乡。幸好我还得到了一张飞机票，我迅速收拾些东西放在箱子里，飞往维也纳。

我的朋友们都很吃惊，我怎么这么快，这么突然又回来了。可是，当我说出我的忧虑时，他们是如何嘲笑我的！我还一直是过去的那位"耶利米"，他们笑话我说。难道我不知道吗，现在整个奥地利的居民都百分之百地支持舒施尼克？他们极尽能事地盛赞"祖国阵线"这一了不起的游行，而我在萨尔茨堡已经观察到，绝大多数游行者只是将规定的统一徽章别在领口上，为的是不要对自己造成不利。与此同时，他们为谨慎起见，也早已在慕尼黑的纳粹党那里登记了。我学过的历史，我自己写过的历史太多了，不会不知道大众总是会马上倒向当权的一方。他们今天会高呼"舒施尼克万岁"，明天也会用同样排山倒海的声音高喊"希特勒万岁"。我在维也纳接触到的所有人，都表现出真诚的无忧无虑。他们互相邀请聚会，身着晚礼服和燕尾服（他们根本不知道，不久以后他们就得穿上集中营里的囚服）；他们奔走于各家商店，购置圣诞节礼物，布置漂亮的房子（他们根本不知道，不多的几个月以后就会遭到洗劫）。古老的维也纳固有的悠然自得，我此前也非常喜欢，也是我一生都梦想拥有的状态。这种忧虑全无的状态，曾被维也纳的民族诗人路德维希·安岑格鲁贝尔（Ludwig Anzengruber）概括为一句简短的格言："你不会出事的。"这种无忧感第一次让我觉得疼痛。也许在终极意义上，所有这些维也纳朋友都比我睿智，因为他们在事情到来之时才去经历那种痛苦，而我事先已经在想象中感受到一次痛苦，当发生之时会第二次感受到。不管怎样，我无法理解他们，也无法让他们明白。两天以后，我不再对任何人发出警告。为什么要去扰乱那些根本不想受人打扰的人呢？

　　在维也纳停留的最后两天里，我带着绝望无言的"再也不能"的目光再次看遍每一条熟悉的街道、每一座教堂、每一个花园，这座我出生之城的每一个古老角落。当我说出这话时，不是事后的词语点缀，而是绝无虚言的真实。我在与母亲拥抱时，就带着这样隐秘的"这是最后一次"的感觉。我带着"再不能见"的想法来感受这座城市、这个国家，明确地知道这是告别，永远的告别。火车经停萨尔茨堡，我的房子，我曾经在里面生活工作二十年的房子就在这座城市，但是我根本没有下车，都没有到站台上。我可以从车窗向外看到矗立在山丘上的我的房子，回想起在那里度过的岁月。但是，我没有去看一眼。为什么还要看呢？我再也不会住在那里。在火车驶过边境的那一刻，我像《圣经》中的罗得一样清楚地知道，身后的一切都是尘土与灰烬，是被凝结成苦涩盐柱的往昔。

我还以为自己已经预先感觉到能够发生的一切可怕之事，那便是希特勒的憎恨之梦得以实现，他会作为一个凯旋者占领维也纳，这座曾经将这个一贫如洗、一事无成的年轻人踢出去的城市。但是，与1938年3月13日所发生的非人的暴行相比——从此以后奥地利和整个欧洲成为赤裸裸暴力的猎物！——我的想象力，人类的想象力显得多么犹疑、多么弱小、多么可怜！现在，面具可以摘下来了。其他国家既然公开表现出了恐惧，那么血腥的暴行就用不着再顾忌什么道德上的阻碍了，他们再不需要诸如在政治上消灭"马克思主义者"这样的欺骗性借口了:英国算什么？法国算什么？世界都不在话下。现在不光要抢、要偷，连那种私人性质的复仇欲都得以恣意放纵。大学教授们被逼着用赤裸的手擦洗街道，有着虔诚信仰的白胡子犹太人被拖进他们的教堂，一群大呼小叫的年轻人逼迫他们下跪并齐声喊出"希特勒万岁"的口号。街上无辜的人像兔子一样被抓到一起、被带走，让他们去打扫冲锋队兵营的厕所。种种病态而肮脏的仇恨妄想，以前人们在黑夜中无耻地想到的，现在在光天化日之下得以大肆发泄。他们闯进住宅，从吓得浑身发抖的女人那里扯走耳环，对城市的同样劫夺可能也发生在几百年以前的中世纪战争当中。然而新增的内容是，他们那无耻的乐趣在于对人进行公开的折磨，对灵魂的摧残，各种精心设计的侮辱。所有这些并不是发生在一个人身上，而是上千人在遭受这种苦难。不像我们这个道德已经疲惫不堪的时代，当一个更为宁静的时代到来时，人们会浑身战栗地读到，在 20 世纪的文化之城，一个仇恨狂人曾经犯下了怎样的罪行。这是希特勒在各种军事和政治胜利中最邪恶的胜利，这个人成功地用不断升级的办法将所有法律概念的棱角磨掉。在实行这一“新秩序”之前，如果没有法院的判决和拿得出的理由而杀人的话，还会让整个世界震惊，在人类的 20 世纪，酷刑被认为是不可思议的，没收财产被明确地认定为偷窃和抢劫。可是现在，在一个个接踵而至的圣巴托罗缪之夜[1]以后，在冲锋队的监狱和铁丝网后面不断有人被酷刑致死以后，个别的不公正还算什么？人间的痛苦还算什么？ 1938 年，在奥地利沦陷以后，我们的世界对非人道、无法无天、残忍的习惯程度，是此前几百年所没有的。假如在从前，维也纳这座城市里发生的这些事情，足以受到国际上的唾弃；但是，在 1938 年，世界良知却缄口沉默，或者只是含糊其辞地说几句，随即便忘记和原谅了这些暴行。

那些天是我人生中最可怕的日子：每天都响彻着来自家乡的求救呼声，明知道最亲近的朋友们被抓走、遭酷刑、承受羞辱，无助地为每一个自己所爱的人感到战栗。我也可以毫无愧疚地

---

1 “圣巴托罗缪之夜”本义是指 1572 年 8 月 24 日在法国发生的天主教对基督教新教胡格诺派信众的大规模屠杀行动。这里借指大规模、集中的迫害活动。

说——这个时代已经将我们的人心如此反转——当我那年迈母亲的死讯传来时，我没有惊骇，没有哀伤。正好相反，知道她现在可以免受一切痛苦和危险，这令我感到一丝安慰。她已经八十四岁高龄，耳朵几乎完全聋了。她住在我们自家住宅当中，所以就算依据新的"雅利安法律"，她暂时也不用搬迁出去。我们寄希望于过一段时间以某种方式将她接到国外。维也纳被占领后的第一批法令就让她受到沉重一击。八十四岁的她已经腿力不支，她每天短暂散步时，习惯每走五分钟或者十分钟就坐在环城大道或者公园里的椅子上休息一会儿。希特勒成为这座城市的主子八天以后，就发布了一道牲畜不如的禁令：犹太人不允许坐在长椅上，这是专门以折磨人取乐为目标的众多禁令当中的一条。对犹太人的抢劫还算有他自己的逻辑，尚可容忍，毕竟他们可以将工厂、住宅、别墅这些抢夺之物以及由此腾出来的职位留给自己的人，用来奖赏自己的走卒，戈林的绘画收藏能变得那么丰富而且堂皇，也主要归功于这种毫不手软的抢劫行动。但是，不让一位老太太或者一位体力不支的老先生在长椅上坐几分钟喘口气，这种事发生在 20 世纪，是由一个人想出来的：这个人，却被上百万人当成那个时代最伟大的人物而受到顶礼膜拜。

幸运的是我母亲得以避免长时间忍受这类野蛮行为和侮辱。在维也纳被占领几个月之后，她离世而去。与她的去世有关的一段小插曲，我没法绕过去不写。在我看来，正是对这些细节的记录，对即将到来的时代才显得非常重要，下一代一定会觉得这些事情是不可能发生的。八十四岁的老太太在早上突然失去知觉。被叫来的医生很快就做出了判断，她可能活不过当天夜里，于是叫来了一位大约四十岁的女护理员来做她的临终陪伴。当时，她的两个儿子——我哥哥和我——都无法赶到，因为在那些德意志文化的代表人面前，就算是为母亲守灵而回到奥地利，也一样以犯罪论处。于是我们的一位堂兄打算当天晚上在她的居室度过，这样至少在她临终之际有一位家庭成员在身边。这位堂兄当时六十岁，自己的身体状况也不是很好，实际上他一年以后便去世了。当他准备在隔壁房间将自己准备过夜的床打开时，这位女看护的确感到很不好意思，过来解释说，按照新的纳粹法律，她不可以让他在临终者的床边过这个夜晚，对此她感到遗憾。我的堂兄是犹太人，而她作为五十岁以下的女人不允许同他在一个屋顶下过夜，哪怕在临终者的床前也不行。按照那些坏蛋的观点，一个犹太人脑子里的第一个想法肯定是对她性侵，玷污她的种族血脉。她说，她当然为有这类规定感到特别丢脸，但是她也不得不服从法律。这样，为了能让这位护理员守候在我母亲的临终病床前，这位六十岁的堂兄就迫不得已在晚上离开这座房子。也许人们现在可以理解，为什么我会庆幸我母亲不必在这群人当中生活更长的时间。

奥地利的局势也给我的私人生活带来改变，这些我一开始只是当成完全无关紧要的、纯粹形式上的一些改变。我的奥地利护照作废了，我必须向英国当局申请一份白色的替代性身份证，即一张无国籍者的护照。在我自己的世界主义梦想中，我曾经多次设想这应该是多么美妙的事情。按照我内心的感受，无国籍便是对任何国家都没有责任，也就没有区别地属于所有国家。

但是，我不得不再一次认识到，我们的这些人间幻想是多么不可行。只有当一个人亲自受过痛苦后，才能理解那些最重要的感觉。十年前，当我在巴黎遇到梅列日科夫斯基时，听到他向我抱怨他的书在俄国被禁，我这个没有经验的人还相当不假思索地企图安慰他说，相比于他的著作在国际上的传播，那实在算不上什么。可是，当我自己的书从德语世界消失时，我才再清楚不过地理解了他的那种抱怨：自己创作出来的词语只能以翻译本，只能以冲淡过的、改变了的介质呈现！同样，我也是在英国行政管理机构的等候室经过漫长等待才被叫进去的那一刻，才明白将自己的护照换成一张外国人身份证明意味着什么。我对自己的奥地利护照拥有一种权利，奥地利大使馆的官员和警察都有义务给一位有完全公民权的人签发护照，可是，为这份我从英国当局得到的外国人证件，我必须去申请。那是一种我需要申请的恩赐，而且这种恩赐任何时候都可能被剥夺。一夜之间，我的地位就下滑一级。昨天，我还是一位外国客人，可以说是一位绅士，在这里消费外汇并且纳税；今天，我却成了外来移民，是一名"难民"。我被降至一个如果说不上是不名誉至少也是低人一等的类别当中。况且，持有这张白色证件的我，想获得任何外国签证都必须提交特殊申请，所有国家都对这一"类别"的人，这些没有权利、没有祖国的人——我突然也成了其中的一员——不予信任，因为如果他们惹下麻烦，滞留时间太长的话，不能像对待其他人一样将他们遣返，将他们送回他所来自的那个国家。我总是不由得想到若干年前一位流亡中的俄国人所说的一句话："以前，人有一个身体、一个灵魂。今天他还需要一个护照，不然就不能被当成人一样对待。"

的确如此。自从第一次世界大战以来，世界所经历的能让人感觉到的最大倒退，莫过于对个人行动自由的限制以及自由权利的缩小。在 1914 年以前，地球属于所有的人。每个人可以去他想去的地方，想停留多长时间就停留多长时间。没有所谓的许可，没有准入。当我跟现在的年轻人讲到我在 1914 年以前去了印度和美国，没有带护照，也根本没见过护照是什么样子，我总是看到他们脸上的惊奇。人们上车下车，不需要问什么，也不被人盘问；今天人们被要求填写的上百份表格，当时一份也不用填写。没有居留许可，没有签证，没有刁难。今天的国界线，因为大家彼此之间病态的不信任，已经被海关、警察、哨所变成了一道铁丝网，而那时的国界线无非是一条象征性的界线，谁都可以不假思索地越过，就如同格林尼治子午线一样。直到第一次世界大战以后，国家社会主义开始了对世界的搅扰。作为第一个看得见的现象，也是我们这个世纪的精神瘟疫，那便是对外来者恐惧症：对外国的憎恨，或者至少是对外国人的恐惧。人们到处都在防范外国人，到处都在抵制外国人。所有那些从前只会加在罪犯身上的羞辱手段，现在的普通旅行者在旅行之前和旅行期间都必须领受。人们得允许自己被拍照，左面、右面、正面，头发必须剪短，好让耳朵能露出来，必须留下指纹，一开始只是拇指指纹，后来则是全部十个指头的指纹，此外还要出示各种证明：健康证明、防疫注射证明、无犯罪记录证明、推荐信，还要能够拿出邀请信以及亲属的地址，要出示道德上和财务上的保证，要填写一式三份、四份的表格，如果这一大堆材料中缺少一份，那就没戏了。

这些似乎都是琐事。冷眼一看，我居然提及这些琐事，显得我自己小家子气。但是，这些毫无意义的"琐事"让我们这一代人毫无意义地浪费了不可挽回的宝贵时间。如果我今天来算一下，我在那几年里填了多少表格，每次旅行时写了多少声明、税务申报、外汇证明、过境手续、居留许可、居住地登记和注销证明，我在领事馆和官署部门的前厅里等候了多少小时，曾经面对过多少个官员——友好的和不友好的，无精打采的和过分激动的都有——我经历了多少次过境时的检查和问询，有了这些经历之后我才感觉到，在这个世纪，在这个我们年轻时曾经坚信会成为一个自由的世纪，一个正在到来的世界公民的时代，我失去了多少人的尊严。有多少我们的产出、我们的创造、我们的思想被这些没有产出同时却让灵魂遭受凌辱的繁文缛节所带走！我们当中的每一个人在这些年里研读的官方规定都多于思想著作，通往一个陌生城市、陌生国家的第一条路不再像从前那样是通往博物馆、通往某处风景的路，而是前往大使馆、前往警察局的路，是去领取一个许可证。如果大家坐在一起，同样的一伙人，从前会谈论波德莱尔的诗歌，会带着思想上的激情来讨论问题，而现在我们谈论的是入籍和居留许可，是应该申请长期签证还是旅游签证。去结识一位在签证处工作、能让你的等候时间缩短的小职员，在过去十年内变得如此重要，甚至超过与一位托斯卡尼尼或者一位罗曼·罗兰的友谊。人们不得不一直感觉到，虽然有着与生俱来的自由灵魂，但人是客体而不是主体，权利丝毫没有，一切皆为官僚机构的恩典。人们不停地受到盘问、登记、编号、检查、盖章。直到今天，我这个不可救药的自由时代的人，一位梦想中的世界共和国中的公民，还一直觉得我护照里的每一个公章都是囚犯身上的烙印，每一次询问和检查都如同一场羞辱。我知道，这些是小事，小事而已，在一个人的价值暴跌得比货币还快的时代，这些都是微末之事。但是，只有抓住这些不起眼的病症，后来的时代才能正确地描绘出主宰两次世界大战之间这一时期思想状况和思想混乱的临床表现。

也许我是被此前的自由给宠坏了，也许我的感受度因为近年来陡然而至的变换而太敏感。每一种形式的移民都不可避免地产生一种失衡。如果一个人脚下没有自己的土地，他就会失去挺直的身姿，就会变得没有把握，对自己产生疑虑——所有这些也都得亲自经历过之后才能理解。我毫不迟疑地承认，从我不得不使用外国颁发给我的身份证件或者护照的那一天起，我从来没有感觉到，这些证件和我自己是属于一起的。那种自然而然的身份认同，证件与原初的、本来的我相一致的身份认同被永远破坏了。我变得比自己的天性更为拘谨了。从前我是一位世界主义者，可是现在我不断地有这种感觉，好像我应该为每一次呼吸感恩戴德，这是我从一个陌生民族那里所夺走的。在清醒思考时，我当然知道这种奇怪念头多么荒谬。但是，什么时候理性能真正抗拒自己的感觉呢！我用了将近半个世纪的时间来培养自己的心，告诉自己要成为一位"世界公民"，但是这都无法给我帮助。不，在我失去护照的那一天，我以五十八岁的年龄发现，一个人失去的祖国绝不仅止于那一块被划定边界的土地。

有这种不安全感觉的并非我一人。慢慢地，不安开始在整个欧洲扩展开来。自从希特勒入侵奥地利，政治局势一直不明朗。在英国，那些曾经悄悄为希特勒铺平道路，寄望于借此为自己的国家换来和平的人，开始慎重考虑问题了。从 1938 年开始，在伦敦、巴黎、罗马、布鲁塞尔，在所有的城市和乡村，任何一个谈话，不管开头时话题多么遥远，最后总是不可避免地落到一个问题，即如何才能避免战争或者至少将战争向后推迟。如果我回头看在欧洲战争恐惧一直愈来愈强的这几个月，我能回忆起来，只有两三天人们有真正的信心；只有两三天人们有了这种感觉，战争的阴云会过去，人们又可以自由地呼吸。是非颠倒的可笑之处恰好在于，那两三天在今天看来恰好是现代史上最糟糕的日子：那是张伯伦和希特勒在慕尼黑会晤的几天。

我知道，今天人们不太情愿去想到那次会晤：张伯伦和达拉第被逼到墙根，向希特勒和墨索里尼投降。但是，因为我要提供文献式的真实，所以我必须承认，每一位在英国经历了那三天的人，当时都感觉美好极了。1938 年 9 月的最后几天，局势令人感到绝望。张伯伦刚刚从他与希特勒的第二次会晤回来，几天以后人们知道发生了什么。张伯伦去见希特勒，为的是在戈德斯贝格（Godesberg）毫无保留地同意希特勒此前在贝希特斯加登向他提出的要求。可是，几个星期以前还能让希特勒感到满意的要求，现在已经填不满他的权力欲壑了。绥靖政策以及"一再争取"的做法可悲地失败了，在英国，轻信的时代一夜之间就结束了。英国、法国、捷克斯洛伐克，欧洲只有这样的选择：

要么在希特勒无休止的权力意志面前屈服，要么拿起武器来阻止他。英国似乎心意已决。他们不再讳言军备，而是公开地展示出来。突然之间工人们出现了，他们在伦敦的海德公园、摄政王公园尤其是德国大使馆对面筑起了地下防空洞，以对付空袭轰炸的威胁。海军舰队也行动起来，总参谋部的军官穿梭往来于伦敦和巴黎之间，共同制定抵抗措施。开往美国的船上挤满了外国人，他们想要让自己及时到达安全的处所。自1914年以来，英国人还从来没有这么警醒过。人们变得更加严肃，更加凝重。人们看着房子，看着繁华的街道，心里暗暗地想着：会不会明天就有炸弹落下，将这一切摧毁？屋子里人们或站或坐地围在收音机旁边，收听新闻广播。在每个人身上，在每一秒里，整个国家都弥漫着看不到却能感觉到的高度紧张。

然后，就召开了那次历史性的国会会议。张伯伦报告说，他还会再一次努力与希特勒达成一致意见。再一次，第三次，他向希特勒提出建议，为了拯救受到严重威胁的和平，他愿意到德国的任何地方与希特勒会晤。对于他的建议，还没有任何答复。然后，就在会议的中间——这太有戏剧性了——来了那份电报：希特勒和墨索里尼同意在慕尼黑会晤。这一瞬间在英国历史上几乎是独一无二的，英国国会情绪失控。国会议员们跳起来，喊叫、鼓掌，大厅里一片欢呼声。很多很多年来，这庄严的建筑里还没有爆发过这种欢乐的情绪。从人性上看，那是一场精彩的演出，因为和平还能得到拯救而迸发出来的真诚狂喜克服了英国人的矜持和持重；从政治上看，这种欢乐情绪大爆发绝对是一个大错误，因为国会的狂喜欢呼暴露了这个国家对战争有多么深恶痛绝，为了和平它能做出任何牺牲，能退让自己的任何利益，甚至它的尊严。这样一来，从一开始张伯伦就被当作一位去慕尼黑祈求和平的人，而不是争取和平的人。但是，还没有人能预料到，他们面临的是怎样的投降。所有人都以为——包括我自己也是这样，我不否认——张伯伦到慕尼黑是去谈判，而不是去投降。接下来是两天、三天令人心焦的等待，三天的时间，整个世界都屏住了呼吸。公园里有人在挖壕沟，军工厂里在加工，防卫大炮被架设起来，防毒面具被分发下去，将儿童从伦敦疏散出去已经提上议程，秘密的准备已经在进行当中。人们也许并不对每项活动都理解，但是都知道这些准备是针对什么。人们又在等待报纸，在细听收音机广播中度过了早晨、中午、晚上、深夜。1914 年 7 月那可怕的、令人神经崩溃的等着"是"与"否"的时刻，又再次回来了。

接下来，好像突然之间来了一阵飓风将压得人透不过气来的乌云吹散，心变得轻松了，紧绷的神经可以舒展了。消息传来了，希特勒与张伯伦、达拉第与墨索里尼完全达成协议。况且，张伯伦还成功地与希特勒达成一个协议，保证将来所有国家之间可能发生的冲突都以和平方式来解决。这情形似乎表明，一位原本并无特别引人注意之处的平庸的政府首脑那坚韧不拔的和平意愿取得了胜利，在这一刻，所有人心里都充满了对他的感激之情。在收音机里，人们首先听到的是"为了我们时代的和平"这一讯息，它要向我们这一代饱经磨难的人宣布，我们还能在和平中生活，还可以无忧无虑地生活，在建设一个更新更美的世界中帮一把手。那些后来试图否认我们曾经如何因为这个具有魔力的词汇而欢欣鼓舞的人，都是在撒谎。事情过后，谁愿意相信一个战败了的人还会举行凯旋游行呢？假如当时的伦敦大众知道张伯伦从慕尼黑回来到达机场的准确时间，一定会有成千上万的人涌向克洛伊敦机场去向他致意、去向他欢呼，这位拯救了欧洲和平与英国荣誉的人。我们当时都是这么以为的。接着，报纸出来了。报纸上刊登了照片，张伯伦那张不苟言笑的脸平时像极了一只被激怒的鸟的头，现在带着骄傲和笑容出现在飞机的机舱口，挥动着那个历史性的演讲稿，他要宣布"我们这个时代的和平"，要把它当作最珍贵的礼物带回来给他的民族。晚上，电影院里放映了这段录影，人们从座位上跳起来，欢呼、喊叫，在那种为了新世界的博爱感觉中，大家几乎要互相拥抱。对于每一个当时在伦敦、在英国的人来说，那都是空前绝后的、心灵激荡的一天。

我喜欢在这具有历史性意义的一天在大街上转悠，以便能更强烈、更直接地去感觉这种气氛，要在最真实的意义上呼吸时代的空气。在公园里，工人们停止了挖防空洞，人们说说笑笑地围在他们的身边，因为有了"我们这个时代的和平"，防空洞就成了多余的了。两个小伙子用地道的伦敦话开玩笑说，这些防空洞应该改作地下厕所，因为伦敦的公厕太少。每个人都很愿意跟着一起笑，所有的人似乎都精神饱满、充满活力，就如同雷雨后的植物一样。他们的腰板都比前一天挺直了一些，肩膀也显得更轻松了，他们那平时显得冷淡的英国人的眼睛，现在都闪着愉快的光亮。自从人们知道那些房子不会有被轰炸的危险，房子似乎也更光鲜了，公共汽车也更漂亮了，太阳更加明亮了，这些令人振奋的话语让成千上万的人觉得更加高昂、更加强大。我感觉到，自己也变得振奋不已。我走得不知疲倦，越来越快，越来越轻松，新的信心浪潮也愉快有力地裹挟着我。在皮克第利（Piccadilly）街角，突然有人快速地向我走过来。那是一位英国官员，本来我与他也只是萍水相逢的交情，他是一个感情非常不外露、非常含蓄内敛的人。在平时，我们彼此只会客气地互相问候，他无论如何也不会想到要跟我攀谈。可是现在，他两眼闪着熠熠的光亮朝我走来。"您觉得张伯伦怎么样，"他兴奋得神采飞扬，"谁都没相信他能做成。他做得对。他没有放弃，因此他挽救了和平。"

大家都是这种感觉。我在那天也感觉如此。第二天仍然是一个幸福的日子。报纸都在欢呼，股市疯狂上涨。多年以来，终于又从德国那里传来了和平的声音，在法国人们甚至建议给张伯伦设立一座纪念碑。啊，那只是火焰在最后熄灭之前的一点余烬而已。几天以后，糟糕的细节就慢慢地渗透出来，那是在希特勒面前多么毫无保留的投降。人们曾经庄严地承诺给予捷克斯洛伐克帮助和支持，现在这个国家却被卑鄙地出卖了。在接下来的一个星期就已经很明确，英国的投降还是不能让希特勒感到满足。条约上的签字墨迹还没干，他已经在破坏一切细节。戈培尔毫无顾忌地公开宣称，在慕尼黑他们将英国人逼得退无可退。希望之光熄灭了，但是它曾经照耀了一天、两天，我们的心得到了温暖。我不能也不愿意将这几天忘记。

自从我们认识到在慕尼黑真正发生的是什么以后，矛盾的是我见到的英国人反而少了。责任在我，因为我回避他们，或者更确切地说，回避和他们的谈话，尽管我不得不比以往更钦敬他们。他们对那些成群结队而来的难民非常大度，表现出最高贵的同情心和最有助益的理解。但是，在他们和我们之间，内心生出一道隔阂：一个在这边，一个在那边。我们已经被迎面撞击了，他们还没有被迎面撞击；我们知道已经发生了什么，将要发生什么，他们还在拒绝去弄明白——在一定程度上这是违背其内心认知的。尽管发生了这一切，他们还是试图在疯狂中坚持说话就得算话、和约就是和约；如果能够做到理性，如果能符合人性地与希特勒谈话，还是可以和他谈判的。几百年来英国的民主传统让法律得以保障，所以英国的上层社会不能够或者不愿意弄明白，在他们旁边一种新手段，充满恶意的无视道德正在形成，那个新德国在与周边民族打交道以及在涉及法律问题时，只要现有的游戏规则对他们不利，他们就会将一切规则踢翻。在这些头脑清醒、富有远见、早已经拒绝一切冒险的英国人看来，一个那么快速、那么轻易得到了那么多东西的人，不会什么都不顾忌的。英国人仍然相信和希望，这个人会首先攻击其他国家——最好是攻击俄国！——在这期间就可以与他达成一致意见。可是我们都知道，不要惮于以最大的恶意去揣测这个人。我们的眼睛都看到过被打死的朋友，被酷刑折磨过的同伴，因而我们的眼睛更严厉、更尖锐、更不揉沙子。我们这些被蔑视、被驱赶、被剥夺权利的人，我们知道，如果事关掠夺和权力，再荒谬、再虚伪的借口也不会让那个人感到难为情。所以，我们这些受过磨难的人与那些尚未受过磨难的人，我们这些移民者与那些英国人，在说着不同的话。我相信今天这样说一点儿也不夸张：当时在英国，除了极少数英国人，唯有我们对危险的范围和程度没有错觉。就如同当初在奥地利一样，在英国我也注定要带着一颗被摧毁了的心和折磨人的锐利目光，清楚地预见到不可避免的事情正在到来，只是在这里我是外来者，是一位被容留的客人，不可以发出警告而已。

所以，当我们的嘴唇已经预先尝到即将到来的苦涩时，我们也只能在自己这群被厄运打上烙印的人当中自说自话。我们的灵魂因为对这个国家的担忧而备受折磨，这个像兄弟般接受了我们的国家！不过，即便在最黑暗的时代，与一位有最高道德标准的思想者谈话，也能给人带来无法可想的安慰和精神上的鼓舞，我和西格蒙特·弗洛伊德在灾难之前的最后几个月所度过的友好日子以令人难忘的方式证明了这一点。好几个月来，一想到八十三岁、患病在身的弗洛伊德还滞留在希特勒统治下的维也纳，就让我感到非常不安，直到最后他最忠实的学生，那位了不起的玛丽亚·波拿巴公主将这位在遭受奴役的维也纳里最重要的人物救到伦敦来。当我在报纸上读到，他已经踏上岛国的土地，看到这位我最为尊崇的朋友又从哈德斯的冥府返回，那是我一生当中极度幸福的一天——我一度以为肯定失去了他。

西格蒙特·弗洛伊德，这位不苟言笑的精神世界的伟大人物，我们这个时代没有人能像他那样如此深化和扩展了关于人类灵魂的知识。在维也纳时，我已经与他相识。在那里，他被人们看成一位一意孤行的、有些难堪的人而饱受恶意。在求真方面，他是一个狂热分子，同时他也精确地意识到每一种真实的局限性。有一次他对我说："百分之百的真实，就如同百分之百的酒精一样（根本不存在）！"他以不为任何事物所动的方式去探讨当时还没有人进入的被人们充满恐惧地回避的、隐秘的本能驱动世界，那在当时是被宣布为"禁忌"的领域，他也因此与学院派以及学院学术的谨慎产生疏离。乐观主义的自由世界潜意识地感觉到，这位毫不妥协的精神大师以他深层心理学的论点在无情地挖掘着"理智"和"进步"所带来的对本能驱动的压迫，他会让那种将难堪问题干脆忽略的方法变得岌岌可危，因为他有毫不留情撕下面纱的手法。联合起来反对他这位令人不愉快的"离经叛道者"，不光是大学，不光是老派的神经学医生，整个世界——整个旧世界、整个旧的思想方式、旧的道德"常规"——整个时代，都害怕这个能揭开人性面纱的人。慢慢地出现了对他行医的抵制，他失去了自己的诊所。可是，由于他的论点以及他所提出来的最出格的问题，也无法在学术上被反驳，人们开始以维也纳的方式来对付他关于梦的解析的理论：把他的论点当成社交场合被讽刺挖苦的庸俗笑料。只有一小圈子忠诚者聚集在这位孤独者的周围，每个星期举办讨论会，而一个新学科精神分析学就在这些讨论中获得了雏形。在我还远远没有认识到在弗洛伊德的最初著作基础上慢慢扩展开来的这一精神界的革命规模有多大时，这位超凡人物在道德上毫不动摇的坚强态度已经让我对他倾心敬佩。这里终于有了一位科学人，一位堪为年轻人梦想中的榜样人物：只要没有最终的证据和十分把握，在提出任何说法时都小心翼翼；但是，只要假设已经变得有确凿把握之后，他在面对整个世界的反对时也毫无动摇。他个人像常人一样谦虚，但是为了他的学说中的某一个信条他不吝惜任何战斗，为了捍卫他所认可的内在之真，他会至死不渝。人们再想不到有像他这样在精神上更无所畏惧的人。弗洛伊德敢于在任何时候说出他所想的，哪怕他明明知道这种清晰而不顾情面的直言会让人感到不安和不快；他从来不想通过哪怕最小的——形式上的也不行——让步来让艰难的处境变得容易一些。我敢肯定，如果弗洛伊德愿意精心粉饰一下他的用词，用"情色"取代"性欲"、用"爱欲"取代"力比多"，如果他并不总是不留情面地提出最后结论，只是对此有所暗示，那他的论点当中至少有五分之四是不会受到学术界阻挠的。但是，一旦涉及学说和真相，他从不迁就，抵制越激烈，他的决心就越强悍。如果我要为"道德勇气"这个概念——这是世界上唯一不要求他人牺牲的英雄主义——寻找一个象征人物时，我总是看到弗洛伊德那张美丽而阳刚的脸庞，那双深色的眼睛有着直率而安宁的目光。

这个人给自己的家乡带来的荣誉遍及世界、超越时代，现在他从那里逃亡来到伦敦。他多年来已经是一位老人，一位重病在身的人。但是，他是一个不倦息、不卑躬屈膝的人。我曾经暗自担心，在经历了维也纳那些备受折磨的时刻，也许他会变得愤懑满腔或者精神萎靡，但是我见到的他比任何时候都开朗甚至幸福。他带我从这座伦敦郊外房子走出来，来到花园里。"我住过这么漂亮的地方吗？"他这样问我，从前那么严肃的嘴角露出灿烂的笑。他给我看他最喜欢的埃及雕像，这是玛丽亚·波拿巴帮他抢救出来的。"我不是又在家里了吗？"他的写字台上摊开着手稿，已经八十三岁高龄，每天依然以圆润的字体来写作，如他在风华正茂的年月一样，思路清晰一如既往，仍然不知疲倦。他的坚强意志战胜了一切：疾病、老迈、流亡，他身上那些在漫长的战斗岁月中被遮蔽起来的善良本性一下子自由地奔涌出来。他的年龄让他变得更加温和了，他所经历的磨难让他变得更加深思熟虑。有时候他也有一些温柔的姿态，这是我以前在这位不事声张的人身上从未见到过的：他会将胳膊搭在一个人的肩膀上，他的眼睛在闪光的眼镜后面看人时透出温暖。在那些年里，与弗洛伊德的每次谈话于我而言都是最高的精神享受。你能从中有所收获，同时对他钦佩不已，感觉他说出来的每个词语都能帮你理解这位不带任何偏见的伟人：对他来说，没有哪份自我坦白会让他吃惊，没有哪种见解会让他情绪激动；对他来说，去教会别人清楚地看、清楚地感觉，这种意愿早已经成为一种本能的生命意志。这些长谈无可替代，在他生命最后一年的那段黑暗岁月里，我对此的感觉最为强烈。在走进他房间的那一刻，外面世界的疯狂一下子就不见了。最残忍的事情变成了抽象的，最混乱的事情变得清晰了，眼下的事情退让地被纳入一个更大的循环性阶段当中。我第一次以真正的方式经历了一个人能超脱于自己之上，不再将疼痛和死亡作为个人的经历去感觉，而是作为一个超越个人的客体来审视、观察：他的死同样是一种了不起的道德业绩，正如他的生一样。弗洛伊德当时已经重病在身，病魔让他不久以后就离开了我们。看得出来，他戴着假牙腭托说话很费力，按说人们应该为听到他说出来的每一个词汇感到羞惭，因为发出音节让他感到吃力，但是他不松懈。让朋友们看到他的意志比身体上有的低级折磨更强大，这是他那钢铁般坚强的精神所具有的雄心。他的嘴因为疼痛而扭曲，然而他在写字台上工作到生命的最后几天，即便在夜里痛苦碾碎了他的睡眠——他那沉稳而健康的睡眠，那八十多年的力量之源泉——他也拒绝服用安眠药或者注射任何麻醉剂。他不要用这种减轻痛苦的方式来减少自己思想上的光芒，哪怕一秒钟也不愿意。他宁愿痛苦地醒着，在折磨之下的思考也胜过不思考，他是精神上的英雄，要坚持到底，坚持到最后的一刻。那是一场可怕的战斗，持续的时间越长，也就越显得了不起。死亡一次比一次更清晰地将阴影投到他的脸上：它让他面颊塌陷，让他的额角干瘪，让他的嘴角倾斜，让他嘴唇说不出话。只是对他的眼睛，这无法征服的瞭望塔——这位精神英雄正是从这里去看人间世界——死神这阴暗的绞杀之力却无能为力：他的眼睛和神智，直到最后一刻都完全清亮。有一次，也是在他临终前不久某次拜访他时，我带上了萨尔瓦多·达利——在我看来他是新一代中最具天赋的画家，他无比敬仰弗洛伊德——在我和弗洛伊德谈话时，他画了一幅速写。我从来没有敢给弗洛伊德看这幅速写，因为达利已经先知先觉地画出来他身上的死神。

这场战斗——我们这个时代最强大的意志、最具有穿透力的精神与它的湮灭所进行的抗争——变得越来越残酷。直到他这位将清晰视为思想之最高美德的人认识到，他不再能继续写作，不再能有所作为时，他像一位古罗马的英雄一样，允许医生来结束这种痛苦。那是他那伟大人生的伟大终结。即便在这个横尸遍野、杀人如麻的时代，他的死亡也是值得纪念的。当我们这些朋友将他的灵柩埋进英国的土地里时，我们清楚是将自己家乡中的至尊精华托付给了这片土地。

我在那些日子里经常与弗洛伊德谈到希特勒的世界以及战争的残忍。作为充满人性的人，他深受震撼，但是作为一位思想者，他对这种兽性的可怕爆发一点儿也不感到惊讶。他说，他总是被诟病为一位悲观主义者，因为他否认文化能够战胜本能。现在人们可以看到，他的观点以最让人震惊的方式得到证实——他当然无法因此感到骄傲——那种野蛮，那种人的灵魂当中根本性的灭绝本能是无法绝迹的。也许在未来的世纪里能够找到一种形式，至少能在各民族的共同存在中将本能控制在低水准上，但是在日常生活中，也在最内在的本性当中，它们是无法消灭的，或许它们也是必要的张力。在他生命最后的日子里，他更多考虑的是犹太人问题，以及他们在当代的悲剧命运。对于这个问题，这位科学人找不到公式，他清晰的思想中也找不到答案。不久前他出版了关于摩西的研究，他在书里将摩西描写为非犹太人，一位埃及人。这个在学术上几乎站不住脚的归类在同样程度上让笃信犹太教的犹太人以及犹太民族意识受到伤害。现在他感到很内疚，正好在犹太人历史上最黑暗的当口出版了这本书："现在，他们的一切都被夺走了，而我还夺走了他们当中最好的人。"我不得不承认他是对的，任何一个犹太人都变得更敏感了，因为就算是在这个全世界都在遭难的悲剧当中，他们也是真正的牺牲者，在任何地方都是牺牲者。在遭受打击之前他们已经惶恐不安，因为人们到处都知道，最糟糕的事情会最先找到他们的头上，而且他们遭的殃不知要多出多少倍。那位亘古未有的仇恨狂人想要凌辱和驱赶的正是他们，要把他们驱逐到世界的尽头，要赶尽杀绝。一个星期又一个星期，一个月接着一个月，逃难者越来越多，每个星期到达这里的逃难者都比此前到达的人更贫穷，更惊恐不安。那些最早、最快离开德国和奥地利的人还能抢救出他们的衣物、箱子、家什，有些甚至还带出来了钱。但是，一个人在德国待得越久，就越不愿意离开自己的家乡，他们所受的摧残就越严重。他们先是剥夺了犹太人的职业，禁止犹太人去剧院、电影院和博物馆，禁止犹太学者使用图书。这些犹太人留下来，或者因为对家乡的忠诚，或者出于懒惰，有的因为怯懦，有的是出于骄傲：他们宁愿在自己的家乡受到凌辱，也不愿意在异乡乞怜遭到蔑视。接下来，他们不得使用仆人，住宅里不许有收音机和电话，再往后他们不可以有住宅，他们被迫佩戴作为犹太人标记的"六角大卫星"。在大街上，每个人都应该能马上认出来他们是被扫地出门的人，是被鄙视的人，像麻风病人一样。他们的一切权利都被剥夺了，任何精神上和身体上的暴力都可以当作取乐手段强加在他们身上。对每个犹太人来说，那句古老的俄罗斯民间谚语突然成了残忍的现实："谁也保不准不去要饭或者坐牢。"没有走掉的人，被投进集中营。德国人的管教手段，让最骄傲的人也会屈服。最后，他们被夺走一切，只有随身的一套衣服，兜里带着十马克，被逐出国境，根本不问他们能去哪里。然后，他们站在国境线上，他们去祈求领事馆，几乎总是徒劳的，因为哪个国家愿意要被洗劫过的人，哪个国家愿意要乞丐呢？我永远也不会忘记，当我某一次走进伦敦一家旅行社时所看到的情景。那里挤满了逃难者，几乎都是犹太人，大家都想要随便去什么地方。不管到哪个国家，北极的冰天雪地也好，撒哈拉的炎热沙漠也好，只要离开，只要继续走，因为居留许可已经过期，他们必须离开，带着女人和孩子到陌生的星星之下，到外语的世界，到那些他们不认识、人家也不愿意接受他们的人当中。我在那里遇到一位曾经非常富有的维也纳工业家，同时也是我们最有智慧的艺术收藏家之一。我一开始没有认出他来，他的头发已经那么灰白，人变得那么老、那么疲惫。他羸弱得要用双手扶着桌子。我问他想去哪里。"我不知道，"他说，"如今谁还会来问我们的意愿？能去哪里，就去哪里。有人告诉我说，这里有可能拿到去海地或者圣多明各的签证。"我的心被揪紧：一位筋疲力尽的老人，带着孩子和孙子，战战兢兢地寄一线希望于能前往一个此前从来没有在地图上正眼看过的国家，只是为了能在那里继续乞讨，继续流落异乡，漫无目标地漂泊！旁边的一个人，带着绝望的急切在打听如何能到达上海，他听说在中国犹太人还能被接受。那里就这样拥挤着这样的一群人，他们曾经是大学教授、银行经理、商人、庄园主、音乐家，每个人都随时准备带着生活留给他们的废墟去漂洋过海，不管要去做什么，不管得去忍受什么，他们只想要离开欧洲，只是离开、离开！那是一群如鬼魂一样的人！可是，最让我触目惊心的是，这五十位备受折磨的人不过是一个零星的、小小的先头部队而已，在他们后面是一个巨大的队伍，五百万、八百万也许一千万的犹太人。所有这被洗劫一空的、在战争中遭受践踏的数百万大众，在等待着慈善机构的遣送，等待着有关部门的许可，等待着发放旅行费用，那是一个巨大的人群，他们如受惊的鸟兽在慌乱中要逃离希特勒的森林大火。

他们填满了欧洲边境的火车站，填满了监狱。一个完全被扫地出门的民族，一个得不到承认的民族，这个民族两千年来所要求的无非是无须一直流浪下去，让疾行的脚能感觉到大地，宁静而和平的大地，他们的愿望仅此而已。

不过，在20世纪的犹太人悲剧当中最令人悲哀的是，他们承受着在自身当中看不到的意义和罪责。那些在中世纪时代被驱逐者即他们的祖先，至少还知道他们因为什么而受难：因为他们的信仰、他们的律令。他们当时还有着在今天已经失去了的灵魂上的护身符，那是对自己的上帝坚贞不渝的信仰，这在今天已经失去了。他们因为那个自豪的疯狂设想而活着，而遭受苦难。他们是被世界和人类的创造者优选出来的民族，被注定要有特殊的命运和使命，《圣经》中的预言之词是他们的戒律和教规。当他们被扔到行刑的火堆上面，他们将圣典紧握在胸前，因为这内心的火热而感受不到外面残害之火的灼烫。如果他们在一个又一个国家里遭到驱逐，他们还有一个最后的家乡，在上帝那里的家乡：没有任何人世间的权力，没有哪个皇帝、国王、宗教法庭能将他们从那里驱逐出去。只要宗教还能将他们聚拢到一起，他们就还是一个共同体，因而就有一种力量。如果他们遭到排挤和驱逐，那是出于与其他民族相异的宗教和习俗在为自己有意识的特立独行而遭罪。可是，20世纪的犹太人早已经不是一个共同体。他们早已经没有共同的信仰，他们感觉到作为犹太人的存在是负担，而不是骄傲，他们也不觉得自己有特殊的使命。他们的生活方式，远离从前圣书中的戒律，他们不再想要古老的共同语言。他们日益急不可耐地努力所为之事，便是让自己融入周围的民族当中成为一体，消失在普通人当中获得和平，不再遭到任何驱逐，不再永久地处于不断逃亡之中。因此，他们彼此间已经不能理解，因为他们已经融入周围的民族当中，他们早就是法国人、德国人、英国人、俄国人，而不是犹太人了。只是到了现在，他们才又被扔到一起，像大街上的垃圾一样被扫到一起：他们当中有住在柏林豪宅里的银行经理，也有正统教区的教堂执事；有巴黎的哲学教授，也有罗马尼亚的马车夫；有洗尸人，也有诺贝尔奖得主；有音乐会的女歌手，也有葬礼上的职业哭丧人；有作家，也有酿酒者；有的富有，有的一贫如洗；有大人物，有小人物；有宗教虔敬派，有接受启蒙者；有放高利贷者，也有贤明智者；有犹太复国主义者，也有同化论者；有阿什肯纳兹犹太人（又称"德国系犹太人"），又有赛法迪犹太人（又称"西班牙系犹太人"）；有公正者和不公正者。在这些人之外还有那一大批不知所措的人，他们自以为早已逃脱了被诅咒的命运，那些皈依基督教的人和混血儿。几百年以来，他们才又一次被迫形成一个自己早已感觉不到的共同体，这个被驱逐者的共同体，自从在埃及遭驱逐以来就反复出现。但是，为什么这种命运出现在他们身上，而且只出现在他们身上？这种无端的迫害，原因是什么，意义是什么，目标是什么？他们被从各个国家驱逐出来，却没有人给他们一块生存之地。人们对他们说：别和我们生活在一起，但是却不告诉他们，他们应该在哪里生活。人们将罪责推给他们，却拒绝给他们任何手段让他们来赎罪。于是，他们用灼烧般的眼睛盯视着逃亡：为什么是我？为什么是你？为什么把我和你放在一起？我不认识你，我不懂你的语言，我不理解你的思考方式，我和你没有任何关联。为什么我们都遭受这样的命运？没有人知道答案，我在这些日子里经常与我们时代头脑最清晰的天才弗洛伊德谈到这个话题，连他也找不到问题所在，也看不出这荒谬中的意义。也许这正是犹太文化的终极意义所在：通过他们神秘的长久存在，周而复始地重复约伯向上帝提出的那个永恒问题，以便它不会在人世中被完全忘掉[1]。

最令人毛骨悚然的莫过于，那些人们以为早已经死掉和被埋葬的东西，突然之间又以同样的形象和方式呈现出来。1939年的夏天来到了，慕尼黑那个短促的"我们时代的和平"的癫狂早就过去了；希特勒不顾任何誓言和承诺偷袭了捷克斯洛伐克，并将其据为己有；梅梅尔已经被占领，被有意鼓动起来的德国媒体大肆叫嚣着要占领但泽和波兰走廊。英国突然从真诚的轻信中清醒过来，即便是那些最简单的没有什么学问见识的人也出于本能厌恶战争而开始激烈地表达自己的不满。那些以往都不苟言笑的英国人，照看我们这座公寓大楼的门房、开电梯的人、打扫房间的女仆，现在每个人都与别人攀谈。他们当中没有一个人清楚地知道发生了什么，但是每个人都能想到一件事，一件不容否认的公开事实：英国首相张伯伦为了拯救和平三次飞往德国，但是这么诚心地对待希特勒还显得不够。在英国国会里，人们听到这种强硬的声音："停止侵略！"到处都

1　约伯的主旨问题：为什么虔敬而无辜的义人要遭罪？为什么上帝缄默不语？为什么上帝不主持正义？

能听到，人们在为迎接（或者说，原本是为反对）即将到来的战争做准备。浅色的防空气球又开始在伦敦的上空飘浮，看起来仍像孩子们的灰色大象玩具一样天真无邪；人们又在挖防空洞，在仔细检查分发防毒面具。局势又变得如同一年前那么紧张，甚至有过之而无不及，因为这次站在政府后面的不再是老实而轻信的民众，而是下定决心、不屈不挠的民众。

我在这个月离开伦敦，退居到巴斯（Barth）的乡下。我一生中从来没有像当时那样感到人在面对世界大事时的无助是那么残忍。这个清醒的、思考着的、远离一切政治活动的人，曾经全身心投身到工作当中，在默默地、锲而不舍地致力于建设，将自己的岁月转换为作品。在不为人所见的某个地方，另外在柏林威廉大街、巴黎盖陀赛、罗马威尼斯宫以及伦敦唐宁街的十几个人，这些至少到那时为止表现得最为聪明和机敏的人，没有人认识他们，没有人见过他们，他们在说、在写、在通电话、在做一些人们所不知道的事情。他们在做出决定，人们对此不能参与，不能知晓其中的细节，但是这些决定了我自己和每个欧洲人最终的生活。我的命运掌握在他们的手中，但是没有掌握在我自己的手中。他们摧毁或者保全我们这些无权势者，让我们获得自由或者强迫我们受奴役，他们决定几百万人的和平与战争。而这时的我，如同其他人一样，坐在自己的房间里，像一只苍蝇一样毫无抵抗能力，像一只蜗牛一样一筹莫展，而这些却关乎死与生，关乎内心最深处的"我"与我的未来，关乎我的大脑中正在形成的想法，关乎已经成形与尚未成形的计划，关乎我的无眠和安睡，关乎我的意志、我的所有、我的全部存在。我坐在那里，僵直地盯视着空虚，如同一位被判决的囚犯坐在监狱里，被囚禁、被锁在这无端的、无力的等待再等待中，跟左右周围的同道囚犯打听、询问、攀谈，好像我们当中的某个人知道或者能够知道，人家要拿我们怎么样。电话响了，一位朋友问我，我是怎样想的；报纸来了，它们只是让人内心更加烦乱；收音机播放的内容，每种语言都与另外一种语言的内容相反。我来到街上，在那里遇到的第一个人，让和他一样一无所知的我来说会不会发生战争。我自己在不安当中也提出同样的问题，在打听、在推测、在议论，尽管我非常清楚，他们多年来所积累的全部见识、经验和远见，在那十几个陌生人的决定面前显得一文不值；在二十五年以内，再一次束手无策地面临厄运，没有任何意义的想法在发疼的太阳穴上突突跳动。最终，我无法忍受大城市了，因为每个街角都张贴着海报，那些刺眼的词语像恶狗一样扑向我，因为我不由自主地从身边熙攘而过的每一个人当中，从他们的前额当中读出他们所想的。我们所有人想到的都是同一件事，只是想到"是"和"否"，想到在决定性的赌博当中到底是"红"还是"黑"。在这场赌博当中，押上的是我的整个人生，我的残年岁月，我尚未完成的书，一切我至今所感觉到的我的任务、我的生活意义。

可是，在外交的赌盘上，弹子不定地滚来滚去，慢得让人神经难以承受。一会儿这边，一会儿那边，一会儿黑，一会儿红；希望和失望，好消息和坏消息，仍然没有最后决定性的消息。忘掉吧！我对自己说。躲开去，逃到内心丛林的最深处，躲到工作当中，躲到最隐蔽之地，在那里你只是一息尚存的一个人，在那里你不是某个国家的公民，不是这场地狱般游戏中的对象；只有在那里，在这个变得疯狂的世界上，你的些微理性还能派上用场。

我手头不缺要干的活儿。若干年来我一直不间断地积攒材料，为写作一部两卷本关于巴尔扎克及其作品的书，但是一直没有勇气动手做这个时间跨度大、耗时长的工作。恰好是沮丧给了我了（做这件事的）勇气。我回到巴斯，而且巴斯是最合适的，因为这个小地方曾经有许多英国文学中熠熠光辉的佼佼者，尤其是菲尔丁，曾经在这里创作，它比英国的所有城市都能更忠实地、更有穿透力地映射出另外一个和平的世纪，让人获得18世纪的恬静视野。但是，这种幽雅、柔美的景色与世界和我的思想中日益增加的不安，形成了多么大的对比啊！正如1914年有着我记忆当中奥地利最美的7月一样，英国1939年的8月也美不胜言。多少次，那如丝绸一般柔软的蓝色天空如同上帝的帐篷一样；多少次，太阳的光辉洒在草地和森林之上，还有那难以言表的鲜花绚烂多彩：大地上一片和平景色，而大地之上的人却在为战争做准备。面对这种宁静、持久而繁盛的景色，这种弥漫在巴斯的山谷里令人陶醉的安谧气息，让我悄悄地想起1914年巴登的娇媚景色，而战争的疯狂也正如当初一样令人难以置信。

我再一次不愿意相信真的会发生战争。我又像当初那样在准备一次夏季旅行。国际笔会大会定于9月份的第一个星期在斯德哥尔摩举行，瑞典文学界的同人们邀请我作为荣誉嘉宾出席，因为我这个"两栖生物"已经不能代表任何一个国家。在那个即将到来的星期里，中午、晚上的每一个小时都由友好的东道主提前安排好了。我早已预订了船票，这时传来了即将开始战争动员的消息。按照任何理性的原则，我现在应该快速收拾起我的书籍、手稿，应该尽快离开英伦岛这个可能的交战国，因为我在英国是外国人，一旦开战我便是敌对的外国人，会面临各种可想而知的自由限制。但是，有一些无法解释的情绪在阻挡我逃离。一半是因为我的固执，我不愿意一次又一次逃亡，因为不管到哪里，同样的命运都会尾随而至；另外一半原因，是我的疲倦。"我们命该遇到这样的时代。"我用莎士比亚的话对自己说。如果它想带走你，你这位快六十岁的人，就别再与它抗争了！你最好的作品，你所经历的生活，它是无法抓走的。于是，我留了下来。不管怎样，我还是要在战争之前安排停当我外在的市民生活。由于我还有第二次缔结婚姻的打算，我一刻也不要再推迟去办理手续，因为我不想因为收容或者其他可以想象的措施而与我未来的生活伴侣长期分离。于是，我在那天早上——那是 9 月 1 号，一个美好的日子——来到巴斯的民政局，来登记结婚。那位行政官员接过我们的材料，表现得特别友好而热情。他和当时的任何人一样，知道我们的愿望是要尽快地办完手续。第二天就是婚礼。他拿起笔，开始用漂亮的圆体字母在他的登记簿上写上我们的名字。

正在这时，应该是十一点左右，通往旁边房间的门被人打开了。一位年轻的公务员走进来，边走边穿外套。"德国人侵了波兰。这是战争！"他在静悄悄的房间里大喊。这个词如同锤子一样，砸在我的心上。不过，我们这一代人的心，已经习惯了各种沉重的打击。"这还不能说是战争。"我真诚地以为会是这样。但是，那位公务员几乎已经出离愤怒了。"不，"他激烈地大喊，"我们受够了！不可以每过六个月就从头开始一回！现在必须结束了！"

这时，那位已经开始填写我们结婚证的公务员若有所思地搁下了笔。他在考虑的是，我们毕竟是外国人，在战争的情况下，自然而然就成了敌对国的外国人。他不知道，在这种情况下是否还允许缔结婚姻。很遗憾，但他还是要向伦敦方面请示。此后，是两天的等待、希望、恐惧，两天最可怖的紧张。在星期天的早上，收音机里传来这样的消息：英国向德国宣战。

那是一个特殊的上午。我无言地从那台将这个消息带到房间里的收音机旁走开。这条消息一定会完全改变我们的世界，改变我们每个人的生活。那些在沉默中听到这个消息的人当中，将有成千上万人会因此死去。对我们所有人来说，这消息是悲哀和不幸，是绝望和威胁，也许在经历过很多很多年以后，才会从中生出些许意义。又是战争，一场战争，比地球上此前任何一场战争都更可怕、范围更广的战争。又一个时代结束了，一个新时代又开始了。我们默默地站在这突然鸦雀无声的房间里，避免目光相遇。外面传来鸟儿无忧无虑的啁啾声，它们让自己在和煦的微风中沉浸在轻松的爱情嬉戏里，树在金色的光芒中摇曳，它们的叶子像嘴唇一样彼此轻柔地触碰。这古老的大自然母亲，总也无法知道她的造物有着怎样的忧愁。

我走到自己的房间，将我的东西收拾进一个小箱子里。假如那位身居高位的朋友以前对我所说的话并非无端妄言，那么我们这些在英国的奥地利人会被当作德国人对待，会受到同样的限制，也许晚上我就没法在自己的床上睡觉了。我又被下调了一个台阶：自从这个消息传来一个小时以后，我不光是这个国家里的外来人，而且是一个敌对国的外国人。我被强行流放到一个地方，一个我跳动的心不愿认可的地方。一个人因为他的种族和思想方式，被标记为与德国格格不入，因而早已经被德国排挤出去；现在，在另外一个国家，一个共同体的科层管理条例却将他，一个从来没有归属过德国的奥地利人，强行划归为德国人。这种荒谬的情形实在是难以设想。他们这样大笔一挥，我整个一生的意义就变成了荒谬。我还在用德语写作，用德语思考，可是我的每一个想法，我能感觉到的每一个愿望，都属于为自由而拿起武器的国家。任何其他的关联，所有过去的和曾经的东西，都已经被扯断、被打碎。我知道，在这场战争之后，一切都不得不重新开始。我内心最深处的任务，四十年来我为之付出全部信念力量的工作——欧洲的和平统一——全都成了泡影。比我自己的死亡更令我害怕的，是一切人针对一切人的战争，现在是第二次开始发生了。我的整个一生，都在充满激情地致力于在人性上和精神上的团结一致，在这个最需要牢不可破的共同体的时刻，却因为这极度的排挤让我感觉到如此无用和孤独，这是我的生活中前所未有的。

我再一次走到下面的小城里，为的是饱览这最后的和平。小城安静地矗立在中午的阳光下，似乎与平时毫无二致。人们迈着平常的脚步，走在往常熟悉的路上。他们不慌不忙，不聚堆谈话。他们带着星期天特有的安详和从容不迫。有那么一刻，我问自己：他们难道还不知道吗？但是，他们是英国人，善于克制自己的感觉流露。他们不需要旗帜和战鼓，不需要喧嚣和音乐来增强自己坚韧刚毅的决心。这与1914年奥地利的那个7月里的日子是多么不同，而今天的我，也与从前那个年轻、没有经验的我多么不同。回忆让人感到多么沉重！我知道战争意味着什么。我看到光鲜的、货物充盈的商店，脑海中又出现了1918年那个激烈的情景，商店被抢购一空，好像张开的眼睛在盯视着行人。我像是在白日梦中一样看到食品店前排着长队的穷苦妇女，那些沉浸在悲哀中的母亲、伤员、残疾人，所有从前那些严酷的残忍图景，又在中午的灿烂阳光中如幽灵般显现。我想到从前的那些士兵，从战场上回来时疲弱不堪、衣衫褴褛。我那跳动的心，在今天开始的它的令人战栗之处尚未为人所见的战争中，感觉到从前的一切。我知道，过去的一切都化为云烟，一切业绩都将成为乌有。欧洲，我们曾经为它而活着的家乡，所遭受的毁坏不止于我们自己的生命。将来会有一个不同的、一个全新的时代，但是在通往这个新时代的路上，还有多少地狱和炼狱必须经过。

　　阳光照耀得充沛而强烈。在回家的路上，我一下子注意到前面自己的影子，就如同我从眼前的这场战争中看到另外一场战争的影子。战争的阴影会无时不在，它再不会离我而去；这个影子，会日夜笼罩在我的想法当中。也许，它那昏暗的轮廓也出现在这本书的某些书页里。不过，每个影子毕竟也都是光的孩了。只有那些经历过光明与黑暗、战争与和平、兴盛与衰败的人，才算真正生活过。

斯蒂芬·茨威格生平与作品大事年表

　　1881 年 11 月 28 日斯蒂芬·茨威格出生于维也纳。其父亲为犹太纺织工业家莫里茨·茨威格（Moritz Zweig），其母亲伊达·茨威格（Ida Zweig）出身于布雷陶厄尔家族。

1891—1899 年　在维也纳读中学。

1900—1904 年　在大学攻读德国语言文学与法国语言文学。1904
　　年获得哲学博士学位，博士论文为《伊波利特·泰纳的哲学》
　　（Die Philosophie des Hippolyte Taine）。茨威格深受里尔克和
　　霍夫曼斯塔尔的影响，于 1901 年出版了第一部诗集《银弦
　　集》。从事翻译和编辑工作。1902 年夏季学期在柏林，前往
　　巴黎旅行。1904 年发表第一部中篇小说。

1904—1910 年　在欧洲多次旅行。1906 年发表诗集《昔日的花
　　环》（Die frühen Kränze），1907 年发表诗剧《忒耳西忒斯》（首

演于 1908 年)。

1910 年　前往印度旅行。发表第一部传记《艾米勒·维尔哈伦》（ *Emile Verhaeren* ）。早期作品已经在朋友安东·基彭贝格（ Anton Kippenberg ）的岛屿出版社出版。

1911 年　出版中短篇小说集《灼人的秘密》（ *Brennendes Geheimnis* ）以及《第一次经历》（ *Erstes Erlebnis* ）、《来自孩子国的四个故事》（ *Vier Geschichten aus Kinderland* ）。

1912 年　前往北美和中美洲旅行。《变化多端的喜剧演员》（ *Der verwandelte Komödiant* ）和《海边的房子》（ *Das Haus am Meer* ）首演。

1914—1917 年　第一次世界大战期间，茨威格在战争新闻处做志愿工作。他变成和平主义者，并成为罗曼·罗兰的同道。1917 年，茨威格首先获得准假，而后得以离职。

1917—1919 年　茨威格生活在战争中立方瑞士的苏黎世。他在这里为维也纳的《新自由报》工作。1918 年，以古典战争故事为题材的话剧《耶利米》在苏黎世首演。茨威格在那里结识作家赫尔曼·黑塞、詹姆斯·乔伊斯以及音乐家费卢西奥·布索尼。

1919—1934 年　在第一次世界大战之后返回奥地利，居住在萨尔茨堡。在公开场合亮相，主张外交谈判和共同的欧洲精神，反对极端化和民族主义。

1920 年　与 Friederike Maria von Winternitz 结婚。自 1920 年起发表众多短篇小说（比如《恐惧》《难民》《强迫》）。完成"世界建造大师"系列中的第一部《三大师传》（ *Drei Meister*)(巴尔扎克、狄更斯、陀思妥耶夫斯基）。

1921 年　出版罗曼·罗兰的传记。

1922 年　出版中篇小说集《马来亚狂人》（ *Amok* ）。

1925 年　出版"世界建造大师"系列的第二部《与魔鬼的斗争》（ *Der Kampf mit dem Dämon* ）（荷尔德林、克莱斯特、尼采）。

1926 年　茨威格改写了本·琼森的《伏尔波尼》，在舞台上获得巨大成功。中篇小说集《感觉的迷茫》（ *Verwirrung der Gefühle* ）也获得众多好评，畅销。

1927 年　初版《人类的群星闪耀时》（ *Sternstunden der Menschheit* ）（五篇）出版。

1928 年　与 Alexander Lernet-Holenia 共同创作喜剧《颠三倒四》（ *Quiproquo* ）（后改为《缘至情生》[*Gelegenheit macht Liebe*]）。"世界建造大师"系列的最后一部《三作家传》（ *Drei Dichter ihres Lebens* ）（卡萨诺瓦、司汤达、托尔斯泰）。为纪念托尔斯泰一百周年诞辰受邀前往苏联。1928—1930 年间，在高尔基的推荐下，茨威格作品全集的首个俄文版出版。

1929 年　传记作品《富歇传》（ *Joseph Fouché* ）以及悲喜剧《穷人的羔羊》（ *Das Lamm des Armen* ）出版。

1930 年 3 月 15 日　《穷人的羔羊》同时在布雷斯劳、汉诺威、吕贝克和布拉格首演。

1931 年　出版《玛丽·安托瓦内特》（ *Marie Antoinette* ）。

1933 年 5 月 10 日　在柏林发生焚书行动，茨威格的作品也成为大火中的牺牲品。

1934 年　移居伦敦。与岛屿出版社分手。

1935 年　出版传记《玛丽亚·斯图亚特》（*Maria Stuart*）。茨威格为理查德·施特劳斯撰写歌剧脚本《沉默的女人》（*Die Schweigsame Frau*）。

1936 年　纳粹政府没收并禁止出售茨威格的书籍。前往巴西和阿根廷旅行。《良知对抗暴力：卡斯泰利奥对抗加尔文》（*Castellio gegen Calvin oder Ein Gewissen gegen die Gewalt*）在维也纳出版。

1938 年　与秘书洛蒂·阿尔特曼（Lotte Alttmann）前往葡萄牙旅行。传记作品《麦哲伦》（*Magellan*）出版。12 月 24 日，茨威格与第一任妻子离婚。在美国巡回演讲。

1939 年 9 月 6 号　茨威格与洛蒂·阿尔特曼结婚。出版《心的焦灼》（*Ungeduld des Herzens*）。

1940 年　茨威格获得英国国籍。与洛蒂·阿尔特曼一起出行，经由纽约前往南美洲。

1941 年　迁居到巴西的彼得罗波利斯（Petropolis）。写作《象棋的故事》（*Schachnovelle*）以及回忆录《昨日的世界》（*Die Welt von Gestern*），出版《巴西：未来之国》（*Brasilien. Ein Land der Zukunft*）。

1942 年　《象棋的故事》出版。2 月 22 日，与妻子洛蒂·阿尔特曼一起在彼得罗波利斯自杀身亡。

1944 年　《昨日的世界》出版。

1946 年　片断性的传记作品《巴尔扎克》（*Balzac*）出版。

附录

斯蒂芬·茨威格——一位从"昨日的世界"走来的作家？

　　斯蒂芬·茨威格的家乡，奥地利的维也纳，在 2014 年举办了一场茨威格的纪念展览。该展览的初展在维也纳戏剧博物馆举行，题为"我们需要完全另外一种勇气！"——这是茨威格曾经说的一句话。该展览的策展人、萨尔茨堡大学茨威格中心主任克莱门斯·雷诺德纳（Klemens Renoldner）要借此把维也纳之子、著名作家茨威格的被迫流亡生涯带回人们的记忆当中。在展厅中观众可以看到半卷起来的地毯，已经打包待运的家具，地上堆放着运输箱子，不少镜框已经从墙上摘下，总之一幅搬家在即的场景。值得一提的是，这次展览还特制了"大都会饭店"（Hotel Metropol）模型，这座犹太人投资的豪华饭店，在纳粹德国 1938 年 3 月占领维也纳之后被强行没收，"盖世太保"将其总部设在那里，也就是茨威格的中篇小说《象棋的故事》的主人公遭受监禁之地。该展览于 2015 年 1 月 12 日在维也纳闭幕，此后在法兰克福、慕尼黑等地举办了巡展。维也纳展览期间，主办方也举办了多种学术讨论活动，以便让观众更好地了解茨威格的生平和作品。本文即为其中一次圆桌讨论会的记录稿，参加者为：执教于维也纳大学的著名文学评论人丹妮拉·施特里格（Daniela Strigl），来自法国的德国语言文学和文化学家雅克·勒莱德（Jacques Le Rider），活跃在维也纳文化领域的作家、记者乌里希·魏因茨尔（Ulrich Weinzierl）。资深文化记者、编辑斯蒂芬·葛蒙恩德（Stefan Gmünder）主持了该讨论。——译者题记

斯蒂芬·葛蒙恩德：坚信自己是欧洲人的斯蒂芬·茨威格，作为一位和平主义者、被迫流亡的犹太人，他对今天的我们意味着什么？作为一位作家，茨威格还有现实意义吗？

丹妮拉·施特里格：我真的以为，在阅读茨威格的著作时，读者不会觉得自己是徜徉在文学博物馆当中。在德语地区以外，读者对茨威格也兴趣盎然；在茨威格那里可以看到意味丰富的不同层面。首先是他关于欧洲的理念，这也是很多人都会想到的，毕竟茨威格在生前已经是一位地道的欧洲人了。不过，在今天，茨威格的和平主义理念，至少和在当时同样重要，同样符合现实需要。此外，茨威格的文学作品中还有着一种超越时间的内涵，那就是他对自由的热切呼唤。他非常看重对自由坚守的意志，然而这种自由与现代世界和工业化立于无法消解的矛盾之地。他尝试着将这些东西注入作品的人物当中。我认为，就这一层面而言，茨威格作品内容所具有的穿透力在今天仍然引人入胜。他在文笔上的不足——体现在不同文本当中，时多时少——

让人在阅读他的作品时并不轻松。形容词和重复之处经常出现太多。有时候你会觉得，这些本来已经说过的内容又来了一遍，又一次以更华丽、更语不惊人死不休的招摇方式表述一番。也许，跟茨威格同时代人相比，我们今天对这种在表述风格上极尽夸饰之能事的做法更加过敏了——在同代人当中，他也已经收到了批评的声音。让人意外的是，西格蒙德·弗洛伊德对茨威格的文风表示出多有理解甚至欣赏，尽管弗洛伊德本人的文风清澈简洁。也许这正如许多事情一样，无非每个人的偏好有所不同而已。

雅克·勒莱德：作为一位法国人我不得不说，斯蒂芬·茨威格如今不光是最受欢迎的维也纳作家，是所谓的维也纳现代派文学最著名的代表者，同时也是在法国最有知名度的德语作家。对于那些到目前为止一直轻看茨威格的德国文学研究者来说，这是大为出乎意料的。他的作品被伽利玛（Gallimard）出版社纳入著名的"七星文库"系列当中，是采用高质量薄纸印刷的两卷本，收入全部短篇小说以及《人类的群星闪耀时》和《昨日的世界》，严格依据时间顺序编排并配有非常精辟的评论，甚至德文版都没有过这么高质量的版本。于是，我们可以提出来的问题是：如何来解释在法国以及整个法语文化圈子里，茨威格受到高度重视这一现象呢？我想强调指出的是：在我开始读大学时，法语文化圈里受到青睐的不是茨威格，而是另外一些作家。奥地利现代派文学中大名鼎鼎的是穆齐尔（Robert Musil）和布洛赫（Hermann Broch），施尼茨勒慢慢也被重新发现和重视起来，茨威格则完全在学术讨论之外。他的作品是青春期的读物，是火车上的读物，仅此而已。

如今情况已经完全改变。我认为，其中的一个理由在于，茨威格将维也纳的现代阶段——从1900年到1938年被纳粹德国接管之间——的遗产做了诗化式的浓缩。读者会产生这样的印象：他把一切都吸进去，而后再在自己的文字当中将整个时代呼出来。在一定程度上，从历史事实以及文字表述上来看，这多少有些臆想的成分，因为他在人前展示出来的与同时代人的伟大友谊，原本掩盖着巨大的紧张关系。尤其让人感到不寒而栗的是，许多与茨威格保持通信的友人在另外一些场合下对他出言不敬，即便像罗曼·罗兰这位终生与茨威格保持通信联系的好朋友，在日记中对茨威格也不乏刻薄言辞。我相信，这些蔑视让茨威格倍感痛苦，而蔑视也许无非掩盖了对一位成功的明星作家一位畅销书作者的嫉妒而已。

如今茨威格受到高度认可，该如何解释呢？我倾向于认为，茨威格掌握了一种非常有效的叙述技能，他能抓住读者。他原本无意去写实验性的长篇小说，也不想做文学先锋者，但是他带着极大的天赋——有时候甚至可以说那是真正的不世之才——来推进德语中篇小说（Novelle）艺术，他精心地把握着节奏、带着悬念来讲述"极致情节"。我觉得，在我们的后现代时代也需要那些写给读者的文学，而不光是让文学研究者来读的文学。也就是说，茨威格的作品作为一种消遣而受到欢迎，这种倾向是回归于"文学作为娱乐"、文学作为生活的陪伴，而不光是研读的对象。另外一点，施特里格女士已经着重指出来了，即茨威格传达出来的欧洲讯息。哈布斯堡时代的神话在茨威格身上留有特殊的印记：首先他要摒弃民族主义，其次他更愿意看到多民族的和谐共处。这是奥地利神话在他那里的版本，而他周围的人轻看这一神话，认为那是对不可重来的往昔所做的怀旧式神圣化而已。实际上也的确如此。

不过，面对民族主义如脱缰的野马，各民族和国家都在进行全面战争准备的地狱般现实，茨威格的设想更多地关涉到当下和未来，而非回望式的"乌托邦"。这些在茨威格 20 世纪 30 年代的演讲和呼吁中出现的内容，比那些对哈布斯堡时代神话的怀旧看法——人们经常会从《昨日的世界》当中读出这些内容来——还更具有现实意义。尤其是在一个人们对欧洲疑虑日增的时代，茨威格像是一剂能让人解脱梦魇的良药，因为人们会突然明白：如此满怀鄙视、如此心不在焉地谈论欧洲是危险的。对茨威格来说，欧洲的理念关乎生死存亡问题，那是欧洲的唯一机会。历史地看，的确如此。

茨威格的论点一直不涉及政治（我会说，那是反政治的），这给其作品的命运带来一个饶有意味的生长节点。他始终因此受到指责。克劳斯·曼（Klaus Mann）与斯蒂芬·茨威格之间的争执，一直给人们对茨威格的接受带来负面影响。争执双方中的一方，是投身于同法西斯主义和国家社会主义进行战斗的知识界人士；另外一方则是一位犹豫、胆小怕事、迟疑之人，或者也可以说是一位"怯懦的知识分子"（同时代人这样说他），只想尽可能地保住他那已有的优渥条件，不愿意斗胆地与任何人绝交。

如果我们今天看到了那些对欧洲弊大于利的政治死胡同，我们就能理解茨威格关于欧洲的设想：把欧洲作为一个公民社会，作为反政治的文化运动，以此来反对民族主义，主张世界主义，主张文明的国际性。对欧洲的这种设想，是对那些今天在欧洲推行无良无能政策的政客的严正警告。这是对欧洲各民族和各社会发出的一种呼吁，要让他们作为欧洲人组织起来。茨威格非常看重的那种欧洲公共空间，要人们靠自己的力量来突破民族国家那坚硬的结构外壳，在今天的情势下，民族国家的结构外壳从任何方面来看都已经不合时宜并具有破坏性。这也让我们从中看到，如何从茨威格作品中读出现实意义。

斯蒂芬·葛蒙恩德：魏因茨尔先生，在不同的角色——欧洲的世界主义者、"怯懦的知识分子"或者哈布斯堡神话的续写者——之间，您如何给茨威格定位呢？

乌里希·魏因茨尔：他是第一位现代意义上的欧洲人，不是政治意义上的，更不是经济意义上的。我们可以说，他是一位受过老式精英教育的市民。在他认为欧洲知识分子之间需要建立纽带并为此付出努力时，在奥地利或者维也纳还没有人来考虑这些事情。这些都发生在第一次世界大战以前。可是，他被第一次世界大战所撕裂：一方面在他身上还有着爱国主义的铠甲；另一方面，他也和罗曼·罗兰站在一起，他所倡导的几乎是和平主义的理想。他花了很长时间才找到自己的道路，他的信念最终变得如此坚定并让他相信，若非如此他便无法活下去。

在欧洲的理念沉沦之际（1942年时，看起来的确如此），他也走向了毁灭。他没有勇气去相信新时代会到来。至少在他那一代不会。他写道：六十岁的年纪，他已经太累了，不能再有个新开端。

在法国怎么就有这种"茨威格热"，的确让人吃惊，不过我觉得这非常好。"七星文库"版的确是斯蒂芬·茨威格作品现有的最佳版本，《昨日的世界》的评论是值得一读的。相比之下，德语出版社还是落后了一步，尽管单本发行的全部作品都做得非常好。不过出版社也从来不曾有意做成一个文学批评式的版本。这些也许都与这一事实不无关系：茨威格是一位为读者写作的作家。专业人士和作家同行们（他对这些人有着不可思议的帮助意愿）有时候拿他打趣，并以令人汗颜的方式来责骂他。这样做的人，恰好是那些他帮助过的人。他是 20 世纪真正乐于伸出援助之手的作家。正是在流亡当中，他用自己的钱（他有很多钱）让别人活下去。他并不指望因此去收获感激之情。

外语版本的优势是，法国读者根本注意不到他文笔上的问题，因为每一个说得过去的译者都把那些啰唆之语删掉，让那些太花哨的东西消失。现在我们不谈法语版本。他的一本被严重低估，唯一完整的长篇小说是在 1939 年出版的，书名是《心的焦灼》。任何经验丰富的读者在看到这个标题以后，都免不了耸耸鼻子，可这是一部非常出色的长篇小说。也许除了个别段落，这是一部无可挑剔的、没有瑕疵的美文著作。它的英文版被翻译为《无由怜悯》(*Beware of Pity*)。这个书名好多了，因为它正中这本书的核心，避开了掺杂其中的感伤余韵，而那种感伤是茨威格的书（不是全部，但是某些书中）常常会出现的。

斯蒂芬·葛蒙恩德：我们还再简短地谈一下茨威格作品中的女性形象？

丹妮拉·施特里格：如果从我们今天的女权主义的视角来

看的话，茨威格作品中的女性形象非常糟糕。茨威格笔下的女性正如他的第二任妻子一样，都有着令人难以置信的牺牲意愿。牺牲，是她们能力所及做得最好的事情。她们牺牲自己的生活，这是她们的奉献所达到的极致。

茨威格也主张以非道德化方式去看待女性性感。在他看来，这非常重要。在玛丽·安托瓦内特和玛丽亚·斯图亚特的传记中，以非道德化方式看待女性性感被他用作历史描述的手段。他尝试着在"婚床的解剖台"上来解释世界历史。这在一定程度上对他不利。如果往好里说，人们可以这么认为：他严肃地看待那些他自以为从弗洛伊德那里学来的东西。弗洛伊德认可茨威格在书中对玛丽·安托瓦内特与路易十六之间这桩不如意婚姻的分析，认为那符合心理分析的标准。在另外一方面，他也将某种猎艳式的目光投向女性形象。这就是他身上的双面性，毕竟他也是时代之子。

斯蒂芬·葛蒙恩德：他的作品中男性形象如何呢？

乌里希·魏因茨尔：从女性主义意义上看，茨威格作品中的女性形象肯定不是入时的，或者说，算不上是进步性的。在他生前已经有人说过，他的读者绝大多数都是女性。我无法用统计数字来证实这一点，但是他被认为是有女读者的作家。他很移情于作品中的人物，包括那些问题人物或者那些失败的人。

丹妮拉·施特里格：我只是还想再多说一句，他对自己塑造的那类女性没有保持距离。他没有对奥托·魏宁格（Otto Weininger，1903年发表了有争议的著作《性别与性格》，里面有对女性非常负面的看法）提出反对意见，而是把他的观点褒扬为思想上的成就。当然我们现在可以毒舌地说，他对于蹩脚的失败者情有独钟。伊拉斯谟也是这样的，最明显不过的是玛丽·安托瓦内特和玛丽亚·斯图亚特这两位头脑全无的王后：作为君主、作为统治者，没有比实实在在丢了脑袋失败得更彻底的了。

雅克·勒莱德：这里所说的，都正确无误。对于茨威格塑造的女性形象，我会出言谨慎些。首先，茨威格的作品中也有勇气十足的女人形象，比如说《变形狂热》中的女主人公，她是在一个堕落的男性世界当中唯一能将命运抓到自己手中的人物。此外，在《心的焦灼》中可以看得很清楚，与女性作为牺牲这一场景相对而立的，茨威格笔下的男性世界也并不美好。在我看来，这一点非常重要。人们可以很容易地说，按照今天的标准来看，茨威格笔下的女性形象是难以令人满意的。但是，在我看来一个无可争议的事实是：他也没有将男性价值给神圣化。正好相反，一切被描绘为具有男性特征的东西都是茨威格所憎恨的：战争、威权、法西斯主义——20 世纪各种男性沙文主义的爆发，在茨威格眼中都无非是堕落和邪恶而已。

茨威格对男人的评判非常严格。我认为，在茨威格的作品中有把女性牺牲作为生活态度的情况，甚至在男性形象中也有。因此，他对失败者形象的痴迷未必一定是憎恶女性的表现，而是对那些占下风的人，那些历史上和虚构中的重大失败者在心理上的亲近感。但是，这些失败者都是在面对男性世界——在茨威格的笔下，男性世界在整体上是令人作呕的——时要拯救其尊严的人，如果我们可以做这样的泛泛之论的话。这是茨威格与魏宁格的重大区别。后者将女性完全抹黑，从纯男性立场上来定义文化。一切关乎价值、文化、理性、思想、精神的东西，都是男性的；一切关乎身体、本能、肉欲、放荡的东西，都是女性的。这才是真正的反女性主义态度，是憎恶女性。但是，在茨威格这里，我们不光根本找不到对男性世界的溢美之词，而且我们所能找到的恰好都是其反面。

原载《茨威格通讯》（*Zweigheft*），第 12 期，第 9—17 页，2015 年 1 月出版。该刊由奥地利萨尔茨堡茨威格研究中心出版。该中心致力于茨威格作品的整理、研究以及推广，详情见网站：http://www.stefan-zweig-centre-salzburg.at/

译者后记

 译者首先是读者，而且往往是原版书最认真的读者之一。当然，还有一个群体会比译者读得更认真，那就是专门从事翻译批评／翻译评判的人。

 作为读者，我认为这是一本非常值得一读的书。尤其是那些对奥地利皇室有怀旧情结和浪漫想象的人，那些对19、20世纪之交的现代派艺术和文化生活倾心热爱的人，那些对阿尔卑斯风光的雪山与湖水赞叹不已的人，在阅读这本书时眼前会不断地浮现出自己或亲见或想象中的场景。当然，还有那些热爱茨威格小说的人，会从中找到自己喜爱的作家真实生活中的蛛丝马迹。

 说一句"全世界都在读《昨日的世界》"真的不算过分。早年的译本不说，近年来的新译就有英语、西班牙语译本，而法语译本则被列入著名的"七星文库"，不光印制精良，并且还带有详细的评注——连在奥地利、德国、瑞士这些以原文出版茨威格作品的出版社都没能做到。可见法国人多么挚爱茨威格的作品。茨威格在天有灵当感到无比欣慰，如此不枉他当年对法国文化、对巴黎生活的倾心赞美。

作为读者，也很容易不经意之间掉入两个阅读误区：一是把它当成茨威格的自传，二是把它当成历史文献。

二者都不是。茨威格在前言中将本书的写作条件交代得非常清楚：在他流亡的日子当中，手边没有任何可资引用的材料，完全凭回忆写成。茨威格对自己作为时代见证人的角色有非常明确的意识，但是他并不以"客观"为标准来要求自己。正如他所说的那样：只有那些值得保留给自己的内容，才会留在记忆当中；只有那些自己珍视的内容，才配讲给别人听。简言之，他用这本书，将自己珍藏的生活精粹片断以文字的形式奉上，与世人分享。

不是自传，不是文献。那么，它到底是什么？是回忆录，是口述史。茨威格不让与他直接相关的私人领域（他生活中的女人和关系密切的朋友）在书中出现，他要首先尽全力呈现那些得到广泛认可的历史人物，仿佛当事人在作证言证词时提供陈述。但是，整个叙述的大框架是茨威格的生平事件，因而从"当事人"视角的耳闻目睹总是和外在世界混合在一起，带着一位六旬之龄智者的思想讨论或者个人评议，把那些不同学科角度（历史学、社会学、美学、人类学、心理学）或者纯政治分析的看法糅杂在一起。好像在跨时空的维度中多个机位在同时拍摄，而茨威格则是那位技艺完美、游刃有余的剪辑大师。

这么大的时空跨度、这么长的篇幅,这本书之所以能保持"杂而不乱",除了茨威格掌握出色的叙述技巧,也在于全书有一个贯穿的基本理念,即他的欧洲理念。《昨日的世界》的法语译者塞尔日·涅梅茨非常到位地总结如下:"他坚持把自己描写为一位不关涉政治的人文主义者,一位欧洲人,他代表的欧洲文化是和平主义的、有调和能力的。这一欧洲文化由来自犹太—基督教因素、古典因素、日耳曼和罗曼文化因素综合而成,在启蒙精神下统一起来,哪怕会经历各种波折,最终注定能超越历史上的邪恶。"

从某种意义上说,《昨日的世界》是一部纪录片,一部以语言的取舍来生成画面,以叙述手法为剪辑技术而成的纪录片。读者对茨威格了解得越细,对那个时代的人和事知道得越多,就越能从中体会到悠长的意味。

以上是我作为读者的"读后感",现在我跳转到译者的角色,将翻译过程中的情况向读者说明一下。

本译文的蓝本是德国菲舍尔出版社 2010 年版,2013 年第三次印刷。这也是我开始着手翻译本书以及《人类的群星闪耀时》的年份,这两本书我都选择了出版茨威格著作最权威的出版社、最新的版本。尽管如此,译文中肯定还有很多不尽如人意的地方,欢迎读者和各位方家批评指正。这本书让人感到非常棘手的问题之一,是里面提到了非常多的人名。在对人名、地名的译法上,我尽量做到跟"已有的"译法接轨——但是这只能限定在我们的知识范围内。我得承认,这本书涉及的内容之丰富,超出我的知识范围，有些人名、地名我只在这本书里见到过。所以，在技术处理上，人名、地名第一次出现时尽量标出德文原文。第二个问题是，该增添多少注释才合适。相关信息获取容易的地方，某些地方尽管显得有些生僻，我还是选择不加注释，比如书中提到的人，茨威格往往在行文中对该人有所介绍，读过上下文就能对该人有所了解，所以没有必要画蛇添足增加注释。原则上，译文中第一次提及的人物，我会加上该人全名的德文拼写以及生卒年（茨威格的原文中经常只提到姓氏），感兴趣的读者可以很容易确定该人身份，并搜寻相关信息。对于那些本土特有的文化事项——那些在茨威格的叙述中是不言自明的因而一笔带过，让外来人感到一头雾水的活动或者概念——我尽量在注释中把自己了解的知识与读者分享，比如关于维也纳普拉特公园的"鲜花彩车游行"、奥地利的新酿酒酒馆、贝森朵夫音乐厅、"伯根尼"修道院、"弑父者"衣领、"小艺术"的概念等。但是，这些注释其实都是可有可无的点缀，如同餐后服务员免费奉上的口香糖一样。译者注释很多时候是一把双刃剑，看似为读者提供额外信息，其实也容易一方面遏制了读者求知探索的好奇心，另一方面也会因为内容的肤浅而造成误导。

最后，我还要感谢好友 Helena Obendiek（李娜）博士耐心地帮我拆解茨威格的句子，每次邮件的最后她都友好地加上一句"再遇到问题，你还可以再发过来"。如果没有这句话，我可能早就不好意思再去打扰她了。我知道，吐槽茨威格的文笔，肯定是要惹怒很多铁杆"茨粉"的。但是，有一点我自己非常清楚：《昨日的世界》我还会读很多遍，读我自己的中文译本，不到万不得已，我不想去碰那艰难的德文版了。

茨威格将《昨日的世界》的手稿赠送给华盛顿的国会图书馆，以此来表达和回报他的感激之情：在美国的公共图书馆中，他度过许多美好时光。在最后一章"和平在垂死挣扎"手稿的日期下面，有茨威格手写的这段话，在后来的印刷本中它们没能与读者见面：

> 这是第一天。随后的日子接踵而至，明亮的、昏暗的、单调的、空虚的，战争年代滚过来了，我不愿意去说它。在我写下这行字时，它的手正在用梆硬而血淋淋的字，书写着它那残忍的编年史。然而，我们的站立处尚且在它起始之地的开端。只有在它终结之时，诗歌的韵律才会在我们耳边再度响起。

吴秀杰
2016 年 11 月于德国柏林